陕西社科精品文库

中国思想文化史论稿

ZHONGGUO SIXIANG WENHUA SHI LUNGAO

陈战峰 著

西北大学出版社
·西安·

图书在版编目（CIP）数据

中国思想文化史论稿 / 陈战峰著. —西安：西北大学出版社，2022.9
　ISBN 978-7-5604-4894-7

　Ⅰ.①中… Ⅱ.①陈… Ⅲ.①思想史—中国 ②文化史—中国 Ⅳ.①B2②K203

中国版本图书馆 CIP 数据核字（2022）第 270592 号

中国思想文化史论稿

陈战峰　著

出版发行　西北大学出版社
（西北大学校内　邮编：710069　电话：029-88303593）
http://nwupress.nwu.edu.cn　E-mail: xdpress@nwu.edu.cn

经　　销	全国新华书店	
印　　装	陕西博文印务有限责任公司	
开　　本	787 毫米×1092 毫米　1/16	
印　　张	23	
版　　次	2022 年 9 月第 1 版	
印　　次	2022 年 9 月第 1 次印刷	
字　　数	371 千字	
书　　号	ISBN 978-7-5604-4894-7	
定　　价	68.00 元	

本版图书如有印装质量问题，请拨打电话 029-88302966 予以调换。

《陕西社科精品文库》编委会

主　　任　甘　晖　郭建树
副 主 任　高红霞　张　雄　苗锐军
执行主任　张　雄
委　　员　（按姓氏笔画排序）
　　　　　马　来　杜　牧　张金高　张蓬勃
　　　　　陈建伟　周晓霞　赵建斌　祝志明
　　　　　桂方海　惠克明　翟金荣

目 录

序 言 ……………………………………………………………… 1

一 历史渊源与文化认同

"梦游华胥"意象的文化意义 ………………………………… 3
从民间故事看黄帝文化的几个特征 …………………………… 12
从古代诗歌管窥炎帝文化的若干问题 ………………………… 20
《史记·五帝本纪》与中华共同体的形成 …………………… 33

二 子学时代与经学问题

孔子与春秋"赋诗断章" ……………………………………… 43
《老子》与《易传》损益思想的异同及意义 ………………… 47
《孟子》与尧舜之道 …………………………………………… 58
诸子之前的审美观念和意识 …………………………………… 67
先秦"六经"的形成与"六经"学的特色 …………………… 72
《列女传》的经学思想与价值 ………………………………… 87

三 地下文书与秦汉思想社会

郭店楚简《五行》篇理论结构探析 …………………………… 103
从郭店楚简再看《易传》与老庄的关系问题
　　——兼谈郭店楚简在经学思想史研究上的价值 ………… 114
简帛文献所见炎黄信仰与儒家道统的关系及意义 …………… 122
试析秦国思想文化的会通特征
　　——以睡虎地秦简《为吏之道》为中心 ………………… 131

试析《张家山汉墓竹简·二年律令》中"罚金"的体制、功能和
研究价值 ·· 142

四　宋代道论与解经新变

试析欧阳修的"道"论思想 ································ 159

张载《诗经》学与关学 ···································· 185

《吕氏家塾读诗记》与《诗本义》的关系及意义 ············ 199

朱子礼观及其工夫论意义 ·································· 224

五　明清关学与经学融通

明代吕柟的经学观念及其意义 ······························ 239

《周易辨录》哲学思想刍议 ································ 258

性情和学术
　　——南冥与退溪学术比较考略 ······················ 277

博学于文　行己有耻
　　——读顾炎武《日知录》 ··························· 291

六　文化反思与现代意义

清末"黄帝"形象和文化的内涵与价值
　　——以邹容与陈天华为中心 ························ 303

试论侯外庐经学研究的特色及意义 ·························· 315

艺术镜子与历史图影：侯外庐文学思想研究管窥
　　——以《论汤显祖剧作四种》为中心 ··············· 328

中国梦与中华优秀传统文化 ································ 347

后　记 ·· 353

序　言

我国具有悠久的思想学术史、思想文化史撰写的优良传统、深厚积淀和鲜明特色。

"学术"一词，先秦典籍已有（如小戴《礼记》等）。有时被简称为"学"，如"世之显学，儒墨也"（《韩非子·显学》）、"论学取友"（《礼记·学记》）等。"学术"概念的内涵，历来学者们多有探讨，也有一些争论。在中国学术史上，人们对"学术"的理解和界定是多元的，很难用一种固定的含义去把握，但是又具有相对稳定和明晰的意义，不至于产生混淆。

"学术"包含"学"与"术"，"术"也即"道"，《庄子·天下篇》称作"道术"。清代章学诚《文史通义》使用"学术"相当于今天所说的"文化"。梁启超、钱穆先生各著的《中国近三百年学术史》，其中所运用的"学术"比较接近汉代班固《汉书·艺文志》的某些内容，包含今天我们所说的"观念文化"，涵盖哲学、经学、史学等的思想观点、理论体系和研究方法，算得上"思想文化"的范畴。

人类的历史是人类创造文明的历程。在创造文明的过程中有许多经验，也有不少教训，这些被称为"文化"。文化是以创造和建设文明为目标的。人类创造文明的正面经验，称之为优秀文化。中华民族具有五千多年连绵不断的文明史和文化史。"文化"有物质文化、制度文化、观念文化等，还有历史文物、艺术品等文化承载方式。不同的文化层面体现出观念文化中不同的价值观，形成了绚丽多彩的文化总体。这种"价值观"的历史，我们称为"思想史"。因此，"思想史"和"文化史"可以沟通并联结成一个整体。

先秦时期的《庄子·天下》《荀子·非十二子》《尸子·广泽》《吕氏春秋·

不二》《韩非子·显学》等都是我国古代学术史与思想文化史的经典作品。

《庄子》称"道未始有封"（《庄子·齐物论》）、"道术无乎不在"（《庄子·天下篇》）、"无所不在"（《庄子·知北游》），都在强调"道"具有普遍性和无限性，并且寄寓于万物中，不能瞬息离开万物。《天下篇》简明扼要地勾勒了先秦学术史的演变脉络，即由"神巫之学""史官之学"到"百家之学"的过程，"天下多得一察焉以自好""道术将为天下裂"正反映了春秋战国时期学术分化、发展与演进的史实，即由"官师合一之道""官守学业"到"私门著述"（《校雠通义》卷一《原道》）的变化历程。《天下篇》奠定了后来学术史撰著的基础。《荀子·非十二子》集中论述了先秦它嚣、魏牟、陈仲、史鰌、墨翟、宋钘、慎到、田骈、惠施、邓析、子思、孟轲共十二子的学术特色与弊端，表彰仲尼、子弓、舜禹之道，主张"上则法舜、禹之制，下则法仲尼、子弓之义，以务息十二子之说，如是则天下之害除，仁人之事毕，圣王之迹著矣"。《尸子·广泽》称"墨子贵兼，孔子贵公，皇子贵衷，田子贵均，列子贵虚，料子贵别囿（宥），其学之相非也数世矣"，提出"若使兼公虚均衷平易别囿一实也，则无相非也"，如果能够看到学术的名异实同，就不会有无意义的争论。《吕氏春秋·不二》指出"老聃贵柔，孔子贵仁，墨翟贵廉（疑应为"兼"），关尹贵清，子列子贵虚，陈骈贵齐，阳生贵己，孙膑贵势，王廖贵先，兒良贵后"的学术差异，希望能够"齐万不同"。《韩非子·显学》比较详细描述了儒墨两派显学的发展状况，保留了"儒分为八，墨离为三"的儒墨学派演变的资料，但韩非重点批评的是"愚诬之学"，认为"无参验而必之者，愚也；弗能必而据之者，诬也"，针对的实是儒墨之学。这些战国中晚期的学术史作品，从学术角度提出了和同、会通学术的思路，在某种程度上折射了战国时期社会历史发展的趋势与方向。

《史记·太史公自序》载司马谈《论六家要旨》，以《易大传》"天下一致而百虑，同归而殊途"开端，分述阴阳、儒、墨、名、法、道德六家学术要旨，认为它们都有共同的目标，只不过出发点不同，理论的深浅有别。在分类上，以各家各派的派别名称取代具体的代表人物，是学术史发展的必然趋势，评论褒贬有度，反映了当时思想学术发展的特色。东汉时刘歆《七略》是重要的学术史作品，后被吸收融会进《汉书·艺文志》中。《汉书·艺文志》历来受到学者们的重视，曾被清代学者章学诚称为"学术之宗，明道之要"（《校雠通义》卷三《汉志六艺》）。《七略》《汉书·艺文志》重视学术源流，对后世学术史影响深远，所谓"刘《略》、班《志》，乃千古著录之渊源"（《校雠通义》卷二《补校汉艺文志》）。我国古代正史中的《艺文志》（或《经籍志》）、《儒林传》、《道学传》等包含着丰富的学术史与思想文化史内容，是学术史与思想文化史研究的重要参考资料。

宋代以后出现了以学派为主的学术史典籍。南宋有朱熹《伊洛渊源录》，它是学案体学术史的开创之作，收录周敦颐、二程、邵雍、张载及程门高足的传记与时人评价，贯穿着洛学学派的学术思想，邵、张仅被视为洛学的羽翼。明代有周汝登《圣学宗传》，欲会通儒释，后受到黄宗羲等人批评。明末清初有孙奇逢《理学宗传》，网罗学派较多，但以程朱、陆王为主梳理学术史。它们均具备以学派为主勾勒学术思想演变的雏形。

清朝初年，黄宗羲《明儒学案》，黄宗羲、全祖望等《宋元学案》则是学案体学术史的集大成者。《明儒学案》是一部系统的成熟的学案体学术思想史著作，侧重分析各家学术观点，"为之分源别派，使其宗旨历然"（《明儒学案·序》），体例上以"有所授受者分为各案，其特起者，后之学者，不甚著者，总列诸儒之案"（《明儒学案·发凡》），按照人物学术思想异同划分学派归属，处理学案分合。《宋元学案》出于多人之手，经历曲折，但卷帙浩大，资料丰富，注重人物之间的师承关系，并将其作为认定学派的重要依据。注重学术宗旨、学派传承、学人影响，对清代江藩《国朝汉学师承记》《国朝宋学渊源录》等都多有启迪。

近代梁启超曾在《学与术》一文中，根据体用原则对"学"与"术"的关系作了解说和发挥。他认为："学者术之体，术者学之用。二者如辅车相依而不可离。学而不足以应用于术者，无益之学也；术而不以科学上之真理为基础者，欺世误人之术也。"（《饮冰室文集》之二十五下）这些论述具有近现代学术的基本风貌和精神，体现了学术史的时代性和思想性。

梁启超《中国近三百年学术史》《清代学术概论》，钱穆《中国近三百年学术史》等学术史著作，已成为传世之作。整体上，他们所阐述的"学术"，包含对中国传统思想文化的理解，也包括关于政治思想的评价等。二十世纪末、二十一世纪初，我国学人力图恢复这个传统，在新的起点上进行关于中国学术史与思想文化史著作的撰述。

在学派学术特色把握的基础上，重视研究不同学派间思想的差异和融会，是学术繁荣和发展的生命力所在。战国时期诸子百家之学的争辩交融，儒、道、佛三教的发展与融合，明清时期中学与西学的会通，均反映了相反而相成的学术发展规律。清初，黄宗羲、全祖望撰《宋元学案》，以理学家为主干，但并不排除其他学派的学者，如永嘉学派的陈亮、叶适，王安石新学，苏氏蜀学，强调不同学派的交流影响，相得益彰，正如黄宗羲主张的："有一偏之见，有相反之论，学者于其不同处，正宜着眼理会，所谓一本而万殊也。以水济水，岂是学问！"（《明儒学案·发凡》）

可贵的是，前贤在梳理学术史时，除强调实事求是、斟酌取舍、重视无征不信外，还主张"学"与"术"的结合，既重视文献资料的整理爬梳，又重视文化意义与学术精神的彰显弘扬。这是学术史著作强调"明道之要"（《校雠通义》卷一《原道》、卷二《补校汉艺文志》）的主要原因。《庄子·天下篇》和《史记·论六家要旨》评判当时的各种学术，均以见"道"的高下远近为根据。《隋书·儒林传序》比较南北学术"约简"与"深芜"的特色后，特别强调"考其终始，要其会归，其立身成名，殊方同致矣"。《明儒学案》主张学术史研究要努力反映各种学术体现"道"的曲折过程，"学术之不同，正以见道体之无尽"，并以大海与江河等关系为例："夫道犹海也，江、淮、河、汉以至泾、渭蹄涔，莫不昼夜曲折以趋之，其各自为水者，至于海而为一水矣"（《明儒学案·序》）。江淮河汉虽各有曲折，但都同归于海；学术虽有学派的不同，但都是"道"的体现。

今天我们看到以"学术史""思想史""文化史"命名的著作已有若干种，

有的偏重于中国文明起源的研究，有的着重典章制度源流演变的探讨，还有的侧重历史文献和出土文献的考察。这些毫无疑问都属于"学术"范畴，它们从不同的角度和学科出发概括各门具体学科的演变和发展规律，总结学术经验与教训，为学科学术的未来发展提供借鉴，无疑是有意义的事情。

战峰同志勤勉好学，任劳任怨，我在其《中国思想文化史论稿》出版前写些话，以作为鼓励和参考。

是为序。

张岂之

于西北大学中国思想文化研究所

2021 年 4 月

一　历史渊源与文化认同

"梦游华胥"意象的文化意义*

在中国文明史上，曾经有相当长的一段时期，历史的记录方式是口耳相传的民间故事或神话传说，即使在文字形成之后，这样的情形也延续了很长时间，不绝如缕，其中曲折地或者变相地保存了珍贵的历史资料，是我们探求历史本相的重要线索之一。特别是关于上古史，一方面要依靠文物遗存、地下考古的新发现来推进相关研究；另一方面则需要对既有的长存不衰的口头历史或文本记载作具体的考察和分析。关于"华胥氏之国"的讨论也存在这样的问题。

一、关于"华胥"的基本认识

目前，关于"华胥"的讨论还有待进一步深入展开，如将"华胥氏之国"视为寓言。①"华胥""华胥氏之国"以及"华胥氏"生存的主要聚居地"华胥山"至少在文字上似乎有一定的联系。可以显见的是，"华胥山"在全国至少有两处，一处在福建莆田，详见《福建通志》卷三、《粤闽巡视纪略》卷五、《大清一统志》卷三百二十七，②但是历史文献记载更多的是蓝田的华胥山，或叫蓝田山，

---

* 原载于《理论导刊》2009年第11期。

① 如"《列子·黄帝》篇言华胥氏之国，其皆为寓言，固矣。然华胥氏之名，当有所本，疑即《庄子·马蹄》篇之赫胥氏也"等。参见吕思勉著《吕思勉读史札记》（增订本），上海：上海古籍出版社，2005年，第28页。

② 本文所参考《福建通志》《粤闽巡视纪略》《大清一统志》《陕西通志》《山西通志》《河南通志》《山东通志》《唐大诏令集》《赤城志》《御定月令辑要》《尚史》《历代名臣奏议》《滇略》《御选明臣奏议》《明儒言行录续编》《殿阁词林记》《钦定日下旧闻考》《畿辅通志》《钦定盛京通志》《江西通志》《江南通志》《浙江通志》《钦定热河志》，均系《文渊阁四库全书》，上海：上海古籍出版社，1987年影印。

而且和上古的三皇,即华胥氏、伏羲氏、女娲氏联系在一起,从汉代直到今天依然存在这样的遗迹名称,详见《陕西通志》卷九、卷二十八等。值得注意的是,关于上古三皇的历史传说,不独仅限于蓝田山,在今天的山西、河南、山东也流传有这样的神话传说和祭祀遗迹,分别见于《山西通志》卷一百六十四《赵城县》、《河南通志》卷五十三《帝王》、《山东通志》卷十一之七等,这种多地一说的现象也许需要文化传播和民俗学的研究与整理。但是毋庸置疑,蓝田的"华胥"现象是非常重要的研究内容之一。

比较典型的观点有这样两种倾向:一是从氏族发展角度解析伏羲女娲的兄妹关系及与华胥的血缘联系,认为"华胥,实际上是我国古代母系氏族社会中的一位部落女首领。在母系氏族制阶段,实行的是群婚,人们只知其母,不知其父。所以'履大人迹'云云,显然是对母系氏族时期部落女性与男性野合的一种文雅而神秘的说法。如果伏羲女娲果是华胥的儿女,那也当是这种婚姻制度下的子裔。至于伏羲女娲兄妹结合云云,实则代表母系氏族制向父系氏族制度的转变阶段"①;一是从部落的发展与承传角度考察华胥与伏羲、女娲的部落关联,从而摆脱局限于血缘及一时一代的范围,主张"华胥氏与'人文初祖'伏羲及三皇之一的女娲的关系极其密切。华胥氏的居地在今陕西蓝田,为伏羲、女娲的母族。……从历史考古学分析,华胥是一个古老的氏族部落,在其不断发展壮大过程中,裂变出伏羲、女娲两大氏族部落,加之这两个氏族部落又长期互相通婚,从而形成了伏羲、女娲既是兄妹又为夫妇的传说"②。

尽管目前所流传的文献记载基本是后起的,而且文献的起源多是《列子》,这给主要从文献出发探究这一问题带来了很多困难。因此,关于"华胥氏之国"的历史的科学研究还有许多亟须加强的工作,特别是对地下出土或早期人类遗存的发掘和发现,而且此项工作很难一蹴而就。因为即使文物遗存也需足够的多方面的保存条件,所以,一味地单凭文物遗存的有无则很难进行因果推论。如果有地下出土资料的佐证,那么无疑增强了论证的说服力;如果相反,能否一概否

---

① 任本命《蓝田华胥陵——中华民族的始祖陵》,《唐都学刊》2002年第2期。
② 马世之《华胥氏与伏羲、女娲故里考》,《黄河科技大学学报》2007年第4期。

一　历史渊源与文化认同

定，则需要谨慎反思。

虽然这样，历史上围绕"华胥"的探讨却很多，其中贯穿着一个基本的主题，即对"华胥氏之国"境界的憧憬和向往，这可以称作"梦游华胥"。它构成了重构和阐释"华胥"历史现象的重要内容，也是"华胥文化"的组成部分。

笔者很赞赏学术界关于"华胥文化"的提法。因为这种具有一定包容性的概念，暗示了两种研究维度：一是对"华胥氏之国"历史的客观研究，即那个母系氏族社会的基本面貌的研究；二是对"华胥氏之国"在历代历史文化传播中所处位置的研究，它成为一种文化历史的载体，承担着表达理想社会生活图景、治国主张、人生状态的功能，这是对该主题的历史的阐释与研究。虽然二者基本都是历史文化的研究，但衡量标准却不甚相同。前者是是非问题，即科学与否的问题，注重最大可能与历史原貌相符合；后者则是善否问题，即合适与否的问题，探讨历史观念的合适性。或者可以说，后者研究的空间更大，更具生命力，因为在历代关于"华胥"的重构过程中蕴藏着丰富的文化观念和哲学思想，不少内容在今天依然有现实意义。"梦游华胥"具有这样的基本特点。

二、"梦游华胥"的形成

"梦游华胥"，简单地说，就是对"华胥氏之国"境界的憧憬和向往，是一种"梦游"或"神游"方式，所以也可以称作"属想华胥"（《唐大诏令集》卷三）。

实际上，早在魏晋时期，一些学者便不主张"华胥氏之国"有具体的方位，甚至怀疑它的存在。如张湛注《列子》就有这种认识。此后宋代的陈耆卿撰写的《赤城志》载：

> 《列子》载黄帝游于华胥氏之国，在弇州之西，台州之北。不知斯齐国[①]几千万里，盖非舟车足力之所及，神游而已。张湛注云："不必便有此国。"（《赤城志》卷四十《辨误门》）

---

① 原注：斯，离也；齐，中也。

一般地，或许会考虑这种看法对论证"华胥氏之国"的不利影响。但是，张湛是魏晋玄学发展过程中一位不乏代表性的人物，在"有无之辨"的讨论中，注重超越于物外，不拘泥于物，不受物的限制，所以这种注解的玄学意味其实是很深的，恰恰可以反映解释者的思想观念。对研究"华胥氏之国"只是一种参考。

同时，值得强调的是，历史上所强调的"梦游华胥"区别于日常生活中的梦境，这使"梦游华胥"意象具有浓郁的文化意义。

"梦游华胥"境界的形成本身并非自然而然的，更不可能在疲劳之余、畅想之际产生。它是主体经历过一定的精神修养过程之后才出现的境界，是"斋心"的结果。关于这个情景，《列子》中有一番细致的刻画，受到后世历史编纂者的重视，如清代李光地等撰写的《御定月令辑要》在注解"梦游华胥"时称：

《原列子》①黄帝退而闲居大庭之馆，斋心服形，三月不亲政事，昼寝而梦游于华胥氏之国。（《御定月令辑要》卷二十三）

可见，"梦游华胥"需要主体的主观努力，竭力从各种尘世的烦扰中摆脱出来，从各种具体的"有待"中逃离出来，虽然最终还是"有待"的，即有待于主体的人为修养。通过对心灵澄涤而获致自然澄明的境界体验。这里的"昼寝"也暗示出这种梦游不是一般的做梦或睡梦。

所以，跨越时空，神往上古，"梦游华胥"的实质是对主体观念的一种呈现和反映，它间接地折射了修养者的观念和思想，特别是道家思想，尤其是秦汉黄老思想。所以，在"梦游华胥"意象中向往和追求"自然"（道家意义上的）就不足为奇了。

三、"梦游华胥"的意义

"梦游华胥"具有多种层次的文化意义，集中体现在政治、修养、人生境界等层面。

---

① 笔者按：区别于《增列子》。

"梦游华胥"的政治文化含义受到历代统治者的重视,其中伴随着对道家思想和"自然"观念认识及评价的变迁,这种认识大约也成熟于《列子》一书。根据清代李锴撰写的《尚史》所阐发的内容可以略作认识:

> 《列子》黄帝梦游华胥之国,不知斯齐国几千万里,盖非舟车足力之所及,神游而已。其国无帅长,自然而已;其民无嗜欲,自然而已。痦怡然自得,召天老、力牧、太山稽告之曰:"朕梦若此,今知至道,不可以情求矣。朕得之矣,而不能以告若矣。"又二十有八年,天下大治,几若华胥氏之国。(《尚史》卷二十三)

这段话中的"斯""齐"二字,宋代陈耆卿在《赤城志》中已作了注解,即"离""中"的意思。从所描写的景象分析,所谓黄帝神游的"华胥氏之国"最大的特点就是"自然""国无帅长",没有等级差异,没有礼仪的约束和点缀;"民无嗜欲",老百姓也自然纯朴,没有太多物欲。当然,这种描写不过是对老子《道德经》社会观的一种形象呈现,或许有人类社会早期形成时期朴质原始的特点,但基本是后起的思想文化观念。其中对"至道""难言"的感受,"不可道"的"常道"思想更是道家思想的反映和体现。所以,这段文字的基本思想倾向是道家思想,对"华胥氏之国"的意义定位也基本和这种思想联系在一起。"梦游华胥"的含义更准确地说是对"自然"之境的追求和向往。

当然,也有少数例外的情况,如明代杨士奇、黄淮等编《历代名臣奏议》记载,唐宪宗元和初年左拾遗元稹在上奏中说:"是以蚩尤之乱作,黄帝铸五兵以杀绝之;共工之行恶,虞舜揭五刑以放死之。岂不欲梦华胥舞干羽,而跻之于仁寿哉?盖不可化也。"(《历代名臣奏议》卷二百二十九)将"梦华胥舞干羽"与兵刑相对,作为实施仁政的措施和策略。

《列子》的认识奠定了以后典籍描述"梦游华胥""华胥"的基础。略举数例,以资说明。

宋代宋敏求编撰的《唐大诏令集》认为"华胥"与"淳风"联系在一起,"淳风大行,华胥非远"(《唐大诏令集》卷一百五),如果能够达到民风淳厚,自然也就达到了"华胥"的境界;相反,如果民风还达不到淳朴的状态,那么距离"华胥氏之国"则还有相当长的距离,"……至化犹微,淳风尚薄,未臻华胥之俗"(《唐大诏令集》卷四)。当然这里内含着一种倾向,即"华胥氏之国"的治理状态并非不可企及,而是可以达到的,这也是历史典籍中关于"华胥氏之国"的基本认识之一。这也就是说,"梦游华胥"往往带有强烈的现实意向,是可以实现的治国理想,而不是流于说教的苍白形式。

"至道"难言也得到了进一步继承和发挥,明代谢肇淛撰写的《滇略》就说:"至道无名,仁华胥而得梦,阐文教以清中夏,崇武功以制九夷。"(《滇略》卷八)

"梦游华胥"的道家思想印痕表现在多个方面,特别是主张"无为而无不为"。"古者华胥大庭,神农、黄帝淳俗归于太素,正真契于无为。"(《唐大诏令集》卷六)又如清乾隆四十六年(1781年)敕编《御选明臣奏议》记载,崇祯三年(1630年)范景文上陈《革大户行召募疏》:"百姓办正税而外,足不至官府,目不见青衣,日惟是含哺鼓腹以嬉游于化日,是亦一时华胥也。即猝有水旱盗贼,亦有以待之,岂足为厉哉?"(《御选明臣奏议》卷三十)"华胥"之俗虽然朴质无为,没有人为的修饰,但是却有迎击"水旱盗贼"的办法,而不是消极避世。

同时,这种"梦游华胥"、追求自然的思想也体现在修养和人生境界上。"奉华胥之志""乐华胥之妙道"成为一部分人比较自觉的追求。

> 奉华胥之志,爱释重负,钟于薄德,顾如临而益惧,思若济而周知……(《唐大诏令集》卷一百二十一)
> 追姑射之高踪,乐华胥之妙道,大矣哉!与天地合其德,则不为而成;与变化合其神,则不疾而速。(《唐大诏令集》卷十三)

据清代刘于义等监修、沈清崖等编纂的《陕西通志》记载,相传陕西冯翊的寇朝一向陈抟学道,得到了"睡"的妙谛。同郡的刘垂范前往拜访,寇朝一的随从就告诉他,不过是"睡"罢了。刘垂范也听到"齁鼾之声,雄美可听",他便告诉人"寇先生睡中有乐,乃华胥调,双门曲也。或曰:'未审谱记何如?'垂范以浓墨涂纸满幅,题曰'混沌谱',云即此是也(《清异录》)"。(《陕西通志》卷六十四)此《清异录》或系宋代陶谷的《清异录》。虽然表述诙谐,生动活泼,但却抓住了"华胥"的要旨,即"混沌"的特征。

以上的史料和分析或许可以说明,在古代典籍中关于"华胥""华胥氏之国",人们有比较一致的看法,尽管也有少数例外。

四、"梦游华胥"的文化影响

"梦游华胥"对中国传统文化产生了比较深远的影响。除过它形象地表达了道家思想（特别是汉代黄老道家思想）的内涵之外，也对传统文化的发展演变，特别是儒道之间的融合（如玄学时期）发挥了积极的作用。同时，它也影响到政治生活、人生追求和诗歌艺术等方面。

首先，"华胥"成为政治清明、天下太平的代名词。在后来的奏议中频频出现，或称为委婉进谏的途径，或称为歌功颂德的工具。

清代沈佳撰写的《明儒言行录续编》载枫林先生朱升回答皇帝问梦一番话时说："轩辕梦游华胥，天下大治。帝王之兴，自有天命，盖振古如兹矣。"（《明儒言行录续编》卷一）这则材料实本于明代黄佐、廖道南撰《殿阁词林记》卷四《翰林院学士朱升》。这里，"梦游华胥"，成为天下大治的象征。文词兼有褒贬，但希望出现大治的理想局面则是不言而喻的。清代于敏中、英廉等奉敕撰写的《钦定日下旧闻考》载，乾隆二十八年（1763年）《御制韵古堂诗》："三代语不刊，安得华胥风现前。"（《钦定日下旧闻考》卷二十二）体现了热切期望出现国泰民安、民风淳厚的心情。

另外，借"华胥"吹捧阿谀的例子也比比皆是。如："邑据要冲，桑麻万井，章甫华胥，盖古仁让之域。（《庆都县旧志》）"（《畿辅通志》卷五十五）清代阿桂、刘谨之等奉敕撰《钦定盛京通志》更见频繁，"饮和食德，若游华胥"（《钦定盛京通志》卷一百十七）、"俗泰华胥，风厚幽野，形胜天府"（《钦定盛京通志》卷一百十九）、"民物似华胥"（《钦定盛京通志》卷一百二十三），等等。

人们通过"梦游"，进而反思"华胥"与"雅俗"、"朴质"与"礼仪"之间的关系。尽管这个问题早在老子、孔子那里已经进行了讨论，算不上新的话题。但对"华胥氏之国"的向往，有助于促使人们进一步思考关于这两个矛盾对立面的关系问题。如清代觉罗石麟等监修、储大文等编纂的《山西通志》记载王邵《焦黄儿说》："焦叟乎，痴而不昧，贾而不贪，身无累，日偏长，殆华胥之国无怀泰豆之民也乎？"（《山西通志》卷二百一十）清代岳浚等监修、杜诏等编纂的《山东通志》也载："播洋溢之颂声，垂极蟠之能事，而志求象罔，顺拜崆峒，辟众妙之门,广列真之宇,非止卜永年于郏鄏,是将纳雅俗于华胥者也。"(《山东通志》卷十之一)总体上,人们似乎觉得华胥的纯朴与礼乐(雅俗、黍豆)不能同时并存。

其次,在为人修养上,通过"华胥"或"梦游华胥"来表达对理想人生的追求,不受名缰利索的束缚,渴望自由,或者是舒坦自适的人生气象。如冯延巳《开先寺记》"每怀宴息,因寻爽垲之境,以备华胥之游",超越名利,"昔拟华胥,夙心不获"(《江西通志》卷一百二十二)。宋代的杨蟠在高邮做郡守时,曾称自己修筑的台为"华胥"(《江南通志》卷三十三),寓意深远。明代王世贞有句诗:"潞州城中酒价高,胭脂滴出小檀槽。华胥一去不易返,汉使何烦种葡萄?"(《山西通志》卷二百二十六)清新可爱,要想企及理想的境界,不妨借助点酒力的作用,超越现实。甚至"华胥"也可作为表达人精神境界的写照,如叶向高的《首善书院记》,写首善书院的两位著名学者邹元标与冯从吾的不同气质:"凡谒邹先生者,盎然如太和元气之熏蒸,疑游华胥之庭;其见冯先生则屹然太山乔岳,生仰止之心。"(《畿辅通志》卷九十八)。

最后,在诗歌上"华胥"的影响更是显而易见,基本上成为一种固定的意象。如"履芝田而种玉,炼炉火以飞霞,企时人之不及,厌时俗之嚣哗,过湖坑于南阁,羡上藏之孤高,壮瀑水之滂流,访隐仙而游邀,至穷途而辄哭等。游梦于华胥,问山僧以前路,固有匪吾人之所知者,殆不可以穷,竟又安得而论诸?"(《浙江通志》卷二百六十九)《江西通志》记载《筠阳竹根枕》诗句:"我欲问舍无何乡,为我往使华胥王。人生草草两鬓霜,安知日月壶中长。"(《江西通志》卷一百五十)申重熙《邯郸道上恭谒吕仙祠感怀十韵》:"华胥倘在人间遇,蕉鹿原非枕上争。拟仗诗媒乞仙术,梦回钟鼎旧家声。"(《畿辅通志》卷一百二十)"眷展神游到姑熟,几凭清梦拟华胥。"(《钦定热河志》卷四十)

总之,在古代历史文化典籍里,"梦游华胥"呈现出了两种基本面貌:一是幻想和向往"华胥氏"古国民情淳朴,没有尔虞我诈和礼乐修饰的自然淳朴状态,这是道家社会理想的一种曲折反映和体现;二是斋戒沐浴,无欲无求,梦游华胥,国君戒掉自己身上的多欲和有为,使百姓顺其自然发展,休养生息,以达到天下大治的目的。

"梦游华胥"的文化意义是使天下出现大治的局面。同时,这种大治的理想图景基本是黄老思想的反映,是顺应自然,无为而无不为的。从这个意义上说,"梦游华胥"是一种后起的解释,其中更多反映了汉代及其以后的社会政治理想和观念,而不是对华胥古国的追溯还原,实际上主要在于借助"华胥"来寄托理想的政治局面。这种情况,正好反映了"梦游华胥"意象的文化意义的历史性和历时性。所以,有些古代帝王在评价自己的政绩时,往往以"华胥"自期或自诩,也就不甚奇怪了。

如果从现实社会来看,"梦游华胥"依然有一定的启示,但需要对它的文化意义有具体的解读。如前文所示,这个意象区别于一般的幻想和睡梦,它基本是道家思想的反映。它所体现的追求自然、反对人为,向往民风淳厚、国泰民安,这在今天同样具有不朽的意义。

从民间故事看黄帝文化的几个特征*

黄帝是中华民族的人文始祖。关于黄帝的民间传说异常丰富，它们是黄帝文化的一部分，也是黄帝精神传播的现实途径和方式。这些经久相传、还活跃在现实生活中的民间故事，是黄帝文化的珍贵史料之一，可以称为口头历史。与典籍文本不同，经过反复重构和塑造，它是活生生的。它具有一些共同的特点，即旨在通过黄帝来歌颂中华文明、中华民族。

关于黄帝的民间故事是历史的活化石，能集中体现黄帝文化的丰富性和特殊性。在主要依靠传说来研究和重构那段四五千年前的历史的情况下，[1]民间故事给我们提供了一种尽管曲折但却别致的探索途径。这需要认真反思。

客观地看，在文字系统成熟定型之前，黄帝即以民间故事的方式广泛传播，所以被赋予了不少神奇的色彩。即使在司马迁那里，民间传说也占了很大的比重，足见作为一种史料，关于黄帝的民间故事不仅具有浓郁的文学性，而且也具有强烈的史料性。所以，这部分民间故事在价值上也应该充分考虑到它的史料性与文化性。

今天还活跃在人们口头的关于黄帝的神奇传说，从侧面反映了人们对人文初祖的敬仰与赞美；从研究角度，这些民间故事中还隐藏着丰富历史痕迹，不过以文学或民间故事的形式曲折地透露了出来。这里主要依据河北、陕西（主要是黄陵县）、四川、山东等地的一些民间传说作一初步勾勒。

---

* 原载于朱恪孝、谢阳举主编《黄帝与中华文化学术研讨会论文集》，西安：西北大学出版社，2008年，第108—115页。

[1] 当然，地下考古新发现有助于人们认识和研究该段历史。如陕西芦山峁、杨官寨、石峁遗址，山西天峰坪遗址，河南双槐树遗址，等等。

一、黄帝文化与黄帝

文化丰富具体，具有多种因素。但是存在两个问题：一是黄帝是否为一具体人，还是多代头领的共名；二是这些文化成果是否都是黄帝本人所发明的。

在观念上，黄帝重视人的因素在增强。如流传在陕西黄陵地区的《黄帝战蚩尤》系列故事[①]。它们反映了黄帝具有宽宏大量的品格，他注意区别部落头人和部下，不轻杀无辜，希望以礼相待、和平相处等。在这组系列故事中，不少情节表达了黄帝具有仁义治国思想的萌芽，比如，他看到与蚩尤争斗，血流成河，战争使许多无辜的生命悄然丧失，心里深怀不安，当然后来儒家的思想学说中有"恻隐之心，仁也"[②]的说法，而这种诉诸心灵体验的道德学说，起源很早，有一个逐步发展、不断完善的过程。虽然黄帝推行类似后人主张的"仁政"行为，或许难以摆脱因后代口耳相传而打上重构历史的烙印，且未必完全是黄帝时代的历史真实，但是，这种传说反映了历史流传对黄帝功绩和仁德的崇高评价，也在观念层面折射出民间对黄帝文化的一种形象理解。其中很重要的方面，就是对人（尽管还是群体的）的价值的重视和弘扬。今天之所以尊称黄帝是"人文始祖"，这是一个很重要的原因。

在器物上，据说黄帝发明了不少新鲜事物，如指南车、梳子、衣裳、火药、熟食、阵法等。但是这里所说"黄帝发明"，未必真是黄帝一人所为。历史上往往有这种说法，把黄帝尽可能神化，超出人们可以接受的一般情理。民间故事中，虽然还有一些具体的问题的争论，但基本反映了可以理解的事实。之所以发现了某些自然现象、科学原理，发明了富有新意的事物，都是在对大自然认真观察、细致分析、比类仿效等基础上展开的。值得注意的是，这些发明或发现，往往是群体智慧的结晶，有些可能与个别人相关性更大，但大多是群策群力、反复试验、不断修正的结果。所以，所谓"黄帝发明"应该类似于"黄帝时代的发

[①] 见兰草《轩辕黄帝传说故事》，西安：陕西旅游出版社，1993年。
[②] 《孟子·告子上》。

明"的说法,"黄帝"在此不仅仅指一个部落的领袖,更是一个时代的标志。相对那些正史而言,民间传说在这些方面似乎更多保留了历史的真实面影,特别是可以理解的面影,因而尤为可贵。

这里略举数例,以资说明。

梳子,相传是黄帝的第二妃方雷氏发明的,她也是骨针的发明者,在缝制衣服时可以飞针走线。方雷氏发现不少骨器很有用处。她偶尔采用彤鱼氏做鱼的方法烧鱼,观察到吃剩的鱼刺有梳理头发的功能,就萌发了用鱼刺做梳子的想法。但是,这种梳子易折、锋利,使用不便。方雷氏经过苦苦思索,终于想到用木头代替鱼骨,仿照鱼刺的样子,这样产生了木梳,直至今天还在使用。这个《方雷氏做梳子》的传说流传在陕西黄陵县一带。[①]制作梳子,在另一种传说中,是由一位不知名姓但善于思考的人发明的,他根据人手搔头的原理,仿照手指的样子,磨成了骨质的梳子。这个叫《黄帝恩赦制梳人》的传说流传于今天河北涿鹿县一带。[②]虽然两种传说流传的地域、故事的具体细节不同,但反映了一个共同的现象,即梳子的发明是在对已有事物的仿照、加工基础上,经过反复的试验完善才形成的。

黄帝的第四妃嫫母创造了多项用于生活生产的发明。她虽然面貌丑陋,但性情温柔,品德贤淑。她根据水镜成像的原理,磨制发明了石镜。[③]历史上,这项功劳后来也被记载在黄帝身上,如《物原》中说"轩辕作镜",《轩辕内传》也记载"帝会王母,铸镜十二,随日而用",《述异》也说"饶州旧传轩辕氏铸镜于湖边,今有轩辕磨镜石"等,其实也只是意味着"黄帝时代"的一种发明。嫫母还发明了建筑城墙用的夯,据说在黄帝修筑黄城时发挥了很大用处。[④]又如火药(明火),在有关黄帝传说的故事中,基本和嫫母联系在一起,有一种传说认为她面貌丑陋,正是尝试发明火药时受伤导致的。她在平时生活中,发现松香有助燃功能,把松香、硫磺和木炭末混合在一起,经过反复尝试,发明了火药(明火),

---

① 见兰草《轩辕黄帝传说故事》,西安:陕西旅游出版社,1993年。
② 见《轩辕黄帝故乡的传说》,中国民间文学三套集成·涿鹿县资料本。
③ 《嫫母的故事》,见兰草《轩辕黄帝传说故事》,西安:陕西旅游出版社,1993年。
④ 《嫫母发明夯》,见李延军编著《黄帝故事》,北京:国际华文出版社,2001年。

这是黄帝作战、平定天下的"火链球"和"火箭"的物质基础。①这些传说至今在陕西黄陵县一带流传。在嫘母的发明中,除过直接模仿自然界外,还能够基本把握模仿对象的基本本质和功能原理,然后经过尝试,形成新生的事物,而且她的发明在实际的建筑、军事、生活等方面发挥了很大的作用,是人类文明进步的重要标志。所以,虽然这些发明的创造者或是嫘母,或是黄帝,或是其他人,或者并非一时一代人所为,但从人与自然的关系角度看,它们反映了人类探索大自然奥秘,不断改善生产生活条件的历史文化的基本面貌,具有一定的历史文化功能。

一般地,大家往往将这些发明和发现记在黄帝头上,作为他的功德来歌颂。孙中山有首著名的《祭黄陵词》:"中华开国五千年,神州轩辕自古传。创造指南车,平定蚩尤乱。世界文明,唯有我先。"在这首词里就能够鲜明地体现这种倾向。

二、黄帝文明:母系氏族社会向父系氏族社会跃迁的门槛

在黄帝文化的传说中,不少发明创造都与女性有关,这是不是偶然现象呢?前文已经略举数例,并且初步探讨了这些发明创造可以理解的合理性和规律。但这并没有从更深层次揭示出这些传说丰富的历史文化功能。

在传说故事中,男子主要承担着打仗的职责,而大量的劳动包括体力劳动都由女子承担。她们在辛勤劳作中,不断探索尝试,发明了不少新事物、新办法,这些都和她们在群体劳动中的分工有关。比如:当时女子还从事采集劳作,一个传说说明她们在采集食物的过程中,突遇山火,一些野生动物被火烧死,她们因此发现了做熟食的原理。在这个采集、打猎的活动中,不仅有女子,而且有男子(如于则),但男子并不占有特别重要的地位,这个故事中率领人们劳作的据说是黄帝的第三妃肜鱼氏,她们搬石头,寻找石板,尝试用火加热石板烤食物吃②;在征收军粮马料的过程中,为了避免数量上的悬殊,通过平衡原理,发明制作了最早的秤③。尽管形制粗糙,但基本原理已经掌握了,这个发明者据说是黄帝的

---

① 《嫘母与"明火"(火药)》,见李延军编著《黄帝故事》,北京:国际华文出版社,2001年。
② 《肜鱼氏的故事》,见兰草《轩辕黄帝传说故事》,西安:陕西旅游出版社,1993年。
③ 《嫘祖造秤》,见《炎黄汇典》,长春:吉林文史出版社,2002年。

第一妃嫘祖。

关于嫘祖，故事比较多，但主要是与纺织、养蚕有密切关系。在四川省盐亭、射洪、西充以及道宁等地，流传着王凤天生神异，品德贤良[①]，发明养蚕制衣，但又遭中伤，历尽曲折的故事[②]，这个"王凤"据说就是嫘祖的小名。四川成都一带流传着嫘祖在跟随黄帝打猎时偶然发现了吐丝的蚕正在做的茧子，在黄帝帮助下，经过反复尝试，掌握了养蚕、抽丝、制衣的技术。[③]在陕西黄陵一带的民间传说中，这个过程稍有变化，虽是嫘祖身边的几位女子发现的，但得到了嫘祖的重视和推广。[④]河北涿鹿一带也流传着黄帝与嫘祖发明制衣技术的故事，但故事中的"蚕"变成了棉花，简陋的石纺轮、木梭织布机产生了。[⑤]这些分布区域较广的民间传说，反映了中国古代养蚕业和纺织技术起源较早，而且极有可能在黄帝时代已经比较成熟。这些故事提到的养蚕制衣不少是在黄帝的帮助下完成的，说明至少在民间，人们坚信，嫘祖与黄帝对人文社会的形成具有同等重要的贡献。

嫘祖还帮助黄帝"文明治世"，在百姓生活艰难的地方，放粮救济苍生。[⑥]在民间传说中，这位嫘祖经常与黄帝商量天下大事，甚至亲自为黄帝分担和处理政治事务。[⑦]

这位嫘祖，据说好远游，根据前文所举故事，似乎足迹甚广。嫘，"姓也。黄帝娶于西陵氏之女，是为嫘祖。嫘祖好远游，死于道，后人祀以为行神"[⑧]。

[①] 《王凤受惊遇女娲》，见《炎黄汇典》，长春：吉林文史出版社，2002年。
[②] 《王凤做衣》《家蚕起风波，巫师害王凤》，见《炎黄汇典》，长春：吉林文史出版社，2002年。
[③] 《蚕丝的来历》，见侯光、何祥录编选《四川神话选》，成都：四川民族出版社，1992年。
[④] 《先蚕娘娘——嫘祖》，见兰草《轩辕黄帝传说故事》，西安：陕西旅游出版社，1993年。
[⑤] 《黄帝与嫘祖制衣》，见《轩辕黄帝故乡的传说》，中国民间文学三套集成·涿鹿县资料本。
[⑥] 《嫘祖放粮救黎民》，见《轩辕黄帝故乡的传说》，中国民间文学三套集成·涿鹿县资料本。
[⑦] 《蚕丝女圣嫘祖》，见李延军编著《黄帝故事》，北京：国际华文出版社，2001年。
[⑧] 《集韵·脂韵》。

黄帝四妃，历史典籍也有记载，虽谈到她们的伟大贡献，但远不如民间故事生动细腻。有些故事里阐述人们对黄帝功德的歌颂，不是正面赞美黄帝，而是感恩于黄帝的妃子，如人们纷纷议论，说："嫘祖教会了我们养蚕，人们有衣穿。肜鱼氏又给我们教会了用石板炒饭吃。方雷氏创造了梳子，教会了我们梳妆打扮。我们只好听从黄帝的话，来报答她们对先民的恩德。"①

还有一种特殊现象，当时结婚形式，还是群婚，虽然有了配偶婚的萌芽，当然这种因素中或许有后人依托现实的想象，但在某种程度上保留了一些早期历史的影子。在《素女与大鸿》②《素女化雁》③等系列故事中，就保存着这种因素。大鸿是黄帝的爱将，也是黄帝妹妹（一说侍女）素女的丈夫，素女多次回忆大鸿来到黄帝部落的情景，那些英俊勇敢的男子，集体"嫁"了进来，这种婚姻制度意味着当时社会活动还不是紧紧围绕男子运转的。

男女分工以及男女在社会生产生活中的地位不平等，足以显示当时社会的生产方式主要依靠女子进行，男子除参加军事战争外，基本处于从属地位。这些均可以说明，当时有可能母系氏族社会还没有完全退出历史舞台。如果考虑到黄帝部落崭新的历史意义，一个比较合理的结论是：黄帝文明所处时代正是母系氏族社会向父系氏族社会过渡的阶段，或者是母系氏族社会向父系氏族社会跃迁的门槛。如果注意到这些民间故事的社会历史文化意义，我们可以作出这样的推论。这样，前文出现的黄帝时代的众多发明与女子有关也就不难理解，即这些女子在社会生产生活中占据着重要的地位，发挥着重要的作用。

三、石器与铜器：黄帝部落与蚩尤部落的显著差异

黄帝与蚩尤之战，在民间传说中有不同的版本。故事的起因、黄帝与蚩尤的辈分、蚩尤与炎帝的关系、黄帝与炎帝的关系、蚩尤战败后的命运等均有或多或少的出入。但众多民间故事表明，黄帝部落与蚩尤部落曾经发生过重大的战争，

---

① 《肜鱼氏的故事》，见兰草《轩辕黄帝传说故事》，西安：陕西旅游出版社，1993年。
② 见李延军编著《黄帝故事》，北京：国际华文出版社，2001年。
③ 见曹文轩编《中国神话故事精选》，北京：北京大学出版社，2004年。

而且战争异常艰苦。前文《素女与大鸿》《素女化雁》等故事已有说明。同时，从这些故事中可以清楚地觉察到这两个部落的差距。

流传在今天河北涿鹿一带的故事，讲述黄帝与蚩尤之战，绵亘时间较长，而且黄帝兵卒每战伤亡惨重，黄帝千方百计想改善兵器条件。这说明，黄帝部落的兵器远远落后于蚩尤部落，黄帝的士兵还使用着竹矛、石斧。后来，他在一位樵夫手头握的铜斧的启示下，挖掘铜矿，加以冶炼，制造各种新式武器，如铜斧、铜刀、铜剑、铜矛，以及装有两刃三尖的铜镞，制作了弓箭，军力大增。①

在黄帝战蚩尤系列故事中，蚩尤及其部下往往被描绘成铜头铁面、兽身人语的"怪物"，合理的解释是这个部落较早掌握了金属冶炼技术，并运用于军事战争中。蚩尤在作战中，情势紧急时挥舞"铜锤"厮杀起来，也说明了这一点。②在陕西黄陵县一带，流传的黄帝与蚩尤作战的故事，其中明确说蚩尤在庐山偶然发现了铜矿，冶炼后，制成各种兵器和铠甲，军威大振。③即使在深受道教思想影响的一些传说中，也能洞悉到黄帝部落在发现和利用铜方面落后于蚩尤部落，如说二人一先一后前往老君那里寻觅兵器，蚩尤在先，得一宝刀，黄帝在后，得一弓箭。④这里一先一后不能简单解读为时间的早晚，实质上是两个部落差距的标志。这也就是说，当黄帝部落还处在石器末期时，而蚩尤部落已经较广泛地使用了铜器，且黄帝冶炼制作铜质兵器也是在蚩尤影响下进行的。

蚩尤战败后，一说被黄帝杀掉⑤，尸体分埋九州⑥；一说被黄帝收降⑦，统帅八方军队⑧，并负责冶炼方面的事，也作出了很大的功绩。

与蚩尤之间的战争结束后，相传黄帝在釜山会合天下诸侯，命令各个诸侯交出兵符、兵器，藏在自己有熊国的云岩宫中。⑨这个故事情节受后人改编的迹象

---

① 《黄帝冶铜造兵器》，见《轩辕黄帝故乡的传说》，中国民间文学三套集成·涿鹿县资料本。

②⑦⑨ 《夔鼓败蚩尤》，见《黄帝传说故事》，郑州：中州古籍出版社，1997年。

③ 《黄帝战蚩尤》，见《炎黄汇典》，长春：吉林文史出版社，2002年。

④⑥ 《黄帝造箭射蚩尤》，见《轩辕黄帝故乡的传说》，中国民间文学三套集成·涿鹿县资料本。

⑤ 《黄帝战蚩尤》，见《炎黄汇典》，长春：吉林文史出版社，2002年。

⑧ 《黄帝战蚩尤》，见何炳武等编著《黄帝的传说》，西安：陕西旅游出版社，1999年。

很明显,如秦人"收天下之兵……销锋镝,铸以为金人十二,以弱天下之民"①。黄帝传说虽窜入了后起历史的内容,但反映了人们渴望幸福安静、太平祥和的治理局面。由此也可以看出,所谓的黄帝部落联盟具有若干显著特征,即融合部族、和谐相处等。

通过综合分析,在这些民间故事中至少隐藏着如下关于黄帝文化特征的几个重要信息:黄帝文化并非黄帝一人所创造,而是黄帝时期经过漫长的总结出多人创造的;黄帝文明的具体时期处于人类社会由母系氏族社会向父系氏族社会过渡的阶段;黄帝部落还处于使用石器的末期,当时落后于东方的蚩尤部落;黄帝部落联盟具有融合部族、和谐相处的特征。

---

① 《过秦论》,见阎振益、钟夏校注《新书校注》,北京:中华书局,2000年,第2页。

从古代诗歌管窥炎帝文化的若干问题*

中国古代诗歌中有丰富的历史文化题材,在某种程度上,这些诗歌具有一定的史料价值,特别是那些具有纪念意义、并非仅仅以文学性见长的诗歌。中国古史中的传说历史,就保存在一些口耳相传的形式作品中,后来逐渐含蕴在历代的诗歌中。关于炎黄文化的研究,如果注意到这方面的史料,无疑有助于开阔人们的研究视野。为叙述方便,本文扼要选取古代诗歌中关于炎帝文化的内容,尝试讨论炎帝文化中的若干问题。

目前为止,我们所能看到关于炎帝记载的诗歌形式,最早的可能是商代伯夷、叔齐的《采薇》了,《史记·伯夷列传》载:"登彼西山兮,采其薇矣。以暴易暴兮,不知其非矣。神农、虞、夏忽焉没兮,我安适归矣。于嗟徂兮,命之衰矣。"(《史记》卷六十一)当然,这首诗对历史上"以暴易暴"的现象和人生价值进行了反思,具有无限的历史沧桑感。仅从历史角度判断,"神农"不过是与虞、夏相类而早的一个时代。"神农"时代起止怎样,究竟还不清楚。在《左传》《国语》《帝王世系》等历史载籍中虽然清楚了,但是这些记载多是晚起的。故事传说中有一个共同现象,历史愈演进,关于久远的世系更迭愈清楚,这本身就是一种文化认同与层层累积的历史现象。所以相比较《采薇》而言,《左传》等相传炎帝时代历经八代,或神农时代历经七十世的说法①,都不过是一种历史文化

---

* 原载于霍彦儒主编《炎帝·姜炎文化与民生》,西安:三秦出版社,2010年,第168—178页。

① 《太平御览》卷七十八引《尸子》:"神农氏七十世。"《吕氏春秋·审分览·慎势》:"神农十七世。""十七"疑为"七十"抄写讹误。《礼记·曲礼》孔颖达疏引三国时谯周语,言"神农至炎帝一百三十三姓"。《尸子》所言"神农氏""七十世"的说法,合两千多年,即距今七千多年到五千多年前的轩辕黄帝时期,与考古发现和研究成果大体吻合,是基本可以采信的说法。

的认同和梳理，未必较殷末周初的《采薇》更加具有历史价值。但是这种由简单到繁缛、由模糊到清晰的历史陈述具有深刻的历史文化内涵，却是不言而喻的。战国中晚期开始兴盛的黄帝崇拜、炎帝崇拜，在秦统一天下的进程中发挥了重要作用，对两汉的社会政治也发生了深远影响，已引起学者们的重视和讨论。

在古代诗歌中，关于炎帝的功德、世系、理想等都有记载，是我们把握炎帝文化的又一途径。①炎帝与神农的关系，学者们讨论较多，但还没有完全一致的看法：或者认为神农较炎帝早；或者将神农与炎帝作为共名，历史上有多代的神农与炎帝；或者认为神农只是炎帝中的一代"神农氏"，或炎帝只是神农中的一代。这种情形呈现出上古历史研究的纷纭复杂和艰难。本文遵从通常的认识，即炎帝是共名，神农氏②是炎帝中最初的一代，是炎帝文化的开创者和奠基者。当然，这里所涉及的炎帝、炎帝陵具体所指、方位不尽一致，但是在反映炎帝文化的内涵和特征上却具有相同的特点，同时也间接地透露出炎帝文化发展、演变、传播的过程，因而是可以通观齐论的。

一、关于炎帝的世系

关于炎帝的世系，历来说法不一，但影响较大的是《国语·晋语》的说

---

① 当然，既然是诗歌形式，免不了有虚构夸张的成分，但这又不能一概而论。在涉及炎帝或神农氏等的诗歌中，这种现象大多都和一定的历史传说或史书记载相表里，因而具有一定的史料价值。龙飞凤舞、充满离奇想象的诗作，以艺术性见长，自然不必字字当真，做无谓追究，典型如清代毛国翰的《炎陵龙潭歌》："炎皇欲种玉山禾，呼龙耕烟来鹿坡。痴龙遭缚遁入海，遂穿地轴移泉涡。炎皇乘龙为赤帝，尔来三万六千岁。余涎不刮风门风，化作空龙沙石细。幽宫十丈琉璃封，水晶屏冷金芙蓉。雄龙不来女龙寡，望夫化石成石龙。金鳞如火窥不得，长爪踏云如雪色。昨夜龙子行雨归，飞入空潭黝然里。"

② 《白虎通义·德论上·号》："谓之神农何？古之人民皆食禽兽肉。至于神农，人民众多，禽兽不足。于是神农因天之时，分地之利，制耒耜，教民农作。神而化之，使民宜之，故谓之神农也。"按：这段话当有所本，如《易传·系辞下》等。

法。①战国时期屈原在《远游》诗中描写了与轩辕、炎帝、祝融等神游的情景，"轩辕不可攀援兮，吾将从王乔而娱戏""嘉南州之炎德兮，丽桂树之冬荣""指炎帝而直驰兮，吾将往乎南疑""祝融戒而跸御兮，腾告鸾鸟迎宓妃"（［宋］朱熹撰《楚辞集注》卷五，《文渊阁四库全书》本）。神奇的想象中保存着古史传说人物，"炎德""炎帝"则是战国炎帝崇拜文化现象兴起后的写照。南北朝梁诗人江淹《遂古篇》记载了炎黄交恶的故事，"河洛交战宁深渊兮，黄炎共斗涿鹿川兮"（［梁］江淹撰《江文通集》卷四，《文渊阁四库全书》本），指在今河北一代的涿鹿之战。当然，这里的炎帝和黄帝到底是哪一代，很难穷究，但是它却揭示了炎帝和黄帝部落东迁，并不断融合最终形成炎黄联盟的历史过程，也是炎黄文化和民族形成中的重要环节。元代王芮《历代蒙求》记载更为简明："继生炎帝，号神农氏。播种百谷，教民耒耜。八帝相承，四十三纪。至帝榆冈，诸侯乱起。维时黄帝，姓为公孙。亲与帝榆，战于阪泉。"炎帝八代相传，历经四十三纪，②虽难以贸然判断这种叙述的准确性，但究竟传闻也必有一定起源，今天考古发现和研究成果进一步确认，炎帝神农氏时代应距今六七千年前，③也就是说，炎帝神农氏较轩辕黄帝更早，④炎黄部落联盟的正式形成是在炎帝部落行将衰落、黄

---

① 《国语·晋语》："昔少典娶于有蟜氏，生黄帝、炎帝。黄帝以姬水成，炎帝以姜水成，成而异德，故黄帝为姬，炎帝为姜。二帝用师以相济也，异德之故也。"另外，《礼记·月令》："厉山氏之有天下也，其子曰农，能殖百谷。"但《左传·昭公二十九年》"稷，田正也，有烈山氏之子曰柱，为稷，自夏以上祀之"，"厉"与"烈"一音之转，"厉山氏"即"烈山氏"，或《礼记》所载"农"即"柱"，略备一说。司马贞在《三皇本纪》中认为"神农本起烈山，故左氏称烈山氏之子曰柱，亦曰厉山氏，《礼》曰'厉山氏之有天下'，是也"，将"农"或"柱"直接目为"神农氏"。

② 明代李延机《五帝纪》则称炎帝"传代凡八世，五百二十年"，也只是一种推测。

③ "以今日观点来看，不必拘泥于'五百'这个数字，多数学者认为炎帝神农氏及其后裔延续的时间很长，大体可与6500年至5000年前（一说为7000年至5000年前）的仰韶文化阶段相比附。炎帝本人约生活在距今6000至5850年之间，比黄帝早约近千年。"（杨东晨：《炎帝和妻子生地的有关问题再研究》，载霍彦儒主编《炎帝与民族复兴》，西安：陕西人民出版社，2006年，第32页）

④ 《国语·晋语》："昔少典娶于有蟜氏，生黄帝、炎帝。"贾逵云："炎帝，神农也。"韦昭云："神农，三皇也，在黄帝前；黄帝灭炎帝，灭其子孙耳，明非神农可知也。"《史记·五帝本纪》："以与炎帝战于阪泉之野，三战然后得其志。"《正义》："谓黄帝克炎帝之后。"

帝部落大兴时。①虽然炎黄均出自少典氏，但这只是从部落血缘关系上揭示二者的因承关系，而不是父子式的降生关系，因此炎帝部落与黄帝部落并不是同步兴起和发展的。如前文所述，在古代典籍中，"神农氏"有时并不一定专指首位炎帝，如南宋胡宏撰八十卷《皇王大纪》，上起盘古，下迄周末，"神农居天位百有四年而殁，号曰炎帝。……帝临魁，在位八十年。帝承，在位六十年。帝明，在位四十九年。帝直，在位四十五年。帝米，在位四十八年。帝哀，在位四十三年。帝榆罔，在位五十五年"（[宋]胡宏撰《皇王大纪》卷一，《文渊阁四库全书》本），"神农侵暴诸侯，轩辕兴师，征之神农氏，大战于阪泉之野。三战，神农氏败绩"（[宋]胡宏撰《皇王大纪》卷二，《文渊阁四库全书》本）。②可见，"侵暴诸侯，轩辕兴师"时的神农氏实际可能是炎帝中的榆罔。③

唐开元二年（714年）八月，太子宾客薛谦光献《九鼎铭》，其中《蔡州鼎铭》，武则天撰曰："羲农首出，轩昊膺期。唐虞继踵，汤禹乘时。天下光宅，海内雍熙。上玄降监，方建隆基。"（《御定全唐诗》卷五《则天皇后》，《文渊阁四库全书》本）④诗文中贯穿着对历史发展的认识。唐玄宗李隆基在给臣下宋璟等的赐诗中也有"赤帝收三杰，黄轩举二臣。由来丞相重，分掌国之钧"（[唐]张

---

① 《周易·系辞下》："神农氏没，黄帝、尧、舜氏作，通其变，使民不倦；神而化之，使民宜之。"《史记·五帝本纪》："轩辕之时，神农氏世衰。诸侯相侵伐，暴虐百姓，而神农氏弗能征。于是轩辕乃习用干戈，以征不享，诸侯咸来宾从……诸侯咸尊轩辕为天子，代神农氏，是为黄帝。"

② 《大戴礼记·五帝德》："孔子曰：'黄帝，少典之子也，曰轩辕。生而神灵，弱而能言，幼而慧齐，长而敦敏，成而聪明。治五气，设五量，抚万民，度四方。教熊罴貔豹貙虎，以与赤帝战于阪泉之野。'三战，然后得行其志。"

③ 北宋司马光《稽古录·有熊氏》将阪泉之战双方揭示得更为明确："黄帝与炎帝子孙，战于阪泉之野，三战，然后得其志，诸侯咸尊黄帝为天子，代神农氏。"清代储嘉珩《厉山》诗"庖牺生于陈，神农诞于楚"，其中"神农"自然也不是最初的神农氏，而是炎帝部落与炎帝文化进一步向东发展的历史反映和追溯。

④ 《旧唐书》卷二十二《志·礼仪》："羲农首出，轩昊膺期。唐虞继踵，汤禹乘时。天地光宅，域中雍熙。上天降监，方建隆基。"[宋]王钦若等《册府元龟》卷二十四《帝王部·符瑞》作《豫州鼎铭》，文字亦略有异："羲农首出，轩昊膺期。唐虞继踵，汤禹乘时。天下光宅，域内雍熙。上玄降祉，方建隆基。"

说撰《张燕公集》卷四,《文渊阁四库全书》本)的句子,虽是借古劝今,但也包含了历史传说即炎、黄举贤的例子。唐代韩愈《苦寒》诗"日月虽云尊,不能活乌蟾。羲和送日出,悁怯烦(一作"频")窥觊。炎帝持祝融,呵嘘不相炎"([宋]魏仲举编《五百家注昌黎文集》卷四,《文渊阁四库全书》本),记载了炎帝捉祝融的传说,当然这已是炎帝部落不断发展壮大过程中的事件了,与神农初创不同。元代虞集《青霞观碑》"祝融之墟,炎帝所理"(《湖广通志》卷一百一十二,《文渊阁四库全书》本),揭示了祝融与炎帝的关系。清代王仕云《五帝》诗,简明地罗列出三皇五帝的系谱,全诗为:"天皇地皇人皇氏,名曰三皇居上世。太昊炎帝及轩辕,唐虞绍之为五帝。"[1]此外,晋代郭璞《氐人》"炎帝之苗,实生氐人。死则复苏,厥身为鳞。云南是托,浮游天津"([明]张溥辑《汉魏六朝百三家集》卷五十七《晋郭璞集》,《文渊阁四库全书》本),揭示了氐人与炎帝的血缘关系。

古代化用"精卫填海"典故的诗歌甚多,相传精卫是炎帝女儿所化[2],与炎帝有密切关系。比较有代表性的有晋代郭璞《精卫》"炎帝之女,化为精卫。沉形东海,灵爽西迈。乃衔木石,以填波害"([明]张溥辑《汉魏六朝百三家集》卷五十七《晋郭璞集》,《文渊阁四库全书》本),陶渊明《读山海经》"精卫衔微木,将以填沧海"([晋]陶潜撰《陶渊明集》卷四,《文渊阁四库全书》本),唐代岑参《精卫》"负剑出北门,乘桴适东溟。一鸟海上飞,云是帝女灵。玉颜溺水死,精卫空为名。怨积徒有志,力微竟不成。西山木石尽,巨壑何时平?"([明]高棅编《唐诗品汇》卷十二,《文渊阁四库全书》本),王建《精卫词》"精卫谁教尔填海,海边石子青磊磊。但得海水作枯池,海中鱼龙(一作"鳖")何所为?口穿岂为空衔石,山中草木无全枝。朝在树头暮海里,飞多羽折时堕水。高山未尽海未平,愿我身死子还生"([唐]王建撰《王司马集》卷二,《文

---

[1] "三皇"还有其他说法。《白虎通义·德论上·号》"三皇者何谓也?谓伏羲、神农、燧人也;或曰伏羲、神农、祝融也。"

[2] 《山海经·北山经》:"又北二百里曰发鸠之山,其上多柘木。有鸟焉,其状如乌,文首、白喙、赤足,名曰精卫。其鸣自詨。是炎帝之少女,名曰女娃。女娃游于东海,溺而不返,故为精卫,长衔西山之木石以堙于东海。"

渊阁四库全书》本），韩愈《学诸进士作精卫衔石填海》"鸟有偿冤者，终年抱寸诚。口衔山石细，心望海波平。渺渺功难见，区区命已轻。人皆讥造次，我独赏专精。岂计休无日，惟应尽此生。何惭刺客传，不著报仇名"（[宋]魏仲举编《五百家注昌黎文集》卷九，《文渊阁四库全书》本）等。当然，唐代以后的精卫题材的诗歌，内容和感情更加复杂多样，大多是借"精卫填海"作为抒写抱负、表达对人生和时世看法的作品。如宋王安石《精卫》"帝子衔冤久未平，区区微意欲何成。情知木石无云补，待见桑田几变更"（[宋]王安石撰《临川文集》卷三十三，《文渊阁四库全书》本），陆游《后寓叹》"千年精卫心平海，三日於菟气食牛。会与高人期物外，摩挲铜狄灞城秋"（[宋]陆游撰《剑南诗稿》卷五十三，《文渊阁四库全书》本）等。明末清初顾炎武《精卫》尤为奇峭，发人深思，"万事有不平，尔何空自苦？长将一寸身，衔木到终古。我愿平东海，身沉心不改。大海无平期，我心无绝时。呜呼！君不见，西山衔木众鸟多，鹊来燕去自成窠"，采用对话的方式，展示了精卫坚定不移的意志，情怀激烈，与各为自家谋的生存方式形成鲜明对比，也寄托了作者的远大抱负和郁郁不得志的愤懑之情。

二、关于炎帝的功德

炎帝神农氏的功德是历代吟咏炎帝文化诗歌最重要的内容。三国时期魏曹植《神农赞》称"神农""造为耒耜，导民播谷。正为雅琴，以畅风俗"（[魏]曹植撰《曹子建集》卷七，《文渊阁四库全书》本），突出炎帝神农氏在农业、音乐方面的贡献。晋代挚虞《神农赞》也描绘了神农重本抑末、通变该极的特点："神农居世，通变该极。民众兽鲜，乃教稼穑。聚货交市，草木播植。务济其本，不通其饰。"（[明]梅鼎祚编《西晋文纪》卷十三《西晋·挚虞》，《文渊阁四库全书》本）南北朝梁诗人沈约在《羽籥舞歌》中写道："羲皇之初，天地开元。网罟禽兽，群黎以安。神农教耕，创业诚难。民得粒实，澹然无所患。"（[梁]沈约撰《宋书》卷二十，《文渊阁四库全书》本）明代陈凤梧《神农赞》："圣皇继作，与天合德。始尝百草，以济夭札。农有耒耜，市有交易。泽被生民，功垂无极。"（《山东通志》卷三十五之七《艺文志·赞》，《文渊阁四库全书》本）这些诗歌将神农与伏羲相提并论，揭示了他们在人文历史上的杰出贡献，尤其是神农氏发明农耕，解决人们的衣食问题，是人类文明史的进步。[①]

唐代褚亮《享先农乐章》："粒食伊始，农之所先。古今攸赖，是曰人天。耕斯帝籍，播厥公田。式崇明祀，神其福焉。"（[宋]郭茂倩辑《乐府诗集》卷七《郊庙歌辞》，《文渊阁四库全书》本）虽是祭祀乐歌，但也突出了炎帝神农氏发明农业、使粒食成为古今人们重要生活方式的深远意义。唐代元结《丰年》，歌颂神农氏教民种植的贡献："猗太帝兮，其智如神；分草实兮，济我生人。猗太帝兮，其功如天；均四时兮，成我丰年。"（[唐]元结撰《次山集》卷一《补乐歌》，《文渊阁四库全书》本）《宋史·乐志》载《享神农氏乐章》"猗欤先农，肇兹黍稷。既殖既播，有此粒食"（[元]脱脱等撰《宋史》卷一百三十二《乐志》），"耒耜之教，帝实开先。致养垂利，古今民天"（[元]脱脱等撰《宋史》卷一百三十七《乐志》），《蜡祭》"农为政本，食乃民天。神农氏作，民始力田"（[元]脱脱等撰《宋史》卷一百三十七《乐志》），"耒耜肇兴，自神农氏。稼穑滋殖，为农者始"（[元]脱脱等撰《宋史》卷一百三十七《乐志》），《元史·祭祀志》载《祭炎帝神农乐章》"耒耜之利，人赖以生。鼓腹含哺，帝力难名"（[明]宋濂等撰《元史》卷七十七《志·祭祀》）等，对神农分草实、辨谷物的发明歌颂再三。

宋代范仲淹《咏农》缅怀神农等的贡献，描写了社会上贫富不均的现象，"圣人作耒耜，苍苍民乃粒……一夫耕几垄，游堕如云集。一蚕吐几丝，罗绮如山入。太平不自存，凶荒亦何及。神农与后稷，有灵应为泣"（[宋]范仲淹撰《范文正集》卷一《四民诗》，《文渊阁四库全书》本）。梅尧臣《耒耜》"古圣通物宜，揉斫资粒食。稼穑尽民勤，垦耕穷地力。推化本神农，维时思后稷。我老欲归田，兹器已先识"（[宋]梅尧臣撰《宛陵集》卷五十一，《文渊阁四库全书》本），王安石《耒耜》"耒耜见于易，圣人取风雷。不有仁智兼，利端谁与开。神农后稷死，般尔相寻来。山林尽百巧，揉斫无良材"（[宋]王安石撰《临川文

---

① 袁珂先生认为关于炎帝教种五谷的传说"意味着神农时代的人民，已经学会把野生的谷物用人工种植起来了"（袁珂著《中国古代神话》（修订本），北京：中华书局，1960年，第71页）。

集》卷十一《古诗》,《文渊阁四库全书》本),陆游《稽山农》"赖有神农之学存至今,扶犁近可师野叟"([宋]陆游撰《剑南诗稿》卷二十六,《文渊阁四库全书》本),这些诗作固然难免有感时叹怀的意味,但都肯定了神农与后稷的农业发明功绩。

在发明农业之外,人们历来认为,神农氏还对中医药学有杰出贡献。"神农尝百草",已是人们熟识的说法。古代诗歌中,沿袭这种认识的很多。唐代韦应物《种药》诗载"好读神农书,多识药草名。持缣购山客,移莳罗众英"([唐]韦应物撰《韦苏州集》卷八《杂兴》,《文渊阁四库全书》本),李峤《藤》"神农尝药罢,质子寄书来"([宋]李昉等编《文苑英华》卷三百二十六《花木》,《文渊阁四库全书》本),王绩《采药》"行披葛仙经,坐检神农("神农"一作"农皇")帙"(《御定全唐诗》卷三十七《王绩》,《文渊阁四库全书》本),张籍《卧疾》"身病多思虑,亦读神农经"(《御定全唐诗》卷三百八十三《张籍》,《文渊阁四库全书》本)。这里,"神农书""神农帙""神农经"等均指药书,大概是《神农本草》,突出了神农氏在医药发明上的卓越贡献。

有些诗歌委婉透露出神农还是茶的发现者,虽然当时还没有复杂细致的煎煮方法,如唐代刘禹锡《西山兰若试茶歌》"炎帝虽尝未解煎,桐君有箓那知味"([唐]刘禹锡撰《刘宾客文集》卷二十五《杂体》,《文渊阁四库全书》本)。

梁代周兴嗣《千字文》"龙师火帝,鸟官人皇。始制文字,乃服衣裳"([明]梅鼎祚编《梁文纪》卷十四,《文渊阁四库全书》本),指出炎帝担任鸟官,是文字、服饰的发明者之一。梁诗人庾肩吾《奉使北徐州参丞御》"炎农称卷领,唐勋载允恭。犹将表世盛,尚且号民(一作"人")从"([宋]李昉等编《文苑英华》卷二百九十六《行迈》,《文渊阁四库全书》本),对炎帝神农氏的贡献有特别的强调。唐李商隐诗《今月二日不自量度辄以诗一首四十韵干渎尊严》"熏琴调大舜,宝瑟和神农"([唐]李商隐撰《李义山诗集》卷下,《文渊阁四库全书》本),也化用了神农是琴瑟的发明者的典故。[1]元代王祯《土鼓》"粤昔伊耆氏,

---

[1] 《世本·作篇》"神农作琴""神农作瑟",《晋书·志第十二·乐上》"农瑟羲琴",《魏书·志第十四·乐五》"伏羲弦琴,农皇制瑟",《隋书·志第十·音乐下》"琴,神农制为五弦"等。

乐制惟土苴。继自神农氏,作鼓正从瓦。蒯桴一引击,真性足陶写。当时风俗成,往往朴而野"([元]王祯撰《王氏农书》卷十七《农器图谱》,《文渊阁四库全书》本),认为鼓和神农氏有关。

三、"火德"与"朱光""朱明"

炎帝神农氏以火纪德。①曹植在《神农赞》中称"神农""少典之胤,火德成木"([魏]曹植撰《曹子建集》卷七,《文渊阁四库全书》本),与《国语·晋语》等记载吻合。晋郭璞《南方祝融》诗:"祝融火神,云驾龙骖。气御朱明,正阳是含。作配炎帝,列位于南。"([明]张溥辑《汉魏六朝百三家集》卷五十七《晋郭璞集》,《文渊阁四库全书》本)揭示了祝融继承炎帝,以火德任火神,列位南方。南北朝时宋诗人谢庄《明堂歌·歌赤帝》:"龙精初见大火中,朱光北至圭景同。帝在在离寔司衡,水雨方降木槿荣。庶物盛长咸殷阜,恩覃四冥被九有。"([明]张溥辑《汉魏六朝百三家集》卷七十二《宋谢庄集》,《文渊阁四库全书》本)其中,"龙精"(即"龙星")、大火(心宿)均星宿名,"朱光"指日,②"圭景"显示了炎帝测日影历天的经过,这首诗描写了炎帝观象授时、指导人们生产的景况。关于炎帝与"大火历"的关系,学者们经过审慎研究,认为以炎帝神农氏为代表的炎帝族对于"大火历"的发明和应用是有贡献的,③它是后来先商时期人们研究星象与农业关系的基础。齐诗人谢朓《雩祭歌·赤帝歌》"惟此

---

① 《文献通考·职官考一·官制总序》:"神农氏以火纪,故为火师火名。火,德也,故为炎帝。春官为大火,夏官为鹑火,秋官为西火,冬官为北火,中官为中火也。神农有火星之瑞,因以名师与官也。"

② 清代俞樾在《古书疑义举例》中对"光"与"日"的关系作了比较细致的考证。"(《诗经》)《蓼萧篇》:'既见君子,为龙为光。'按:光者,日也。《周易·说卦传》:'离为日。'而《虞注》于《未济》六五及《夬·象传》并云:'离为光。'于《需·象辞》则曰:'离日为光。'是日与光义得相通。《文选》张孟阳《七哀诗》注:'朱光,日也。'"(俞樾等著《古书疑义举例五种》,北京:中华书局,2005年,第2版,第21页)

③ 王震中:《炎帝族对于"大火历"的贡献》,载霍彦儒主编《炎帝与民族复兴》,西安:陕西人民出版社,2006年,第71页。

夏德德恢台，两龙在御炎精来。火景方中南讹秩，靡草云黄含桃实。族云翁郁温风扇，兴雨祁祁黍苗遍"（［齐］谢朓撰《谢宣城集》卷一，《文渊阁四库全书》本），将炎帝的火德和农业贡献结合了起来。梁诗人沈约《明堂祭歌·赤帝》"炎光在离，火为威德。执礼昭训，持衡受则。靡草既凋，温风以至。嘉荐惟旅，时羞孔备。齐醍在堂，笙镛在下。匪惟七百，无绝终始"（［明］张溥辑《汉魏六朝百三家集》卷八十八《梁沈约集》，《文渊阁四库全书》本），虽是写明堂祭祀的情景，但也指出"炎光在离，火为威德。执礼昭训，持衡受则"，即炎帝在离位，属火德，手持衡。隋代牛弘《五郊歌·赤帝歌》"长赢开序，炎上为德。执礼司萌，持衡御国。重离得位，芒种在时。含樱荐实，木槿垂蕤。庆赏既行，高明可处"（［明］张溥辑《汉魏六朝百三家集》卷一百一十七《牛弘集》，《文渊阁四库全书》本），也突出了炎帝的"火德"。

关于"炎帝"的诗歌中多见"朱光""炎精""炎光"的说法，也常有"朱明"的用法。"光""明"本通，"朱明"也即"朱光"。唐代无名氏《五郊迎送神辞·赤帝》就分别有"青阳节谢，朱明候改。靡草凋（一作"雕"）华（一作"花"），含桃流彩""炎精式降，苍生攸仰"（［后晋］刘昫撰《旧唐书》卷三十，《文渊阁四库全书》本）；魏徵等在《五郊乐章·赤帝》组诗中则作"青阳告谢，朱明戒序""离位克明，火中宵见""昭昭丹陆，奕奕炎方""千里温风飘绛羽，十枝炎景腾朱干"（［宋］郭茂倩辑《乐府诗集》卷六《郊庙歌辞》，《文渊阁四库全书》本）；张聿（一作黎逢）《首夏犹清和》"祝融将御节，炎帝启朱明"（［宋］李昉等编《文苑英华》卷一百八十一，《文渊阁四库全书》本）等。

这种关于炎帝的"火德"观念，也影响到各种祭祀的仪式。北周庾信《祀五帝乐歌·献赤帝奏云门舞》"招摇指午对南宫，日月相会实沉中。离光布政动温风，纯阳之月乐炎精。赤雀丹书飞送迎，朱弦绛鼓馨虔诚，万物含养各长生"（［周］庾信撰，［清］倪璠纂注《庾子山集》卷六《郊庙歌辞》，《文渊阁四库全书》本）清代倪璠注《庾子山集》（十六卷），认为："赤帝，天帝赤熛怒之神在于南方，主火其色赤。《河图曰》：'赤帝，赤熛怒。'《周礼》：'云门之舞以祀天神赤帝，居其一也。立夏之日，祭之于南郊。雩祭、大飨亦皆祭之。其祭玉用赤璋，牲币亦如其色。乐用黄钟、大吕之等。人帝神农所配之帝也。'……《淮南子》曰：'仲夏之月，招摇指午。'高诱曰：'招摇，北斗第七星。'《史记·天官书》曰:'南宫,朱鸟。'……《易》曰:'相见乎离。'离也者,南方之卦也。《月令·季夏》云:'温风始至。'……郑康成曰:'立夏迎赤帝于南郊。'纯阳之月,谓夏至以前为纯阳,到夏至一阴始生。炎帝,谓赤帝之神为火精也。《月令·孟夏》云:'其帝炎帝。'《郑注》云:'赤精也,彼虽人帝,感此炎精矣。'……《史记索隐》曰:'文耀钩云:南宫,赤帝其精为朱鸟。'《吕氏春秋》曰:'周文王时见大赤乌衔书集于周社,以南方、赤色、朱鸟属夏,故引朱雀丹书言其盛德在火也。'朱绛皆赤色,若青有青苍二色矣。朱弦绛鼓取其色之相似也。"([周]庾信撰,[清]倪璠纂注《庾子山集》卷六《郊庙歌辞》,《文渊阁四库全书》本)根据倪璠细致的注疏,我们可以看到,这首《祀五帝乐歌·献赤帝奏云门舞》描写的节令、方位、物色等都与"火德"有关,如仲夏之月(招摇指午、温风、纯阳之月)、朱鸟(南宫)、南方(离)、火德(离光、炎精)、赤色(赤雀、丹书、朱弦、绛鼓)等。尽管以人帝炎帝神农氏配天帝赤熛怒,体现了秦汉以来的五德终始、天人合一的观念,但是毕竟也能反映出人们对炎帝文化的基本看法,也是关于炎帝祭祀文化的重要资料。这首诗被《五礼通考》卷三十一、《御制律吕正义后编》卷九十四、《隋书》卷十四、《庾子山集》卷六、《乐府诗集》卷四、《古诗纪》卷一百二十九、《古乐苑》卷三、《古诗镜》卷三十五、《汉魏六朝百三家集》卷一百一十二等所收录。庾信的《祀五帝乐歌·配帝舞》"以炎为政,以火为官。位司南陆,享配离坛"([周]庾信撰,[清]倪璠纂注《庾子山集》卷六《郊庙歌辞》,《文渊阁四库全书》本)诗句也形象地反映了这一问题。

四、"神农好长生"的意义

古代传说中,有不少追求长生不死、加强修炼的故事。这种观念大概也在战国中晚期的时候开始比较流行,至秦汉大兴。相传黄帝也梦游华胥,探访崆峒山,寻觅长生之术。当然,这些记载和传闻更多带有后世的历史文化观念,但也是研究先秦思想观念演变的重要资料。炎帝神农氏喜好长生,在古代诗歌中也有所记载。因为神农采百草,发明中医药学,对人们的健康长寿作出了贡献,故而作追求长生的推理,或许是符合情理的。但是,比较复杂的是,这里同样也渗透了后起的观念,特别是战国中晚期至秦汉时期的文化观念,最终定型下来,积淀在炎帝神农氏的文化意象中，使这一问题变得复杂而丰富多彩起来。

神农"好长生"本有一个演变过程。起初传说神农发现的"嘉谷"具有长生的功能，或许是指人们的饮食结构改变有助于延长人的生命，但后来演变为"长生不死"的传闻。东晋时期的王嘉在《拾遗记》中记载："（炎帝）时有丹雀衔九穗禾，其坠地者，帝乃拾之，以植于田，食者老而不死。"（[晋]王嘉撰《拾遗记》卷一，《文渊阁四库全书》本）同时，炎帝是太阳神，"因为太阳是健康的泉源，所以和医药也有关系"[①]，这也是炎帝神农氏被赋予"好长生"色彩的文化原因。

唐代李白《题随州紫阳先生壁》写道："神农好长生，风俗久已成。"（[唐]李白撰《李太白文集》卷二十二《歌诗·题咏》，《文渊阁四库全书》本）认为神农追求长生，影响深远。唐宋之问《药》"扁鹊功成日，神农定品年。丹成如可待，鸡犬自闻天"（《御定全唐诗》卷五十二《宋之问》，《文渊阁四库全书》本），实际上是对长生之术的反思和揶揄了。唐崔兴宗《和王维敕赐百官樱桃》"闻道令人好颜色，神农本草自应知"（《御定全唐诗》卷一百二十九《崔兴宗》，《文渊阁四库全书》本），吟咏樱桃有养颜的功用，《神农本草》已有记载。

清代刘彬《神农洞天》："神农生去几千年，食德于今处处然。丹灶何曾留古洞，耕耘犹自庆长天。可知杳渺原非帝，始信鸿功即是仙。寄语烟霞三岛客，好从实地悟人先。"（《随州志》卷三十一，清同治八年刻本）这里，实际对神农长生的问题已经作了巧妙的回答，但不是惯常理解的借助丹药的药效来延长人的物理寿命，而是通过功德传布人的精神生命，关注现实人生则是建功立业的前提，也是生命不朽的保障，其中既蕴含着古人对"三不朽"的追求，也批评了离开人生和现实生活的空渺不经的养生之道。清代陈俊超《味草亭》"当年果有长生术，不见炎陵落照中"，也表达了类似的对长生之术的质疑态度。

炎黄作为中华民族共同的人文初祖，日益受到人们的崇敬和重视，其文化内涵深刻丰富，影响深远。清末爱国诗人、民族英雄丘逢甲《落叶恋本根》"人生亦有祖，谁非黄炎孙？归鸟思故林，落叶恋本根"及《谁非黄炎孙》"谁非黄炎

[①] 袁珂著《中国古代神话》（修订本），北京：中华书局，1960年，第71页。

之子孙,九天忍令呼无门"(丘逢甲著,丘瑞甲、丘兆甲编辑《岭云海日楼诗钞》卷十二)等,就是这种心志的写照。

总之,炎帝神农氏和炎帝文化是古代诗歌的重要题材之一,并受到古代史籍和民间传说的影响,不少题材内容(如"精卫填海")成为历代诗人寄托情怀的凭借,产生了许多脍炙人口的佳作。在这些诗歌中,对炎帝的世系有不少记载,进一步佐证了炎黄联盟的正式形成是在炎帝部落晚期,炎帝神农氏较黄帝轩辕氏要早出很多;这些诗歌歌颂了炎帝在农业、贸易、医药、音乐等方面的贡献,有助于炎帝文化的历史传播;诗歌中涉及炎帝"火德"的有关问题,有助于进一步理解炎帝族在"大火历"发现与应用中的历史地位,并有助于准确理解"朱光""朱明"的所指以及炎帝祭祀礼仪的"尚火"特色;作为医药神,在历代诗歌中,炎帝神农氏"好长生"成为诗人向往和反思的对象。炎帝以功德受到人们的敬仰和纪念,成为炎帝真正长生的基础,也是彰显炎帝文化人文精神的重要途径。

《史记·五帝本纪》与中华共同体的形成*

《五帝本纪》是古代著名史学家司马迁（前145或前135年—约前86年）撰写的《史记》的第一篇（卷），在中国历史与思想文化史上具有重要的意义。司马迁面对当时百家称"黄帝"而文辞不雅驯，通过实地考察①对传闻"五帝"现象进行重新思考和研究。尽管《史记》已经做到"择其言尤雅者"（《史记·五帝本纪》），但毕竟记载了不少传说故事，错讹与矛盾的地方也比较多，不能作为判定客观史实的唯一依据。然而史学作品具有历史重构的本质属性，本身便是一种复杂的历史文化现象，需要对其进行思想文化分析。如果将《五帝本纪》与其紧接着的卷二《夏本纪》、卷三《殷本纪》以及卷四《周本纪》结合起来分析，则反映了司马迁卓著的史学眼光与时代意识。简言之，《五帝本纪》对中华共同体的形成奠定了坚实的史学与理论基础。

当然，这里所说的中华共同体具体包括历史共同体、民族共同体、文化共同体以及心理共同体，四个方面融会在秦汉以来以华夏民族（汉民族）为主体的多民族与多元文化的统一的国家的形成进程中，促进了国格意识的形成与思想文化的发展，对后世影响深远。中华民族是一个多元统一体。②

---

* 原载于《光明日报》2017年6月10日第11版，题目为《〈五帝本纪〉的文化功能》，文字有节略。

① "太史公曰：学者多称五帝，尚矣。然《尚书》独载尧以来，而百家言黄帝，其文不雅驯，缙绅先生难言之。孔子所传宰予问《五帝德》及《帝系姓》，儒者或不传。""余尝西至空桐，北过涿鹿，东渐于海，南浮江淮矣，至长老皆各往往称黄帝、尧、舜之处，风教固殊焉，总之不离古文者近是。"（《史记·五帝本纪》）本文所参考《史记》为中华书局1982年第2版，后同。

② 费孝通：《中华民族的多元一体格局》。见费孝通等著《中华民族多元一体格局》，北京：中央民族学院出版社，1989年，第1页。

一、"五帝"的排序与《五帝本纪》中"五帝"的变化

"五帝"并不是中国古代原本就有的概念或提法,而是在战国时期逐渐形成和发展完善的。据龙山文化遗址等考古发现,相当于"五帝"时期的历史时代是客观存在的。

"五帝",大多指称两个方面的内容:

一是上古时期历史人物的合称,具体包括三种说法,即"太皞(伏羲)、炎帝、黄帝、少皞、颛顼"(《战国策》《吕氏春秋》),"少昊(少皞)、颛顼、高辛(帝喾)、尧、舜"(《伪尚书序》),"黄帝、颛顼、帝喾、尧、舜"(《大戴礼记·五帝德》《史记·五帝本纪》)。三种关于"五帝"的排序反映了不同的谱系特点和时代烙印,也体现了"五帝"在战国中晚期至秦汉之际调整变化的特质。《史记》中的《五帝本纪》与《大戴礼记》中的《五帝德》顺序一致,与《伪尚书序》也比较接近,是对此前五帝顺序与谱系的重新建构与整合。

二是五方上帝(或五方神)的合称,即中央黄帝(轩辕,属土)、东方青帝(伏羲,属木),南方赤帝(炎帝,一说蚩尤,属火),西方白帝(少昊,属金),北方黑帝(颛顼,属水)。这里的五方上帝自然带有明显的五行思想和观念,而且反映了黄帝已经居于中央统摄地位,对四方神具有支配与指导作用。《吕氏春秋·应同》以五行思想解释黄帝、舜、汤、文王以来的历史演变规律,判断代周而兴的当属"水"德。这些都是秦汉之际大一统历史趋势在思想观念上的曲折反映。①

《五帝本纪》中的"五帝"及其关系很清晰与鲜明,显示了史书编撰者的主动调整和自觉建构,其中蕴藏的时代感和问题意识值得人们注意。

---

① 郭沫若先生认为:"如五帝三王是一家,都是黄帝的子孙,那便完全是人为。那是在中国统一的前后(即嬴秦前后)为消除各种氏族的畛域起见而生出的大一统的要求。"(《郭沫若全集》历史编1,北京:人民出版社,1982年,第222—223页)

二、《五帝本纪》历史传承的特色

《五帝本纪》中的"五帝"分别是"黄帝、颛顼、帝喾、尧、舜",他们之间具有密切的血缘联系:"黄帝"是始祖,"颛顼"是"黄帝之孙而昌意之子也","帝喾"是黄帝之曾孙、玄嚣之孙、蟜极之子,"尧"是帝喾之子(名放勋),"舜"是昌意的七世孙(即黄帝的八世孙),当然,《夏本纪》记载继承"舜"大位的"禹"是昌意的三世孙(即黄帝的四世孙),其间显有错讹与矛盾,则是另一问题,也愈益突显了这个世系与谱系的重构本质。

《五帝本纪》中的"五帝"形象克服了此前"五帝"世系的纷杂与矛盾,而代之以同宗共族的特色,均是共祖"黄帝"的嫡系后裔。虽然这个谱系还有不少历史的空白,有间隔,不连续,但所选取的主要历史人物与历史节点,却具有深刻的思想意涵。显而易见,《五帝本纪》中的"五帝"带有浓郁的血缘属性和人文属性。"五帝"重视德行与功业,通过个人的努力、发明及和百姓共同劳动,逐步改善生存生活的环境和境遇,促进文明的进步和发展,而不是依靠上天的恩赐或神的庇佑,这都反映了较天命思想以及图腾崇拜、上帝崇拜与祖先崇拜进步的思想意义,具有深刻的人文价值与实践功能。因此,《五帝本纪》中的"五帝"既反映了历史一脉相承,又有重人文、重理性的思想文化特征。这些记载虽然与《诗经》《尚书》记载的在殷商时期依然保留着厚重的图腾崇拜、上帝崇拜、祖先崇拜(《诗经·生民》《诗经·玄鸟》等)不完全一致,然而却深刻反映了秦汉时期历史叙述重构的思想文化本质。

这种重构的影响因素大致来源于三个方面,分别是:战国中晚期炎黄信仰的形成发展与黄老之学的兴起,新型国家统一趋势在思想上的诉求和反映,阴阳思想与五行思想的汇合及交融,等等。

三、《五帝本纪》在中华共同体形成中的文化功能

在客观与逻辑意义上,《五帝本纪》反映并促进了中华共同体的形成和发展。这主要体现在以下四个方面。

首先，历史认同。

历史认同是历史建构与历史重构的基础和前提。炎帝、黄帝等上古帝王，不见于《诗经》《尚书》的记载。炎帝、黄帝的记载，在流传文献中最早见于《国语·周语》。① 司马迁重新梳理勾勒历史。以黄帝为首重建上古史的谱系，既是对五方上帝神观念的扬弃，也是对人文历史认识的自觉化与理性化，具有深刻的思想启迪意义。

关于这种历史重构中的诸多复杂问题，例如如何处理神话与历史的关系问题，司马迁尝试所做的"神话的历史化"和"历史的神话化"②努力，恰恰反映了对神话传说历史价值尊重和对现实历史价值赋予的双重努力。其中的矛盾与冲突不仅仅体现为表面的史料或观点的不一致，而且更深层次反映了历史重构在面对历史文化资源与现实社会需要时的多重考量和曲折努力。当然，《史记》文本在流传过程中，具有多种演变，③其中较班氏家藏本的内容变化应被充分考虑在内，这有助于判断和厘清表面冲突背后的历史实质。

其次，民族认同。

"五帝"时代是氏族部落不断发展和融合的时代。古老部落与新兴部落的结盟、分化与融合，在神话历史传说中表现为世系相传与更迭，反映了氏族部落的延续和变化。部落的首领或盟主带有"共主"的特点，世代相沿不替，所以流传的英雄首领名称便是"共名"，如炎帝和黄帝等，这有助于理解上古传说帝王长寿的故事，尽管荒诞不经，但却蕴藏着对历史的追溯与体认，凝聚着氏族部落共同的历史记忆与民族认同。"历史记载的长期连续性，即是我们民族强大生命力和凝聚力的明证"，"中华民族这种强烈的历史感，其实质意义即是重视民族自身的由来、发展，并且自觉地将它传续下去"④，中华民族也是在这个历史发展过

---

① "昔少典娶于有蟜氏，生黄帝、炎帝。黄帝以姬水成，炎帝以姜水成。成而异德，故黄帝为姬，炎帝为姜。二帝用师以相济也，异德之故也。"（《国语·晋语》）

② 刘书惠、李广龙《〈史记〉感生神话矛盾性论析》，《合肥工业大学学报（社会科学版）》2015年第5期。

③ 参见李开元《解构〈史记·秦始皇本纪〉——兼论3+N的历史学知识构成》，《史学集刊》2012年第4期。

④ 陈其泰著《史学与民族精神》，北京：学苑出版社，1999年，第6页。

程中逐渐形成和发展的。

《五帝本纪》以人文化的视野重新审视传说历史，将"五帝"构筑为一个世代相传、绵延不绝的历史，也是民族形成建立的历史，其中的民族认同，为后世历史发展奠定了重要基础。"五帝"是一种历史文化现象，体现了对历史的选择和重构，确认和凸显黄帝的历史地位，是民族历史发展的必然反映。

《五帝本纪》以家谱的形式重新梳理历史，既反映了民族认同的加深、加剧，即"五帝相继作为部落首领而出自同一家族，前后绵绵数百年，这就为一个家族的历史谱系做了最充分的材料准备"[1]，也体现了家国观念的发展以及家国一体格局的进一步完善的时代潮流和历史发展趋势。

以华夏民族（汉民族）为主体的多民族统一国家的形成，奠定了秦汉以后多民族融合又保持鲜明民族特色的民族共同体的基础，影响深远。

再次，文化认同。

《五帝本纪》具有浓郁的人文色彩。标志是重视德行，重视功业，重视教化。《五帝本纪》记载五帝的功业，都有推行教化的写照。黄帝"淳化鸟兽虫蛾"[2]，颛顼"治气以教化"[3]，帝喾"抚教万民而利诲之"[4]，尧"能明驯德"[5]，舜"使布五教于四方"[6]。"五帝"均能够德化四方，教化万民[7]。这些奠定了内外兼修、本末赅备、体用不二、道器合一的重要文化观念基础。这并非是意味着历史上的

---

[1] 徐军义《〈史记·五帝本纪〉的主体性构建》，《渭南师范学院学报》2014年第14期。
[2] "时播百谷草木，淳化鸟兽虫蛾，旁罗日月星辰水波土石金玉，劳勤心力耳目，节用水火材物。"（《史记·五帝本纪》）
[3] "养材以任地，载时以象天，依鬼神以制义，治气以教化，絜诚以祭祀。"（《史记·五帝本纪》）
[4] "仁而威，惠而信，修身而天下服。取地之财而节用之，抚教万民而利诲之，历日月而迎送之，明鬼神而敬事之。"（《史记·五帝本纪》）
[5] "能明驯德，以亲九族。九族既睦，便章百姓。百姓昭明，合和万国。"（《史记·五帝本纪》）
[6] "日以笃谨，匪有解"，"内行弥谨"，"举八元，使布五教于四方，父义，母慈，兄友，弟恭，子孝，内平外成"（《史记·五帝本纪》）。
[7] 其他如《史记》叙述商始祖契重视教化与功业："契长而佐禹治水有功。帝舜乃命契曰：'百姓不亲，五品不训，汝为司徒而敬敷五教，五教在宽。'封于商，赐姓子氏。契兴于唐、虞、大禹之际，功业著于百姓，百姓以平。"（《史记·殷本纪》）

氏族首领——"五帝"客观具有的思想特征，而是生活在汉代，受秦汉思想哺育的史学工作者进行自觉的理论审视与历史重构、文化认同的必然结果。当然，这种文化认同在古史体系上打上了深刻的儒家烙印，被认为是"以儒家思想为指导的古史体系"①。相传黄帝的大臣仓颉造字、殷代始祖契改进文字书写办法等，也曲折说明文化认同的进一步发展，包括对语言文字符号的发明和改进，促进稳定有序的文明传承体系的形成，这也是文化认同的表现。

《史记》在《三代世表》中明确强调，以黄帝为首的"五帝"与"三代"天子均是秉承修养德行而代代相传，即使有的时候需要假托"天命"的观念，"天命难言，非圣人莫能见"，也反复申述黄帝"策天命而治天下，德泽深后世"，子孙能够"皆复立为天子"，关键是"天之报有德"（《史记·三代世表》）。重德是司马迁自觉的历史观念和历史意识。"自黄帝至舜、禹，皆同姓而异其国号，以章明德"（《史记·五帝本纪》），司马迁对"五帝"德行的建构和叙述，形象化地表达了理想的道德人格和价值理念，其中呈现的人文精神是中华民族亘古不衰的主体价值观念，也是中国哲学史与思想文化史的重要特征。

这种现象在《史记》的其他各篇也有显著的反映。如关于先周的历史，同《诗经》中《大雅》的《生民》《公刘》《绵》《皇矣》《大明》《文王》等比较，《史记·周本纪》对是否具有"令德"②的行为很重视，并且作为书写历史贯穿前后的一条主要线索。这既是对《诗经》上述六首英雄史诗的系统把握和深入体会，同时也展示了史学家个人史学建构的主动性和能动性。

最后，心理认同。

《五帝本纪》与《夏本纪》《殷本纪》《周本纪》是一个有机的系统，虽然其中还有不少龃龉之处。

《夏本纪》将"禹"作为昌意的三世孙（黄帝→昌意→颛顼→鲧→禹），是直

---

① 陈其泰著《史学与民族精神》，北京：学苑出版社，1999年，第207页。
② "弃为儿时，屹如巨人之志。其游戏，好种树麻、菽，麻、菽美。及为成人，遂好耕农，相地之宜，宜谷者稼穑焉，民皆法则之。帝尧闻之，举弃为农师，天下得其利，有功。帝舜曰：'弃，黎民始饥，尔后稷播时百谷。'封弃于邰，号曰后稷，别姓姬氏。后稷之兴，在陶唐、虞、夏之际，皆有令德。"（《史记·周本纪》）当然，这里的史料除来源于《诗经·生民》外，还来自于《尚书·尧典》。

接继承黄帝而来。《殷本纪》与《周本纪》中记载的殷始祖契、周始祖弃（后稷）分别是帝喾的次妃简狄吞燕卵与元妃姜嫄（原）履迹所生，事迹分别见于《诗经·玄鸟》①《楚辞·天问》②与《诗经·生民》③，带有图腾崇拜的深刻烙印，当然也交织和混合着上帝崇拜与祖先崇拜的思想信仰。帝喾则是黄帝的曾孙。这样，将历史上夏商周三代，通过心理认同系在"黄帝"的主干上，"舜、禹、契、后稷皆黄帝子孙也"（《史记·三代世表》），从而使三代成为相互因革而在血缘与义化上又具有连续性的共同体，促使人们在心理上对国家统一性的认识逐渐加强。

《秦本纪》追溯的秦的始祖大业也直接肇源于颛顼的苗裔，④《高祖本纪》将汉高祖的降生与神奇的"大泽之陂"的"蛟龙"⑤联系在一起，形成与黑帝似有似无的联系⑥。

这些都是有意识地论述"五帝""三代""秦汉"一脉相承，都是黄帝的子孙与苗裔。⑦其中所蕴含的深刻意义是，朝代可以更替，而国家不会灭亡，民族不会灭亡。后来明清时期思想家黄宗羲、顾炎武、王夫之等人概括的"亡国"与

---

① "天命玄鸟，降而生商，宅殷土芒芒。古帝命武汤，正域彼四方。"（《诗经·商颂·玄鸟》）

② "简狄在台喾何宜，玄鸟致贻女何喜？"（《楚辞·天问》）

③ "厥初生民，时维姜嫄。生民如何？克禋克祀，以弗无子。履帝武敏歆，攸介攸止，载震载夙。载生载育，时维后稷。"（《诗经·大雅·生民》）

④ "秦之先，帝颛顼之苗裔孙曰女脩。女脩织，玄鸟陨卵，女脩吞之，生子大业。"（《史记·秦本纪》）

⑤ "其先刘媪尝息大泽之陂，梦与神遇。是时雷电晦冥，太公往视，则见蛟龙于其上。已而有身，遂产高祖。"（《史记·高祖本纪》）

⑥ 当然，《史记·高祖本纪》在汉的统系上有不同认识，同篇高祖被酒斩蛇，后老妪称蛇为白帝子所化，为赤帝子所斩，作为汉代秦的论证，汉则属"赤帝"系统（"高祖被酒，夜径泽中，令一人行前。行前者还报曰：'前有大蛇当径，愿还。'高祖醉，曰：'壮士行，何畏！'乃前，拔剑击斩蛇。蛇遂分为两，径开。行数里，醉，因卧。后人来至蛇所，有一老妪夜哭。人问何哭，妪曰：'人杀吾子，故哭之。'人曰：'妪子何为见杀？'妪曰：'吾子，白帝子也，化为蛇，当道，今为赤帝子斩之，故哭。'人乃以妪为不诚，欲告之，妪因忽不见。"）。终汉一代，人们在"黑帝"与"赤帝"系统上纠葛不清。

⑦ "以《诗》言之，亦可为周世。周起后稷，后稷无父而生。以三代世传言之，后稷有父名高辛；高辛，黄帝曾孙。"（《史记·三代世表》）这说明司马迁对《诗经》记载与流传神话故事的矛盾性有所觉察，并自觉进行了历史的重新建构。

"亡天下"实际恰恰是朝代更迭与亡国的区别。[①]这种历史与文化的独特性也保证了中国历经战乱兵燹而绵延不绝的存续状态。

四、结语

司马迁关于"五帝"历史建构和历史叙述的方式,是对汉代国家"大一统"观念的表征,这种"大一统",既是历史发展的必然趋势和国家民族形成的基本规律,也是历史、民族、文化、心理等认同的结晶和影像。"大一统"的共同体的形成具有时空性,但也是物质和精神、主观和客观、历史和现实的有机统一。在这种意义上,"五帝"谱系所昭示的历史与文化的大一统的共同体观念是和秦汉社会历史与思想意识的发展息息相关的。

《五帝本纪》奠定和反映了中华共同体的形成与发展。《史记》以后,历代官修史书与民间史书在反映这个历史时段时,大多保留或沿袭了《五帝本纪》的基本脉络和谱系框架,保持并巩固了历史认同、民族认同、文化认同和心理认同,促进了中华共同体的形成和具有民族多样性、文化多元性的统一的新型国家的建立与发展,为奠定历史上绵延不断、源远流长的中央集权国家提供了重要历史依据和经验智慧,影响深远,具有积极的理论意义和实践价值。

---

① 如顾炎武说:"保国者,其君其臣肉食者谋之;保天下者,匹夫之贱与有责焉耳矣。"(《日知录》卷十三"正始"条)

二 子学时代与经学问题

孔子与春秋"赋诗断章"*

在先秦时期,《诗经》很少被称作"《诗经》",当然,我们在《礼记·经解》《庄子·天运》等中发现渐渐有了变化。当时称作《诗》,或《诗三百》,除过六首笙诗,共三百零五首。这三百多首诗的编辑整理,还是一个难以索解的问题,但大体上人们认为和鲁国的乐师有些关系。

作为后来儒家的主要经典文献,《诗经》往往被认为是孔子删削整理的。其中最有代表性的观点是司马迁在《史记·孔子世家》中提出的说法,认为诗原有三千,经过孔子的筛汰,留下了十分之一,人们称作"删诗说"。平心而论,司马迁的说法夸张了一些,通过对《国语》《左传》等历史散文和诸子散文的考察,遗存于传世文献中的诗句是很少的,和三千首远远不符。所以,这种"删诗说"愈来愈受到人们的质疑。但是,"删诗说"揭示了一个历史的真相,即《诗经》诗篇经过选择整理编辑而成,它是一部诗歌选集。相传西周初期有八百诸侯国,仅就《国风》来看,只有十五国存有风诗,而且和国君的爵位、血缘似乎也没有太大的关系。这种情形进一步佐证了《诗经》是选集的观点。

《左传》襄公二十九年(前544年)"季札观乐"的记载,是一则很有意义的材料,类似的材料还见于《仪礼》中的《乡饮酒礼》《燕礼》等。吴国公子季札在鲁国观看的"乐"是和今天所说的"诗"相伴的,说明当时的"诗"是"乐诗",是配着音乐进行的。这则材料显示的部分"诗"的顺序,与今天所见《诗经》相同,而那时孔子正值幼年(7岁或8岁),不可能完成这部经典的编辑整理。当然,学术界曾有学者对"季札观乐"的可靠性提出质疑,但是今天一般还是强调和认可这则材料的史料性与说服力。此外,在《论语》一书中,往往出现"《诗三百》"或"《诗》三百"的说法;孔子很关心自己儿子和学生读《诗》的情

---

* 原载于《华夏文化》2007年第3期。

况，特别注意对《周南》《召南》的阅读；他对《关雎》有独到的评价和体会，认为它"乐而不淫，哀而不伤"(《论语·八佾》)。种种迹象表明，《诗经》典籍的定型最晚在孔子前，当时今天《诗》的基本面貌已经具备。

孔子尽管不必是《诗经》诗篇的整理者和编订者，可是他对《诗经》学史的贡献却很大，与《诗经》关系密切。孔子将《诗》作为教材，配合着《书》、礼、乐，用来培养人才。他对《诗经》诗篇整体性质、功能、读法的论定和认识，奠定了后代《诗经》学发展的基础，这是格外值得注意的。

孔子的《诗》说有无来源，一直是不被人看重的问题，因为学术界对先于孔子的春秋"赋诗"实践评价并不高，认为那个时期的引诗不过是断章取义，是"用《诗》"，还不是严格意义上的对《诗》的研究。实际上，当时"用《诗》"是很讲究的，不乏研究的因素，其中昭示的诗篇的本来意义和面目极其分明，所以被后来的经学家（皮锡瑞）称为在诗义大明时期的文明之事，这种本义的曲折揭示和引申取义的方法在今天依然有学术研究价值。特别是它对孔子的影响，长远而深邃。面对《诗经》诗篇，孔子继承了先辈学者子展、子大叔、叔向、子产等人的解《诗》方法与《诗》学见解，并作了进一步的系统化和发展，是先秦《诗》学形成阶段中至为重要的环节。

用《左传》的话来说，春秋时期"用《诗》"的特点是"赋诗断章"（《左传》襄公二十八年），这是比较恰切的概括。它表明，在赋诗过程中往往是赋全诗，而双方交流思想情感的重点则在断章上。所以，可以说，"赋诗"是强调赋的方式，是诗歌全部；"断章"则是意图和意义的真正所在，是诗歌局部。这个实践如同猜谜活动，谜面是《诗》的诗篇，而谜底则需要交流双方在诗歌中设定。设定的前提其实很明确，即双方对诗歌主旨、诗句及各自的历史、活动（如外交）目的等的深入了解。这样的交流含蓄文明，对人们的《诗》学修养要求很高。当然也有因引诗不当而招致批评乃至杀身危险的情况。

最典型的"赋诗断章"例子要数《左传》襄公二十七年所载的情景。当时郑国国君宴请晋国的使臣赵孟，礼仪规格很高，郑国有七卿相陪。赵孟很感动，提议大家赋诗，而他自己则借以观志。所有的赋诗，赵孟都作了评点，有成功而倍加赞赏的，也有失败而不以为然的。比如子展赋《草虫》，而《草虫》是首情诗，内容大略不出男女私会的范围。子展的用意只着重在诗句"未见君子，忧心忡忡"（忡忡，惙惙、伤悲的意思）与"既见君子，我心则降""既见君子，我心则说（悦）""既见君子，我心则夷"，言下之意，想见赵孟的心思已久，一见如故，心情格外高兴。该诗三章，重章叠唱进一步渲染和强化了这种艺术和情感效果。赵孟听后，不仅大加赞赏，而且自谦难以承当。子大叔赋《野有蔓草》，其实也是首男女遇合的诗，写清晨男女相遇一见钟情的微妙感受。子大叔目的在"有美一人"与"邂逅相遇，适我愿兮"。在《诗经》中，"美"并不仅仅用来写女子，也用来写男子，如《邶风》中的《简兮》，所以，他也是在表达对赵孟的由衷赞美和景仰之情。赵孟也深表感谢。这场聚会中，赋诗失败的人是伯有，他赋了首《鹑之奔奔》。据后来《诗序》的说法，这首诗是讽刺卫宣公的淫乱丑行的。当时，虽不能确定诗义一定和卫宣公有关，但赵孟已经指出该诗属"床笫之言"，在外交场合吟唱极不得体，自己也不愿听到。消息传出后，晋国的文子和叔向也有同样的看法，而且认为伯有不会有好下场。这说明，当时人们对这首诗的内容有大体一致的理解和判断。

借《诗》言说意愿，可以窥探他人志向、政治明暗、君臣关系、兵力强弱，故而赋诗往往意义重大。《吕氏春秋》记载了一则事例。晋国想攻打郑国，派叔向访问，探察对方虚实。郑国子产赋"子惠思我，褰裳涉洧；子不我思，岂无他士"，叔向听懂了子产的意思，最终晋国不敢轻举妄动。子产所赋的诗句其实只是《郑风》之《褰裳》中的一句，也是情诗，不过大胆果决一些罢了，暗示出两国关系友好更佳，如果恶化也无大的妨碍。"岂无他士"句意余味无穷。处于晋、秦、楚、齐等国之间的郑国，不乏求援的对象。子产赋诗深受孔子称赞，孔子认为无人能与子产相比，一言以兴邦，"子产一称而郑国免"（《吕氏春秋·慎行论·求人》）。孔子对子产的称道是否意味着孔子受到子产的影响，虽然还不能轻易下结论，但是《论语》的确保留了不少"赋诗断章"的痕迹。

《论语》涉及《诗》的地方有十余处，直接引用《诗》的部分，比较完整地体现着"断章"的特点。春秋末期，随着礼乐崩坏局面的出现，"赋诗"已不是社会的风尚，但"断章取义"的方法被继承了下来，并作了进一步的发展。如《论语·子罕》，孔子称赞穿着寒酸但与穿着华贵的人站立在一起并无惭愧之感的子路时，引用《邶风·雄雉》"不忮不求，何用不臧"，意思是不嫉妒，不贪求，还有什么做不好的呢？当子路反复吟诵该句时，孔子委婉地批评他，如果是这样,怎么能变好呢?这是杨伯峻先生的解释。当然,如果将"子曰:一是道也,何足以臧"解为正因为关心这"道",所以便没有其他什么东西比它更美好的了。这种解释似乎也很通畅。又如《论语·颜渊》,孔子回答子张关于崇德辨惑的问题时,引用《小雅·我行其野》"成不以富,亦祇以异",此处"成",即"诚",确实、果真的意思。《我行其野》本是一首弃妇诗,该句在诗文中原指丈夫另觅新欢不是因为对方财物多,而是心变了。孔子引用点明"惑"的特点,关键在心不纯一,面对两难情境举棋不定,形象生动。孔子关于《诗经》性质的著名观点"思无邪",也不过是对《鲁颂·駉》的"断章"使用。

我们之所以主张孔子与春秋时期的"赋诗"实践有密切的联系,主要证据是,断章取义被孔子吸收继承,成为解读《诗经》诗篇很重要的方法;春秋时期流行的借诗"言"志、"观"志的思想和做法,得到孔子的完善和发展;诗篇在赋诵时的道德伦理观念得到了进一步的强化和总结,这集中体现在孔子关于《诗经》功能的认识上(《论语·阳货》)。

此外,孔子开创了"以礼解《诗》"与"以理解《诗》"的《诗经》学路径,材料分别见于《论语》中的《八佾》《学而》等。郭店楚简《孔子诗论》其实已经有了"以礼解《诗》"的方法。这个方法早在春秋"赋诗断章"中就已经蕴藏着了,"礼"是当时评价赋诗优劣的基本原则和主要观念。

《老子》与《易传》损益思想的异同及意义*

在我国古代文化典籍中,《老子》与《易传》(《易大传》)占据着举足轻重的地位。作为道家和儒家的代表性文献,这两部典籍体现出旨趣迥异的思想文化价值观念。但是,这并不意味着两者截然对立,实际上它们在某些方面存在着可以相互沟通的思想和方法。联系思想文化的发展历史,也有助于加深这种认识。魏晋玄学中的"三玄"就包括《老子》《庄子》《周易》,所说《周易》自然不仅仅包括占筮文字组成的经文,还包括相传与孔子有关的传文,即《易传》。这或许从一个侧面印证,至少在魏晋时期的玄学家那里,这三部典籍存在着相通的义理。至于典籍哲学思想如何呈现,与解读者有怎样的内在联系,都不可静止孤立地看待。这类现象往往被理解为解释者融合典籍的努力和尝试。实际上,根据学者们的研究,特别是随着对地下新出土史料的整理和研究,《老子》和《易传》尽管形成的具体历史时期还有待进一步探讨,但基本被认为是不晚于战国时期的作品。虽然各自的篇目章节也有早晚的差异,如《易传》就已有学者作了分门别类的具体考察,①但存在着一些共同关心的问题。这使对这部分作品进行比较研究有了可能。

当然,像陈鼓应等先生②主张《易传》是以道家哲学为主体,融汇阴阳、儒、墨、法各学派思想而形成的作品③,"《易传》学派"是老子哲学开启的道家别派④,无疑试图在理论上解决《老子》对《易传》的影响与联系问题。如果这种观点能

---

* 原载于《湖南大学学报(社会科学版)》2009年第3期。

① 李镜池著《周易探源》,北京:中华书局,1978年,第304、344页。

② 如李镜池、张岱年、冯友兰、朱伯崑、李学勤等先生在关于《易传》与《老子》关系上已有某些揭示二者相似性的比较、论述和推断。

③ 陈鼓应著《老庄新论》,上海:上海古籍出版社,1992年,第2页。

④ 陈鼓应著《老庄新论》,上海:上海古籍出版社,1992年,第99页。

够成立，那自然会使二者的比较更加有迹可寻。

本文尝试从损益思想角度比较《老子》与《易传》的异同，并在此基础上进一步探讨这种异同所呈现出来的思想文化意义。

一、损益思想的内涵及沿革

损益思想，可以简称为变革思想，指人在面对自然环境与社会礼仪、文明成果时的基本价值取舍观念。

这种思想最早来源于中国古代思想文化中的"上帝观念""天命思想"，损人益天与损天益人是损益思想发展的两个重要阶段，也是探讨天人关系（包括天人合一、天人相分）的具体方式和步骤。当然，需要说明的是，这里"天"决不仅仅是自然，而更主要的指天命、天帝、天心等。

早在殷商时期，因为祖先崇拜与上帝崇拜的纽结，人们服从上帝的意志，但是到了殷末周初，渐渐发生了变化。虽然在西周时期，尽管重视德、孝等主体的修养，基本框架还笼罩在"天命"中，不过这时的天命已经可以根据人的德行修养发生变化了。这是损人益天的阶段。随着西周末到东周时期社会经济与政治的发展，人们的思想意识发生了重要变化。对天子（天命）的服从降低了，等级的意识薄弱了。对"天"的崇拜渐渐被对"人"的自信所掩盖、冲淡，如郑国子产称："天道远，人道迩。"（《左传·昭公十九年》）随国的季梁也称："夫民，神之主也。"（《左传·桓公六年》）《诗经》中也出现了不少怀疑天、诅咒天的诗篇，所谓"变雅"之作，如《小雅·节南山》等。这是损天益人的阶段。

到了春秋末期，老子与孔子也很注意损益思想的讨论。在面对礼乐崩坏的局面时，二人解决的办法不同。"在对待周代礼制的态度上，老子是激进者，孔子是保守者；老子是体制外的抗议者，孔子是体制内的改良者"[①]。老子认为，正是"礼"使社会混乱不堪，使人远离了本来的自然状态。所以，最好的办法就是损礼，"损之又损"（《老子·第四十八章》），渐渐达到"无为"、自然的境界。实际上这也是一种损益的思想，因为损的是礼，而益的却是人的自然。孔子则重视

---

① 陈鼓应著《老庄新论》，上海：上海古籍出版社，1992年，第64页。

礼乐，尝试使礼与仁结合起来，努力让已经失去生命力、徒具形式的礼恢复内容和作用。他一方面损礼，改革礼的节文，"殷因于夏礼，所损益，可知也。周因于殷礼，所损益，可知也。其或继周者，虽百世，可知也"（《论语·为政》），他的历史观就是"礼的损益史"[1]，"固执着旧形式以订正旧内容"[2]；另一方面又加强对学生的教育，即益人，在《论语》中保留着不少相关的思想。这两种损益观虽然在具体内涵上有很大差异，但基本思维方式相同，即损礼益人，是此前损益思想的发展。这是对他们的礼乐观、社会观等方面比较的结果。老子崇尚自然，批评人为，所以其损益思想的核心终究是损人益天；而孔子，罕言天道与天命，重视人的礼仪文明，也不说怪力乱神等事，所以其损益思想的核心毕竟是损天益人。

这两种思路，得到了不同学者的继承和发展。如道家的另一位代表人物庄子，就极向往逍遥，万物齐一，各各自适，在《马蹄》《骈拇》等中竭力反对人为的徒劳，继承了老子的损人益天思想。儒家的代表人物孟子和荀子对天人的损益也有所探讨，特别是荀子。孟子还只是万物皆备于我，走一条折中的路线，悄悄地将天安顿在人心中。这样，人的恻隐、羞恶、辞让、是非感成为人的天性，自然而然地具有了合理性。荀子比较好地继承了损天益人的思想，主张天人各有分，人可以发挥自己的主观能动性，"假于物"（《荀子·劝学》），在《非相》等中批评了天命等思想。

这里的粗线条勾勒，旨在揭示《老子》与《易传》损益思想产生和形成的背景。同时，界定它们的地位和功能，也需要在这个链条中来加以反思和认识。

二、《老子》的损益观

在《老子》中，贯穿着基本的损益思想，其基本态度是"损人益天"。此处的"天"指自然，"人"指人为的欲望，"损人益天"也就是不断减损人的过多的

---

[1] 侯外庐著《中国古代思想学说史》，上海：国际文化服务社，1950年，第126页。
[2] 侯外庐、杜国庠、赵纪彬主编《中国思想通史》（第一卷），北京：人民出版社，1957年，第142页。

欲望使之恢复自然。这种损益观也是《老子》哲学思想的反映。

在克制人们的强行妄作方面，老子提醒人们要减损不必要的欲念，不要逞智使强，避免祸患。如"虚其心，实其腹，弱其志，强其骨。常使民无知无欲"（《老子·第三章》），"夫唯不争，故无尤"（《老子·第八章》），"持而盈之，不如其已"（《老子·第九章》），"圣人为腹不为目，故去彼取此"（《老子·第十二章》）。

正是从这种损人益天、主张自然的角度出发，老子认为，社会的伦理规范往往正是人们自然本性丧失的表征，"大道废，有仁义；智慧出，有大伪；六亲不和，有孝慈；国家昏乱，有忠臣"（《老子·第十八章》），"失道而后德，失德而后仁，失仁而后义，失义而后礼"，"大丈夫处其厚，不居其薄；处其实，不居其华"（《老子·第三十八章》），他从另一个角度反思了礼义制度与人自然本性之间的对立，是其损益观在道德伦理问题上的集中反映。所以，老子主张"绝圣弃智"、"绝仁弃义"、"绝巧弃利""见素抱朴，少私寡欲，绝学无忧"（《老子·第十九章》），"众人皆有余，而我独若遗"、"我独异于人，而贵食母"（《老子·第二十章》），"其在道也，曰：余食赘形。物或恶之，故有道者不处"（《老子·第二十四章》）。

此外，《老子》一书，根据《汉书·艺文志》的记载，"出于史官"，字里行间具有鲜明的史官特色。其叙说的对象，往往是"万乘之主"，如"奈何万乘之主，而以身轻天下？轻则失根，躁则失君"（《老子·第二十六章》），劝告君主要持重处静，才能更好地治理天下。《老子》中的"圣人"不仅仅指与自然契合的人，而大多主要指统治者，如"常德不离，复归于婴儿"，"常德乃足，复归于朴"，"朴散则为器，圣人用之，则为官长"（《老子·第二十八章》），又如"圣人无为"、"圣人去甚，去奢，去泰"（《老子·第二十九章》）。"圣人云：'我无为，而民自化；我好静，而民自正；我无事，而民自富；我无欲，而民自朴。'"（《老子·第五十七章》）。论兵时也强调"以道佐人主者，不以兵强天下"（《老子·第三十章》）。老子认为"侯王"如果能守道不失，"万物将自宾"（《老子·第三十二章》），"万物将自化"（《老子·第三十七章》），"圣人自知不自见，自爱不自贵"（《老子·第七十二章》）。因此，这种损益观在《老子》中是有明确指向性的，不仅指一般人的欲望，而更多具体到国君或官长身上，也侧面反映了老子对当时现实问题的思考和解决思路。老子甚至明确地指出："民之难治，以其上之

有为,是以难治。民之轻死,以其上求生之厚,是以轻死。"(《老子·第七十五章》)

老子关于损益的思考很深刻,"名与身孰亲?身与货孰多?得与亡孰病?"(《老子·第四十四章》)他主张"为学日益,为道日损。损之又损,以至于无为。无为而无不为"(《老子·第四十八章》),所以,老子在谈到治国行礼时说"治人事天,莫若啬"((《老子·第五十九章》)。即大国应该戒掉自己的傲心,谦居小国之下,"大者宜为下"(《老子·第六十一章》)。在春秋末期,老子也注意到社会现实问题的严峻性,注意到"天之道"与"人之道"的对立和差异。他从损益的角度将这种情形生动具体地表达了出来,这就是:"天之道,其犹张弓与?高者抑之,下者举之;有余者损之,不足者补之。天之道,损有余而补不足。人之道,则不然,损不足以奉有余。孰能有余以奉天下,唯有道者。"(《老子·第七十七章》)只有那些"有道者"才会以"有余""奉天下",顺应"天之道",进行合适的损益。相对于现实的"人之道",这种损益的实质同样也是"损人益天"。

当然,在老子的损益观中,他从自己的哲学思想出发,最后提出"古之善为道者,非以明民,将以愚之。民之难治,以其智多。故以智治国,国之贼;不以智治国,国之福"(《老子·第六十五章》),虽免不了授人以"愚民"之讥,但反对的也是违背自然的"智巧"。

总之,老子的损益思想与其"道法自然"的哲学思想关系密切,体现在对社会、人生等诸多问题的思考上。他重视克制、减损人过多的欲望,彰显人性的自然和纯朴状态,从而为解决具体的社会人生指出了一条损人益天的简明途径。自然,他在现实生活中发现这种主张难以实现,但却依旧将现实作为与"天之道"对立的"人之道"加以反思,目的依然是"损人益天"。

三、《易传》的损益观

《周易》经文六爻的递推实质上就体现了一种损益的思想和观念。比如《乾》卦由"初九"至"上九",依次经历"潜龙,勿用""见龙在田""终日乾乾,夕惕若厉""或跃在渊""飞龙在天""亢龙有悔"几个阶段,在卦象上也呈现出了益与损的交融和交替,核心思想则是损益的思想。又如《蒙》卦由"初六"至"上九",依次经历"发蒙""包蒙""困蒙""童蒙""击蒙"几个阶段,也是如此。

不仅《周易》经文和卦象反映了损益的思想，而且在某些卦爻辞中也含有丰富的损益思想。如《坤》卦"初六"，爻辞为"履霜坚冰至"。该文句表达了由"霜"到"冰"的增益过程，反映了事物发展的基本规律，提醒人们防微杜渐，注意事物的发展动态和趋向。又如《噬嗑》卦"初九"，爻辞为"屦校灭趾"，校，"木囚也"（《说文解字》），意思是脚曳校前行，校恰掩其足。虽然这种打扮还只是轻囚轻罚的标志，人们自然也可以感觉到"受轻罚于前，则知所警惕，亦免重戮于后"[①]，这种道理自然也体现出担心事态恶化的倾向。事理发展虽然体现了"益"的过程，但人的行为则主要在于了解"损"的真谛。在天地运行之间，妥善地把握事物发展的分界点，反省自躬，本身便就是一个"损"的过程。

自然，《周易》关于"损""益"思想比较集中地反映在紧密相连的《损》《益》两卦中。

（一）《损》卦的损益思想

《损》卦，䷨（下兑上艮）。经义本指占筮的情形和结果，"有孚。元吉，无咎。可贞。利有攸往。曷之用二簋，可用享"。意思是如遇到此卦，作战自有俘获；事情大吉大利；所占问的事宜可以实行；祭祀鬼神，即使只用两簋饭，也可用来行享祭的大礼。尤要注意的是后一句，该句的"曷"，按高亨先生的看法，"借为饁，馈食也"[②]，馈食于鬼神，即祭祀，所以实际上谈论了在祭祀过程中的"损礼"问题，也就是后来所说的"煞礼"（"杀礼"），减损礼的形式而不致影响祭祀的效果。这一卦题名为《损》，自有渊源。

但是在经文中，只是谈及"损"礼是否可行的问题，意义还不是很丰富。后来在历代的传文中，《损》卦的哲学意义日渐被揭示了出来。

《易大传》，《象辞》注意到《损》卦上下卦（或者外内卦）的寓意和属性，并将它们放置在一个系统中加以考察，指出艮象山，系阳卦，属刚，以比贵族；兑象泽，系阴卦，属柔，以比民，所以《损》卦显示了贵族高居民上、损下以益上的道理。正如高亨先生指出的，《损》卦得名，并非从贵族角度，而是从民的

---

① 高亨著《周易古经今注》（重订本），北京：中华书局，1984年，第222页。
② 高亨著《周易大传今注》，济南：齐鲁书社，1998年，第267页。

角度，"损在民，自民之角度言之"①。《象辞》又赋予了"时"的观念，"损"只是在特殊情况下才能实行的行为，不是常礼，"二簋应有时"，比如战争、丧国、大灾、路中，从而将"损"视为权宜之计；"损刚益柔有时，损益盈虚，与时偕行"。《象辞》的"损刚益柔"自然也超出了《损》卦经文的意思，却反而与《益》卦相近，是一种纷杂的现象，姑且不论。但是，"时"的观念，在损益问题上被充分提出来了。这也就是说，损益改革要注意考察事物的实际情况，根据时势的需要采取相应的行动，才能达到上下和睦、百业兴旺的境地。

《象辞》则提出了一个新的视角，即通过卦象揭示人生修养的道理，认为山下有泽，不免侵蚀损坏，从《损》卦中君子可以明白"惩忿窒欲"的重要，克制愤怒和贪欲，才能不断完善人的德行。《象辞》在解释该卦各爻辞时也紧扣着这个修养身心的思路，所以强调"志"，讨论是否"合志""中以为志""损其疾""大得志"等问题。概括起来，即君子如果在做事时能考虑是否合乎志愿，坚守正中之道，克服不足和弱点，严以律己，宽以待人，损己益人，自能得到人们的支持和帮助，从而实现自己的抱负，就是"大得志"。值得我们注意的是，《象辞》解释也没有完全忽视"损""益"之间的联系，这进一步说明两卦之间是一种相辅相成、互为表里的关系。

（二）《益》卦的损益思想

《益》卦，☲（下震上巽）。经义本指占筮的情形和结果，"利有攸往。利涉大川"，意思是遇到此卦，所占诸事皆利，渡涉江河也无不顺利。经义本身与该卦卦名了无关涉。

《易大传》，《象辞》解为："《益》，损上益下，民说无疆，自上下下，其道大光。"按高亨先生解释，"说读为悦，喜悦也。下下，君以卑谦之态度礼敬民"②。所以，《益》卦之所以称为"益"，正是从下民的角度出发的，即损上益下。实际上，这种解释的根据也是该卦的卦象特征和属性。《益》卦下震上巽，震为阳卦，属刚，象君，巽为阴卦，属柔，象民，所以被解为君居民下，损上（君）益下

---

① 高亨著《周易大传今注》，济南：齐鲁书社，1998年，第268页。
② 高亨著《周易大传今注》，济南：齐鲁书社，1998年，第272页。

（民）。可见，联系前文，《彖辞》在解《损》《益》二卦时角度是一致的，即都是从民（下）的角度出发确定损益的。因为损益是相互对立的矛盾统一体，具有相对性，只有选定明确的立足点才能展开论说。至于《彖辞》为什么选定"民"（下）为立足点，则是颇耐人寻味的。如果说《彖辞》有明确的思想倾向的话，那么，至少"民本"思想是其思想观念上一个重要的特征。

《彖辞》根据《益》上卦、下卦的卦象和中位，指出君臣各处其位，这是"中正"之道；同时补充了"木动""行舟"的道理。它又进一步引申为"天施地生，其益无方。凡益之道，与时偕行"，这是对《益》卦"益"思想的丰富和扩展，使其成为万事万物的生成法则。但是如果联系《彖辞》解《损》卦的文字，不难看出，《彖辞》作者比较好地贯彻了两个原则：一是选定从下民观察的角度，二是坚持"时"的观念。所以，无论损还是益，关键是"时"的变化，在君民各有常位的观念下，损和益毕竟都是暂时的、临时的、相机的举动，都是"与时偕行"的举动，而不是"常道"。

《象辞》则根据巽震的风雷语义，揭示了德刑的教化意义，从而引申出"君子以见善则迁，有过则改"。"迁善改过"也是成为君子的修养工夫，但已是对经文主旨的引申和发挥了，其中寄寓了损益的思想，即"损过益善"，与《损》卦"惩忿窒欲"的损己是内在统一的。

总之，针对《损》《益》卦，《易传》中的《彖辞》和《象辞》解释具有鲜明的特色，采用了统一的标准和尺度，这给我们理解提供了一定的方便，即把握损益思想，必须将二者结合起来进行，才能最终获得对"道"的体悟和理解。在思想观念上，能够认识到"民"的重要和"时"的影响，这是《易传》损益思想的突出贡献。但是，囿于常位、常道的观念，《易传》的损益思想具有一定的偶然性或临时性，是必要时用来调剂的手段，而远不是正常的做法。但是，这毕竟较漠视民的地位的观念要进步得多。

四、《老子》与《易传》的损益观实质及影响

从损益观角度比较《老子》和《易传》，容易在表面上突出其中的一些关联和差异，但是，更深刻的则是在思想学术史上，学者们对二者努力进行融合，不

断推动中国思想史的前进和发展，显示了二者具有一定的内在联系。

《老子》与《易传》之间的相似性比较分明。仅就《损》《益》卦及其传辞而言，就能略窥一二。

《损》卦，《彖辞》揭示突出了天地万物盈虚消息的变化过程，其中贯穿了"物极必反"的思想原则，与《老子》一致，如"反者，'道'之动"（《老子》第四十章），"慎终如始"（《老子》第六十四章）。关于这一点，陈鼓应先生做过集中的考察和论述。①

损益思想在《易传》中有具体的运用。如《谦》卦，《彖辞》指出："天道亏盈而益谦，地道变盈而流谦，鬼神害盈而福谦，人道恶盈而好谦。"所论损盈益谦思想与《老子》七十七章"天之道，损有余而补不足"一致。或许我们未必直接肯定《彖传》的主导思想是道家思想，但是在损益观上二者存在的一致也自毋庸讳言。同时，它们也存在着明显的差异。《彖传》虽说人道恶盈好谦，但在人道与天道之间却并未有截然的对立；而《老子》则说"人之道，损有余以奉不足"（《老子》第七十七章），却明显彰示了天人之间的显著差别。虽然老子以"天之道"批评了"人之道"的悖谬，但毕竟这种差别对我们判断《老子》与《易传》的关系提供了某种挑战。

《周易》中《损》卦、《益》卦的思想影响深远，特别是《彖辞》《象辞》的解释成为后来不少哲学家、思想家阐发和建构自己思想体系的基础。其中比较醒目的是魏晋时期的玄学家王弼（226—249 年）、清初著名学者王夫之（1619—1692 年）等。

王弼注解《损》卦的《彖辞》"艮为阳，兑为阴，凡阴顺于阳者也。阳止于上，阴说而顺，损上益下，上行之义也"；《益》卦的《彖辞》"震，阳也；巽，阴也。巽，非违震者，处上而巽，不违于下，损上益下之谓也"。王弼受《彖辞》的影响是显而易见的，出发点同样也是根据《损》《益》二卦上、下卦的属性立说。他注解《损》卦爻辞"损之为道，损下益上，损刚益柔，以应其时"，也有"时"的观念。可见王氏在立说方式和观念上受到《彖辞》的影响。王弼的独特贡献是通过对"时"和"刚柔"关系的反思，建构起自己的玄学思想，主张损益

---

① 陈鼓应著《老庄新论》，上海：上海古籍出版社，1992 年，第 248 页。

的动力源于"时"的发展需要,而不是事物刚柔的属性。①

王夫之认为,作为天地所行的大道,必要时的损益是正常的。他联系人的"性情"作了进一步的论述和阐发:"性静而止,情动而流;止以为畜,畜厚则流。迨其既流,不需其长,随应而变,往而得损者,亦固然之势矣。"②

王夫之着重强调了"损"的"时"的特征,即"随应而变"。这继承了《象辞》的看法。

但是在论述如何"损"的问题时,王夫之主张对性情理欲不能截然分开,这显然受《象辞》的影响更大。他认为君子用"损",主要体现在"惩忿"和"窒欲"上,当"性甫正而情兴,则抑酌其遇,称其才,而因授之以节已耳"③,可见他所说的"损"不过是根据人的才情性的实际作些节制罢了,而不是完全扫除净尽,实际上扫除净尽也是不可能的,当"忿""欲"不存时,性又依托什么存在呢?

王夫之的改造和深化,正反映了中国古代思想史的演进规律,这是对宋明理学理性反思的结果,也是对释、老(道)二学积极回应的表现。王夫之批评道:"彼佛、老者,皆托损以鸣其修。而岂知所谓损者,因三人之行而酌损之,惟其才之可任而遇难辞也。岂并其清明之嗜欲,强固之气质,概衰替之,以游惰为否塞之归也哉?"④他主张"尊性者必录其才,达情者以养其性。故未变则泰而必享,已变则损而有时。既登才情以辅性,抑凝性以存才情。损者,衰世之卦也。处其变矣,而后惩、窒之事起焉。"⑤王夫之对才、情、性已有了比较辩证的认识,摆脱情性对立的思想樊篱,提出"尊性""录才""存情"的看法,振聋发聩,令人深思。他论"损"在人的修养方面的表现,体现出自己的思想面貌。论述也明显较《易传》深刻细腻。

王夫之认为"益"也是万事万物的一种规律。他从五行与天地之间的关系出发,指出"五行相养以养群有。受养为壮,施养为老"⑥,提出"道在必行而无

---

① 参见赵源一《王弼解〈易〉之道阐释》,《周易研究》2006年第6期,第21页。
② [清]王夫之撰《周易外传》卷三《解损》,北京:中华书局,1977年,第97页。
③④ [清]王夫之撰《周易外传》卷三《解损》,北京:中华书局,1977年,第98页。
⑤⑥ [清]王夫之撰《周易外传》卷三《解损》,北京:中华书局,1977年,第99页。

容已者，不及是而道未足以行也""道之益，岂问器之损哉？"① 由万物之间的相互滋养，此亡而彼长，观察到事物之间存在着"益"道，即辅佐和成全他者的道。难能可贵的是，王夫之强调，要通过对事物消长现象的超越和洞察，来把握事物内在的"益"道，从而使"益"道上升为具有普遍性的规律和法则。同时，他从卦象中分析阴与阳的消长关系，提出在这种特殊的情况下，"阴益而阳非损"②。这是一种新的发展，它意味着阴与阳并非全部是对立的关系，也有相辅相成的方面。这些解释都超出了《周易》经文的原意和《易传》的范围，反映了王夫之自己的思想。

总之，损益思想最早来源于中国古代思想文化中的"上帝观念""天命思想"，包括损人益天与损天益人两个重要阶段。《易传》中的损益思想很有特色，尽管《彖辞》和《象辞》略有不同，但其民本、重时、修身的观念对后世思想文化史产生了深远影响。仅从损益思想角度考察，《易传》与《老子》有相似的一面，都重视"反"的功能和作用，注意到事物相反相成的关系，但同时也存在着鲜明的差异。《易传》思想明显有了进一步的成熟与发展。《易传》在解《损》《益》两卦时，《彖辞》侧重上下，《象辞》侧重己人、过善，从而将《老子》《论语》等所探讨的天人之间的损益观念，吸收融会并进一步具体化，无疑是一种新的融合与创新，它使《易传》在论述损益时对修养论的强调更加充分突出。随着后世学术史的演进，《易传》同《老子》的相互结合与分辨形成了新的思想和观点，如王夫之等。在清理和把握王夫之学术思想时，不能不重视他与《老子》以及《易传》之间的关系，特别是在损益观问题上。这是我们从微观的损益角度对《老子》与《易传》关系考察后得出的结论。

---

①② ［清］王夫之撰《周易外传》卷三《解益》，北京：中华书局，1977年，第100页。

《孟子》与尧舜之道

关于舜的事迹,先秦典籍文献多有记载,如《尚书·尧典》《墨子·尚贤中》《管子·治国》《吕氏春秋·慎大览》《韩非子·难一》等,而比较详尽的则是《史记·五帝本纪》。2002年12月上海古籍出版社出版的《上海博物馆藏战国楚竹书(二)》中的《子羔》《容成氏》等也涉及舜的问题。特别是《容成氏》说舜"孝养父母,以善其新(亲),乃及邦子",对舜文化孝亲内涵有所突出。当然,古史传承有一定的累积效应,其中蕴藏着丰富的历史文化意义。在舜的形象建构和文化塑造中,《孟子》一书占有重要的位置,舜几乎是孟子理想的先王典型和人格楷模,所传达的伦理困境与解决途径,对于今天反思情法、理法关系大有裨益。

北宋欧阳修(1007—1072年)在著名的翻案论文《纵囚论》中曾大力呼吁:"尧、舜、三王之治,必本于人情,不立异以为高,不逆情以干誉。"①重视人情,在欧阳修的经解思想与解经方法中占有重要地位,同时也是他衡量和评鉴古今政治得失的重要标准之一。关于舜,欧阳修认为,植根人情,不违背人情事理是其主要特色。这个方面,早在先秦著作《孟子》中已得到充分彰显和不断弘扬。

根据杨伯峻先生在《孟子译注》附录《孟子词典》中的统计,在《孟子》中,"舜"一词出现97次,尧58次,禹30次,仲尼6次,后稷1次,先王10次(《尧典》1次),②通过这些简略的比较,可以发现,舜文化在《孟子》中占据重要的地位,相对尧与禹而言,舜更加集中地反映了孟子的政治理想和思想学说。

历史的价值在于不断地给研究者提供历史构图的可能和机会。舜文化在《孟

---

① 《居士集》卷十八《经旨》。
② 杨伯峻译注《孟子译注》,北京:中华书局,1960年,第346—483页。

子》中的凸显，凝聚了孟子关于人性、仁义以及君臣父子关系等问题的深刻理解，这些在舜形象中都有集中的反映。

一、尧舜之道

《孟子》中，理想的成人为政之道，便是尧舜之道。在孟子看来，非"尧舜之道"①，便没有陈述的价值。滕文公见孟子，"孟子道性善，言必称尧舜"②，尧舜之治是他心目中的理想社会。尧舜所行的圣人之道，在孟子那里，具体就是仁政，"尧舜之道，不以仁政，不能平治天下"③，渴盼"乐尧舜之道""被尧舜之泽"④。孟子认为，"尧舜既没，圣人之道衰"⑤，周文王效法尧舜之道，虽然时代地域相差甚远，但精神却是一致的，"得志行乎中国，若合符节。先圣后圣，其揆一也"⑥，"道一而已"⑦。

孟子主张人们的行为都要合乎"道"，即"由其道"⑧，确切地说，是恪守礼义之道。孟子说"非其道，则一箪食不可受于人；如其道，则舜受尧之天下，不以为泰"⑨，行为无论宏细，关键在于是否合乎大道，即使是琐碎小事，如果不合道的原则，也不可苟且应对；关乎天下的大举，只要合乎道，也可当仁不让。这显示了道在人们社会生活中的价值和意义。

孟子曰："规矩，方员之至也；圣人，人伦之至也。欲为君尽君道，欲为臣尽臣道，二者皆法尧舜而已矣。不以舜之所以事尧事君，不敬其君者也；不以尧之所以治民治民，贼其民者也。孔子曰：'道二：仁与不仁而已矣。'"⑩孟子所引孔子"道二：仁与不仁"也见于上博简《武王践阼》《孔子见季桓子》等，君臣伦理在尧舜那里已经体现得很充分了，孟子之所以强调用舜事奉尧的行为方式（所以事尧）处理君臣关系，在于舜恪守孝亲，推而可事奉尊长。全句互文来看，

---

① 《孟子》卷四《公孙丑下》。
②⑦ 《孟子》卷五《滕文公上》。
③⑩ 《孟子》卷七《离娄上》。
④ 《孟子》卷九《万章上》。
⑤⑧⑨ 《孟子》卷六《滕文公下》。
⑥ 《孟子》卷八《离娄下》。

尧舜之道蕴含着敬君爱民的道理。

尧、舜均具有仁德,即"为天下得人者"的品德。"尧以不得舜为己忧,舜以不得禹、皋陶为己忧。夫以百亩之不易为己忧者,农夫也。分人以财谓之惠,教人以善谓之忠,为天下得人者谓之仁。是故以天下与人易,为天下得人难。孔子曰:'大哉尧之为君!惟天为大,惟尧则之,荡荡乎民无能名焉!君哉舜也!巍巍乎有天下而不与焉!'尧舜之治天下,岂无所用其心哉?"①百亩之不易,"易"训为"治"。就像农夫整理、耕种田地一样,尧舜为治理天下物色合适的人选,也是一样在完成自己的职分和工作;而且"为天下得人难",治天下更是不容易的事。这些论述,与孟子"劳心者治人,劳力者治于人"②旨趣一致,虽然还有等级制的差异,但已经含有社会分工的因素。孟子将尧舜并称,但他更加倾向于舜,因为《孟子》所记载的舜的历史事迹和传说故事显示舜在得人治天下方面面临的困难。"有天下而不与",拥有天下但是却不以私心去占有、享用它,显示了可贵的人格与道德境界。当然,这也是《孟子》的政治理想的形象化表达,其中的历史学意义更加丰富和重要。

二、舜的美德

舜具有常人难以企及的美德,即舍己从人,善与人同。在孟子看来,舜善于吸取他人的长处和优点,以成就事业,并用以改善民生,服务社会。"大舜有大焉,善与人同。舍己从人,乐取于人以为善。耕、稼、陶、渔以至为帝,无非取于人者。取诸人以为善,是与人为善者也。故君子莫大乎与人为善。"③孟子称颂"舜明于庶物,察于人伦,由仁义行,非行仁义也"④,褒扬舜在人伦上的努力和贡献。

孟子赞扬舜的地方很多,最主要的是表彰他的"大孝","大孝终身慕父母。五十而慕者,予于大舜见之矣"⑤。因为舜遭受父亲不公正待遇,却能"得亲"

---

① ② 《孟子》卷五《滕文公上》。
③ 《孟子》卷三《公孙丑上》。
④ 《孟子》卷七《离娄上》。
⑤ 《孟子》卷九《万章上》。

"顺亲""事亲",便尤为难能可贵。"天下大悦而将归己。视天下悦而归己,犹草芥也。惟舜为然。不得乎亲,不可以为人;不顺乎亲,不可以为子。舜尽事亲之道而瞽瞍厎豫,瞽瞍厎豫而天下化,瞽瞍厎豫而天下之为父子者定,此之谓大孝。"①厎豫,也作"厎豫"。东汉赵岐注:"厎,致也。豫,乐也。"清焦循正义:"致乐者,由不乐而至于乐也。"②瞽瞍百般刁难陷害舜,而舜能恪尽事亲之道,完美地统一和实现"为人""为子""为君"的职分和责任,被孟子誉为"大孝"。

《孟子》中记载舜的父亲与弟弟谋害舜的性命、夺取其家产妻室,细腻生动。万章曰:"父母使舜完廪,捐阶,瞽瞍焚廪。使浚井,出,从而揜之。象曰:'谟盖都君咸我绩。牛羊父母,仓廪父母,干戈朕,琴朕,弤朕,二嫂使治朕栖。'象往入舜宫,舜在床琴。象曰:'郁陶思君尔。'忸怩。舜曰:'惟兹臣庶,汝其于予治。'不识舜不知象之将杀己与(欤)?"曰:"奚而不知也?象忧亦忧,象喜亦喜。"③其中,关于象狂妄贪婪的语言与变化及"忸怩"神态,惟妙惟肖,也给舜如何对待自己的亲人提出了挑战。面对父亲瞽瞍的不慈与弟弟象的无礼,舜能以德报怨,推己及人,这是一种"仁"的精神,恰与"不仁"相对,正所谓"仁者以其所爱及其所不爱,不仁者以其所不爱及其所爱"④。当万章进一步追问舜的欢喜是否是"伪喜",孟子引用子产使校人畜鱼的例子说明,"君子可欺以其方,难罔以非其道。彼以爱兄之道来,故诚信而喜之"⑤,强调舜对象的情感是发自内心的,诚实无欺的,这更加显示了舜的德行和修养。

历史不能假设,但对历史偶然性与必然性、现实性和可能性的探讨却可以给人思索和启发。在人生矛盾和社会纠纷问题上,一任于法,追求公平、公正、正义,都无可厚非,但是法律的公平公正最终也是维护社会正义、调节社会秩序(包括道德伦理秩序)的途径。也许在某种意义上,法律维护了人们的道德底线,对提升人的道德境界却显得隔靴搔痒。当然,现实生活中也接连有法律审判遗留的道德危机问题,已经引起有识之士的忧虑和努力。舜貌似迂腐的举动处处显示

---

① 《孟子》卷七《离娄上》。
② [清]焦循撰,沈文倬点校《孟子正义》,北京:中华书局,1987年,第535页。
③⑤ 《孟子》卷九《万章上》。
④ 《孟子》卷十四《尽心下》。

了宽厚和善之心,有助于从根本上感化、改变有道德缺陷的人。

三、理法与情法

在中国思想文化史以及法律思想史上,理法、情法、礼法问题一直是其中重要的问题,刑罚倒是这个问题的衍生物。

《孟子》中不少篇章涉及对这个问题的讨论,不少内容依然有现代意义。

孟子重视情实,要求形式与内容应当统一,反对"非礼之礼,非义之义""言无实,不祥",称"声闻过情,君子耻之"①。但是,孟子也强调,只要合乎"义",有时不必局限于表面或细节的真信可靠,"大人者,言不必信,行不必果,惟义所在",当然,他所说的"大人"是"不失其赤子之心"的人②,这是对他的情实论的补充。

孟子对舜不告而娶的看法就没有停留在表面现象上,"不孝有三,无后为大。舜不告而娶,为无后也,君子以为犹告也"③,舜不禀告父母而娶妻,虽然不合常行的礼法,但是因为担心子孙不继,私自作主张,这种"不告"被君子视为"犹告"。万章也曾就此问题与孟子讨论,孟子说:"告则不得娶。男女居室,人之大伦也。如告,则废人之大伦,以怼父母,是以不告也。"④在孟子看来,与其拘泥形式的礼法,毋庸更加尊重礼法所制定的根本即情理。这种观念较孔子对礼仪内在的礼的精神的唤醒和恢复无疑是有一定进步意义的。

前文舜不仅没有责罚象,而且要象分担自己治国的责任,"惟兹臣庶,汝其于予治"⑤。当然,孟子说,历史上也有一种说法是舜在登天子位后流放了象,但孟子相信的是舜封赏了象。如果这是历史事实,舜有没有任人唯亲的嫌疑,特别是在象的德行还达不到贤者的标准的情况下。的确,在《孟子》中,称颂尧舜的一个重要方面,就是他们能够"为天下得人"⑥,沿着这个思路,象是否是"得

---

①② 《孟子》卷八《离娄下》。
③ 《孟子》卷七《离娄上》。
④⑤ 《孟子》卷九《万章上》。
⑥ 《孟子》卷五《滕文公上》。

人"呢？这里有没有礼法、情法的冲突呢？

万章指出舜"流共工于幽州，放驩兜于崇山，杀三苗于三危，殛鲧于羽山"是"诛不仁"的举动，受到了人们的欢迎，而"日以杀舜为事"的象是"至不仁"的人，却被封于"有庳"，对于有庳的人明显不公，难道因为血缘的远近而有变化。孟子回答道："仁人之于弟也，不藏怒焉，不宿怨焉，亲爱之而已矣。亲之欲其贵也，爱之欲其富也。封之有庳，富贵之也。身为天子，弟为匹夫，可谓亲爱之乎？""象不得有为于其国，天子使吏治其国，而纳其贡税焉，故谓之放，岂得暴彼民哉？虽然，欲常常而见之，故源源而来。'不及贡，以政接于有庳'，此之谓也。"①孟子论述侧重两点：其一是封象是兄亲爱其弟的真情的自然流露；其二是封象区别于一般的分封，有其特殊性。关于分封的特殊性，孟子的回答是有些矛盾的，他将"放"和"封"两种说法最终调和起来，认为象虽然有"封"之名而无"封"之实，只是享有该地的贡赋而已，而政治治理则有赖于贤臣能吏，也就是说，象不可能因自己的不贤而祸害有庳的百姓。因此，在关于舜如何处理与象的关系上，从《孟子》来看，自然是做了性善论和仁政说的改造，并不是历史的求真，而是历史学的建构和阐释。

《孟子》不能现成地为我们提供历史的明确答案，因为从整体上来看，其中还存有一些逻辑的缺环和漏洞，也为当时的学者（如万章等）所觉察。如同后来有人提出瞽瞍犯法的刁钻问题时，孟子提供的舜的做法也只能是逃避归隐以保全"大孝"的唯一途径了，而未必能在现实中落实。

桃应问对是《孟子》中一个很典型的辩论和案例，当然是一种假设。"桃应问曰：'舜为天子，皋陶为士，瞽瞍杀人，则如之何？'孟子曰：'执之而已矣。''然则舜不禁与（欤）？'曰：'夫舜恶得而禁之？夫有所受之也。''然则舜如之何？'曰：'舜视弃天下，犹弃敝屣也。窃负而逃，遵海滨而处，终身欣然，乐而忘天下。'"②舜作天子，皋陶作法官，如果舜的父亲瞽瞍杀了人，怎么来处理。孟子的回答，前后也是有出入的。先是依照刑律逮捕，"夫有所受之"，不仅在法律上有根据，而且在事实上也有根据，连舜也没有办法，这是从法的角度说的，

---

① 《孟子》卷九《万章上》。
② 《孟子》卷十三《尽心上》。

有种"一任于法"的旨趣;后者则是舜的办法,窃负而逃,隐居海滨,"乐而忘天下",也就是弃天下而不顾,这是从情的角度说的。在公私、名实、情法、个人与天下之间,孟子拟设的舜窃负而逃,是最终顺从亲情,完成"大孝",在形式上解决了情法之间的冲突。之所以说是一种形式解决,是因为这是一种理论假设,虽然"形色,天性也;惟圣人然后可以践形"①,作为圣人的舜的做法可以有很大的自由度,但是,如果天子弃天下的百姓而不顾还能不能称得上是尽职的天子,自然也是其中内蕴的一个并未解决的问题。

舜做了天子,如何处理与父亲的关系,涉及君臣、父子关系的重叠和位次(或优先性)。《孟子》中,有对夫妇、父子、君臣关系的探讨,如同郭店简《六位》(或作《六德》)等一样,都是以夫妇、父子先于君臣,这是从人情、事实出发的一个明证。在父子与君臣关系上,《孟子》中的父子是优于君臣的。咸丘蒙向孟子请教瞽瞍北面朝见舜,而"舜见瞽瞍,其容有蹙"②,舜如何处理与瞽瞍的父子君臣关系,孟子回答也是有选择和避舍的。他引用诗句,强调对《诗经》解释不能拘泥文字,以免以文害辞,以辞害志,而是要运用"以意逆志"的方法,通过个人的体会去把握典籍的本意,并引用《诗经·下武》和《尚书》的语句,说明孝道是治国的法则,以及舜以谨敬的态度对待瞽瞍而使瞽瞍变得顺理而行。通过这些曲折的论证,可以发现,在《孟子》中,舜处理父子君臣关系,还是通过父子而使其君臣关系变得自然顺畅,通过"孝"而达致上下和睦。当然,后世在思想文化与艺术作品中出现"忠孝"难以两全的冲突局面,则是这两种伦理道德各自发展以及优先性倒置所出现的必然结果。

四、人皆可以为尧舜

在中国人性思想史上,无论是强调人性本善,还是人性本恶,都是一种先验预设,而根本则是通过"养"或"教"的方式使人的道德境界不断提升,最终达

---

① 《孟子》卷十三《尽心上》。
② 《孟子》卷九《万章上》。

到圣贤的境地。所以,"人皆可以为尧舜"①"涂之人可以为禹"②,尧舜禹的道德境界,是现实的人都可以通过自己的努力达到的,但并不意味着每一个人天然地自始至终都一定是圣贤,这种可能性要变为现实,需要"求其放心"③与"化性起伪"④的工夫。

尧舜的榜样是可以达到的。《孟子》说,那些努力向善的,就是和舜一样的人,"鸡鸣而起,孳孳为善者,舜之徒也"⑤,"为善"相对于"为利",也是舜和跖的根本区别。孟子说:"舜之居深山之中,与木石居,与鹿豕游,其所以异于深山之野人者几希。及其闻一善言,见一善行,若决江河,沛然莫之能御也。"⑥能够闻善言、见善行而自觉地效法学习,没有什么外在的力量能够阻止,这也就距离为善不远了。尧舜在知和仁两个方面与常人有近似之处,"尧舜之知而不遍物,急先务也;尧舜之仁不遍爱人,急亲贤也"⑦,尧舜的智慧不能完全知道一切事物,仁德也不能普遍爱一切人,这些和常人并无两样,但是,尧舜知道首要的任务与爱亲敬贤的重要,却正是常人应该效法和学习的。

孟子教导人们见贤思齐,不断反省自己,"终身之忧"就是指对自己道德人格的关注和省视。"君子有终身之忧,无一朝之患也。乃若所忧则有之:舜人也,我亦人也。舜为法于天下,可传于后世,我由未免为乡人也,是则可忧也。忧之如何?如舜而已矣。"⑧其中,"舜为法于天下"的"为法"实际指法式,专指道德人格的规范和力量,与法律还不是一个概念。所以,以舜作为效法和学习的榜样,便就会成为和舜一样有道德的圣贤之人。这也是孟子强调"尧舜与人同耳"⑨的道理。

总之,《孟子》称颂尧舜,对"尧舜之道"阐发良多,特别是其中含藏着丰富的舜文化信息,值得后人借鉴。有些是有历史渊源的,比如《孟子》引用《尚书》记载舜父子的故事,有些是历史学的重新建构,有些是虚拟的辩论议题,但

---

① 《孟子》卷十二《告子下》。
② 《荀子》卷十七《性恶篇》。
③ 《孟子》卷十一《告子上》。
④ 《荀子》卷十七《性恶篇》。
⑤⑥⑦ 《孟子》卷十三《尽心上》。
⑧⑨ 《孟子》卷八《离娄下》。

舜文化在《孟子》中的地位十分重要，则是毋庸讳言的。舜已经是孟子完美人格与政治理想的代名词。特别是其中涉及情理法的关系问题，在今天如何处理法律审判与道德伦理的关系及其影响，依然有积极意义。同时，它们也是人们能否实现尧舜之道、企及尧舜之德的重要途径和关键。

诸子之前的审美观念和意识*

中国古代美学思想史类著作，一般多从孔子或老子开始（如叶朗《中国美学史大纲》等）写起，很少涉及诸子前的美学观念和思想。诸子关于美善关系、美的境界和特点等的论说，自有其发展的历史过程，具有一定的深远的历史渊源。这个方面比较系统的见解可参考于民《春秋前审美观念的发展》等。

一、诸子前的审美形式和特点

原始社会至两千年前的事迹，不少以真相或变相的方式保存在神话或传说中，如《天问》《山海经》和《淮南子》中，但主要要依靠地下出土文物，即考古成果的支持。这是目前研究这个时期古代美学思想史基本的两个史料来源。

原始社会，已经出现了彩陶、玉饰等装饰品，说明至少在那个时期人们的审美观念和表达美的能力已经比较成熟了。这中间经历了漫长的历程，集中在旧石器时代后期到新石器时代后期。这是根据石制工具划分时代的，如果从社会角度分析，则经历了原始人群、母系氏族社会和父系氏族社会三个阶段，人类也经历了猿人、古人、新人和现代人几个阶段。

在中国早期审美思想史上，艺术、美与生产实践之间具有密切的联系，在一些艺术形式的演进中能明显看到这种痕迹。在石制农业工具向石制乐器转化中，存在着一种中间形态，既为农具，又为乐器，如磬。出土于山西夏县东下冯遗址（约前2100—1500年，相当于夏代早期）的磬，形状和犁相似，并有工具印痕。又如埙，现为六孔，出现在汉代。半坡遗址中有两只一音孔陶埙，母系氏族社会后期出现了两音孔陶埙，如在山西（万荣县荆村、太原郊区义井）曾发现八个筒

---

* 原载于《华夏文化》2007年第4期。

状二音孔埙。父系氏族社会晚期出现了三音孔埙,如在甘肃玉门火烧沟遗址发现了二十多个三音埙。殷代出现了五音孔埙,汉代出现六音孔埙。如果人们认为埙曾作过捕鸟工具的说法成立,则表明埙的发展完善与生产需要密切相关。

西周时,人们曾把舞蹈分为文舞和武舞两种,可参见《诗经·邶风·简兮》等所描写的情节:

> 简兮简兮,方将万舞。日之方中,在前上处。
> 硕人俣俣,公庭万舞。有力如虎,执辔如组。
> 左手执籥,右手秉翟。赫如渥赭,公言锡爵。
> 山有榛,隰有苓。云谁之思?西方美人。彼美人兮,西方之人兮。

干与羽、武与文二者相对,概括了舞蹈的两种基本类型。干舞,最初具有模拟战争动作的特点,是战争的预演和再现,有时带有战争操练与动员的性质。相传周人进军朝歌时,曾出现"前歌后舞"的热烈情景,这一直被视为武王仁德和众望所归的表现,实际上很可能描写了一种与战争实践有关的战争舞,具有较强的实用性。《韩非子·五蠹》记载"执干戚舞,有苗乃服",表面是赞美舜禹修文偃武,实际上类似于今天的军事演习,恰恰是修武、炫耀兵力的举动。舞蹈源于战争实践和风俗活动,是不容怀疑的。从语言学角度看,古代"武""舞"通用。《春秋》庄公十年(前684年)"蔡侯献舞归",《穀梁传》作"献武归";《论语·卫灵公》"韶舞",《春秋繁露·楚庄王》作"韶武";《史记·刺客列传》中的秦舞阳,汉武梁祠作"秦武阳"等。《左传·宣公十二年》记载楚庄王解释"夫文,止戈为武",已是后起的发挥了。

与舞蹈绘画凭借"容"或"形"再现生产生活不同,早期人们也有运用"声"来表现的诗歌作品。如古代逸诗"断竹,续竹,飞土,逐肉"(《弹歌》,见《吴越春秋·勾践阴谋外传》),被誉为"黄歌断竹,质之至也"(《文心雕龙·通变》),"土返其宅,水归其壑,昆虫勿作,草木归其泽"(《蜡辞》,见《礼记·郊特牲》)等,这些作品不仅音节和谐,而且承载着丰富的文化内容,反映了特定时期人们的生活生产状况和思想观念。

在秦汉以前的典籍中,记载着人们关于诸子前审美观念发展的认识,主张美和艺术是人类发展到一定阶段的产物,"神农作琴"(《新论·琴道》),"史皇作图,苍颉作书"(《世本·作篇》);美和艺术是模仿现实的结果,"听凤之鸣以别十二律""飞龙作乐,效八风之音""(颛顼)令鱓先为乐倡,鱓乃偃寝,以其尾鼓其腹,其音英英"(《吕氏春秋·古乐》);美和艺术有调节阴阳、平和万物的功能,"士达作为五弦琴,以来阴气,以定群生"(《吕氏春秋·古乐》);美是人的特有标志和属性之一,"人者,天地之心也,五行之端也,食味别声被色而生者也"(《礼记·礼运》)等。

二、诸子前的主要审美范畴

西周末年至春秋末年,人们的审美观念产生了质的飞跃,主要表现在先后形成了一些哲学和审美上的范畴,如美与善、文与质、乐与悲、雅与俗、物与欲、音与心、和与不和、礼与乐、本与末,等等。这些范畴的出现,标志着中国古代审美观念的发展进入了一个新的阶段,是中国美学思想史的奠基阶段。

生产力极大发展,铁制生产工具广泛运用。政治动荡,诸侯国战争频繁,诸侯国内士大夫争权夺利,这种局势造成人们地位的急剧变化。它深刻影响着当时人们的审美观念,使不同地位人们的审美观念既相互区别、相互对立,又相互渗透、相互融合,如对美(或美感)的差异性和共同性、雅乐(古乐)俗乐(今乐)的对立、君与民同乐等问题的认识。

制作工艺的新发展。铁器、铜器、玉器和其他手工业作坊,较前更加集中壮大。春秋后期,人们会使用红铜镶嵌法、鎏金法、线刻法、分铸法、焊接法和花纹方块印制法。诗歌、书法、散文、建筑、雕塑有了新的气象。如大型编钟的出现,随县曾侯乙墓,墓主生活在前500—前433年,较孔子稍晚,但墓中的编钟可代表春秋后期生产和审美的水平。因为这些大规模(总重5余吨)的乐器,六十五枚钟,就涉及相互之间的配合,即"和",这是这个时期的主导审美观念。

科学认识的发展。特别是对美学领域的规律的认识和概括,与其他领域规律认识紧密联系,如对"物一无文""声一无听""味一无果"的认识,提炼概括为"和实生物,同则不继"(《国语·郑语》)的哲学思想。春秋前人们体验身体保健医疗同自然气候变化的关系,认识阴阳风雨明晦等自然现象与生产实践的关联,逐步形成医和、子产等人的阴阳五行宇宙观和审美观。

东汉许慎（约58—约147年）《说文解字》将美和"膳"联系起来，认为"羊大则美""膳者善也"，将味觉的好与道德、审美评价相结合。这个问题实质是美味如何成为善的？许慎并未解释。实际上，早在殷商至西周时期，人们已经注重"味"了，这是历史实际，也是许多注重"和谐""调和"的"和"的哲学思想产生的基础。已出土的这个时期的青铜器，大多是食（饮）器，数量种类繁多，可以印证《周礼》中的部分记载。特别是殷代，流行两种风气：一是巫风，二是吃喝风。殷人酗酒情况比较严重，甚至成为周人指责的口实，"（纣）受之迷乱，酗于酒德""沈（沉）酗于酒"（《尚书·周书·无逸》），殷人自祖甲后"惟耽乐之从"（同前），是很会享乐的。这里对饮食行为的评价打上了道德烙印。直到墨子时，国君的饮食依然很豪华，排场盛大，让人难以想象，"大国累百器，小国累十器，前方丈，目不能遍视，手不能遍操，口不能遍味"（《墨子·辞过》）。《周礼·天官》中记载掌管宫廷饮食的官职是"内饔"，主要职责是"辨味"，医保人员种类繁多，也许可以印证《墨子》的记载。

春秋前，主管"味"（司味）的官，越古官位越高。最初味的享受高于声、色，味觉是作为快感的代表出现的，是生产生活水平低下的标志（如现在很少有人见面互相问"吃了没有"，这种问候曾是过去人们最常见的问候语）。殷初，伊尹出身庖厨，春秋之后的人们用这个例子论证举贤能不拘贵贱，实际上，可能和当时的调味者地位有关，而不仅是"乐尧舜之道"（《孟子·万章上》）。

也有人将"美"解为视觉的形象，即"人饰羊首"。针对这种会意的解释，我们也可以提出美色如何成为善的？这也就是说，中国古代虽然没有陷入美和美感的二元对立分析，始终紧扣"美感"，但是却过早地将"美"（实际上是美感）和"善"（道德评价）联系起来。最终，中国美学思想史始终难以摆脱这种纠葛，而纯粹的形式的审美则不能成为主流，"汉大赋""四声八病"只是一种辅助手段。

春秋末期，楚国的伍举与楚灵王讨论什么是美时，为美最早下了一个明确的定义："夫美也者，上下、内外、大小、远近皆无害焉，故曰美，若与目观则美，缩于财用则匮，是聚民利以自封而瘠民也，胡美之也？"（《国语·楚语》）无独有偶，单穆公在回答周景王问题时说："夫乐不过以听耳，而美不过以观目。若听乐而震，观美而眩，患莫甚焉。"（《国语·周语》）这是对美的理性认识，既突出美的普适性、无害性、相对性、适度性，又将美和政治状况（德治）联系起来，美就有了道德的内在含义，这就是"善"（包括"高"、"大"等）。后来这些范畴甚至被推及到对人道德精神的赞美上，如"德之至矣，大矣，如天之无不帱也，如地之无不载也，虽其盛德，其蔑以加于此矣，观止矣"（《左传·襄公二十九年》），表达了季札观赏《韶》舞后的感受。这种观念对孔子、孟子、荀子以及老子等都有或多或少的影响。

总之，通过对诸子前的审美意识和观念的考察，可见，主张美与善、形式与内容相协调是它的主流（也有侧重文或质的），既反对单纯追求耳目之快，也反对只求功用而否认美饰。所以，在美学观念上更加倾向于美和善、文和质的统一，对以后乃至现当代美学思想史的发展影响深远。

先秦"六经"的形成与"六经"学的特色

"六经"是儒家的重要文化元典。"六经"的形成与来源,历来众说纷纭。有人主张"六经"形成于秦汉之际,"六经"的用法较早出现在汉武帝时期①;也有学者通过对"六经"到"六艺"的演变,揭示了儒家学术由"学"向"术"的转型过程②。随着郭店楚简与上博简等相关史料的陆续公布,最迟在战国中期已经形成了"六经"基本格局的看法有了更加丰富有力的佐证。当时,关于"六经"次第的表述,主要有三种,除过《诗》《书》《礼》《乐》《易》《春秋》、"《易》《书》《诗》《礼》《乐》《春秋》"之外,还有一种"《礼》《乐》《书》《诗》《易》《春秋》",见郭店楚简《物由望生(语丛一)》③,在《史记》等典籍中得到了进一步印证④。

先秦时期,"学术"经历了由统一到裂变的演进过程,当学术"未为天下裂"(《庄子·天下》)的时候,"学""术"一途,"六经"与"六艺"的"经""艺"与"学""术"分歧并不大,这就是"六经"⑤与"六经"教(即"六艺")紧密联系的原因之一。当时的《诗》教、《书》教、《礼》教、《乐》教、《易》教、《春秋》教是"六经"在现实生活中的运用。所谓"不学《诗》,无以言""不学《礼》,无以立"(《论语·季氏》),《论语》是否仅仅说明"六经"的功能仅在言辞与仪

---

① [日]本田成之著,孙俍工译《中国经学史》,上海:上海书店出版社,2001年,第6页。
② 蒋国保《汉儒称"六经"为"六艺"考》,《中国哲学史》2006年第4期。
③ 李零著《郭店楚简校读记》(增订本),北京:北京大学出版社,2002年,第160页。
④ 如《史记》中的《滑稽列传》《太史公自序》等。
⑤ "六经"的名称,一般以《礼记·经解上》《庄子·天运》为早出,其中后者有"六经"的成熟表述。"'六经'之名,此为最朔。""'六经',汉人通称'六艺',或云'六籍',或云'六学',或曰'六术',所从言之路异耳。"([唐]陆德明撰,吴承仕疏证,张力伟点校《经典释文序录疏证·次第》,北京:中华书局,2008年,第17页)

文等浅表层的形式呢？春秋时期晋国的赵衰曾说："说《礼》《乐》而敦《诗》《书》。《诗》《书》，义之府也；《礼》《乐》，德之则也。"（《左传·僖公二十七年》）①可见，《诗》《书》《礼》《乐》都不仅仅是形式的节文，而是蕴含"德""义"等内容的文化结晶，是对人内在德性和外在规范的提示与制约。

在"六经"形成的同时，"六经"学也相伴而生，因此，"六经"学在战国中晚期已开始形成，先秦可以称为经学的萌芽期或形成期②。儒家对"六经"的"载道"观念奠定了后来经学汉宋发展路径的学术基础，在"载道"下的"六经"各有侧重与"六经"一道的观念是后来经学学术歧出的标尺。

一、"六经"的形成与三种基本次第

"六经"指《诗》《书》《礼》《乐》《易》《春秋》六部典籍，说见《礼记·经解上》《庄子·天运》等。

《礼记·经解上》："孔子曰：'入其国，其教可知也；其为人也，温柔敦厚，《诗》教也；疏通知远，《书》教也；广博易良，《乐》教也；洁净精微，《易》教也；恭俭庄敬，《礼》教也；属辞比事，《春秋》教也。'"皮锡瑞认为从这时期起"始以《诗》《书》《礼》《乐》《易》《春秋》为'六经'"③，这种认识和《论语》中孔子将《诗》《书》、礼、乐视作造士的手段相吻合，《春秋》只是被作为训练语言表达能力的读本，似乎还不是阐述"微言大义"的"经"，这是《经解》作者所始料不及的。但一般地以这段材料为早出。《庄子·天运》："孔子谓老聃曰：丘治《诗》《书》《礼》《乐》《易》《春秋》六经。"虽然《庄子》有"重言"的因素，不无假托老子、孔子之口表达庄子本人或庄学观点的可能，但这种认识在思想上自有其演变的历史轨迹，"《六经》"的形成不晚于《庄子·天运》则是不争的事实。

"六经"的形成是一个漫长的过程。孔子当时称"《诗》《书》、礼、乐"是造

---

① "说《礼》《乐》而敦《诗》《书》"："说"同"悦"，喜爱；敦，崇尚。
② 姜广辉先生综合经学的历史时代与学术方法双重因素，将这个时期称为"前经学时代"（姜广辉主编《中国经学思想史》，北京：中国社会科学出版社，2003年，第18页）。
③ 《经学历史》之《经学开辟时代》，皮锡瑞著，周予同注释《经学历史》，北京：中华书局，2004年，第16页。

士的津梁。郭店楚简①《性自命出》两次列举"《诗》《书》《礼》《乐》";《六德》则是"《诗》《书》《礼》《乐》《易》《春秋》"。《大戴礼记·保傅》"诗书礼乐无经，学业不法"②，《礼记·王制》也是"《诗》《书》《礼》《乐》"。《商君书·农战》称"《诗》《书》《礼》《乐》《春秋》"。《庄子·徐无鬼》称"《诗》《书》《礼》《乐》"，《天下》则称"《诗》《书》《礼》《乐》""《诗》《书》《礼》《乐》《易》《春秋》"等。虽然这些典籍成书的时期有的还有争议，但是整体上脉络比较清楚，这也就是说，"六经"基本形成于战国中期前后，但以"经"字称呼则在战国中晚期，乃至秦汉时期。在"六经"中，"《诗》《书》《礼》《乐》"较先被人们放在一起，它们之间相辅相成，接着又加进了《春秋》，最后是《周易》。在先秦时期，"六经"中人们最熟悉的莫过于"《诗》"，这可能是诸子基本将《诗》列为"六经"之首的合理解释，秦汉时期，《易》逐步列为"六经"之首，最后形成固定的格式，成为两千多年经学思想史上最重要的内容之一。其中原因，除经今古文的差异外，还可以进一步研究③。

先秦时期尽管还不能说有完整明确的"六经"的名称，但"六经"中的大多典籍已经流传，并引起诸子学者的重视。"六经"典籍由二（《诗》《书》）而四（《诗》《书》《礼》《乐》）而五（《诗》《书》《礼》《乐》《春秋》）而六（《诗》《书》《礼》《乐》《易》《春秋》），体现了"六经"日益形成定型的发展过程。"六经"的实质形成时期应在先秦，特别是战国中期左右。经学及经学思想史研究不能忽略这个阶段。

---

① 先秦儒家也往往形成了一个单调的考察模式，中国哲学史和思想史一直沿用孔—孟—荀的模式。自从20世纪末，郭店楚简和上博简公布后，形成了新的研究热潮，最主要的学术成果是丰富了先秦儒家的历史和观念。在孔与孟荀之间有一个阶段，很有可能和七十二子及其传人有关，现在一般的看法是确认了子思学派的存在，孔子及其传人的研究再也不必限于《论语》了。

② 强调太师的职责，批评不习诗书礼乐正经常道、学业无常的行为。

③ 李镜池先生考察《左传·襄公九年》所引《周易》的情况时，厘析了《周易》及其他儒家经典成为"经书"细致而入微的过程（李镜池著《周易探源》，北京：中华书局，1978年，第298页），也揭示了"六经"形成应在孔子前后的道理。今人研究，认为孔子曾作《易序》，古代典籍中保留了相关佚语，它们是今本《系辞》的前身；《彖》《象》形成早于孔子，虽然经孔子整理渗透了孔子的思想；《文言》也存在早于孔子的内容等（郭沂著《郭店竹简与先秦学术思想》，上海：上海教育出版社，2001年，第291、303页）。

二　子学时代与经学问题

先秦诸子在称述后来人们所说的"六经"时有基本一致的顺序，无论是否以具体"经"称谓。因为"经"起初并非专名，而是泛指所有典籍，"经者，载籍之共名，非'六艺'所得专"①。

"六经"在经今文学、经古文学以及宋学家那里意义迥异。主要表现在两个方面：一是关于"六经"性质与功能的认识；二是对孔子地位的认识②。关于孔子与经学的关系，古文经学家们认为孔子之前已经有了"六经"，"六经"并非从孔子时才开始形成的；经今文学家则主张有孔子才有"六经"，孔子之前不能有所谓的"经"，所谓"孔子出而有经之名"③。但是，有丰富的史料显示，在孔子之前已经开始对后来所谓的"六经"进行解释阐发了，如果"经"只是与"传"相对而言，而未必与圣人联系，这样，"经"的产生就会追溯得很远，虽然可能杳渺难察。因此，即使是今文经学家的皮锡瑞（1850—1908年）也不得不承认，"孔子以前，未有经名，而已有经说，具见于《左氏内外传》"④，《左氏内传》指《春秋左氏传》（或《左氏春秋传》），《左氏外传》指《国语》，"不主于经"（《汉书·司马迁传赞》），带有辅助性质。

当然，我们未必要坚信"六经"均是孔子制作，但大体上说孔子曾将《诗》《书》、礼、乐作为教材培养学生⑤；孔子对《易》很感兴趣，鲁国《春秋》据孟子的说法也是孔子的手笔（《孟子·尽心下》）。最早说孔子"删《诗》"的是司马迁（《史记·孔子世家》）。如果不考虑《礼记·经解上》《庄子·天运》的话，"六艺""六经"的具体名称大概到汉初才出现⑥，如《史记》中的《伯夷列传》《李斯列传》《儒林列传》《滑稽列传》以及《太史公自序》。"六经"的"经"圣典地位一旦确立，其他的作品只能成为"记"或"传"了。

---

① 马宗霍著《中国经学史·序》，上海：商务印书馆，1936年，第1页。
② 周予同《序言》，皮锡瑞著，周予同注释《经学历史》，北京：中华书局，2004年，第3页。至于《乐》经的有无，古文学家认为古代有《乐》经，后遭秦火亡佚；今文学家认为《乐》经并非独立的一部典籍，本身就存在于《诗》与《礼》中，所以不存在消亡的问题。
③ 《经学历史》之《经学开辟时代》，第16页。
④ 《经学历史》之《经学开辟时代》，第9页。
⑤ "孔子以诗书礼乐教。"（《史记·孔子世家》）
⑥ [日]本田成之著，孙俍工译《中国经学史》，上海：上海书店出版社，2001年，第6页。

这种事实对我们的启示是，专门的"六经"起源很早，经历了不断编辑流传的过程，是多人多时代加工的。其中，《诗》《书》完成时间较早，孔子已经明说《诗三百》①了，"礼""乐"在孔子那里还不是典籍，而是具体的技艺，作为典籍大概到了战国中期前后了，"三礼"与西周的礼乐制度不尽相符，也说明了这个道理；《春秋》大约是孔子所作，《易经》经传合一是战国中后期的作品。

同时，关于"六经"（"六艺"）在先秦至秦汉间的典籍中有多种排序方法，最为常见的是《礼记·经解》《庄子·天运》《庄子·天下》等的"《诗》《书》《礼》《乐》《易》《春秋》"和《汉书·艺文志》等的"《易》《书》《诗》《礼》《乐》《春秋》"的排法，并被认为是今文经与古文经的根本差别之一。但是郭店楚简"《礼》《乐》《书》《诗》《易》《春秋》"的排序却与《史记》的《滑稽列传》与《太史公自序》等排序完全相同，这也从侧面说明《礼》《乐》《书》《诗》《易》《春秋》的排序次第渊源较早，是值得重视的②。郭店楚简《六位（六德）》强调："夫夫，妇妇，父父，子子，君君、臣臣，六者各行其职，而谗谄无由作也。观诸诗、书则亦在矣，观诸礼、乐则亦在矣，观诸易、春秋则亦在矣。"③这段材料显示最晚在战国中期以前，《诗》《书》《礼》《乐》《易》《春秋》的典籍排序已经形成，较《礼记·经解上》和《庄子·天运》要早出很多。

二、先秦时期的"六经"学

《左传》《国语》以及郭店楚简出土的儒家作品多有援引《诗》《书》的例子，

---

① 孔子与《诗》的关系是颇为密切的。虽然我们不会相信司马迁在《史记·孔子世家》中提出的孔子"删诗"说。通过《论语》对《诗三百》的记载以及《左传·襄公二十九年》季札观乐等史料的介绍，今天所见到《诗经》最晚在孔子生前已经基本成形了。

② 当然，除过这三种基本的"六经"次第之外，还有其他的排序方式，如："《诗》《书》《乐》《易》《礼》《春秋》"（《礼记·经解上》）；"《书》《诗》《易》《春秋》《礼》《乐》"（《新书·六术》《新书·道德说》）；"《诗》《书》《易》《礼》《乐》《春秋》""《易》《乐》《诗》《书》《礼》《春秋》"（《淮南子·泰族训》）；"《诗》《礼》《乐》《书》《易》《春秋》"（《春秋繁露·玉杯》）；"《易》《礼》《书》《诗》《乐》《春秋》"（《汉书·司马迁传》）；"《易》《礼》《乐》《诗》《书》《春秋》"（《汉书·儒林传》颜师古注）等。

③ 李零著《郭店楚简校读记》（增订本），北京：北京大学出版社，2002年，第131页。

而且逐渐形成了对"六经"的一些基本看法。孔子对《诗》《书》、礼、乐有自己独特的认识。据郭店楚简史料，思孟学派对"六经"的义理价值已有强调。某种意义上，它们在理论上都在为汉宋经学研究张本。

春秋时期用《诗》实践昭示了《诗》的本义所在及引申义的衍生过程，因而有一定的"研究"因素。清末今文经学家皮锡瑞认为"盖古以《诗》《书》礼乐造士，人人皆能诵习。《诗》与乐相比附，人人皆能弦歌，宾客燕享，赋诗明志，不自陈说，但取讽谕，此为春秋最文明之事。亦惟其在诗义大明之日，诗人本旨无不瞭然于心，故赋诗断章无不暗解其意，而引《诗》以证义者无不如自己出，其为正义，为旁义，无有淆混而歧误也"①，就突出了这一点。

孔子很重视"《诗》《书》礼乐"。借助这些典籍和技艺培养文质彬彬的君子人格，既有内在的仁爱之心和道德修养，又能恪守外在的行为规范，具备较强的为人处事的能力，只有这样才算得上"仁"。"人而不仁，如礼何？人而不仁，如乐何？"（《论语·八佾》）孔子认为"礼乐"的本质是"仁"，而不是徒具形式的礼仪节文、声音节奏，它们是有道德内涵的。当西周的礼仪文明难以适应社会现实，孔子较早注意到行为规范和人的道德感的关系，如何将外在的"礼"化为内在的"仁"，使人能够自觉地遵守礼仪的规范，他主张"克己复礼为仁"（《论语·颜渊》），即内在能够"克己"、外在能够"复礼"。孔子说的"仁"不仅仅包含仁爱之心，而且还有举止合乎礼仪的规定，正因为这样，孔子很注意人在道德面前的主动性、可能性和现实性，"我欲仁，斯仁至矣"（《论语·述而》），"为仁由己，而由人乎哉？"（《论语·颜渊》）主观愿望和修养发挥着主要的作用。他将"乐"作为增强主观修养、恢复仁和礼相一致本质的手段："知之者不如好之者，好之者不如乐之者。"（《论语·雍也》）"子曰：'兴于《诗》，立于礼成于乐。'"（《论语·泰伯》）人的主观修养，从读《诗》开始，借助于礼乐来完成。孔子说："礼之用，和为贵。"（《论语·学而》）孔子不是强调音乐节奏的和谐，而是主张音乐承载的内容要符合道德的要求，要受到"礼"的节制。它在本质上反映了孔子对仁（狭义的）和礼关系的基本认识，处理的基本原则是美和善、文和质的和

---

① ［清］皮锡瑞撰《经学通论》二《诗经·论〈诗〉有正义有旁义即古义亦未尽可信》，北京：中华书局，1954年，第3页。

谐、合适。"文质彬彬，质胜文则野，文胜质则史，文质彬彬，然后君子。"(《论语·雍也》)"质"指人的内在道德品质，"文"则指文饰。孔子认为要修养到君子的境界，就一定要在文和质两个方面都比较完善，克服片面发展，即野（粗野）和史（虚浮）的倾向。

礼制的核心是文质统一："礼云礼云，玉帛云乎哉？乐云乐云，钟鼓云乎哉？"(《论语·阳货》)礼有实质性内容，不仅仅是外在形式，但是形式也相当重要，主张文和质应当统一。虎豹和犬羊如果除去有文采的毛，它们的皮革就很难区别(《论语·颜渊》)。同样，孔子认为："《诗三百》，一言以蔽之，曰：思无邪。"(《论语·为政》)思想情感要健康。"放郑声，远佞人；郑声淫，佞人殆"(《论语·卫灵公》)，郑声的情感过分张扬，不符合礼的要求，被称为淫，与祸患无穷的"佞人"相似。同时也要注意形式，他认为《诗经》诗篇具有"兴观群怨""事父事君""识名"的功能(《论语·阳货》)。"子曰：'《关雎》乐而不淫，哀而不伤。'"(《论语·八佾》)这是孔子的审美标准，艺术所表达的情感是一种有节制的、理性的、有限度的情感。后来《诗大序》更明晰地强调"诗，在心为志，发言为诗。发乎情，而止乎礼义"。

郭店楚简中的儒家作品揭示了界于孔子与孟、荀之间的思想学术发展面貌，其中《物由望生（语丛一）》关于"六经"有如下具体陈述，蕴含着深刻的思想义涵。

> 礼，交之行述也。
> 乐，或生或教者也。
> 〔书，□□□□〕者也。
> 诗，所以会古今之诗也者。
> 易，所以会天道、人道也。
> 春秋，所以会古今之事也。[1]

根据上下文，不难发现，这里的礼、乐、书、诗、易、春秋是六种典籍，校

---

[1] 李零著《郭店楚简校读记》（增订本），北京：北京大学出版社，2002年，第160页。

点时也可加上书名号①。《语丛一》所载"六经"的基本功能和特点，与后来人们的理解有若干相似方面。它认为，《礼》是记录人们之间交往规范的，《乐》是娱乐和教导人们的，（《书》有阙文），《诗》的目的是会通古今诗歌，《易》的目的主要是沟通天道与人道关系，《春秋》的目的是会通古今的事件。这虽是对"六经"主旨的简要概括，但也较分明地突出了"六经"的各自特点，属于当时《六经》学的范畴。

在对待典籍方面，郭店楚简《性（性自命出）》说："凡道，心术为主。道四术，唯人道为可道也。其三术者，道之而已。诗书礼乐，其始出皆生于人。诗，有为为之也。书，有为言之也。礼乐，有为举之也。圣人比其类而论会之，观其先后而顺逆之，体其义而节文之，理其情而出入之，然后复以教。教所以生德于中者也。"②虽然根据整理者的意见，"四术"具体所指还不甚清楚，但是在《性》中认为"人道"是很重要的，《性》谈到天命（命自天降）、性命（性自命出）、性情（情生于性）、心志（凡人虽有性，心无定志，待物而后作，待悦而后行，待习而后定）的有机联系，认为《诗》《书》《礼》《乐》的产生和人有关，尽管它们的侧重点有差异，但都是心性情志的自然流露。圣人体察其特点，编排次序，巧妙运用，以教化世人。《五行》篇"圣，知礼乐之所由生也"③，如果整理者断句不错，基本可以理解为圣人洞悉典籍产生的原因。但是，笔者在解读此句时，联系上下文，认为应断为"圣、知，礼乐之所由生也"。因为上文说"闻君子道，聪也。闻而知之，圣也"，"见而知之，智也"，另外，《六位（六德）》"作礼乐，制刑法，教此民尔，使之有向也，非圣智者莫之能也"，也可以作为旁证。

---

① 当然，李零先生认为："我们理解，'诗'、'书'、'礼'、'乐'、'易'、'春秋'，这六个名称都是古书的类别名，而不是具体的书名。"（李零著《郭店楚简校读记》（增订本），北京：北京大学出版社，2002年，第163页）实际上，《论语》在提到《诗》时，已有《诗》、《诗三百》等成熟的名称，郭店楚简《父无恶》等也引用了《论语》部分语句（如《论语·子罕》等）；同时，郭店楚简这段关于"六经"性质的论断，也基本与今天所见的"五经"相符，与秦汉著作的相关表述有内在的一致性。可见，这个时期的"六经"确已成熟定形。其次第在按照语句表达形式调整后，恰与司马迁《史记》的《滑稽列传》《太史公自序》中所列的典籍顺序一致，也能够进一步佐证这个观点。

② 李零著《郭店楚简校读记》（增订本），北京：北京大学出版社，2002年，第106页。

③ 李零著《郭店楚简校读记》（增订本），北京：北京大学出版社，2002年，第79页。

可见，礼乐的形成与"圣"、"智"有密切的关系，"圣"、"智"也可以通过后天的学习达到。教化的目的并不是让人们懂得或增加某些知识，而是"生德于中"，提高人的精神修养，"诗书礼乐"则是辅助实现这一功能的重要手段。它成为后世经学的一项重要目标。

郭店楚简《六位（六德）》认为义为君德、忠为臣德、智为夫德、信为妇德、圣为父德、仁为子德，但并非简单地划分不同社会成员的道德类型，而是以形象的表述揭示了这些道德内涵的特点和属性。《六位（六德）》强调"夫夫，妇妇，父父，子子，君君、臣臣，六者各行其职，而谗谄无由作也。观诸诗、书则亦在矣，观诸礼、乐则亦在矣，观诸易、春秋则亦在矣。亲此多也，钦此多〔也〕，美此多也，道御止。"①关于这六部典籍的内容，《六位》强调"道"的重要，主要体现在人的社会伦常生活中，人处于六种不同社会位置，分别形成三对关系，如夫妇、父子、兄弟等，每种社会角色都应该按照本角色的伦常要求行动，它或许与后来"三纲"思想的形成有某种内在的逻辑关联②。这段简文还提出了"仁，内也。义，外也。礼乐，共也。内立父、子、夫也，外立君、臣、妇也……为父绝君，不为君绝父。为昆弟绝妻，不为妻绝昆弟。为宗族疾朋友，不为朋友疾宗族"（《六位（六德）》）③。虽然在内容上"君"的地位还没有得到突出性的强调，但是基本的思维框架已具备。此外，社会成员各行其职，便不会产生奸慝现象。"观诸诗、书则亦在矣，观诸礼、乐则亦在矣，观诸易、春秋则亦在矣"，"《诗》《书》《礼》《乐》《易》《春秋》"都无差别地反映了这种"夫夫，妇妇，父父，子子，君君、臣臣"的道理。与先秦大多典籍认为"六经"各有侧重的观念不同，《六位（六德）》的经学观念与后来宋代学者的"六经一道"观念相一致。在《六位（六德）》的作者来看，"六经"所承载的也不过是六位所具备的六德而已，人们阅读经典自然不能忘却这种价值。比较这种经典的观念将会有助于我们深入理解中国经学思想的发展源起及流变过程。"六经"载道则是经学赖以存在和发展的理论基础。

郭店楚简对"六经"性质和功能的基本表述，与传世文献比较，还停留在粗

---

①③ 李零著《郭店楚简校读记》（增订本），北京：北京大学出版社，2002年，第131页。
② 这种思想以后在《韩非子》《礼纬·含文嘉》《白虎通义》等中逐渐得到发展定型。

糙的抽象阶段，不少概括难以摆脱表面现象的缠绕，比如对《诗》《春秋》等的论断。郭店楚简关于"六经"的界定已基本明确，在逻辑上奠定了以后考察"六经"关系及基本功能的基础。郭店楚简与传世典籍之间的内在关联在彰显彼此异同的同时，进一步突出了思想学术史演变的独特性和复杂性。同时，郭店楚简（以及部分上博简）蕴含着丰富的经学思想史研究的资料和观念，已引起人们的重视，比如对清代《尚书》学研究的反思等。

先秦原始儒家中，除孔子与思孟学派外，荀子也占有极为重要的地位。特别是荀子继承子游、子夏的学术传统，在重礼、传承"六经"方面作出了巨大贡献。战国至秦汉间的"六经"学术传承往往与荀学有密切的关系①，甚至就是荀学的一个重要组成部分。《荀子》中的"六经"观念也具有一定的典型性。

《荀子》倡导"宗经""征圣"。"宗经"即重视经典，以《诗》《书》《礼》《乐》《春秋》《易》为主；"征圣"则是效法圣贤与先王（他们的精神可以在后王身上体现出来）。"宗经""征圣"的最终目的在于"明道"，所以，在荀子看来，"道"的地位是崇高的，是万事万物的关键和统摄，人们阅读经典和效法前贤最终不外是"明道"。

《荀子·儒效》说："圣人者，道之管也。天下之道管是也，百王之道一是矣。故《诗》《书》《礼》《乐》之归是矣。《诗》言是，其志也；《书》言是，其事也；《礼》言是，其行也；《乐》言是，其和也；《春秋》言是，其微也。……天下之道毕是矣。"《荀子》引《诗》尤多，以致被认为仿佛后来的《诗集传》或《诗广传》一样。《儒效》两次提到"隆礼义而杀《诗》《书》"，按照梁启雄《荀子简释·儒效注》"杀，差也，省也"②，也就是强调实践更加重要，相比较而

---

① ［清］汪中（1744—1794年）认为《毛诗》《鲁诗》《左氏春秋》《穀梁春秋》都是荀子所传，《礼》和《易》也是荀子所擅长的，《韩诗外传》是荀学别传。他指出，荀学出于孔子，对诸经贡献尤大："荀卿之学，出于孔氏，而犹有功于诸经。""盖自七十子之徒既殁，汉诸儒未兴，中更战国、暴秦之乱，《六艺》之传赖以不绝者，荀卿也。周公作之，孔子述之，荀卿子传之，其揆一也。……盖荀卿于诸经无不通，而古籍阙亡，其授受不可尽知矣。"（［清］汪中撰《荀卿子通论》，载［清］王先谦撰，沈啸寰、王星贤点校《荀子集解》，北京：中华书局，1988年，第21—22页。）

② 梁启雄著《荀子简释》，北京：中华书局，1983年，第92页。

言，礼、义是纲领，是主导，《诗》《书》则是辅助，是体现罢了。《劝学》说得更加明了："《书》者，政事之纪也；《诗》者，中声之所止也；《礼》者，法之大分，类之纲纪也。故学至乎《礼》而止矣。夫是之谓道德之极。《礼》之敬文也，《乐》之中和也，《诗》《书》之博也，《春秋》之微也，在天地之间者毕矣"，"学莫便乎近其人。《礼》《乐》法而不说，《诗》《书》故而不切，《春秋》约而不速"，并批评"学杂志，顺《诗》《书》"学习与实践相分离的行为。

在荀子眼中，经典、圣人、道是统一的，"道"虽然难以把握，但是它可以体现和统一在圣人的行动、经典的表述以及万事万物中。荀子注意到知识（经典）和价值的统一，这种主张的真正实现则在汉代，并成为以后经学特别关注的问题之一，即将对经典的阅读与对圣人之志的体悟、"道"的把握结合起来。这是荀子在经学思想发展史上最值得重视的内容，它涉及观念的层次。

宋代人们的"六经一道""六经皆文也""六经"中的本末观念等，都可在荀子那里找到一定的渊源，尽管这些学说的主张者或许更加倾向于孟学。

三、先秦"六经"学对汉、宋"六经"学的启示

中国经学思想史上的核心观念和关于"道"的认识有不可分割的联系。

在中国思想史上，春秋末期战国初期，思想学术出现飞跃。诸子探讨天人的关系，即"天道"与"人道"的关系，被称为"天人之际"。但是在儒家那里，更加注重对人道的探察，"人者，仁也"（《孟子·尽心下》），能够使人成为人的本质因素主要在于对社会伦理规范的学习及实践，所以同时也强调"人而无礼，不知其可"（《论语·颜渊》），"非礼勿视，非礼勿听，非礼勿言，非礼勿动"《论语·颜渊》）。儒家所说的"天道"实际不过是对人道的放大而已。道家则相反，通过对自然万物的省察，认为"道"本身具有自然而然的规律，"道法自然"（《老子》第二十五章）并非"道"在效法某一个具体的外在事物或自然对象，而是道按照自己的规律运行。《老子》反思人类的作为，告诫人不能妄为，要遵循规律，返本复初，这样便可"无为而无不为"（《老子》第三十七章）。在某种意义上说，道家是运用自然而然的"道"来规范匡正人为的道。到了《中庸》便悄悄发生了变化，《中庸》说："诚者，天之道也；诚之者，人之道也。"诚实不欺，不依人

的意志改变而改变的是"天道",人类社会所遵循的"人道"不过是将"天道"诚之于心、内化为自己修养的过程。这时天道与人道相统一,也可称为"合天人"。天道仿佛是外在于人的,因此也可以称为"合内外",加上合"道统、政统、学统",便成为中国经学思想史上最重要的话题。这种抽象的价值观念在对经典的态度上体现得也相当鲜明。

"孔子谓老聃曰:'丘治《诗》《书》《礼》《乐》《易》《春秋》六经。……'""老子曰:'幸矣子之不遇治世之君也!夫《六经》,先王之陈迹也,岂其所以迹哉!今子之所言,犹迹也。夫迹,履之所出,而迹岂履哉!'"(《庄子·天运》)老子对"迹"与"所以迹"进行了区分,他更加关注"六经"文化典籍所承载的精神,即"道","性不可易,命不可变,时不可止,道不可壅。苟得于道,无自而不可;失焉者,无自而可"(《庄子·天运》),而不是只停留在典籍本身,这和老子对"道德仁义礼"每下愈况的看法(《老子》第三十八章)是相吻合的;庄子等视典籍为古人的糟粕(《庄子·天道》)则是这种思想的逻辑延伸。《庄子》在谈论"六经"的时候,已经有了分明的"道"的观念。"迹"与"所以迹"实际是"六经"的文道关系论证。这种致思方式在唐宋时期大放异彩。但是《庄子·天运》割裂了文与道的关系,唐宋儒学学者则在"文以载道"前提下研讨此问题。另外,先秦论述"六经"各有偏重,"《诗》以道志,《书》以道事,《礼》以道行,《乐》以道和,《易》以道阴阳,《春秋》以道名分。其数散于天下而设于中国者,百家之学时或称而道之"(《庄子·天下》),典籍的个性也比较鲜明,客观上,对"六经"各有分工的概括、共同完成"明道"[①]宗旨也易变异为被后人讥为"支离"的学问。当然先秦时期的"六经"未必具有汉武帝"罢黜百家、独尊儒术"后的尊崇地位[②]。

汉初,陆贾认为"天道"、"大义"才是《诗》《书》《礼》《乐》赖以依存的

[①] 孔子谓老聃曰:"丘治《诗》《书》《礼》《乐》《易》《春秋》六经,自以为久矣,孰知其故矣;以奸者七十二君,论先王之道而明周、召之迹,一君无所钩用。甚矣夫!人之难说也,道之难明邪?"(《庄子·天运》)按:"奸",音干,进也(《经典释文》);"七",一疑为"已";"钩用",即取用。

[②] 金春峰先生认为:"'儒以六艺教民',儒又是教师爷,各类学校的主办者,并保存和代表着封建文化的典籍。"(金春峰著《汉代思想史》,北京:中国社会科学出版社,1997年,第2版,第200页)

根据，是对先秦"六经""迹"与"所以迹"的逻辑展开，《诗》《书》《礼》《乐》为得其所，乃天道之所立，大义之所行也"(《新语·本行》)；贾谊则认为"六行""六法"是"六艺"("六术")的基础与意义所在，"内本六法，外体六行，以与《诗》《书》《易》《春秋》《礼》《乐》六者之术以为大义，谓之六艺，令人缘之以自修，修成则得六行矣""法六法而体六行"(《新书·六术》)，"六理"或"六法"指道德性神明命，"六行"指仁义礼智圣①乐②，这已蕴含着"六经"明道与载道的理论基础③。在"六经"关系的认识上，大多主张"六艺异科而皆同道"(《淮南子·泰族训》)④、"六学皆大，而各有所长"(《春秋繁露·玉杯》)，主要沿袭了"六经"各有侧重和分别的看法。《诗》道志，故长于质；《礼》制节，故长于文；《乐》咏德，故长于风；《书》著功，故长于事；《易》本天地，故长于数；《春秋》正是非，故长于治人"(《春秋繁露·玉杯》)、"六经之道一原也"(《汉书·礼乐志》)等。

宋代，人们认为"'六经'一道"⑤，道通过经书得以浑全地传达，而不是像先秦到汉唐时期那样，各有侧重，正因为如此，"六经"经典的个性特色也被抹杀了，甚至最后因为不够"纯醇"而被新兴的"四书"所替代⑥。"'六经'一道"

---

① 按：这即郭店楚简和马王堆帛书《五行》中的"五行"。

② 按："行和则乐，与乐则六"(《新书·六术》)。

③ 贾谊认为"六经"为载"德"之书，"道仁义忠信密"只是"德"的不同表现而已，详见《新书·道德说》，与宋代学者关于"六经"体异而道同的思想比较接近。

④ 《北堂书钞》卷九十五引作"五行异气而皆和，六艺异科而皆通"，似亦可通。(刘文典撰，冯逸、乔华点校《淮南鸿烈集解》，北京：中华书局，1989年，第674页)

⑤ 如欧阳修"《易》《书》《礼》《乐》《春秋》，道所存也，《诗》关此五者而明圣人之用焉"(《诗本义》卷十五《诗解统序》，《文渊阁四库全书》本(第70册)，上海：上海古籍出版社，1987年影印，第294页)、洪迈"《六经》之道同归，旨意未尝不一，而用字则有不同者"(《容斋随笔·容斋三笔》卷十《六经用字》，上海：上海古籍出版社，1996年，第531页)、陆九渊"《六经》之作，本以明道"(《陆九渊集》附录一《王宗沐序》，钟哲点校本，第541页)、杨简"《易》《诗》《书》《礼》《乐》《春秋》，其文则六，其道则一"(《慈湖遗书》卷一《诗解序》，《文渊阁四库全书》本(第1156册)，上海：上海古籍出版社，1987年影印，第608页)、王柏"'六经'虽同一道而各有体，犹四时均一气而各有用"([宋]王柏撰，顾颉刚校点《诗疑》，北京：景山书社，1930年，第60页)等。

⑥ "《四子》，'六经'之阶梯；《近思录》，《四子》之阶梯。"(《朱子语类》卷一百零五，第2629页)

思想使人们在把握"六经"时摆脱了章句训诂、离经析句的樊篱，是对先秦关于"六经"各有分工观念的进一步充实。但是，正如南宋末年学者（如王柏）所意识到的，当"六经一道"观念走向极端时，便会抹杀经典文献的个性（如杨简）。杨简从文道关系角度，进一步明确地提出"六经""文六"而"道一"的观点①。杨简强调在"文异"前提下的"道同"，王柏强调在"道同"基础上的"文异"，"'六经'虽同一道而各有体"②。这客观上已是对先秦关于"六经"两种致思路径以及汉唐、两宋"六经"学术研究进行融合的尝试了。当然，这里的"道"包含有"理""心"等差异，在杨简和王柏那里同时也体现了陆、朱学术迥异的旨趣。明代王阳明直接称作《六经》者非他，吾心之常道也""《六经》者，吾心之记籍也，《六经》之实则具于吾心"③。具体而言，王阳明认为《六经》是志"心"阴阳消息（《易》）、纪纲政事（《书》）、歌咏性情（《诗》）、条理节文（《礼》）、欣喜和平（《乐》）、诚伪邪正（《春秋》）的凭借与结果。

  清代经学可视为对汉宋经学的复归与总结，基本表现出兼采所长、由宋学返汉学、螺旋上升的回归特征，有些学者将这个过程推进得更早④。章学诚对"道"有自觉的体认，"可形其形而名其名者，皆道之故，而非道也。道者，万事万物之所以然，而非万事万物之当然也"（《文史通义·原道上》）。他提出"六经皆器"⑤的观点，表面上似乎背离了"六经一道"的观念，实际上，却是在"即器存道"（《文史通义·原道下》）、"道因器而显"（《文史通义·原道中》）、"道寓于

---

  ① ［宋］杨简撰《慈湖遗书》卷一《诗解序》，《文渊阁四库全书》本（第1156册），第608页。

  ② ［宋］王柏撰，顾颉刚校点《诗疑》，北京：景山书社，1930年，第60页。

  ③ ［明］王守仁撰，吴光等编校《王阳明全集》，上海：上海古籍出版社，1992年，第254—255页。

  ④ 艾尔曼认为"晚明儒学著作已出现初步的回归汉学的动向"（［美］艾尔曼（Benjamin A. Elman）著，赵刚译《经学、政治和宗族——中华帝国晚期常州今文学派研究》，南京：江苏人民出版社，1998年，第55页）。

  ⑤ "《易》曰：'形而上者谓之道，形而下者谓之器。'道不离器，犹影不离形。后世服夫子之教者自六经，以谓六经载道之书也，而不知六经皆器也。《易》之为书，所以开物成务，掌于《春官》太卜，则固有官守而列于掌故矣。《书》在外史，《诗》领大（太）师，《礼》自宗伯，《乐》有司成，《春秋》各有国史。三代以前，《诗》《书》六艺，未尝不以教人，不如后世尊奉六经，别为儒学一门，而专称为载道之书者。"（《文史通义·原道中》）

器"(《文史通义·原道下》)理论基础上对"六经一道"观念的发展和延伸。他重视道器不离、由器明道,主张"即器求道"(《文史通义·原道下》),反对"离器言道"(《文史通义·原道中》)。章学诚强调"六经"在典章制度方面的经世价值,"六经皆史也。古人不著书,古人未尝离事而言理,六经皆先王之政典也"(《文史通义·易教上》),反对"舍器而言道"(《文史通义·原道中》)的做法,即"舍天下事物、人伦日用,而守六籍以言道"(《文史通义·原道中》),借以补救宋明理学末流离器谈道、空疏不实的学术弊端。同时,章学诚对传统的汉、宋经学研究进行了反思,试图在融合吸收二者的基础上融会创新,另辟新径,这是对历代经学研究尝试总结的举动。他认为"训诂章句,疏解义理,考求名物,皆不足以言道也。取三者而兼用之,则以萃聚之力,补遥溯之功,或可庶几耳"(《文史通义·原道下》),努力摆脱狭隘的学术视野。这种融会汉宋的尝试也是从道器观点出发审视"六经"研究利弊的表现,体现了学术史和思想史的新局面。

因此,"六经皆器"实际上与"六经一道"之间存在着必然的逻辑关联。整体上,"六经皆器"依然是在古代道器、文质、体用、文道等基本范畴框架下反思的产物,是对汉宋学术利弊重估的结果,也是遥承和融会先秦"六经"学两种发展路径的努力与尝试。

总之,"六经"的形成经历了一个漫长的发展过程。战国中期至西汉时期,"六经"的排序日渐明晰,虽然在不同学者称述中,"六经"次第还存在细微的差异,但是在追究《诗》《易》《书》为"六经"之源上愈益明朗。伴随着"六经"的定型,"六经"学研究逐渐展开,关于"六经"各有所长、各有侧重以及"六经"相通、"六经"一道的思想启迪了汉宋经学研究的基本致思方向,也是清代经学融会汉宋、另辟新途的前提,具有重要的思想学术意义。所以,先秦"六经"学是中国经学思想学术史的重要研究对象之一,也是"六经"学的重要构成部分,在经学开端和奠基时期,其经学观念与研究方法确定了后来学术发展和歧异的基本方向。

《列女传》的经学思想与价值

两汉是中国经学的"昌明"与"极盛"时代①,其间所流传文献,浸染先秦《国语》《左传》风习,援引《诗》《书》,称颂《易》《礼》,采撷经传,源远流长。因此,即使诸子百家、小说家语,亦不无经学意义和价值。刘向父子即其中一大宗。

刘向(约前79—前8年)②,字子政,系汉楚元王刘交后裔,《汉书·楚元王传》附传。他是西汉末期著名的文献学家、文学家,同时也是重要的经学家。

一、刘向经学与《列女传》研究管窥

关于刘向的经学地位,学术界与思想界论述经历过一个演变过程。尹自永《刘向经学思想研究述略》将20世纪以来刘向经学研究划分为三个历史时期,即:20世纪八十年代以前的孕育期;八九十年代的生长期;21世纪以来的拓展期③。它们大略反映了刘向经学研究的发展走向和基本趋势,其中所强调的刘向经学研究有待深化和提炼的方面,特别是"没有将刘向经学思想研究与其经学活动有机联系起来作出科学合理的解释"④,尤其值得进一步研究。

皮锡瑞《经学历史》与刘师培《经学教科书》,对刘向关注尚少。蒙文通《经

---

① [清]皮锡瑞著,周予同注释《经学历史》,北京:中华书局,2004年,第40、65页。
② 关于刘向的生卒时间,学术界有不同的看法。此据钱穆《刘向歆父子年谱》,《燕京学报》第7期,1930年6月。另有,前77—前6年,如张敬《序文:列女传与其作者》,张敬注译《列女传今注今译》,台北:商务印书馆,1994年,第1页。
③ 尹自永《刘向经学思想研究述略》,《华南师范大学学报(社会科学版)》,2010年第2期,第136—140页。
④ 尹自永《刘向经学思想研究述略》,《华南师范大学学报(社会科学版)》,2010年第2期,第140页。

学抉原》已将刘向定位为"章句之徒"、"经生"①。钱穆《刘向歆父子年谱》是从历史学角度考察刘向的经学活动与著作②，梳理了刘向经学资料与历史分期。陈柱《中国散文史》则将董仲舒与刘向并称，作为汉代能文与通经的典型③。侯外庐《中国思想通史》第2卷第2章第2节将刘向、刘歆父子置于今古文之争与儒法合流（即"以霸王道杂之"）背景下进行考察，为刘向经学思想研究提供了借鉴④。李景明《中国儒学史》也强调刘向在整理经学文献、会通今古文学方面（如兼治《春秋》三传）的贡献⑤。姜广辉《中国经学思想史》认为刘向兼治五经，是博学通才⑥。许道勋、徐洪兴《中国经学史》尝试揭示刘向经学的特点和关键，在经学汉学系统中估价刘向的经学地位⑦。

一般地，人们认为刘向完成了《新序》《说苑》《列女传》等，多被视为文学文本，但是这些典籍中引用了不少《诗》《书》等经学文献，其本身也具有经学价值。徐复观《刘向〈新序〉、〈说苑〉的研究》，将《新序》《说苑》作为经学考察的重要资料，特别考察其中与《韩诗外传》的关系问题⑧，对经学文献的比较研究方法启示良多。当然，这也为从经学角度探讨《列女传》开辟了道路。廖吉郎《刘向》主张刘向承传弘扬了儒家思想，通过撰写《列女传》激励贞节贬斥淫暴，撰写《新序》力倡治国新措施，撰写《说苑》述得失明警戒⑨。杨桂玲《〈说苑〉与刘向经学》⑩通过对《说苑》的考察，突出刘向《春秋》学与《诗经》学的异同，尝试揭示刘向经学经世致用、博采群书、兼收并蓄的特点。

---

① 见该书附录《治学杂语》(蒙文通著《经学抉原》，上海：上海人民出版社，2006年，第274页)。

② 钱穆《刘向歆父子年谱》，《燕京学报》，1930年第7期，第1189—1318页。

③ 陈柱著《中国散文史》，北京：商务印书馆，1937年，第126页。

④ 侯外庐主编《中国思想通史》(第2卷)，北京：人民出版社，1957年，第326—327页。

⑤ 李景明著《中国儒学史》(秦汉卷)，广州：广东教育出版社，1998年，第255—267页。

⑥ 姜广辉主编《中国经学思想史》(第2卷)，北京：中国社会科学出版社，2003年，第315-317页。

⑦ 许道勋、徐洪兴著《中国经学史》，上海：上海人民出版社，2006年，第110—112页。

⑧ 徐复观著《两汉思想史》(第3卷)，上海：华东师范大学出版社，2001年，第53页。

⑨ 廖吉郎《刘向》，王寿南主编《中国历代思想家·汉》，北京：九州出版社，2001年，第231—280页。

⑩ 杨桂玲《〈说苑〉与刘向经学》，天津：南开大学博士论文，2003年。

关于刘向的经学研究，学者于分经探讨进展良多。如关于刘向《穀梁传》研究、《左传》研究，王葆玹肯定其独特传承系统①；金春峰对其《易》学与《尚书》学多有关注②，以及礼学研究等皆有进展③。

关于刘向哲学思想研究，吴全兰《刘向哲学思想研究》④结合两汉思想学术的变迁，认为刘向推动了古文经学的兴起和东汉谶纬之学的形成，兼具积极贡献与消极影响。

关于《列女传》研究的进展，主要集中在对其思想性、历史性和文学性的研究上⑤，经学研究尚需进一步加强。《列女传》所保存的经学史料尤为重要，"刘向持《鲁诗》义，《鲁诗》今亡，《列女传》几乎每篇人物传记结尾都引《诗》证事，这些对研究《诗经》和中国经学史颇有价值。《列女传》的史实、文字与其他今本古籍如《左传》《史记》等有不少相异之处，可以利用来勘正今本古籍史实、文字的讹误，弥补其记载的疏略。"⑥《列女传》所引《诗经》在《鲁诗》研究中的意义，在探讨《诗经》本义与引申义的过程中，受到广泛重视⑦。

---

① 王葆玹著《今古文经学新论》，北京：中国社会科学出版社，1997年，第134—138页。

② 金春峰著《汉代思想史（修订增补版）》，北京：中国社会科学出版社，1997年第2版，第331页。

③ 详见尹自永《刘向经学思想研究述略》，《华南师范大学学报（社会科学版）》，2010年第2期，第138—139页。

④ 吴全兰著《刘向哲学思想研究》，北京：中国社会科学出版社，2007年。

⑤ "梳理古今《列女传》的研究情况可以发现，古代研究者多倾向于校注和史实方面的研究；现代的研究者侧重于专题研究，从社会政治思想角度和文学角度进行分析，论述多集中在《列女传》的政治伦理方面。""无论从史学还是文学角度，对刘向《列女传》所塑造的女性形象还有必要再下一番功夫，挖掘这些形象背后蕴涵的深层的文化意义和社会伦理意义。"（詹晓青、谷文珍《刘向〈列女传〉研究的成绩与不足》，《龙岩学院学报》，2010年第3期）

⑥ 张涛《刘向〈列女传〉思想与学术价值简论》，《徐州师范学院学报》（哲学社会科学版）1994年第1期，第39页。

⑦ 王礼卿先生著《四家诗旨会归》甚重视《列女传》所引《诗》说，而且多系在《鲁诗》条。如《芣苢》，即于"鲁说"下引《列女传》卷四《贞顺传》"蔡人之妻"，在"旨考"中加按语云："毛序以此为和平则人乐有子也，而和平由后妃之化，故为后妃之美之诗。鲁韩并以为妇人伤夫有恶疾，犹守而不去之作。鲁且确言其为宋女蔡妇，韩亦当同。是诗旨有两义，鲁韩为本义，毛为引申义也。齐义未闻，当同鲁韩。"（王礼卿著《四家诗旨会归》，上海：华东师范大学出版社，2009年，第71页），等等。

日本学者田中和夫《〈列女传〉引〈诗〉考》[①]、加藤实文《论刘向关于"幽厉"时代的诗经学》[②]，李寅生《〈列女传〉引〈诗〉得失刍议》[③]等对《列女传》所引《诗经》篇目及其《诗经》学价值和得失进行了探讨。

《列女传》在经学发展史上具有独特地位。从经学思想观念角度考察，作为汉代思想的表征，《列女传》通过为上古以至先秦诸女子撰写传记的方式，从正反两个方面表达了经学观念和伦理思想，推尊忠贞节义，具有鲜明的时代气息。

二、《列女传》文本的经学属性与意义

今本《列女传》共七卷，包括《母仪传》《贤明传》《仁智传》《贞顺传》《节义传》《辩通传》《孽嬖传》七类。附续传一卷，有的作第八卷，为后来者增补。

《列女传》卷帙经历增益删削，对其中的传颂作者尚有争论[④]，然正传（八卷之前七卷）、续传（八卷之第八卷）之分，当无争议。本文重点针对前七卷，所依据《列女传》主要是清王照圆校注的《列女传补注》[⑤]，该本多有对《鲁诗》的提示，并参考其他多种注译本[⑥]。王著校对也有可观之处，如《母仪传·邹孟

---

① ［日］田中和夫撰，李寅生译《〈列女传〉引〈诗〉考》，《河北师院学报（社会科学版）》1997年第2期。又见［日］田中和夫著，李寅生译《汉唐诗经学研究》，南京：凤凰出版社，2013年。

② ［日］加藤实文撰，李寅生译《论刘向关于"幽厉"时代的诗经学》，《吉林师范大学学报（社会科学版）》1998年第4期。

③ 李寅生《〈列女传〉引〈诗〉得失刍议》，《钦州师范高等专科学校学报》2002年第1期。

④ 究其原因，颇为复杂。《颜氏家训》卷六《书证》明言"《列女传》亦向所造，其子歆又作《颂》"（王利器撰《颜氏家训集解》，北京：中华书局，1993年版，第484页。）

⑤ ［清］王照圆校注《列女传补注》，《续修四库全书》编委会编《续修四库全书》第0515册《史部·传记类》，上海：上海古籍出版社，2002年。

⑥ 张涛译注《列女传译注》，济南：山东大学出版社，1990年版；张敬注译《列女传今注今译》，台北：商务印书馆，1994年。

轲母》引《诗经·鲁颂·泮水》"载色载笑，匪怒匪教"，认为"匪教"之"匪"系因上"匪"而误，"'匪教'，《毛诗》作'伊教'，此盖与'匪怒'相涉而误也"①，便没有简单作为异文处理。

《列女传》所引《诗经》诗文及对诗文的解释，在《诗经》学史上也具有重要的意义。已有学者根据《列女传》所引诗篇，发现其引诗较《毛诗序》说解更富于理性，所描写的人物也多反映了理性冷静决绝的特点，"从《诗经》注释史的立场来看，保留在《列女传》的《诗经》句子注释，与《诗经》的正统注释和后世毛公以外的所谓'三家诗'注释存在着不同的观点，因而具有独到的见解并为后代学者所推崇"②。自然在《列女传》中，有些诗歌的引用游离于三家《诗》之外，但大多或为《鲁诗》，或不离于三家《诗》。

据统计，《列女传》引用《诗经》一百二十余例，保存了丰富的《诗经》学文献，但是在解说《诗经》的过程中，也存在混淆"故事情节"与"历史事实"、"生活的真实"与"历史的真实"的不足，造成阅读和把握诗歌的新障碍③。前者如《列女传》卷四《贞顺传·息君夫人》引"縠则异室，死则同穴。谓予不信，有如曒日"（《王风·大车》）作为息君夫人自作的绝命诗，便与《左传·庄公十四年》、与《毛诗序》所载出入巨大。后者如《列女传》卷三《仁智传·许穆夫人》，虽延续了许穆夫人赋《载驰》的说法，但对许穆夫人的性格作了重新刻画，赴危救难，形象更加光彩照人。

当然，《列女传》的经学价值不限于《诗经》。在《易》学、《书》学、《礼》学等方面也有意义。以《易》学为例，《母仪传·邹孟轲母》引"《易》曰：'在中馈，无攸遂。'"④"遂"，读为"坠"，过失。结合上下文，上文称"妇人之礼，精五饭（饭），幂酒浆，养舅姑，缝衣裳而已矣。故有闺内之修，而无境外之志"⑤，强调女子恪守妇道，就是缝缝补补、备办饮食、孝养公婆的家庭琐事，下文则引

---

① 《列女传》卷一《母仪传·邹孟轲母》，见王照圆《列女传补注》，第673页。
② ［日］田中和夫撰，李寅生译《〈列女传〉引〈诗〉考》，《河北师院学报（社会科学版）》，1997年第2期，第78页。
③ 李寅生《〈列女传〉引〈诗〉得失刍议》，《钦州师范高等专科学校学报》2002年第1期，第27、28页。
④⑤ 《列女传》卷一《母仪传·邹孟轲母》，见王照圆《列女传补注》，第673页。

用《诗经·小雅·斯干》"无非无仪,惟酒食是议"①,说明女子不要有过失,只需操心考虑饮食之类事宜。可见,前后均谈论的是家庭事务。所引"《易》曰:'在中馈,无攸遂。'",见于今本《周易·家人》,而语序正相反,即"无攸遂,在中馈",该语序自然与《诗经·小雅·斯干》一致,但《列女传》所引直接了当,简明流利,似更佳②。

细审《列女传》,每篇结尾多以"君子曰"或"君子谓"的方式引《诗》结尾,虽渊源有自,显系受《左传》影响,然而灵活多样,异彩纷呈。或间引同诗,或兼引他诗,或留异文,或存序语,时作阐发,而文字异同、主旨离合、色彩差别,字里行间赅备,焕然一《诗经》学文库③。虽与《韩诗外传》形式几近,"大明习《穀梁春秋》的刘向校编的《列女传》固《春秋》学的支裔,从阐发《诗》义而论,亦可视为为《诗》家之外传,与《韩诗外传》同类"④,而三家《诗》的影踪分明,尤其是保留了《鲁诗》的信息。可见,《列女传》在经学史特别是《诗经》学史上的地位,对探察三家《诗》,尤其是《鲁诗》意义非同寻常。

三家《诗》不过江东。据典籍(如《隋书·经籍志》《经典释文·叙录》及宋人的一些序跋)记载,《齐诗》亡于魏,《鲁诗》亡于西晋,《韩诗》亡于五代之际或北宋。《韩诗外传》虽存,但无传之者,并因篇目与《汉书·艺文志》不符而受到一些学者的怀疑,如范处义(1132—1203年)、陈振孙(1183—约1261年)等。但是在《史记》《汉书》《后汉书》等典籍的注解中存在着大量的三家《诗》的章句,朱熹(1130—1200年)已经注意到这个问题,在他的启发下,王应麟(1223—1296年)着手考订,撰成《诗考》,开创了三家《诗》辑佚研究的风气,在清代蔚然成为显学⑤。

---

① 《列女传》卷一《母仪传·邹孟轲母》,见王照圆《列女传补注》,第673页。
② 高亨《周易大传今注》认为"在中馈,无攸遂"语义更直。
③ 相较而言,引《易》《书》经传、《论语》等,则甚寥寥。例如:《列女传》卷五《节义传》之《鲁孝义保》《珠崖二义》《京师节女》引《论语》,卷一《母仪传·邹孟轲母》、卷三《仁智传·楚武邓曼》引《易》,卷七《孽嬖传·殷纣妲己》引《书》,等等。
④ 朱晓海《刘向〈列女传〉文献学课题述补》,《台大中文学报》第24期,2006年6月,第74—75页。
⑤ 清代有范家相《三家诗拾遗》、丁晏《三家诗补注》、冯登府《三家诗异文疏证》、阮元《三家诗补遗》、陈乔枞《三家诗遗说考》与《四家诗异文考》等。

《鲁诗》《齐诗》《韩诗》，班固①认为它们"咸非其本义"，"孔子纯取周诗，上采殷，下取鲁，凡三百五篇，遭秦而全者，以其讽诵，不独在竹帛故也。汉兴，鲁申公为《诗》训故，而齐辕固、燕韩生皆为之传。或取《春秋》，采杂说，咸非其本义。与不得已，鲁最为近之。三家皆列于学官。又有毛公之学，自谓子夏所传，而河间献王好之，未得立"②。至于班固判断的标准今已难考，但似乎是有"本义"的，不过，可以肯定的是他也没有将这个"本义"赋予《毛诗》。

三家《诗》中，《齐诗》与《鲁诗》亡佚较早。"《齐诗》，魏代已亡；《鲁诗》亡于西晋；《韩诗》虽存，无传之者"③，根据《隋书·经籍志》的记载，《齐诗》《鲁诗》的亡佚时间比较明确，历来也少有争议。《鲁诗》至宋依然有人引用，所以清代还有学者怀疑直至北宋《鲁诗》尚存④。根据《隋书·经籍志》及《宋史·艺文志》等分析，这种可能性比较小，况且三家《诗》在《列女传》《说苑》《文选注》等中有不少保留。唯有《韩诗》亡佚时间争议颇大，主要有三种说法，即五代说⑤、北宋说⑥和两

---

① 如《汉书·艺文志》因袭刘歆《七略》成立，也可以代表刘歆父子（《七略》本于刘向的《别录》）的观点。但刘向、刘歆是楚元王后代，久习《鲁诗》，汉代注重家法和师法，似不应有菲薄之语。元王与申公又同师浮丘伯，元王并作《元王诗》，或与《鲁诗》不远，或略有新义，"元王好《诗》，诸子皆读《诗》，申公始为《诗》传，号《鲁诗》。元王亦次之《诗》传，号曰《元王诗》，世或有之"（《汉书·楚元王传》）。

② 《汉书》卷三十《艺文志第十》，第1708页。

③ 《隋书》卷三十二《志第二十七·经籍一》，第918页。

④ "晁说之《诗序》曰：'《鲁诗》以《卷耳》《鹊巢》《采蘩》《采蘋》，皆康王时诗，今无所考。'意《鲁诗》在北宋时，或尚未亡耶？"（范家相撰《三家诗拾遗》卷三《卷耳》，丛书集成初编本，第41页）

⑤ "樵《自序》略曰'追五代之后《韩诗》亦亡'"（［清］朱彝尊编，朱昆田校《经义考》卷一百零六《郑樵〈诗辨妄〉》，乾隆四十二年（1777年）本，第1页）；"到五代时，《韩诗内传》亦亡，现在只存《外传》，非婴传《诗》之详者，其遗说亦时见于他书，与毛义绝异"（金公亮著《诗经学ABC》，上海：世界书局，1930年第2版，第140页）。

⑥ "《齐诗》魏代已亡，《鲁诗》不过江东，《韩诗》虽在，无传之者，后卒亡于北宋，仅存《外传》，亦非完帙，于是三家古义尽失"（［清］皮锡瑞撰《经学通论》二《诗经·论〈关雎〉刺康王晏朝，诗人作诗之义，〈关雎〉为正风之首，孔子定《诗》之义，汉人已明言之》，第5页）；"韩氏直传到北宋时始亡，现在所存，只有《韩诗外传》了"（谢无量著《诗经研究》，第34页），按：疑"韩氏"的"氏"为"诗"之讹，《韩诗外传》书名号为笔者所加。

宋之际说①。《韩诗》亡于北宋的说法比较可靠，北宋还有人读过此书（如刘安世、晁说之等）。当然南宋可能还有伪《齐诗》的情况②，必须作谨慎的判断。王应麟《诗考》在《韩诗》部分，有些文字的出处直接标明源于《韩诗内传》，能否证明在南宋末年还能见到这部书，也值得进一步研究。

在三家《诗》中，《鲁诗》一向被视为最接近《诗经》的本义，对把握《诗经》文本及其文化阐释至关重要。

《列女传》引《诗》时有广采诸家之说，同时因《汉书》中《儒林传·后仓传》③与《后汉书》之《伏湛传》④的记载，在判断刘向《诗经》学的师法与家法问题上带来了一定困惑，所以时有谨慎说法，仅论刘向《诗》义，而反不坐实《鲁诗》。此法固然笃实审慎，然三家《诗》诗旨不甚悬远，则刘向习《鲁诗》、成帝受《齐诗》，亦不为乖舛不合，何况《列女传》虽旨在戒天子，"实乃一特殊形态的谏书"⑤，而客观上则为后宫妃嫔、天下女子的训诫之书，也是无庸讳言的事实。

《仁智传·魏曲沃负》说："周之康王夫人宴出朝，《关雎》起，兴思得淑女以配君子。夫雎鸠之鸟，犹未尝见乖居而匹处也。"⑥无疑是以《关雎》作为刺诗，是三家《诗》共同的看法。但是，《列女传》所保存的却是《鲁诗》的观点。清王照圆《列女传补注》认为："《文选》注……又引虞贞节曰：'其夫人宴出，

---

① "汉代传《诗》者四家，《隋书·经籍志》称《齐诗》亡于魏，《鲁诗》亡于西晋，惟《韩诗》存。宋修《太平御览》，多引《韩诗》，《崇文总目》亦著录，刘安世、晁说之尚时时述其遗说，而南渡儒者，不复涉及，知亡于政和建炎间也。自郑樵以后，说《诗》者务立新义，以掊击汉儒为能，三家之遗文，遂散佚而不可复问。"（《三家诗拾遗·提要》，丛书集成初编本，上海：商务印书馆，1939年，第1页）按：朱熹《诗经集传》似还有引用，待考。

② ［清］朱彝尊编，朱昆田校《经义考》卷一百零五，乾隆四十二年（1777年）本，第4页。

③ "（匡）衡授琅琊师丹、伏理游君……由是《齐诗》有翼、匡、师、伏之学。"（《汉书》卷八十八《儒林传·后仓传》）

④ "父理，为当世名儒，以《诗》授成帝。"（《后汉书》卷二十六《伏湛传》）

⑤ 朱晓海《刘向〈列女传〉文献学课题述补》，《台大中文学报》第24期，2006年6月，第64页。

⑥ 《列女传》卷三《仁智传·魏曲沃负》，见王照圆《列女传补注》，第694页。

故作《关雎》之歌,以感悟之。'《汉书·杜钦传》云:'佩玉晏鸣,《关雎》叹之。'《艺文类聚》张超赋云:'周渐将衰,康王宴起。'是皆以《关雎》为刺诗。《汉书》注云:'此《鲁诗》也。'"①

《列女传》卷一《母仪传·汤妃有㜪》引用"窈窕淑女,君子好逑",认为"言贤女能为君子和好众妾,其有㜪之谓也"②,该句在《诗经》学上与三家《诗》旨趣迥异,反而与《毛诗》一致,既有助于把握《毛诗》在两汉之际的传播与接受过程,也有助于深入探讨《列女传》经学价值与功能的复杂性。

《列女传》所引《诗经》,虽已有"皆《鲁诗》"(陈乔枞语)的说法,当有渊源,相沿不替,然情形较复杂。其中,人事与先秦典籍有离有合,所引《诗经》文与义,或有承传,或有新创,或有移接,或附会,而其与鲁、韩、齐、毛四家《诗》的关系自难一概而论。徐复观先生考察训诂、说、记与传的不同,认为:"《齐诗》有传有记,《韩诗》有传有说,《鲁诗》则有说无传。""从内容上言四家《诗》的异同,应在'推诗人之意'的传而不在文字与故训;但齐、鲁《诗》的传、说、记,皆早已亡佚,无可比较。"③《列女传》对考察《鲁诗》的"序""说"与"传"当有帮助,可俟日后进一步考察。

三、《列女传》经学思想的主要内容与功能

《列女传》之"列",意为"诸""多数"④、"群"。

《列女传》虽表彰贞顺智仁,所涉也有奸佞邪淫,寄寓褒贬警戒,以为当世法则,而初意则为"戒天子",非后世流为女教、女戒之书:

> 向睹俗弥奢淫,而赵、卫之属起微贱,逾礼制,向以为王教由内及外,自近者始。故采取《诗》《书》所载贤妃贞妇,兴国显家可法则

---

① 《列女传》卷三《仁智传·魏曲沃负》,见王照圆《列女传补注》,第694页。
② 《列女传》卷一《母仪传·汤妃有㜪》,见王照圆《列女传补注》,第666页。
③ 徐复观著《中国经学史的基础》,台北:学生书局,1982年,第145、147页。
④ 张敬《序文:列女传与其作者》,张敬注译《列女传今注今译》,台北:商务印书馆,1994年,第4页。

及孽嬖乱亡者,序次为《列女传》,凡八篇,以戒天子。(《汉书》卷三十六《楚元王传附玄孙向传》)

《列女传》表面收集了104篇历史故事,但是在这些零散的故事中却贯穿着一些基本的思想观念①。与《韩诗外传》不同,《列女传》具有比较系统的思想,不完全是一部历史故事集。通过采集来的历史故事言说当时的社会政治伦理问题,具有浓郁的现实针对性,也正因为如此,该书在写作动机上才能发挥"戒天子"的功能与预期。

《楚元王传附玄孙向传》称"由内及外,自近者始",显示了刘向对王教次第的洞察。从家庭开始,《列女传》收录了众多反映母子关系、母女关系、夫妻关系的篇章,强调夫妇、父子、君臣的大伦,而出发点则在夫妇,在妇女之德,所以《列女传》称"夫妇之道,固人伦之始,王教之端"②。其中,夫妇正于内,而父子、君臣关系自正,对三纲关系的论述则遥承先秦精神,与后来的《礼纬·含文嘉》论述三纲次第迥然不同。

《列女传》论三纲、三从、七去,而统之以"礼义"。当"礼"与"义"发生矛盾时,虽一方面恪守礼,如火起,妇人不待保傅至则不下堂,最终导致身亡,尽管合乎礼的规定,但违背了义。可见,刘向所说"礼"也可根据"义"作适当损益和变通,这为后人思考礼的继承创新提供了借鉴。

"三从之道"源自《仪礼·丧服》:"未嫁从父,既嫁从夫,夫死从子。"《列女传》称女子"年少则从乎父母,出嫁则从乎夫,夫死则从乎子,礼也。今子成人也,而我老矣。子行乎子义,吾行乎吾礼。"③既"子行乎子义,吾行乎吾礼",则"礼"与"义"有时有一定冲突和不协调。《列女传》孟轲母所说的"礼"即"三从"的"妇道",而"义"则关乎"道"是否得到实现,或者说"道"是否被用被采纳,"君子称身而就位,不为苟得而受赏,不贪荣禄,诸侯不听则不达其

---

① 董治安在为张涛的《列女传译注》写的序中说:"在编撰过程中,刘向显然有总体的指导思想,有自己材料取舍的标准,也有一定的语言文字的加工。"(董治安《序》,张涛译注《列女传译注》,济南:山东大学出版社,1990年,第1页)。
② 《列女传》卷四《贞顺传·楚平伯嬴》,见王照圆《列女传补注》,第700页。
③ 《列女传》卷一《母仪传·邹孟轲母》,见王照圆《列女传补注》,第673页。

上，听而不用则不践其朝"①，其中蕴藏着君臣合以"义"的道理。这个"义"，也即"大伦"，《母仪传·邹孟轲母》"颂"曰："孟子之母，教化列分。处子择艺，使从大伦。"②

四、《列女传》经学思想的过渡性与枢纽地位

刘向《列女传》所反映的思想，如果放在战国中晚期至两汉之际的变化过程中来考察，可以窥见其中思想演变的脉络。

《列女传》的编校，通过历史人物故事论述对当时社会问题的看法，是比较独特的。如果结合先秦至两汉思想变化把握，这种思想演变的脉络会更加分明。张涛认为："在《列女传》中，刘向继承先秦儒家的伦理观念和董仲舒的'三纲'理论，认为'君臣、父子、夫妇三者，天下之大纲纪也'，提出'妇人无擅制之义，而有三从之道'。"③

其中尤为重要的是"三纲"思想的确立和定型。整体而言，《列女传》虽然已经基本上将后来的三纲顺序列出，但毕竟相较《礼纬·含文嘉》等不够明晰。因此，可以视其为承上启下的过渡环节。这也就是说，仅以《列女传》作经学史与思想史的考察，刘向的思想观念便值得关注，在思想文化史的发展长河中有其独特的地位和意义。

《列女传》中的《仁智传·魏曲沃负》是一则典型的材料。其所针对现象与《诗经·邶风·新台》的背景比较接近。但是与卫宣公为公子伋娶妻结果不同的是，魏哀王最终听取了曲沃负的意见和批评，改弦更张，使魏公子政娶妃成功。该段传记主题集中，层次清楚，逻辑谨严，论述有力。面对魏国国君无别男女，将导致伦理混乱、父子离心、国家危殆，曲沃负分析局势，"强者为雄，义者为显"④，一个国家强盛需要假以时日，而是否按照"义"的要求行事则取决于人

---

① 《列女传》卷一《母仪传·邹孟轲母》，见王照圆《列女传补注》，第673页。
② 《孟子·公孙丑下》："内则父子，外则君臣，人之大伦也。"
③ 张涛《前言》，张涛译注《列女传译注》，济南：山东大学出版社，1990年，第3页。
④ 《列女传》卷三《仁智传·魏曲沃负》，见王照圆《列女传补注》，第694页。

的观念和认识。这则故事虽然以战国为背景,但其中论述的重礼尚义、纲常有序则是战国至秦汉时期人们的观念。例如,认为别男女是国之大节,这个"大节"也是大礼,"男女之别,国之大节也"①,"聘则为妻,奔则为妾"②,这种以是否合乎礼区别妻妾的看法,与《礼记·内则》一致,目的是"开善遏淫",可见礼义的重要。"节成然后许嫁,亲迎然后随从"③,可印证"节"即礼,合乎礼,也是"贞女之义"的基本规定。由文末"君子谓:'魏负知礼。'"④的评价看,这一篇的要旨是论礼。

别男女之所以重要,因为它是夫妻、父子、君臣伦理的基础。"自古圣王必正妃匹。妃匹正则兴,不正则乱"⑤,而"正"与"不正"的区别则是是否合乎"礼",所以又说:"夫男女之盛,合之以礼,则父子生焉,君臣成焉,故为万物始。"⑥这里阐明男女(夫妻)是父子、君臣伦理关系的基础,是世间错综关系的开始。而这种思路,是和先秦论述夫妻、父子、君臣三种关系与次第相吻合的。

郭店楚简⑦中有一篇称《六位》,也叫《六德》,认为义为君德、忠为臣德、智为夫德、信为妇德、圣为父德、仁为子德,但并非简单地划分不同社会成员的道德内涵,而是以形象的表述揭示了这些道德内涵的特点和属性,其中已经蕴藏着后世"三纲"的萌芽。《六位(或六德)》称:"夫夫,妇妇,父父,子子,君君,臣臣,六者各行其职,而谗谄无由作也。观诸《诗》《书》则亦在矣,观诸《礼》《乐》则亦在矣,观诸《易》《春秋》则亦在矣。"⑧社会成员各行其职,便

---

①②③④⑤⑥ 《列女传》卷三《仁智传·魏曲沃负》,见王照圆《列女传补注》,第694页。

⑦ 1993年10月湖北荆门郭店出土,经整理有字竹简703枚,另残简27枚,总字数计13000余字。竹简年代属战国中期偏晚,内容包括道家著作和儒家著作。道家著作共2种4篇,即《老子》(3篇)、《太一生水》,儒家著作11种14篇,即《缁衣》《鲁穆公问子思》《穷达以时》《五行》《唐虞之道》《忠信之道》《成之闻之》《尊德义》《性自命出》《六德》(各1篇)、《语丛》(4篇)等,共18篇。李零先生把郭店楚简整理后的简文分为五组(《郭店楚简校读记》(增订本),北京:北京大学出版社,2002年),除过《老子》甲、乙、丙组等之外,其余四组是儒家的作品,内容很丰富。这部分楚简给中国哲学史和思想文化史研究提供了新的材料,特别是先秦儒家的材料。

⑧ 李零著《郭店楚简校读记》(增订本),北京:北京大学出版社,2002年,第131页。按:"六经"的书名号为笔者所加。

不会产生奸慝现象。《六位（六德）》是目前为止，最早将后来的"六经"放在一起的著作。在《六位（六德）》的作者看来，"六经"所承载的不过是六位所具备的六德而已，人们阅读经典自然不能忘却这种价值。比较这种关于经典的观念将会有助于我们深入理解中国经学思想的发展源起及流变过程。"六经"载道则是经学赖以存在和发展的理论基础，值得作进一步地研究。而"夫夫，妇妇，父父，子子，君君，臣臣"，无异于先有夫妻，后有父子、君臣，或者说，夫妻合、父子生、君臣成，《列女传》中《仁智传·魏曲沃负》承袭了这种基本观念。

但是，《仁智传·魏曲沃负》还有更具时代特色的论述，即："君臣、父子、夫妇三者，天下之大纲纪也。三者治则治，乱则乱。"①这种将君臣居于父子、夫妻关系之上的论调，与《韩非子·忠孝》《春秋繁露·基义》等有密切关系，与后来的《礼纬·含文嘉》典型化的三纲表述以至于《白虎通》的法典化规定相一致，终于使其成为中国古代传统社会的重要伦理规范。

> 臣事君，子事父，妻事夫，三者顺则天下治，三者逆则天下乱。此天下之常道也。(《韩非子·忠孝》)②
>
> 君臣、父子、夫妇之义，皆取诸阴阳之道。君为阳，臣为阴；父为阳，子为阴；夫为阳，妻为阴。……天之亲阳而疏阴，任德而不任刑也。是故仁义制度之数，尽取之天。……王道之三纲，可求于天。(《春秋繁露·基义》)
>
> 《含文嘉》曰："君为臣纲，父为子纲，夫为妻纲。"(《白虎通·三纲六纪》)③
>
> 君臣、父子、夫妇，六人也。所以称三纲何？一阴一阳谓之道，阳得阴而成，阴得阳而序，刚柔相配，故六人为三纲。(《白虎通·三

---

① 《列女传》卷三《仁智传·魏曲沃负》，见王照圆《列女传补注》，第694页。
② 《韩非子·忠孝》，[清]王先慎撰，钟哲点校《韩非子集解》卷二十，北京：中华书局，1998年，第466页。
③ 《白虎通·三纲六纪》，[清]陈立撰，吴则虞点校《白虎通疏证》卷八，北京：中华书局，1994年，第373—374页。

纲六纪》）①

> 何谓纲纪？纲者，张也。纪者，理也。大者为纲，小者为纪。所以张理上下，整齐人道也。人皆怀五常之性，有亲爱之心，是以纲纪为化，若罗网之有纪纲而万目张也。（《白虎通·三纲六纪》）②

《列女传》在论述三纲思想形成发展的历程中，居于承上启下的枢纽地位，在思想文化史上也具有重要功能。此外，考察《列女传》的思想渊源与承传关系，除与思孟学派的关系外，也应注意其与荀子思想的内在关联。例如，对"礼"的重视，与荀子倡导的"明分使群""男女之合，夫妇之分""无分者，人之大害也。有分者，天下之本利也。而人君者，所以管分之枢要也"（均见《荀子·富国》），其中的"分"也即"礼""节"，则是《列女传》贯穿始终的思想观念之一。

总之，《列女传》在经学发展史上具有独特地位。从经学思想观念角度考察，作为汉代思想的表征，《列女传》通过为上古以至先秦诸女子撰写传记的方式，从正反两个方面表达了经学价值观念和伦理道德思想，具有鲜明的时代气息。特别是在把握先秦至秦汉之际"三纲""六纪""五常"思想形成和发展方面不无裨益，反映了"三纲"次序的逐渐调整和递变，"五常"的内涵也不断丰富明晰，是汉代社会思想观念的折射和外化。《列女传》在品评历史与传说人物的过程中所凝聚和凸显的伦理价值观念，对把握汉代经学义理的意义有参考价值。在经学史与经学问题研究上，《列女传》蕴藏丰富的经学资料，对把握刘向的经学研究，如《春秋》学、《易》学、《诗经》学、礼学、《尚书》学有借鉴意义。在《诗经》学方面，《列女传》引用《诗经》原文，有助于对《诗经》文本演变与传播研究，其中对《诗经》诗句的阐释，也有经学价值。《列女传》不仅是文学作品集，同时也是特色独具的经学资料，具有重要的经学学术价值和思想文化意义。

---

①② 《白虎通·三纲六纪》，[清]陈立撰，吴则虞点校《白虎通疏证》卷八，北京：中华书局，1994年，第374页。

三 地下文书与秦汉思想社会

郭店楚简《五行》篇理论结构探析*

郭店楚简是 20 世纪中国学界的重大发现。其中的儒家作品《五行》共 50 简,分二十八章,是出土竹简中比较完整的一篇文字。楚简本《五行》原文与汉马王堆帛书《五行》主体相同,只是有经无说,今人往往两相参证,以便索解。但两者产生时间不同,在思想上也会略有差异,"郭店《五行》是战国后期的古本,而马王堆《五行》是数十年后形成的战国末期的新文本吧"[①],不管这种说法在对楚简本《五行》的时间断定上有无问题,至少它已注意到两种版本和思想的细微变化。因此,将注意力集中在楚简本《五行》上,也许可以得到一些原始儒家的思想信息。此外,以往分析多侧重于作者在儒学发展中的派系归属,现从阐释学角度出发,暂时悬置作者(作者也存有异议,如子游、子思、公孙尼子等不同说法),以文本内部思想内容与特点来尝试确定它的位置,也许有助于恢复它在思想文化史中的真正地位。

尽管楚简本《五行》还有不少词句困扰着今人,甚至难以索解,但整体上思路十分清晰,结构也很完整。整体上,该文约略可以概括为德行构成论、社会规范论与人生修养论三个层面,其中人生修养论是联系前两者的纽带,最终达到"集大成""达诸君子道"的人生理想境界,在社会功用上则是"邦家兴"的现实关注。在此基础上,可以引发我们对先秦儒家思想流变的重新思考。

一、德行构成论

德行,是楚简本《五行》十分重要的内容,称之为"德",与其密切相关的

---

* 原载于《西北大学学报》(社会科学版)2004 年第 2 期。

① [日]池田知久著,曹峰译《郭店楚简〈五行〉研究》,《郭店简与儒学研究》,沈阳:辽宁教育出版社,2000 年,第 102 页。

一个概念是"德之行"。

1. 德之行

《五行》一开篇便提出"德之行"的问题，即人的内在的德行品质问题。特点是"形于内"，在人的内心中存在。"仁形于内谓之德之行"，"义形于内谓之德之行"，"礼形于内谓之德之行"。"〔智形〕于内谓之德之行"，"圣形于内谓之德之行"（第一章）①，可见，"五行"在这种意义上便是指称五种德行品质，即仁、义、礼、智、圣。同时，这些德行品质也会带来一系列内心的体验与感受，并在体验与感受的基础上不断强化而形成德行品质。如仁："颜色容貌温变也。以其中心与人交，悦也。中心悦旃，迁于兄弟，戚也。戚而信之，亲〔也〕。亲而笃之，爱也。爱父，其继爱人"（第十九章），仁被描述为温和欢乐、亲亲友信、能由己及人的仁爱品质，与"唯仁者能好人"（《论语·里仁》）、"仁者，爱人也"（《孟子·离娄下》）恰能相互阐发。如义："中心辩然而正行之，直也。直而遂之，肆也。肆而不畏强御，果也。不以小道害大道，简也。有大罪而大诛之，行也。贵贵，其等尊贤，义也"（第二十章），义则被描述为明辨是非、果敢无畏、取舍有则、贵贵尊贤的品质。再如礼："以其外心与人交，远也。远而庄之，敬也。敬而不懈，严也。严而畏之，尊也。尊而不骄，恭也。恭而博交，礼也"（第二十一章），这也是从内心体验的角度来描述的，礼在人的内心深处呈现的正是远而敬之、严肃敬慕、谦恭下人的品质。但与"以其中心与人交"的"仁"不同，作为"以其外心与人交"的"礼"，便与对象有了一定的心理距离（远），不像前者那样欢悦直接。

2. 德

"德"是"德之行"和合后的形态，"德之行五和谓之德"（第二章）。单一的德行品质是构成德的要素，当仁义礼智圣五者相互融合、和谐共生成为高级的复合形态时，这种统一的状态才是德。这种提法的高明之处在于未把五种德行品质孤立化和简单化，正因为五种德行皆统摄于德中，才使德有生成仁义礼智圣五种德行的逻辑可能,或者说德中就内在地涵养着五种德行，是一而二、二而一的关系。

---

① 李零著《郭店楚简校读记》（增订本），北京：北京大学出版社，2002年，第78页。后同。

"德者，天道也"（第二章），德即是天道。当然这里的天不是宇宙的、自然的天，而是儒学天命范畴的天，源于天命又有强烈的人文色彩，所以才可以与德联系起来。德是天道的体现，这是对德的合理性的先验预设。马王堆帛书《五行》第七章说文之前半部分："能为一者，言能以多〔为一〕。以多为一也者，言能以夫〔五〕为一也。一者，夫五夫为〔一〕心也。然笱（后）德。之一也，乃德已。德犹天也，天乃德已。"德是一种完整浑融的状态和品质。"德犹天"，意谓德是天之道，是天的运行规律与本质在人内心中的体现；"天乃德"，意谓天是德的最终根源，天即是德的全部。也许"犹"、"乃"措词的微妙变化正蕴含着作者对天与德复杂关系的体察和认识。在《五行》中，与"天之道"同义的除"德"外，还有"君子道"，它是"天之道"或"德"在君子身上的充盈、体现或践履（行），"五行皆形于内而时行之"（第三章）。

3. 五种"德之行"的关系

楚简本《五行》第十七章写道："闻君子道，聪也。闻而知之，圣也。圣人知天道也。知而行之，义也。行之而时，德也。见贤人，明也。见而知之，智也。知而安之，仁也。安而敬之，礼也。圣，知礼乐之所由生也。五〔行之所和〕也。和则乐，乐则有德，有德则邦家兴。"

首先，这里涉及"五行"的关系问题，知之，安之，敬之，圣智仁礼主要侧重人内在的心理活动与感受，且作者将其与德行品质结合在一起进行描述，所以是对"德之行"的论说。至于"知而行之，义也。行之而时，德也"，应合在一起理解，已知天道，并按照天道行动，这种行为是义（"行"之义），这种行为源发的动机或德行品质也可称为"义"（"德之行"之义）；"德，得也"即得于内心，"内得于己也"，与"德之行五和谓之德"的"德"不同，但也不妨称为"德"。

其次，是五行的德之行的生发顺序，由圣智的闻见之知而生仁义礼，突出了各种德行品质在心理活动上的特点与相互关系，因为逻辑起点是圣智，并彰显圣"五〔行之所和〕"的依托作用，常人难以仿效。无怪乎有学者慨叹"在郭店楚简《五行》所倡导的理想中，就只有一个人，即文王"。出处在一个相互联系、和合共生的整体中，此逻辑的起点也可被认为是彼逻辑的终点，所以开篇行文，条目井然，由仁而义而礼而智而圣，尽管内在的联系还有不少模糊之处，但已经把五种德之行视为一个环环相扣、和合生乐、由乐生德（第十七章）的整体，因此才会得出"五和谓之德"的结论。五种德之行的相互关系,我们可以视作鸡生蛋式的"派生",新之已生,旧之不去。

总之,从德行构成论方面看,楚简本《五行》涉及德行的构成要素、状态、来源以及相互关系等,简要而分明。

二、社会规范论

五行,除过上述德行品质的意义外,还指一种社会规范,即外在的道德规定。

1. 行

"(仁)不形于内谓之行","(义)不形于内谓之行","(礼)不形于内谓之〔行。智行〕","(智)不形于内谓之行"(第一章),仁义礼智是外在于内心的行为规范,它们是"形于内"的仁义礼智品质在外显行为上的体现和要求。这种规范称为"行",但与人的实在的具体行为不同,二者不仅有密切的关系,而且同时与主体的内心活动紧密相关,准则就是行为的主观原则,个人把它定为自己的一项规划,作为他实际上决意怎样去行动。所以外在的规范与主体的内在德行,也就是外显的客观准则与内隐的主观心志形成了对应关系。正因为如此,才使内在的品质德行在表象上显现为外在规范向内的生成(形于内),实际上,行为规范又何尝不是德行品质向外的呈现(不形于内),"耳目鼻口手足六者,心之役也。心曰唯,莫敢不唯;诺,莫敢不诺;进,莫敢不进;后,莫敢不后;浅,莫敢不浅"(第二十五章),二者形成相互影响、相辅相成的关系,"闻君子道而不知其君子道也,谓之不圣。见贤人而不知其有德也,谓之不智"(第十五章),闻见而不知,意味着外在规范与内心体验隔而未和,未相互作用,所以称不圣不智,也不聪不明。这里,楚简本《五行》"圣不形于内谓之德之行",帛书本《五行》作"圣……〔不(形)于内,胃(谓)〕之行",学者多认为楚简本可能有衍文,据后校前,但并未下定论。根据上面简要的分析,也许楚简本《五行》此句并未错,倒是帛书本《五行》为了句式工整而谬改了。因为"圣"作为一种德行品质,与"仁""义""礼""智"不同,它不完全是一种纯粹的品质,还兼有境界与主体的意蕴。"大而化之之谓圣",更重要的是,圣是德之行五种品质中的主导要素,"圣,知礼乐之所由生也,五〔行之所和〕也"(第十七章),它会主动地调节、支配五行，使它们最终达到"和"的境界和状态。所以"圣"和一般的主观德行不同，也就难以外显为一种准则。

以上就学理角度而言。根据仁义礼智圣五种范畴产生过程分析，从《老子》至《孟子》及以后的仁义礼智信都未将"圣"列入其中，因此，楚简本《五行》列入"圣"，表面上似不够严谨，概念有混淆之处，实则不无深意，全文将"圣"单列突出其独特地位的地方很多，如第七、十一、十五、十六、十七等章。

2. 善

作为道德规范的"行"包括四个因素，即仁、义、礼、智。"四行和谓之善"（第二章），当四种规范和谐共处形成一个整体，"和则同，同则善"（第十八章），也就达到社会要求人们的"善"的境地，因此"善，人道也"（第二章），善取决于人的社会行为与道德践履，是由人的社会行为形成的，具有较强的后天性。楚简本《五行》又指出："天施诸其人，天也。其人施诸人，狎也"（第二十七章），此句帛书本《五行》作"天生诸亓（其）人，天也。其人施诸〔人，人〕也。其人施诸人，不得亓（其）人不为法"（第二十七章），两个本子间的联系，池田知久先生已作了明晰的考辨，值得注意的是帛书本同章的说文部分：

> 天生诸无〔亓（其）〕人，天也。天生诸亓（其）人也者，如文王者也。亓（其）人它（施）者（诸）人也者，如文王之它（施）者（诸）弘夭、散宜生也。亓（其）人它（施）者（诸）人，不得亓（其）人不为法，言所它（施）之者，不得如散宜生、弘夭者也，则弗〔为法〕矣。

这段解说有助于我们更准确地把握德与善的区别。德，是天道的体现，是"天"赋予人的先验的内在品性，像文王那样，内心已怀抱有仁义礼智圣的德行种子，而善恰是对发生在人与人之间的行为的评价，是"人施诸人"的结果，所以有"其人施诸〔人，人〕也"之说或"其人施诸人，狎也"之语。当人们的行为合乎已定形的社会规范后，这种行为不仅可以达到"善"的要求和境地，而且其行为本身也可以被称为善了。这时候，善的行为评价与行为本身几近合而为一，也就是"和则同，同则善"（第二十五章）。这里从两个向度及语境（第十八章与第二十五章）来阐发"和则同，同则善"，更易于厘清"善，人道也"的伦理学内涵。

3. 四种"行"的关系

关于作为"行"的仁义礼智的相互关系，楚简本《五行》第十八章有集中论述："见而知之，智也。知而安之，仁也。安而行之，义也。行而敬之，礼也。仁，义礼所由生也，四行之所和也。和则同，同则善。"

从表面看，似乎与"德之行"的关系区别不大，因为仁义礼智几项用词大略相同，但也有细微的区别，如第十七章"知而行之，义也"，"安而敬之，礼也"，本章则表述为"安而行之，义也。行而敬之，礼也"，两字之易彰示了"德之行"与"行"的内外有别。如果再联系前面的论述，内心的德行品质与外在的行为规范并不是截然分开的。专就内心德行言，德行与心理活动交织在一起，心理活动是确定德行品质的依据与标志，如"不变不悦，不悦不戚，不戚不亲，不亲不爱，不爱不仁"（第十二章），"不直不肆，不肆不果，不果不简．不简不行．不行不义"（第十三章），"不远不敬，不敬不严，不严不尊，不尊不恭，不恭无礼"（第十四章）。专就外在规范而言，规范也与行为主体的心理活动紧密联系，心理活动是道德践履的具体体验与指导，"耳目鼻口手足六者，心之役也"（第二十五章），自然也是道德规范形成的心理基础，且是行为符合规范的可供检验的明证。

《五行》的作者将"德之行"与"行"中的仁义礼智以基本相同的方式表述，其用意大概正是为了明确这一点。同时，如"圣"在"德之行"中居于主导地位一样，"仁，义礼所由生也，四行之所和也"也表明作为规范的"仁"在规范体系中的主导地位。仁既是其他规范生成的逻辑起点，也是四种"行"和合的依托，"四行之所和"也。最终建立在仁的基础上的仁义礼智伦理规范便会形成"和而同"的状态，且即达至于"善"。

总之，从社会规范论角度把握，楚简本《五行》涉及行为规范的构成要素、状态、来源以及相互关系，确能发人深思。

三、人生修养论

如果说德行构成论意在强调主体内在德行的构成和培育，那么社会规范论则在表明客体外在规范的形式和生成。如何向内自觉培育德行，向外自由恪守规范，则是行为主体自身的任务了。楚简本《五行》用了大量笔墨阐述这一问题，也可称之为人生修养论。正是因为这个理论环节的存在，才使德行构成论与社会规范论摆脱了孤立的、静止的状态，从而成为鲜活的富有生命力、关注现实的理论体系。因此，人生修养论是德行构成论与社会规范论的理论中介，也是二者向现实转化并使主体不断提升到"自觉自由"境界的关键。

1. 人生修养的主体

楚简本《五行》对人生修养以致天道或君子道的主体有不同的指称。随着对德或天道体味、致力的差异，道德主体也历经士－志士－贤－君子的角色转换，这种层递性的变化不仅意味着主体道德人格的不断完善，渐渐与"德"合而为一，而且意味着主体能自由恪守、"时行"社会规范，丝毫没有外在的束缚感，从而渐渐与"善"合而为一。士是对一般读书人的称呼，"士有志于君子道谓之志士"（第三章），以"君子道"为念为努力方向的，才可配称"志士"，"胥儃儃达诸君子道，谓之贤"（第二十四章），能够不费力便达到"君子道"境界的便是贤人，但还未至佳境，"五行皆形于内而时行之，谓之君〔子〕"（第三章），君子既具备了内在的德行又能在一定条件下将其付诸实践，从而在德行与道德践履（或副称道德规范）方面达到完美的水平。当然，不得不指出楚简本《五行》中的"君子"不完全是伦理意义上的君子，流露出一定的矛盾倾向，有"尊尊贵贵"的色彩（第二十章）。

"贤"与"君子"皆可称得上知悉道的人，即"闻道者"，只是程度略有不同罢了。"闻道而悦者，好仁者也。闻道而畏者，好义者也。闻道而恭者，好礼者也。闻道而乐者，好德者也"（第二十八章），根据闻道的不同心理感受将"闻道者"具体分为好仁者、好义者、好礼者、好德者，自然好德者的境界更高一些，"和则乐，乐则有德"（第十七章），好德者达到了"和"的要求。

2. 人生修养的条件

"惟有德者，然后能金声而玉振之"（第十一章），使德行与行为均达到"德"和"善"的要求，从而从闻道者、好德者变为一个有德者。《五行》着力强调了主体的有意识的意志努力和具体实践，与宋明理学的"格物致知""致良知"的办法不尽相同，《五行》不仅强调了内心的"志""思"，而且还突出了外在的"为"，即"善弗为无近，德弗志不成，智弗思不得"（第三章）。全篇对"志"与"思"有充分的强调，如"仁之思"（第五章），"智之思"（第六章），"圣之思"

(第七章),且第三、四章已作了反面的论证,两相结合突出思的"精""长""轻"特点,这种对"思"的强调直开孟轲、宋明理学等心性之学的先河。

此外,《五行》也突出"为"的作用,这里的"为"相当于今天的"行",但不同于朱子与王阳明的"致""行",后者是了然天理,明心见性,终归是一种精神的心性活动,而前者则是具体的实在的社会实践。

又如:

> 君子知而举之,谓之尊贤。知而事之,谓之尊贤者也。〔前,王公之尊贤者也〕;后,士之尊贤者也。(第二十四章)

这段话就比"善弗为无近"(第三章)要明确得多,"为"是指实实在在的社会行为"举"与"事",而不仅仅是内心的知。其他的例证还有前文引述过的第十八章等。此外,其修养目的也是"集大成"(第二十四章),"达诸君子道"(第二十四章)。有德则"邦家兴"(第十七章),内外兼修,有强烈的入世情怀与儒家精神。

3. 人生修养的过程

楚简本《五行》篇对人生修养的论述比较细致,从纵向上可分向内向外两个层次,横向上则体现仁义礼智圣之间的相生相发、相辅相成关系。

首先,作为一个行为主体既要向内不断培育、开掘德行,又要向外积极实践伦理道德。德的形成必须经过"思""志"的努力,同时,又与一系列心理活动紧密相关,这些心理活动伴随着德行品质,或者更明晰地说,抽象的德行品质凭借具体的心理体验得以显现和确证,因此,注意调适内心体验状态,有助于形成德行,这些心理活动是德行形成的必要条件,而充分条件自然是"天道"的先验预设了。如仁要经历"变→悦→戚→亲→爱→仁"几个过程(第十二章、第十九章),义要经历"直→肆→果→简→行→义"几个过程(第十三章、第二十章),礼要经历"远→敬→严→尊→恭→礼"几个过程(第十四章、第二十一章)。在第十九章、第二十章、第二十一章中,作者将这种心理活动与具体行动联系起来,如爱亲→爱人,贵贵→尊贤,不骄→博交等,体现了对心理品质与行为活动辩证关系的朴素认识,这里已经蕴含着通过外在行为来培育"形于内"的德行品质的可能。对于"不形于内"的"仁、义、礼、智"道德规范来说,则依靠行为主体的"见而知之""知而安之""安而行之""行而敬之"(第十八章)向外的实践活动来兑现,并使之和谐共生且合乎道德规范的要求,所谓"和则同,同则善",这样,主体也能成为一个外在的"行"的恪守者。主体既是"德之行"的践履者,又是"行"的恪守者,表面似乎处于两个完全无关的过程,因为二者只是"形于内"与"不形于内"的不同。所以,在实际上内心能使五者表现以内在形式并有体验的是内在合一的"德之行",不能表现以内在形式且无感受体验的则是外在的与主体未至合一的"行",但它们反映的则是"天道"与"人道"的差异,统属于"道"。因此,行为主体在现实的活动中是一个统一体,以"闻道者"的身份出现,内与外在不同层次与水平上达到对应和统一。

其次,是横向上表现的仁义礼智圣的关系问题。智圣在"五行"中的重要性,前文已有所涉及,且圣"赫赫",智"明明",有"上""下"之分(第十六章)。就楚简本《五行》言,作者将五行视为由一组环环相生的部分和合而构成的整体。尤其是仁义礼智,无论是就内(第十七章)还是就外(第十八章)论,智皆是这一组环节的逻辑起点,即"见而知之"是"德之行"与"行"形成或实现的前提,且是仁→义→礼→智的结果,它们之间渐次派生而各自并不消失,关于这一问题前文已有明示。兹不赘述。

此外,关于修养的方法问题。总体原则是"为一"(第八章)、"慎独"(第八、九章),它们也是"为君子"(第八章)的基本方法。具体的途径则是借助于多种多样的"知"的方法而逐渐获得与天道的同一,这些方法是"目而知之""喻而知之""譬而知之""几而知之"(第二十六章)。

四、余论

经过上述简要分析,也许可以对郭店楚简本《五行》在先秦思想史尤其是在原始儒家典籍中的位置进行重新思考。

李学勤先生(1933—2019 年)判断《五行》《缁衣》《性》等出自《子思子》[①]。

---

① 李学勤《先秦儒家著作的重大发现》,载《郭店楚简研究》,沈阳:辽宁教育出版社,2000 年,第 15—16 页。

尽管学界对此问题还有争议,但这种判断的前提是肯定这几部著作之间有一定的联系,无论是思想实质,还是语体风格,这一立论基础无可辩驳。陈来先生也指出"《语丛》与《尊德义》《性自命出》等篇有对应的关联,应可肯定。《语丛》的有些语句也可在《五行》《穷达以时》《唐虞之道》等篇发现对应的语句。另外,在《语丛》一、二、三之间,某些简文亦可能有对应的关系"①,因为竹简内部有一定的关联性或复出现象,从而使这些文本在内容和结构上形成互补映照的特点,这给今人阅读理解提供了一种相互参证的途径,与后世文本比较更能体会原始儒家的本来旨归。

这种注重文本关系的探讨方法对人们启发很大,它有助于暂时悬置一些其他枝节的纠葛。正是在这种意义上,郭店楚简《五行》思想诞生于孟荀之前,且蕴含有孟荀思想的根苗,是孟荀思想还未分化、位于孔—孟荀间的中间状态,而不可能是"以孟子、荀子的思想为中心,折衷了许多先秦时代的儒家思想,进而吸收了儒家以外诸子百家思想,由某位属于儒家的思想家作成的文献"②。至于其他如四端扩充的推论方式繁琐而支离,证其还未至抽象的极致。相对于《孟子》,逻辑上早出。《孟子·尽心上》"君子之志于道也,不成章不达",《孟子·告子上》"养其小者为小人,养其大者为大人""心之官则思,则思得之,不思则不得也";《荀子·修身》"道虽迩,不行不至。事虽小,不为不成",《荀子·解蔽》"心不知道。则不可道而可非道""心者,形之君也,而神明之主也,出令而无所受令",可证孟荀思想有受楚简《五行》思想影响的可能。庞朴先生(1928—2015年)认为郭店楚简《五行》篇即《荀子·非十二子》所指斥的思孟学派"案往旧造说,谓之五行"的"五行"③,学者多认为考证可信。值得注意的是,作为先秦儒家集大成者,荀子批判的无论是孟子的思想,还是郭店楚简的思想,都不会作完全否定,而是批判吸收。此外,简明的"仁内义外"说似无法概括楚简本《五行》

---

① 陈来《郭店竹简儒家记说续探》,载《郭店简与儒学研究》,沈阳:辽宁教育出版社,2000年,第91页。
② [日]池田知久著,曹峰译《郭店楚简〈五行〉研究》,载《郭店简与儒学研究》,沈阳:辽宁教育出版社,2000年,第119页。
③ 庞朴《竹帛〈五行〉篇比较》,载刘贻群编《庞朴文集》(第三卷·古墓新知),济南:山东大学出版社,2005年,第111页。

复杂的思想体系，"仁者，内也；义者，外也；礼乐，共也"，已是《六位》（原题《六德》）中的基本观点，表明儒家思想的进一步发展和不断细腻化，但已与楚简本《五行》相去甚远。同时，郭店楚简《五行》表面似"天道"与"人道"相互统一，但"道"本身的性质并不甚明了，尤其是"道"的安置问题，所以后来孟子力倡良能良知（《孟子·尽心上》），荀子屡揭修身由礼（《荀子·修身》），以不同的方式弥补这一理论缺环，便带有一定的必然性了。

从郭店楚简再看《易传》与老庄的关系问题
——兼谈郭店楚简在经学思想史研究上的价值*

郭店楚简的出土公布,为学术界研究先秦学术思想提供了新资料,并引起轰动,至今方兴未艾。除过竹简与传世文本所载思想家思想的关系有待深入研究外,竹简自身的相关研究也在不断深化和拓展。郭店楚简以及上博简(即上海博物馆藏战国楚简)在经学思想史研究上也具有重要的学术价值,过去流行的看法是经学从《礼记·经解》以及《庄子·天运》开始在典籍文本上才算正式形成[①],但是郭店楚简和部分上博简的公布却使我们对这个问题有了进一步的认识,即在战国中期稍前被后世称作"六经"的文献已经成熟,而且人们对"六经"的基本认识也与后世文献记载呈明显相关。

一、楚简及其经学思想史意义

这里所说的郭店楚简主要指 1993 年在湖北荆门郭店发现、1998 年公布的竹

---

* 原载于《"中华五千多年文明与民族伟大复兴"学术交流会论文选集》,西安:西北大学出版社,2018 年。

① 《礼记·经解上》:"孔子曰:'入其国,其教可知也;其为人也,温柔敦厚,《诗》教也;疏通知远,《书》教也;广博易良,《乐》教也;洁净精微,《易》教也;恭俭庄敬,《礼》教也;属辞比事,《春秋》教也。'"皮锡瑞认为从那时期起"始以《诗》《书》《礼》《乐》《易》《春秋》为'六经'"(《经学历史》之《经学开辟时代》)。这种认识和《论语》中孔子将《诗》《书》礼乐视作造士的手段相吻合,《春秋》只是被作为训练语言表达能力的读本,似乎还不是阐述"微言大义"的"经",但一般地,以这段材料为早出。《庄子·天运》:"孔子谓老聃曰:丘治《诗》《书》《礼》《乐》《易》《春秋》六经,自以为久矣。"可见,"六经"形成时期较早。

简①，部分上海博物馆藏战国楚竹简也可包括在内。1994年著名青铜器研究专家、古文字学家马承源先生（1928—2004年）在香港文物市场发现了一批竹简，后辗转努力，抢救性地收购了这批竹简，保存在上海博物馆，被称作"上博简"。根据脱水处理等研究，该批简文也系战国中期竹简，有文物贩子甚至称出自湖北，或许与郭店楚简有一定的关系，但至少属于同一时期。

郭店楚简与上博简简文内容有些明显相关，如《缁衣》就既见于郭店简，又见于上博简；郭店简有《性（性自命出）》论述情、性、命、天的关系，上博简有《性情论》论以乐化情、以礼养性内容。关于《性（性自命出）》与《性情论》的关系，据陈来先生考察，认为两者基本相同，但文字、残损、章次有差异，郭店简《性自命出》比较完整，而上博简《性情论》则缺损稍多，仍应以郭店楚简文本为优，章序不同可能源于传经经师章句不同，因此，两本不是同一传本②。无论是否为同一传本，内容上相关是自不待言的。

从经学思想史角度把握这批竹简，意义主要体现在以下四个方面：一是战国中期以前，对《诗》《书》《礼》《乐》《易》《春秋》的运用已经开始，前四者被称为"四术"，关于后来所谓"六经"的基本排序相对稳定，这也从侧面说明后代的某些典籍（如《史记》等）相关排序的记载不是空穴来风；二是郭店楚简引用了大量《诗》《书》资料，《诗》部分有少量逸诗③，《书》部分同时有后世所谓的古文经与今文经④，特别是其中的古文经资料，在与传世文献的对照上，可以

---

① 荆门市博物馆编《郭店楚墓竹简》，北京：文物出版社，1998年。

② 陈来《郭店楚简〈性自命出〉与上博藏简〈性情论〉》，载《孔子研究》2002年第2期，第4—6页。

③ 廖名春《郭店楚简与〈诗经〉》，载《文学前沿》2000年第1期，第35—52页。

④ 廖名春先生认为："楚简所引，反映的当是战国中期以前人所见到的《尚书·君陈》的原貌，它与'晚书'《君陈》的上下文不合，说明'晚书'《君陈》并非战国中期以前人所见之《尚书·君陈》之旧。说它是后人利用《礼记·缁衣》等所引加以编造而成，是有道理的"；"后人的《尚书》研究在断句与理解上都存在一些误读，所谓'晚书'实属后出，而真正的先秦《尚书》有许多篇今传《尚书》失收，战国中期以前《尚书》的地位次于《诗》而先于《礼》《乐》《易》《春秋》。郭店楚简诸篇的引《书》、论《书》给我们的这些启发，对研究先秦《尚书》，认识今传《尚书》，确实具有重要意义。"（廖名春《郭店楚简引〈书〉论〈书〉考》，载武汉大学中国文化研究院编《郭店楚简国际学术研讨会论文集》，武汉：湖北人民出版社，2000年，第111—127页）

增强该部分资料的可信度,同时也提醒人们,清代考据学家的研究成果,在新资料发现后,也有进一步加强研究与反思的必要;三是经书的主旨和基本观念,郭店楚简对后来的"六经"的特点都有介绍和概括(其中《书》文字残缺不全),把握"道"则是很重要的内容,同时,简文对"六经"文本的差异性和特点进行了扼要分析,具有深刻的学术意义;四是比较完整的《周易》楚简本,是目前《周易》最早的本子,很有特色。

下面,以《易》学为例作以说明,重点侧重郭店楚简及上博简对反思传统的学术问题"《易传》与老庄的关系"所提供的新视角和新思路,以便更好地理解和体会郭店楚简在经学思想史研究中的独特价值。

二、《易传》与老庄关系问题争论的焦点

上博简《周易》(《上海博物馆藏战国楚竹书(三)》)总共简文58枚,1806字,共34卦,集中在流传本的上经中。独特的是,没有《易传》内容,以"—"记阳爻,"八"记阴爻。其意义是:将汉代的"九六之争"推溯至战国中期;可与帛书本、阜阳汉简本、流传本参照;丰富和纠正对"反对之象"的认识;有助于古文字定型、释读和比较研究等。①

但是,经学思想则主要体现在关于经典的阐释中,对于《周易》来说,主要是《易传》(《易大传》)。

在易学史上,关于《易传》②与老庄的关系历来有所争论。其中涉及老子、孔子生年先后、学术影响渊源,当然更多的是关于《易传》思想与《老子》,特别是《庄子》思想的某些近似之处,所以,一般地从现代以来,不少学者认为《易传》受到老庄思想的影响,特别是《十翼》中《彖传》与《系辞》等。有些学者对《彖传》从语言、思想等角度加以分析,并将《易传》与《老子》《庄子》

---

① 濮茅左著《楚竹书〈周易〉研究——兼述先秦两汉出土与传世易学文献资料》(上、下),上海:上海古籍出版社,2006年。
② 指《易大传》,也叫《十翼》,包括《系辞上》《系辞下》《彖传上》《彖传下》《象传上》《象传下》《文言》《序卦》《杂卦》《说卦》,共7种10篇。

（特别是《庄子》中的《天运》等）进行比较，指出二者的某些一致。著名的代表学者有冯友兰、李镜池、朱伯崑等①，其中，影响较大的是"道家文化主干说"的代表人物陈鼓应先生。他在20世纪八九十年代陆续发表了一系列文章，力主《易传》（指《易大传》）是道家别派，中国文化是以道家为主，道、儒、墨、法相互融合的体系，引起了学界的广泛关注和争论（如李存山先生等）。在关于易传和道家思想的关系研究上，陈鼓应先生前后相继发表14篇文章，作了仔细探讨，虽然在典籍影响关系上还有一些可以商榷的地方，但是在20世纪八九十年代之交，楚简出土公布之前，这些研究都是相当细致和深入的，引起了学术界的热烈讨论。这些论文结集为《易传与道家思想》一书②。

陈鼓应先生立论的依据主要有三点：首先，认为《论语》《孟子》等儒家系统侧重社会伦理，关注人事，注重道德，而不言及天道，与以"天道"和"人道"关系为基本理论框架的《易传》思维方式不一致；其次，《易传》不少范畴与《老子》《庄子》相似，如有无、刚柔、高下、善恶等，重"反"；最后，《易传》与楚学、齐学的关系密切，而与鲁学关系并不紧密。其中，关于儒家与《易传》思维方式的差异则是问题的关键。陈鼓应先生认为"儒家有所谓'天人之学'，乃是孟、荀以后，受了老子和稷下学风影响所致"③，郭店楚简出土公布后，这种论析自然会受到反思。

在儒家传统文献中，关于先秦儒家的思维方式，除过《中庸》《大学》《荀子》等，早期原始儒家关于天道与人道关系问题的考察给人感觉似乎不甚清楚，也缺乏系统的材料。但是，"天道"与"人道"问题也是儒家思想关注的焦点，特别是在战国中晚期以后，思想融合的趋势日渐鲜明，比较有代表性的就是《荀子》。在1998年公布的《郭店楚墓竹简》中，关于孔子和孟、荀之间，又有了些新的佐证材料，关于孔子后学的思想面貌、儒家学说的内在发展逻辑，佐证的材料愈益丰富了。这批竹简中，最引人注意的就是其中的儒家作品。它们对重新反思和探讨《易传》与老庄关系的问题会有很大助益，目前从这个微观角度考察依

---

① 如冯友兰《新原道》、李镜池《周易探源》、朱伯崑《易学哲学史》等。
② 陈鼓应著《易传与道家思想》，台北：商务印书馆，1994年；北京：商务印书馆，2007年。修订版新增两篇论文，内容略有差异。
③ 陈鼓应著《易传与道家思想》（修订版），北京：商务印书馆，2007年，第257页。

然有一定的学术价值和意义。

三、郭店竹简对反思《易传》与老庄关系问题所提供的思路

陈鼓应先生当时立论时，地下出土的郭店楚简还未发现，更没有广泛公布，所以很难如同后来学者那样对先秦儒家作全面细致分析，只是对已有传统文献资料进行了"道家文化主干说"的独特考察。1998年公布的《郭店楚墓竹简》引起学者们的广泛关注。其意义在于以下几个方面：

（一）思想融合是战国中期重要的思潮

《老子》甲、乙、丙三种，《太一生水》与儒家作品（被学者目为《子思子》）同出楚国一墓，说明当时人们已兼习儒、道作品，单纯以地域、著作、学派来梳理学术思想的渊源与影响似有不足。思想融合在战国中期（甚至更前）确乎为重要的思潮现象。因此，楚、齐文化也不能简单地同老庄、黄老文化等同，这体现了思想文化的丰富性和复杂性。

（二）系统呈现儒家思想的新面貌：反思天人之际的问题

郭店楚简作品使人们加深与丰富了对儒家文化及其演变的全面认识。陈鼓应先生等认为儒家只言及伦理道德，至多反映了孔、孟思想的某些侧面，而且也是先秦儒学史的不完全反映。郭店楚简显示了儒家孔、孟荀之间子思子及其后学的存在和治学风格，他们关注天道与人道，思考和探索道德的先天依据问题。"有天有人，天人有分。察天人之分，而知所行矣"（《穷达以时》）[1]，此处的"分"之分际，即关系，包括后来的"天人合一"和"天人相分"。探察天人的关系，正是人们行动的基本依据。其他又如"性自命出，命自天降"（《性（性自命出）》）[2]、"天形成人，与物斯理"（《父无恶（语丛三）》）[3]、"有天有命，有

---

[1][2][3] 李零著《郭店楚简校读记》（增订本），北京：北京大学出版社，2002年，第86、105、148页。

〔命有性，是谓〕生"（《父无恶（语丛三）》）①等。"穷达以时，德行一也"（《穷达以时》）②、"幽明不再，故君子敦于反己"（《穷达以时》）③等，"幽明"也是《易传》所常用的字眼。特别是《语丛》中有一则材料极为典型，"易，所以会天道、人道也"（《语丛一》），易本来就是沟通天道与人道的，这是《语丛》部分作者关于《易》功能的基本认识。虽然还不能轻率地判断这则材料的作者就一定与《易大传》有内在的联系，但是在广义上这种对《易》特点的论述也算得上《易》"传"作品，它与《易传》的思维方式有逻辑的一致性。强调"天道"与"人道"的统一，《系辞》中"天文"、"人文"也是这一理论框架的反映。

郭店楚简有力地说明"天道"与"人道"关系问题也是早期儒家的主要理论特征之一，只不过在孔子那里并不显著而已④。这样，《易传》在儒家思想系统中觅得一个合逻辑合历史的逻辑链环，这是值得注意的。

（三）推天道以明人事的理论依据问题

天人合一，在儒家那里，基本的模式是天人相统一，天道既是人道的理论依据，同时也是人道的体现和升华。

在中国哲学史上，这个问题可集中在关于"天""命""性""道""教"关系的探讨上。《中庸》称"天命之谓性，率性之谓道，修道之谓教"，朱熹在《四书章句集注》中将"性"解为"理"，"道"解为"路"，已是"天理说"基础上的理学家口吻了，但是揭示了"天—性—道—教"的理论路径。而郭店楚简《性自命出》则简要地概括为"性自命出、命自天降"，是一种"天—命—性"的思想格局，通过"命"将天道与人道逻辑地统一起来。这是借天道以明人道的基本理论预设，也是影响中国哲学数千年的基本理论框架。

---

① 李零著《郭店楚简校读记》（增订本），北京：北京大学出版社，2002年，第149页。

②③ 李零著《郭店楚简校读记》（增订本），北京：北京大学出版社，2002年，第86页。

④ 虽然孔子的弟子子贡感叹"夫子之言性与天道，不可得而闻也"（《论语·公冶长》），但是孔子为"天命"观念留下了较大的空间，如"子曰：'不怨天，不尤人，下学而上达。知我者其天乎！'"（《论语·宪问》），"道之将行也与（欤），命也；道之将废也与（欤），命也"（《论语·宪问》），"孔子曰：'君子有三畏：畏天命，畏大人，畏圣人之言。小人不知天命而不畏也，……'"（《论语·季氏》），"不知命，无以为君子也"（《论语·尧曰》）等。

这种思维模式在儒家解说《易经》中有一定的体现,"夫《易》者,推天道以明人事者也"(《四库全书总目提要·经部总叙》)。孔子解《易》虽然注重卦爻辞所蕴藏的道德含义,但却是在天道与人道合一的理论前提下所作出的结论。和孔子相关的其他材料又比较寡少,难以窥测孔子关于天人关系的具体论述。但是《史记·孔子世家》关于孔子与《易传》的关系或许会有一较早的历史文化渊源,不能简单否定,尽管尚不能确认孔子个人与《易传》个别篇章之间的直接关系。如《孔子世家》说孔子删诗,虽未必可靠,但却透露了《诗经》是部诗歌选集的历史事实。今本《易传》中的《说卦》"穷理尽性以至于命"中的"理—性—命"方式明显是郭店楚简的思维模式,而不是道家式的;《序卦》"有天地然后有万物,有万物然后有男女,有男女然后有夫妇,有夫妇然后有父子,有父子然后有君臣,有君臣然后有上下,有上下然后礼义有所错(措)",也与简文"男女不别,父子不亲。父子不亲,君臣无义"(《六位(六德)》)①暗合。

四、小结

从某种意义上说,强调《易传》与老、庄的关系是不过分的,因为在战国中期前后形成了一股融合诸家思想的潮流,各家都从各自的角度融合其他诸子学说,如《庄子·天下》《庄子·天运》《荀子·非十二子》《尸子·广泽》《吕氏春秋·不二》《韩非子·显学》等。因此,《易传》与老庄思想上某些近似并不是反常的现象,而是当时思想融合的表现和需要。这些思想的相似点并不是明确论证《易传》与老庄关系的充足论据,《易传》"主刚",与老、庄"主柔""齐物"显然是两种不同的思想学术风格,所以不能将《易传》划归为道家作品②。毋庸讳言,在战国中期思想融合的巨潮中,《易传》在诸家融合基础上吸收老庄思想是有可能的,而且根据郭店楚简的有关材料,关注《周易》"天道"与"人道"的关系是儒家致思的发展方向。此外,即使被人们看重的《庄子》中的《天运》《天下》与《易传》作品存在着若干相似的侧面,但是《天运》《天下》本身的儒家

---

① 李零著《郭店楚简校读记》(增订本),北京:北京大学出版社,2002年,第132页。
② 具体可参阅李存山先生与陈鼓应先生相关论辩。

色彩就很浓厚,其出自道家还是儒家人物之手,原本就是一个值得争议的问题。

因此,《易传》应是儒家作品,不过这个儒家是战国中期的儒家。陈来先生在 20 世纪末撰文①,通过对帛书《易传》中《系辞》《二三问》《易之义》《要》等篇的分析,认为帛书《易传》的作者可分为德义派、损益派、占卜派三种,整体上仍然注意到他们儒家身份的确认与归属。这些研究都可以为今天反思《易传》的成书过程及思想倾向提供重要的参考。

---

① 陈来《帛书易传与先秦儒家易学之分派》,《孔子研究》1999 年第 4 期,第 23—31 页。

简帛文献所见炎黄信仰与儒家道统的关系及意义*

关于历史的价值和真实性的讨论,是历史学理论十分关心的问题。仅就中华文化而言,传统儒家文化如何影响中国历史学的理论与实践,也是人们颇为关切的内容。先秦以后儒家伦理与史学联系极为密切,已有学者重点探讨了司马迁、刘知幾、司马光、章学诚四家的史学理论与儒家伦理的关系,揭示政治伦理化与伦理政治化对史学的深刻影响①。

本文仅就先秦典籍关于炎黄以至文武历史流传的道德选择做以考察,挖掘在战国前后历史重建的道德伦理倾向及其对史学理论与实践的影响。其中涉及的典籍有些可能是传统意义上认为的伪书或后起的书籍,但现在已被简牍文献证明含藏先秦典籍、有一定信度的作品。但在时间断限上,依然还有很大的研究空间。也就是说,在这些典籍中出现黄帝、炎帝、尧、舜、禹、汤、文、武的记载,都不仅仅是一种历史的求真的努力,而是关于历史的道德伦理重建,并将道德与政治紧密结合起来,开启了伦理政治化与政治伦理化的长河,这也是战国时期诸子争鸣、学术融合的产物。以后炎黄从该统系中逐渐淡出,也反映了儒家伦理对历史学影响的加剧与加深。

一、"二道"与炎黄

炎黄不仅是中国古代历史发展的一个重要阶段,更是一种重要的文化现象,其中凝聚的文化认同与价值认同,值得人们关注。

---

* 原载于《管子研究》2014 年第 4 期。

① 相关著作还可参见内藤湖南《中国史学史》、白寿彝等《中国史学史》、吴怀祺《中国史学思想通史》(总论)、瞿林东《中国史学史纲》等。

当然，相对较早的典籍《诗经》《尚书》《周易》（经文，《周易·系辞下》则是稍晚的文献）等中没有关于炎黄的记载，炎黄文化的出现和繁荣，是先秦历史发展到一定阶段的产物①。至于黄帝思想究竟是否是诸子百家思想的源头，则是尚需进一步研究的问题。

《逸周书·尝麦》记载：

> 昔天之初，□作二后，乃设建典，命赤帝分正二卿，命蚩尤于宇少昊，以临四方，司□□上天未成之庆。蚩尤乃逐帝，争于涿鹿之河，九隅无遗。赤帝大慑，乃说于黄帝，执蚩尤，杀之于中冀。以甲兵释怒，用大正顺天思序，纪于大帝，用名之曰绝辔之野。乃命少昊请（清）司马鸟师，以正五帝之官，故名曰质。天用大成，至于今不乱。②

《尝麦》的记载没有神秘的气息，但是关于"二后"，有多种说法，如伏羲和神农，天皇和地皇，赤帝和黄帝等。根据文脉分析，应指赤帝和蚩尤，后来周人将蚩尤"作为一个反派人物被丑化"，"表现出古史整理强烈的道德倾向性"③，赤帝和蚩尤均是先于黄帝的部落首领。当然，在后来的《史记·五帝本纪》中，先有炎帝与黄帝之间的阪泉之战，然后才是黄帝率众部落与蚩尤展开的涿鹿之战，并"禽（擒）杀蚩尤"。显然，《史记·五帝本纪》突出了对黄帝功业的评价，与《逸周书·尝麦》出入较大。而《尚书·吕刑》"蚩尤惟始作乱，延及于平民"，与《逸周书·尝麦》"蚩尤乃逐帝，争于涿鹿之河，九隅无遗"相吻合。"以甲兵释怒，用大正顺天思序"都是具有道德伦理因素的历史重建。以后史书关于周人对蚩尤的多种归宿安排（如放逐、被杀、收纳等），也能体现这种评价和重构的倾向。当然，《黄帝四经·十大经·正乱》对"黄帝身遇之蚩尤，因而

---

① 屈原《天问》有"登立为帝，孰道尚之"的发问，"神农氏，姜姓也。母曰任姒，有侨（蟜）氏之女，名女登"（《帝王世纪》），"安登游于华阳，……生神农"（《春秋纬·元命苞》），古人或将炎帝与神农视作一体，今天学术界还有不同看法，但屈原通过"道"衡量炎帝之所以称帝号的原因，则可窥该时期风尚。

② 黄怀信、张懋镕、田旭东撰《逸周书汇校集注（修订本）》，上海：上海古籍出版社，2007年，第731—736页。

③ 罗家湘《〈逸周书〉研究》，上海：上海古籍出版社，2006年，第164页。

擒之"有血淋淋的描写，剥其皮以为干侯，剪其发以为蚩尤旌，充其胃以为鞠，腐其骨肉并投之苦醢。"帝著之盟，盟曰：'反义逆时，其刑视之蚩尤。反义倍（背）宗，其法死亡以穷。'"简文强调"义"的重要，刑与法均是为维护"义"而设置的。

《上博馆藏战国楚竹书》（七）中的《武王践阼》，《大戴礼记》中的《武王践阼》，记载也与之相合。

宋王应麟《践阼篇集解》记真氏（真德秀）语："武王之始克商也，访《洪范》于箕子。其始践阼也，又访丹书于太公，可谓急于问道者矣，而太公望所告，不出敬与义之二言，盖敬则万善俱立，怠则万善俱废。义则理为之主，欲则物为之主，吉凶存亡所有分，上古圣人已致谨于此矣。"太公望所谓"上古圣人"当有所指，就是他所重视的"敬"与"义"也渊源有自。相传孔子论《周易·坤卦》六二"直方"云："敬以直内，义以方外。"（《易传·文言》）先儒解释为："敬立而内直，义形而外方，盖敬则此心无私邪之累，内之所以直也；义则事事物物各当其分，外之所以方也。自黄帝而武王，自武王而孔子，其皆一道欤。"这个训释中，显然有"道统"的意味。但是唐代韩愈《原道》却仅将此道上溯至"尧"，这是在"黄老"思想合流之后，为排抑道家道教而作出的自觉调整，"吾所谓道也，非向所谓老与佛之道也。尧以是传之舜，舜以是传之禹，禹以是传之汤，汤以是传之文、武、周公，文、武、周公传之孔子，孔子传之孟轲。轲之死，不得其传焉"（《昌黎集》卷十一《原道》）。

上博简《武王践阼》，根据整理者整理成果，为"〔武〕王问于师尚父，曰：不知黄帝、颛顼、尧、舜之道在乎？意微丧不可得而睹乎？"简本记载武王询问之道上自黄帝、下迄尧舜，而《大戴礼记·武王践阼》却作："昔帝颛顼之道存乎？"差异较大。但是《大戴礼记·五帝德》提到黄帝，孔子曰："黄帝，少典之子也，曰轩辕。""颛顼，黄帝之孙，昌意之子也，曰高阳。""帝尧，高辛之子也，曰放勋。""帝舜，蟜牛之孙，瞽叟之子也，曰重华。"《大戴礼记·五帝德》中，孔子已基本将黄帝、颛顼、尧、舜视作有一定血缘联系的传承系统。而简本重视的却是"黄帝、颛顼、尧、舜之道"，这里的"道"应是抽象意义上的道理，具有丰富的人文内涵。《礼记·乐记》："君子乐得其道。"郑玄注："道为仁义也。"《新书·道德说》："道者，德之本也。"后来朱熹的《四书章句集注·中庸章句》：

"道者，日用事物当行之理。"这些文献显示道是人们修身处世的道德法则。

简本《武王践阼》记载师尚父传授的"道"却很具体，主要是修身的敬义工夫，即："怠胜义则丧，义胜怠则长。义胜欲则从，欲胜义则凶。仁以得之，仁以守之，其运百〔世〕；不仁以得之，仁以守之，其运十世；不仁以得之，不仁以守之，及于身。"但是相对王应麟《践阼篇集解》中的真氏语，这番教诲主要还是侧重治国、守天下的策略，"仁"具有仁政的意思，与《孟子》比较接近。"仁"与"不仁"，就是孔子所说的"道二"，"孔子曰：'道二，仁与不仁而已矣。'"(《孟子·离娄上》)上博简《孔子见季桓子》称为"二道"。根据《孟子》的记载，这"二道"也与尧舜有关，"规矩，方圆之至也；圣人，人伦之至也。欲为君尽君道，欲为臣尽臣道，二者皆法尧舜而已矣。不以舜之所以事尧事君，不敬其君者也；不以尧之所以治民治民，贼其民者也。"(《孟子·离娄上》)"所以事尧"、"所以治民"实际上都指"道"。"仁"被孔子视为"天下之表"(《孝经·卿大夫章》)。

因此，以仁义等道德为内涵的"道"，在简牍与传世文献中，多可追溯至炎黄尧舜等先王，这无疑是一种文化的价值认同与重建创新的过程。

二、炎黄尧舜禹汤文武道统的形成

前文显示，儒家道统形成经历了一个历史发展的过程，原本是包含炎黄在内的。

上博简《武王践阼》记录武王在作铭反思的基础上，又追问是否还有"百世不失之道"。太公望说"身则君之臣，道则圣人之道"，请武王斋戒七日，才捧着丹书告诉他说："志胜欲则利，欲胜志则丧。志胜欲则从，欲胜志则凶。敬胜怠则吉，怠胜敬则灭。不敬则不定，弗力则枉，枉者败，而敬者万世。使民不逆而顺成，百姓之为听。"相较前问，这个重视"敬"的应答更加深刻。当然，对于竹简所记载的思想，虽然还不能确定就是西周初年周武王君臣的思想，但是对研究战国中期前后的思想状况，却具有极为重要的参考价值，其中"圣人之道"中的"圣人"，根据上下文，应包括"黄帝"。

上博简《竞公疟》有"明德观行"，《尚书·康诰》："克明德慎罚。"《诗经·

大雅·皇矣》:"帝谓文王,予怀明德。"《礼记·大学》"大学之道,在明明德,在亲(新)民,在止于至善。""古之欲明明德于天下者,先治其国。"《大戴礼记·主言》:"孔子曰:'吾语女:道者,所以明德也;德者,所以尊道也。是故非德不尊,非道不明。虽有国焉,不教不服,不可以取千里。虽有博地众民,不以其地治之,不可以霸主。'"《大戴礼记·主言》中的孔子思想更加契合战国时期的实际,与《论语》也有出入。这里将其作为战国时期的思想看待,"虽有博地众民,不以其地治之,不可以霸主"正反映了其中的消息。"非德不尊,非道不明"意思是"非德不尊〔道〕,非道不明〔德〕",论述德与道的辩证关系。《大戴礼记·少闲》借孔子之口提出夏商的子孙桀、纣不能"率先王之明德"因而亡国的道理,并说:"发厥明德,顺民天心啬地,作物配天,制典慈民。"

如何养成"明德",除效法先王的德行之外,还要不断积累切磋,这就是"成德",如:"伊尹乃明言烈祖之成德,以训于王。"(《尚书·伊训》)"君子以成德为行。"(《周易·乾卦·文言》)"敬守勿失,是谓成德。"(《管子·内业》)"积善成德,而神明自得,圣心备焉。"(《荀子·劝学》)

古书一般认为天下明德是从虞帝开始的,"穆穆虞舜,明明赫赫"(《逸周书·太子晋》),有无明德成为天下兴亡的重要因素。结合前文,"圣人之道"应与"明德"具有相辅相成的关系。"明德"也可追溯至黄帝等。《春秋》何常也?则黄帝以来。"(《白虎通义·五经》)《黄帝四经·十大经·正乱》也强调"畏天爱地亲民",《黄帝四经·经法·道法》"道生法",都在反复印证后世圣人(区别于"上古")"五帝"也有以一贯之的道。

当然这是一种历史观念,反映了人们对历史的价值评价,与事实判定不一定完全吻合,但其中渗透的价值观念却是哲学史、思想史研究的重要内容。

三、炎黄淡出儒家道统的道德伦理原因及其影响

虽然炎黄本属于儒家道统的传承序列,但后来却淡出了,其中含藏着丰富的文化因素。

上博简《曹沫之陈》记载鲁庄公问"三代"治理国家的道理,曹沫回答道:"臣闻之:昔之明王之起于天下者,各以其世,以及其身。今与古亦然,亦唯闻

夫禹、汤、桀、受（纣）矣。"已不提及炎黄了。

郭店楚简《尊德义》："教非改道也，教之也。学非改伦也，学己也。禹以人道治其民，桀以人道乱其民。桀不易禹民而后乱之，汤不易桀民而后治之。圣人之治民，民之道也。禹之行水，水之道也。造父之御马，马之道也。后稷之艺地，地之道也。莫不有道焉，人道为近。是以君子，人道之取先。"①李零先生认为这里的"人道"指的是"心术"。因为"术"与"道"通，"人道"应是人伦规则，但为什么"禹以人道治其民，桀以人道乱其民"？似还可以进一步探讨。但是，这段材料中，毕竟在追溯夏商周三代历史人物的时候，都十分关注他们所循行的"道"，特别是其中的"人道"，与上博简《武王践阼》等有共同的理性反思倾向。《尊德义》强调"人道"，追溯至禹乃至后稷，同样，已未有炎黄的影子。

郭店楚简《唐虞之道》"尧舜之行，爱亲尊贤。爱亲故孝，尊贤故禅。孝之施，爱天下之民。禅之传，世亡隐德。孝，仁之冕也。禅，义之至也。六帝兴于古，皆由此也。……爱亲尊贤，虞舜其人也。禹治水，益治火，后稷治土，足民养生。"对"尧舜之行"也即"尧舜之道"作了改造和阐发，概括为"爱亲尊贤""足民养生"，这也是对历史重构的标志，体现了战国中期前后人们的历史伦理观念。简文中的"六帝"还不清楚准确的所指②，但主要是谈论舜的道德和才能的。但在其作者看来，贯穿的道应也是相通的，即"爱亲尊贤"。

《六位（六德）》"〔□□□□□□。苟不〕由其道，虽尧求之弗得也。"这一句虽然上下文语境还可商榷，但毕竟是在"由其道"的前提下提出"尧"的假设，尧也是郭店楚简中追溯的比较早的历史人物。《教（成之问之）》："上不以其道，民之从之也难。是以民可敬导也，而不可掩也；可御也，而不可牵也。故君子不贵庶物，而贵与民有同也。""贵与民有同"是很难得的提法，与孟子"与民同乐"（《孟子·梁惠王上》）类似。

上博简《鬼神之明》可作为今本《墨子》的有益补充，其中谈到："昔者尧舜禹汤，仁义圣智，天下法之。"《墨子·天志下》："昔也三代之圣王尧舜禹汤文

---

① 按："学己也"，"己"，疑应作"之"。
② 或至少含有尧、舜、禹、益、后稷等，但益终身未立，未详孰是，阙疑待考。

武之兼爱之天下也。"《墨子·明鬼下》："不识若昔者三代圣王尧舜禹汤文武者足以为法乎？""若昔者三代圣王，足以为法矣！"根据上博简综合判断，这种"为法"的"法"就集中体现在"仁义圣智"上，它是后王效法的准则，而不是具体的做法，也属于"抽象继承"的范围。

值得注意的是，结合郭店楚简、上博简、《墨子》等记载，大约在战国中晚期前后，儒家道统中的炎黄色彩在变淡，而随诸子百家之学的兴起，先王辗转相传的道也成为士人修身养性的凭借与目标。道成为人皆可以效法、人人相通的道德修养与伦理规范，则是诸子学术繁荣发展的结果。

由上古帝王的道（一）[①]，到上古帝王与平常人之间的道的相通，是儒家历史道德伦理建构的飞跃。这与《孟子》《荀子》密切相关。孟子屡陈舜与文王"地之相去也，千有余里；世之相后也，千有余岁。得志行乎中国，若合符节，先圣后圣，其揆一也"，强调舜与文王之间存在着可以沟通的超越时空的道；又说"禹、稷、颜回同道。禹思天下有溺者，由己溺之也；稷思天下有饥者，由己饥之也，是以如是其急也。禹、稷、颜子易地则皆然"，认为禹、稷、颜回同道，彼此如同自己感同身受一般；并主张"尧舜与人同耳"（以上均出自《孟子·离娄下》），尧舜之道并不离于异于常人之道，"人皆可以为尧舜"（《孟子·告子下》）。荀子也倡导"涂之人皆可为禹"（《荀子·性恶》）。这里，无论孟子还是荀子，都只是建构了人成为圣贤的可能性和潜力，是一种伦理道德理想，至于现实中能否真正成为圣贤，则取决于各自的努力，或"求其放心"（《孟子·告子上》），或"化性起伪"（《荀子·性恶》）。

四、关于炎黄等历史道德重建的反思

上古传说的帝王众多，如《庄子·胠箧》说"昔者容成氏、大庭氏、伯皇氏、中央氏、栗陆氏、骊畜氏、轩辕氏、赫胥氏、尊庐氏、祝融氏、伏羲氏、神农氏，当是时也，民结绳而用之，甘其食，美其服，乐其俗，安其居，邻国相

[①] "一"和"道"是两个异名同谓的术语，所以"执一""抱一""守一"也即"执道""抱道""守道"，可参考《道德经》《黄帝四经》（特别是《成法》《道原》）等。

望，鸡狗之音相闻，民至老死而不相往来"，虽然《庄子》多诡谲之辞，但也有一定的基础与渊源，这种多元的部落同时生存发展、相互融合情景，揭示了神话故事和历史典籍中一些交错难辨的历史困惑，应是对当时历史真实的一种描述或反映，具有一定的参考价值。

上博简《容成氏》有一段简文记载与《庄子·胠箧》比较近似："……（尊）庐氏、赫胥氏、乔结氏、仓颉氏、轩辕氏、神农氏……之有天下也，皆不授其子而授贤，其德酋清，而上爱下，而一其志，而寝其兵，而官其材。"①这段简文在追述上古帝王时重视的也是"其德酋清"及治理国家的杰出才能。

《国语·晋语》："昔少典娶于有蟜氏，生黄帝、炎帝。"贾逵云："炎帝，神农也。"韦昭云："神农，三皇也，在黄帝前；黄帝灭炎帝，灭其子孙耳，明非神农可知也。"《史记·五帝本纪》："以与炎帝战于阪泉之野，然后得其志。"《正义》："谓黄帝克炎帝之后。"实际上，黄帝与炎帝均是共名，自非一人专享，这有助于理解和把握典籍文献中交错缤纷的复杂情形。

《孔子家语·五帝德》，宰我向孔子请教"黄帝三百岁"的问题，孔子作了人文化的解答："（黄帝）以与炎帝兽于阪泉之野，三战而后克之，始垂衣裳，作为黼黻。命风后、力牧、常先、大鸿以治民，以顺天地之纪，知幽明之故，达生死存亡之说，播时百谷，尝味草木，仁厚及于鸟兽昆虫。考日月星辰，劳耳目，勤心力，用水火财物以生民。民赖其利，百年而死；民畏其神，百年而亡；民用其教，百年而移。故曰'黄帝三百年'。"《大戴礼记·五帝德》有异文，结尾曰："生而民得其利百年，死而民畏其神百年，亡而民用其教百年，故曰'三百年'。"断句虽有差异，但都着眼于黄帝的道德及影响。"顺天地之纪"中的"纪"应也是"道"的意思。

即使炎黄淡出道统之后，在某个时代，比如宋代，其道统地位依然受到重视，但是已经客观上低于孔子了。如北宋的石介（1005—1045年）在《尊韩》中

---

① 根据上博简《季庚子问于孔子》《君子为礼》（马承源主编《上博馆藏战国楚竹书》（五））、《孔子见季桓子》（马承源主编《上博馆藏战国楚竹书》（六））等记载，《孔子家语》《韩诗外传》等典籍的记载绝非空穴来风，但是《孔子家语》《韩诗外传》的材料在使用时应谨慎则是毋庸讳言的。

就提出"道始于伏羲氏，而成终于孔子。道已成终矣，不生圣人可也"，在这个开端于伏羲氏、殿军于孔子的道统中，自然包括神农炎帝与轩辕黄帝的位置，他明确地说："伏羲氏、神农氏、黄帝氏、少昊氏、颛顼氏、高辛氏、唐尧氏、虞舜氏、禹、汤氏、文、武、周公、孔子者十有四圣人，孔子为圣人之至。"（《徂徕石先生文集》卷七《尊韩》）[1]因此，这个漫长的道统传承和建构中突出的是孔子的地位，其道德伦理评价机制已经发挥到极致。但是，神农与轩辕并没有被排除在外，则是值得注意的。

总之，炎黄信仰，主要源于战国时期。虽然在《诗》《书》等典籍中未见有炎黄的记载，但《国语》《逸周书》《大戴礼记》《孔子家语》等典籍保存了不少先秦的珍贵资料，并对《史记》《汉书》及以后的历史典籍影响深远。郭店楚简《唐虞之道》《尊德义》等也有对"六帝"及上古帝王的追溯。上博简《武王践阼》等重新梳理了自黄帝以至武王、孔子的道统体系，但上博简多篇简文则展示了对尧舜禹汤文武的统绪表彰，特别揭示了"爱亲尊贤""足民养生"的"道"的重要。楚简清晰显示"道"也称"二道"，即孔子所说的"道二"，包括"仁"与"不仁"。这种涵盖炎黄在内的"道"及"问道""闻道"的历史追溯，本质是历史的重新建构过程，其中占主要地位的是道德伦理评价，核心命题是"仁"及能否实行"仁政"，反映了战国中期前后儒学思潮发展的新面貌。至于炎黄从该道德系统的退出，可能与黄老合流思潮以及五行、道教等的滋生有关，这种现象从侧面进一步说明了儒家历史重构的伦理价值观的影响和意义。这种历史建构的原则与方法对后世历史学发展和历史学作品写作影响巨大。

---

[1] 关于这个道统谱系，石介曾反复提及，如卷五《怪论中》，卷六《复古制》《明四诛》，卷七《辨易》，卷十三《上刘工部书》，卷十六《与张秀才书》，等等。参见［宋］石介著，陈植锷点校《徂徕石先生文集》，北京：中华书局，1984年。

试析秦国思想文化的会通特征

——以睡虎地秦简《为吏之道》为中心*

随着出土公布的秦汉简牍材料日益增多,为研究秦思想文化以及秦汉之际的诸多问题提供了重要资料,对传世文献也有补充和校正的意义。在这种情况下,反思睡虎地秦简的研究价值,有助于展开多面向的研究。特别是《张家山汉墓竹简》(二四七号墓)中《二年律令》以及《岳麓书院藏秦简》等的陆续公布,为与《睡虎地秦墓竹简》的比较研究和系统考察提供了新的契机。

1975年,湖北云梦睡虎地11号秦墓出土大量竹简①,简文公布的时间虽已很久,但至今依然是学术界关注和研究的对象,研究也取得了丰富的学术成果。其中《编年记》的起止时间,从秦昭王元年(前306年)至秦王嬴政三十年(前217年),如果有助于反映整个简文时间起止范围,则竹简记载的内容主要是战国晚期到秦王政统治时期的法律制度和历史事件②,折射了秦统一天下建立秦朝前夜的历史隐秘。

《睡虎地秦墓竹简》中的《为吏之道》是一篇很有特色的文献,类似于为官箴言和手册,可能是用于自我警省和培训官吏的教材,透露出秦国思想文化的特

---

* 原载于中国先秦史学会等编《辉煌雍城:全国(凤翔)秦文化学术研讨会论文集》,西安:三秦出版社,2017年,第197—202页。

① 睡虎地秦墓竹简整理小组编《睡虎地秦墓竹简》(平装本),北京:文物出版社,1978年;睡虎地秦墓竹简整理小组编《睡虎地秦墓竹简》(精装本),北京:文物出版社,1990年。

② 楚地出土的秦律,并非是为统治原本楚国的南郡领土而临时设置的法律,与秦核心区域的法律有着密切联系,因此,可由此推测出秦国原本领域中适用的法律情形,以反映秦律从战国时代到汉代在思想史演变中所具有的深刻意义。可参见高敏著《云梦秦简初探》,郑州:河南人民出版社,1979年;[日]汤浅邦弘著,佐藤将之监译《战国楚简与秦简之思想史研究》,台北:万卷楼图书股份有限公司,2006年;等等。

色。笔者曾做过简要概括，大略为"法家的一断于法基调""儒家的谨己亲民色彩""道家的处柔防反思想"，并探讨了《为吏之道》在法家思想演变中的基本位置和大概脉络①。

本文将突出区域思想文化与秦国思想文化的会通特色，试图结合《为吏之道》，从思想文化融会的角度揭示秦国思想文化的鲜明特色与历史价值。

一、秦国思想文化的会通特色与优良传统

秦国、秦朝以及先秦（或前秦）的思想文化研究，已经产生了不少成果。对秦人的起源，虽有争议，但大体上强调秦与戎狄混居的特征，根据《诗经·秦风》《史记·秦本纪》等文献资料，基本可以窥察秦人尚勇豪迈质朴的民风和世代演变的梗概。

据学者研究，秦的历史，粗略可分为"西垂时期""雍秦时期"以及"咸阳时期"几个大的阶段，虽然秦人不断迁徙，都城屡有变化，"其历世所居之地，曰西垂，曰犬邱，曰秦，曰渭汧之会，曰平阳，曰雍，曰泾阳，曰栎阳，曰咸阳"②，但三个大的阶段，脉络依旧分明，"有周一代，秦之都邑分三处，与宗周、春秋、战国三期相当。曰西垂，曰犬邱，曰秦，其地皆在陇坻以西，此宗周之世秦之本国也。曰汧渭之会，曰平阳，曰雍，皆在汉右扶风境，此周室东迁、秦得岐西地后之都邑也。曰泾阳，曰栎阳，曰咸阳，皆在泾渭下游，此战国以后秦东略时之都邑也。观其都邑，而其国势从可知矣"③。在思想文化上，这三个阶段均体现出会通的基本特征，初期与戎狄杂居，"秦之祖先，起于戎狄"④，"其

---

① 陈战峰《从睡虎地秦简〈为吏之道〉看秦思想文化的发展》，《西安电子科技大学学报》（社会科学版）2004年第2期。
② 王国维《秦都邑考》，载王国维著、彭林整理《观堂集林》（外二种），石家庄：河北教育出版社，2003年，第269页。
③ 王国维《秦都邑考》，载王国维著、彭林整理《观堂集林》（外二种），石家庄：河北教育出版社，2003年，第271页。
④ 王国维《秦都邑考》，载王国维著、彭林整理《观堂集林》（外二种），石家庄：河北教育出版社，2003年，第269页。

未逾陇以前，殆与诸戎无异"①，《史记·秦本纪》记秦穆公时期戎王使由余于秦，反映了秦人向戎学习文化并攻掠戎的过程，这对民风文化有深刻的影响；中期占据周之故土，受岐周礼乐文化深刻影响；后期，吞并六国，受晋文化、齐文化、楚文化的深刻影响。所以，秦在两个重要的时段，即雍秦时期和定都咸阳时期，文化上均具有鲜明的融会百家、不拘一格的特色，并逐渐形成以法家为主体、兼具儒道的思想文化特征。

秦王朝（前221—前207年）短祚，十五年而亡，漫长的兴起和强盛之路，与瞬间的分崩离析不可收拾的局面的形成，为后人留下了惨痛而深刻的教训。西汉著名思想家贾谊（前200—前168年）概括其原因是"仁义不施，攻守之势异也"（《新书·过秦上》）。另一位思想家陆贾（约前240—前170年）也认为："事逾烦天下逾乱，法逾滋而天下逾炽，兵马益设而敌人逾多。秦非不欲治也，然失之者，乃举措太众、刑罚太极故也。是以君子尚宽舒以褒其身，行身中和以致疏远；民畏其威而从其化，怀其德而归其境，美其治而不敢违其政。民不罚而畏，不赏而劝，渐渍于道德，而被服于中和之所致也。"（《新语·无为》）这些都是从政治举措方面论析秦统治者不能根据时势的变化革新治理国家的策略和办法，依然因袭法家重刑罚的主张，忽略了仁义才是安定天下，休养生息才是国家长治久安、百姓道德醇厚的根本途径，最终导致秦王朝的崩溃。从思想文化视角分析，正是因为丢弃了融会诸家的文化会通传统，"刻薄寡恩""一任于法"，为秦王朝覆灭推波助澜，同时也彰显了"和而不同"的文化会通观念在中华文明史上的重要作用和深远影响。

汉承秦制，秦在政治思想文化方面的有益探索，在汉王朝得到了有效继承。这在《睡虎地秦墓竹简》与《张家山汉墓竹简》（二四七号墓）的《二年律令》的比较中也得到了充分的印证。例如关于如何处理儒法、王霸的关系问题，汉王朝的统治者借鉴了秦的历史经验与教训，形成阳儒阴法、"汉家自有制度，本以霸王道杂之"（《资治通鉴》卷二十七）的统治策略。在封建专制制度与大一统的统治方式上，对后世影响深远，被清末谭嗣同（1865—1898年）称作"二千年

---

① 王国维《秦都邑考》，载王国维著，彭林整理《观堂集林》（外二种），石家庄：河北教育出版社，2003年，第270页。

来之政，秦政也"(《仁学》)。

关于雍秦时期的思想文化研究，近期有学者提出"雍秦文化"的概念①，与"岐周文化"相应，有助于将时代精神与区域文化考察有机地结合起来。"雍秦时期"是秦国逐步发展壮大的重要阶段，为后来定都咸阳、平定六合在政治、思想、文化、制度、经济、军事等方面奠定了坚实的基础。"从历史渊源来看，雍秦文化主要源于岐周文化，是秦人在学习和吸收岐周文化的基础上形成的一种部族文化或地域文化""岐周文化是一种道义文化，注重仁义道德，以人的感情为根本，重道义而轻功利。雍秦文化是一种事功文化，注重功利，以人的利益为根本，重功利而轻道义"②，虽然这种对两类文化异同的比较只是相对的，有侧重的，未必全面准确，但的确揭示了雍秦时期秦思想文化的基本风貌以及与岐周文化的差异和联系。"雍秦文化"的主要特征是会通，即不断吸收周文化的优秀文明成果，使自己发展壮大起来，这种传统即使到咸阳时期依然发挥着重要作用。

二、《为吏之道》的思想文化特色与价值

睡虎地秦简《为吏之道》，在时间上属于战国晚期的作品，根据《编年记》记载，下限在秦王政三十年（前217年），也就是秦统一六国前后。从思想文化角度分析，《为吏之道》体现了秦、晋、楚文化的交融。虽然，该简文出土在楚地，但从竹简构成（含《秦律十八种》《秦律杂抄》《法律答问》等）可见，秦已对该地实现了有效的控制和统治，在思想文化上，也属于秦国的范畴，这从《编年记》的表述方式和口吻也可以反映出来。因此，《为吏之道》有助于把握秦统一中国前后的思想文化风貌。

《为吏之道》名称由竹简整理者命定，总共由五十一支竹简组成，大多每句

---

① 参见杨曙明《雍秦文化与岐周文化的异同》，《宝鸡日报》，2015年7月21日。
② 杨曙明《雍秦文化与岐周文化的异同》，《宝鸡日报》，2015年7月21日。另见杨曙明著《雍秦文化》，北京：中国文史出版社，2015年。

四字，且为韵语，曾被整理者推测为供做吏的人使用的识字课本①。当然，《为吏之道》的韵文以及叙述方式，昭示其可能是官员口耳相传的为政规则和工作手册，因为用韵，便于传诵和记忆，如："凡治事，敢为固，谒私图，画局陈其以为藉。肖人聂心，不敢徒语恐见恶。""凡戾人，表以身，民将望表以戾真。表若不正，民心将移乃难亲。""操邦柄，慎度量，来者有稽莫敢忘。贤鄙既辞，禄立（位）有续孰昏上。""邦之急，在体级，掇民之欲政乃立。上毋间陆，下虽善欲独可（何）急。"这些韵语，可能有相应的曲调，可以用来传唱或吟诵。已有学者结合古代韵文形式"成相"进行考察，并结合《荀子·成相》与《汉书·艺文志》（载有《成相杂辞》十一篇）作分析，可知这种书写形式是秦汉间比较流行的一种文体②。

《成相杂辞》有"治之经，礼与刑。君子以，百姓宁。明德慎罚，国家既治四海平"之语，主张刑礼并重，明德慎罚，具有融会儒法思想的鲜明烙印。这种思想倾向，与《为吏之道》在根本上是一致的。如果判断无误，《为吏之道》是具有楚地特色的秦国文献，在形式上继承了楚地歌谣的特色（"成相"），在内容上既有儒家与法家的思想特征，同时也有楚地道家的思想成份，这是对《为吏之道》思想与形式的基本判断。

作为战国末期思想文化的载体，《为吏之道》反映了当时的思想转变信息，对诸家思想的兼收并蓄，带有"杂"的特征，但是又以法家为基础，具有秦思想文化的特质。但是，关键是《为吏之道》在融会诸家思想中，各家思想到底有怎样的内在联系。汤浅邦弘将《为吏之道》的内容细分为5大类、15小类，5大类包括官吏自身的理想（①廉洁公正；②自觉、自省，富贵欲望之抑制；③公私混同之禁止；④明察力；⑤慎重的行动、言语，严守情报；⑥忠孝慈爱；⑦态度要有弹性，否定僵硬；⑧财产、食粮管理）、上意下达（①法令之遵守，正确的运用；②国家政策之实行）、与组织上司的关系（①严守分职，忠诚；②严守日期，迅速的行动）、与人民及地方社会的关系（①掌握人民之实际状况；②考虑到人

---

① 睡虎地秦墓竹简整理小组编《睡虎地秦墓竹简》（平装本），文物出版社，1978年，第280页。

② 参见连劭名《睡虎地秦简〈为吏之道〉与古代思想》，《江汉考古》2008年第4期。

民的政策)、与周边社会环境的关系(环境、施设、器物之管理)①。这些统计和概括细致周密,有助于全面把握《为吏之道》的主要内容和宗旨②,但在每一类中都包括儒道法不同的思想面向,若要把握其基本精神,则仍需从思想上作分门别类地考察。

《为吏之道》产生的具体情境和思想综合的历史背景还有待进一步研究,但简文已显示了法家和儒家、道家思想深入融合的现实与趋势,为先秦至秦朝法家思想研究提供了宝贵的思想文化资料。简文以"君子"的德行要求法家的"吏",如"君子不病殹(也),以其病病殹(也)"、"君子敬如始"等,正是儒法融合的简明表征。

《为吏之道》是官吏日常备用的手册,具有治国、理政、安民、趋利、远祸的功能,其中所呈现的法家思想、儒家思想与道家思想比较有特色。

三、《为吏之道》重法的思想和特质

汉代史学家认为,法家"严而少恩"(《史记·太史公自序·论六家之要旨》),"伤恩薄厚"(《汉书·艺文志》)。但《睡虎地秦墓竹简》的《法律答问》《封诊

---

① [日]汤浅邦弘著,佐藤将之监译《战国楚简与秦简之思想史研究》,台北:万卷楼图书股份有限公司,2006年,第230—231页。

② 关于《为吏之道》的思想宗旨,从简文公布开始,学术界便有不同的观点。大体上有:法家说,如高敏《秦简〈为吏之道〉中所反映的儒法合流倾向》(《云梦秦简初探》,郑州:河南人民出版社,1979年)、张晋藩《从秦简〈为吏之道〉看秦的吏治思想》(《中国法律史论》,北京:法律出版社,1982年)、蒋义斌《秦简〈为吏之道〉在思想史上的意义》(《简牍学报》第10期,1981年)等;儒家说,如黄盛璋《云梦秦简辨正》(《考古学报》第1期,1979年)、徐富昌《睡虎地秦简研究》(台北:文史哲出版社,1993年)等;融会说,如余宗法《〈云梦秦简〉中思想与制度钩摭》(台北:文津出版社,1992年)、吴福助《〈为吏之道〉法儒道家思想交融现象剖析》(《睡虎地秦简论考》,台北:文津出版社,1994年)等;其他说,包括与墨学、黄老道家的关系等,如江庆柏《睡简〈为吏之道〉与墨学》(《陕西师范大学学报》1983年第4期)、刘天奇《黄老政治的初次实践——从秦简〈为吏之道〉看秦国的黄老政治》(《唐都学刊》1994年第5期)等。另亦可参见鲁普平《〈为吏之道〉研究述评》(《邢台学院学报》2013年第2期)等。

式》《为吏之道》等为人们展示了法家还有重人情与亲情的一面①。"信赏必罚，以辅礼制"（《汉书·艺文志》），显示法处于辅助位置，目的是为了更好地保障礼制的实施，但这实际已经是汉人的认识和观念。

秦国法家思想经过系列演变，已是不争的事实，其中有道法家、儒法家等不同的类别和发展阶段。无论是早期法家还是后期法家，重视法制的至高作用是法家的本质特征，所以称"建法立制，强国富人，是谓法家"（《人物志·流业篇》）。

商鞅（约前395—前338年）主张"法令者，民之命也，为治之本也"（《商君书·定分》），"法任而国治矣"（《商君书·慎法》），反复劝告人君"不贵义而贵法"（《商君书·画策》）、"不可以须臾忘于法"（《商君书·慎法》）。法家集大成者韩非（前280—前233年）对法、术、势作了进一步的整理和融合，尽管认为它们"此不可一无，皆帝王之具也"（《韩非子·定法》），但同样强调"法"的绝对性和重要性，"以法为本"（《韩非子·饰邪》），"法所以为国也而轻之，则功不立，名不成"（《韩非子·安危》），"法不阿贵，绳不挠曲。法之所加，智者弗能辞，勇者弗敢争。刑过不避大臣，赏善不遗匹夫"（《韩非子·有度》），"抱法处势则治，背法去势则乱"（《韩非子·难势》）。

因此，司马谈（？—前110年）强调法家具有"不别亲疏，不殊贵贱，一断于法"（《史记·太史公自序·论六家之要旨》）的特征。

《为吏之道》简文认为，为吏的方法，要重视调查研究，不袒护、不徇私、不轻信，追求"审"，"审悉毋（无）私，微密纤（纤）察，安静毋苛，审当赏罚"，"审智（知）民能，善度民力，劳以率之，正以桥（矫）之"，"审耳目口，十耳当一目"。"吏有五善"中也有"举事审当"。建立在君主专制基础之上的中国古代法制，等级性尤其鲜明。简文"吏有五失"就提到"非上，身及于死"。但在一定程度上法家依然保留着较强的公平性和事功性，简文强调"除害兴利"是官吏们的为政办事目标，"毋罪毋（无）罪，〔毋（无）罪〕可赦""均繇赏罚"则显示了某种公平性；简文严戒"兴事不时，缓令急征，夬（决）狱不正，不精于材（财），法（废）置以私"，强调"遏私图""表以身""听有方，辩短长"等遏制个人私谋、以身作则、不受蒙蔽的重要性。审的当否、图的公私、表的邪正

---

① 马婷婷《从睡虎地秦简看秦法的人情考量》，《华中人文论丛》2011年第1期。

等最终的标准自然是"法"。

四、《为吏之道》的儒道思想与意义

《为吏之道》出现了大量的儒家术语和思想,重视谨慎、正直、慈孝、忠信等价值观念,在对官吏的要求上强调宽柔爱民、正行修身、慈爱万姓、喜为善行等。当然,这种价值取向和行为规范的目的是"过(祸)去福存",追求远祸趋福。虽然儒家思想还仅是一种辅助手段,但却反映了秦国末期至秦朝初期法家思想的细微变化,也透露出当时现实的某些消息[①]。

在"吏"的个体品行上,简文屡屡突出谨慎的重要。"凡为吏之道,必精絜(洁)正直,慎谨坚固","毋以愤怒夬(决)",平时要坚守正直谨慎的德操,处理案件时也要排除愤怒的干扰。"以忠为榦,慎前虑后","戒之戒之,材(财)不可归;谨之谨之,谋不可遗;慎之慎之,言不可追;綦之綦之,食不可赏(偿)。术(怵)愁(惕)之心,不可〔不〕长","戒之戒之,言不可追;思之思〔之〕,某(谋)不可遗;慎之〔慎之〕,货不可归","操邦柄,慎度量","戒谨慎綦"都旨在强调谨慎,尽管侧重某些具体的行为,如财货、计谋、言语、俸禄,但实际是对主体品质的要求。在强调谨慎的同时,也提倡忠信、正直、慈孝等,"宽俗(容)忠信,和平毋怨,悔过勿重。兹(慈)下勿陵,敬上勿犯,听间(谏)勿塞"等。

在"吏"的行为要求上,简文反映了对宽厚仁爱、亲民行善的重视。"吏有五善"就包括"喜为善行""龔(恭)敬多让";"吏有五失"也有"见民倨敖(傲)""居官善取""兴事不当,兴事不当则民易指"。"为人君则鬼(怀,亦可作惠),为人臣则忠;为人父则兹(慈),为人子则孝","除害兴利,兹(慈)爱万姓",这种君亲臣忠、父慈子孝、仁爱百姓的行为与儒家的追求已无二致,而达

[①] 汤浅邦弘认为:"《为吏之道》揭示了诸家折衷的处世方式,并尊重各家的原貌,提倡'从政之径'。""反映秦国追求这些思想内容在秦国基层统治的现场中实现的可能性。"([日]汤浅邦弘著,佐藤将之监译《战国楚简与秦简之思想史研究》,台北:万卷楼图书股份有限公司,2006年,第236、237页)

到这样的境界则取决于个人的内在修养,即前文的"谨慎"、"怵惕之心",其致思的基本思路和倾向也与儒家相似,唯多权术之痕,有明显的法家印记。

对法家和儒家极为重要的一个问题是人的伦常问题,特别是后世所称的"三纲"问题,在《论语·颜渊》①、《孟子·滕文公上》②、郭店楚简《六位》(或《六德》)③、《韩非子·忠孝》④、《礼记·乐记》⑤、《吕氏春秋·离俗览·用民》⑥、《春秋繁露·基义》⑦、《礼纬·含文嘉》⑧、《白虎通·三纲六纪》⑨等都有论述,但排序有显著不同。

有学者根据岳麓书院藏秦简《为吏治官及黔首》简对《为吏之道》部分竹简编排和释文作出相应的调整。即将简42、43提出来接在简45之后,而将简44、45提前接在简41之后。将简文重新作了释读:"以此为人君则鬼(惠),38-2 为人臣则忠;39-2 为人父则兹(慈),40-2 为人子则孝;41-2 为人上则明,44-2 为人下则圣。45-2 能审行此,无官不 42-2 治,无志不彻。43-2 君鬼(惠)臣忠,父兹(慈)46-2 子孝,政之本殹(也);47-2 志彻官治,上明下 48-2 圣,治之纪殹(也)。49-2"⑩调整后的文句语义更加清晰。

---

① "君君,臣臣,夫夫,子子。"(《论语·颜渊》)

② "父子有亲,君臣有义,夫妇有别,长幼有叙,朋友有信。"(《孟子·滕文公上》)

③ "夫夫,妇妇,父父,子子,君君、臣臣,六者各行其职,而谗谄无由作也。观诸诗、书则亦在矣,观诸礼、乐则亦在矣,观诸易、春秋亦在矣。"(《六位》或《六德》)

④ "臣事君,子事父,妻事夫,三者顺则天下治,三者逆则天下乱,此天下之常道也,明王贤臣而弗易也。"(《韩非子·忠孝》)

⑤ "圣人作,为父子君臣,以为纪纲。"(《礼记·乐记》)

⑥ "用民有纪有纲,一引其纪,万目皆起,一引其纲,万目皆张。"(《吕氏春秋·离俗览·用民》)

⑦ "阴者阳之合,妻者夫之合,子者父之合,臣者君之合。物莫无合,而合各有阴阳。""王道之三纲,可求于天。""天为君而覆露之,地为臣而持载之,阳为夫而生之,阴为妇而助之,春为父而生之,夏为子而养之。"(《春秋繁露·基义》)

⑧ "君为臣纲,父为子纲,夫为妻纲。"(《礼纬·含文嘉》)

⑨ "三纲者,何谓也?谓君臣、父子、夫妇也。……何谓纲纪?纲者,张也。纪者,理也。大者为纲,小者为纪。所以张理上下,整齐人道也。"(《白虎通·三纲六纪》)

⑩ 凡国栋《岳麓秦简〈为吏治官及黔首〉与睡虎地秦简〈为吏之道〉编连互征一例》,《江汉考古》2011年第4期。

笔者认为，这个顺序重新调整一下更加顺畅，合乎逻辑；但简 43-2 顺序还嫌不妥，再略变更，会更加完善。调整后的顺序似可作："以此为人君则鬼（惠），38-2 为人臣则忠；39-2 为人父则兹（慈），40-2 为人子则孝；41-2 为人上则明，44-2 为人下则圣。45-2 君鬼（惠）臣忠，父兹（慈）46-2 子孝，政之本殹（也）；47-2 志彻官治，上明下 48-2 圣，治之纪殹（也）。49-2 能审行此，无官不 42-2 治，无志不彻。43-2"需要强调的是，简 46-2 显示"君鬼（惠）臣忠，父兹（慈）"表明在三纲中已将君臣一纲提到父子纲之前，与《六位》（《六德》）迥然不同，既可以用来弥补传世文献的不足，也从微观角度印证西汉与东汉三纲法典化、定型化过程出现的历史必然性。

简文告诫为吏者，"临事不敬，倨骄毋（无）人，苟难留民"，"敬"即谨慎敬惧，强调谨慎留民，反对倨傲苟暴；"临材（财）见利，不取句（苟）富；临难见死，不取句（苟）免"，舍取之间体现出对"义利之辨"的儒家解释倾向。"处如资（斋），言如盟，出则敬，无施当。施而喜之，敬而起之，惠以聚之，宽以治之，有严不治"，"毋使民惧"，"地修城固，民心乃宁"，"不时怒，民将姚（逃或遥）去"，"表若不正，民心将移乃难亲"，可见，简文特别强调亲民的重要，观民心动向，施民生仁惠，要求"吏"遵守既定的原则，诚信斋敬，以身作则，而亲民也正是为了聚民（或聚民力），但方式更加宽仁惠爱。

法家和道家有一定的内在联系，在前后期法家中皆能见到道家思想和术语的影响，《为吏之道》也不例外。睡虎地秦墓竹简整理小组在整理这一部分时充分注意到这种倾向，多次多处援引《老子》的语句注疏简文。但相较经典的《老子》思想又有细微的变化。《为吏之道》反映了对事物会朝对立面转化的深刻认识，"吏有五失"就强调"一曰夸以迣，二曰贵以大（泰）"，与《老子》相同，看到事物会相互转化，但更侧重事物从好的一面向坏的一面转化，暗藏着事物发展有一个极端，过了这个极端，便会导向对立面。《为吏之道》提倡贵柔处弱、韬光养晦的处世态度与策略，"中不方，名不章；外不员（圆）"，该句后半句有脱简，《说苑·谈丛》作"中不方，名不章；外不圜，祸之门"，如果可以以后者补校前者的话，就体现了"外圆内方"的处世态度和策略。简文告诫"吏"不要厌弃贫贱衰穷，"毋穷穷，毋岑岑，毋衰衰"，"欲富大（太）甚，贫不可得；欲贵大（太）甚，贱不可得"，"毋喜富，毋恶贫"，这些朴素的人生经验都是以事物矛盾转化为依据的,而安处柔弱低贱,正是为防止坏的结果出现。这是一种消极的避祸的办法,主张不强作妄为,不争强好胜。为了更有效地避祸趋福,还有一种积极的避祸的办法,就是乐善好施,未雨绸缪。这种办法主张在矛盾未转化之前深悉先机,要多做好事,"长不行,死毋(无)名;富不施,贫毋(无)告也。贵不敬,失之毋□",而做坏事则没有好下场,"强良不得",并要戒除安逸享乐的不良生活习气,"止欲去愿","安乐必戒,毋行可悔"。

简文将一些相互对立的范畴并列,意在调和二者,兼济所长,有初步统一矛盾双方的意味,对《老子》有继承和发展。如简文强调"严刚毋暴,廉而毋刖""和平毋怨""简而毋鄙","怒能喜,乐能哀,智能愚,壮能衰,恿(勇)能去,刚能柔,仁能忍","吏"只有将相反的对立双方统一在自己身上,才能实现"外圆内方"、远灾避祸、趋福邀赏,无疑有强烈的权术色彩。

总之,因为《为吏之道》的思想主调还是法家思想,融会吸收儒家、道家学说,但在吸收融会中都不可避免地留有重视权术的成份。这种现象是思想文化"会通"中的正常现象,反映了战国中晚期出现的思想文化自觉综合交融的趋势和历史,唯其如此,《为吏之道》才是法家的文献,尽管有融会诸家的思想特征。同时,从区域思想文化角度考察,《为吏之道》也体现了秦文化与周文化、楚文化、晋文化的相互关系和动态发展历程,而这种融会吸收异质文化用以丰富和充实自己,正是秦文化充满生命力和包容性的主要因素。秦短祚而亡,在思想文化观上,也是因为丢弃了这种优良的思想文化会通传统。

试析《张家山汉墓竹简·二年律令》[①]中"罚金"的体制、功能和研究价值*

《二年律令》是1983年湖北江陵张家山汉墓出土的最引人注目的一部竹简作品,但2001年12月才完整公布,并掀起学术界的研究热潮,至今方兴未艾。简文包括了汉律的主要部分,比较全面地反映了汉初的社会状况,涉及政治、经济、法律、地理、职官、教育及其他广泛的社会领域,展示了一幅令人耳目一新的汉初社会图景。笔者认为,律令除直接提供了研究汉代法律与社会及其承变的资料外,也以间接的方式揭示了一些有待进一步研究的问题。本文拟探讨简文中出现的"罚金"的体制、适用范围与功能以及研究价值。

一、汉律中的罚金体制

罚金是历代律法的重要构成成分,但史料具体记载的最早时期要数魏晋。《晋书·刑法志》载魏时罚金分为六等,"魏明帝改士庶罚金之令,男听以罚金"[②]。《通典》载梁"武帝制,依周、汉旧事,有罪者赎。其科,凡在官身犯,罚金",罚金种类有十二两、八两、四两、二两、一两共五等[③]。汉代早期的相关史料就很稀缺,汉景帝时官吏迁徙免罢接受故官属财物者,"无爵,罚金二斤,令没入

---

* 原载于黄留珠主编《周秦汉唐文化研究》(第五辑),西安:三秦出版社,2007年,第185—196页。

① 张家山二四七号汉墓竹简整理小组《张家山汉墓竹简〔二四七号墓〕》,北京:文物出版社,2001年,第133—210页。

② 《晋书》卷三十《刑法志》。

③ 《通典》卷一百六十四《刑法二》。

所受"①，而《史记》和《汉书》的高祖、惠帝、吕后部分则未提及。因而，有学者认为汉律中的罚金是"纯粹的财产刑，但其制不详"，"看来，它的规定也应当与魏晋之制略同"②，但也只是类比推测。《二年律令》的面世和公布给这个问题的解决提供了转机。

《二年律令》包含二十七种律和一种令，据笔者统计，罚金的体制和分布情形如表1：

表1 《张家山汉墓竹简·二年律令》罚金体制与分布简表（单位：次）

法律名称＼罚金种类	罚金四两	罚金二两	罚金一两	合计	备注
贼律	10	3	1	14	
盗律	2	1	1	4	
具律	2	1	2	5	第147页有"罚岁金八两"（简94）同页有"罚金一斤以上罪"（简97）
告律	1	1	1	3	
捕律	1	1	1	3	
亡律	0	0	0	0	
收律	0	0	0	0	
杂律	2	0	0	2	
钱律	3	0	0	3	
置吏律	2	1	0	3	
均输律	0	0	0	0	

① 《汉书》卷五《景帝纪》。
② 陈连庆《汉律的主要内容及其阶级实质》，中国秦汉史研究会编《秦汉史论丛（第一辑）》，西安：陕西人民出版社，1981年，第119页。

续表

法律名称 \ 罚金种类	罚金四两	罚金二两	罚金一两	合计	备注
传食律	0	0	0	0	
田律	0	2	1	3	第165页有"罚黄金四两"（简240） 第166页有"罚其啬夫、吏主者黄金各二两"（简248）
市律	0	1	0	1	第168页有"罚金各一斤"（简260）
行书律	1	4	2	7	
复律	0	0	0	0	
赐律	0	0	0	0	
户律	3	2	2	7	
效律	0	0	0	0	
傅律	0	0	0	0	
置后律	1	0	0	1	此条为张家山汉简整理小组补遗文字（简388）；另第185页有"罚金各□两"（简389），也系整理小组补遗文字
爵律	0	0	0	0	
兴律	1	0	0	1	第187页有"罚金□□"（简404）
徭律	2	0	0	2	
金布律	0	0	1	1	
秩律	0	0	0	0	
史律	2	0	0	2	第204页有罚"学佴二两"（简480）
津关令	1	0	0	1	
合计	34	17	12	63	

统计显示，以明确的罚金若干两的形式出现的就有 63 次。其中，罚金四两 34 次，罚金二两 17 次，罚金一两 12 次，还有其他形式，如罚岁金八两、罚金一斤、罚黄金四两、罚黄金二两等。根据简文"银铁铅金"（简 436—438）、"铜"（见钱律）并列与《史记·高祖本纪第八》《汉书·高帝纪第一下》"金"、"黄金"通用①的现象，基本可以归纳出汉律中的罚金体制，大别为一两、二两、四两、八两、一斤，凡五等，以前三者为主。

这些罚金分布在十七种律和一种令中，具有一定的普遍性。它们一般可以独立使用，作为对某种不当行为的直接或单一惩罚，也可以辅助使用，作为对某种不当行为的附加或共同惩罚，后者比较少见。

当然，竹简在辨字、释文、连缀、编次、补遗等整理环节中可能有个别需商榷的细节，学术界正在讨论和研究，但这并不影响"罚金"总体的统计面貌，即"罚金"是客观地存在于《二年律令》中的。毋庸置疑，这种统计使人们有可能看到汉初律令中罚金清晰而系统的面貌，并为进一步了解汉律和汉初社会以及理解简文提供有效的途径。那么，它的使用有没有一定的规律呢？能对研究简文与汉初社会提供哪些帮助呢？

二、三种主要"罚金"的适用范围与功能

前文统计显示，《二年律令》涉及的罚金种类比较多，这里主要探讨一下占主导地位的罚金四两、罚金二两和罚金一两的适用范围。数量差异是它们的明显不同，即罪量的差异，"所谓罪量就是法定犯罪轻重的数量表现，也即法定犯罪严重性程度的综合评价"②。通过对它们适用范围的考察，能突出其相应的适切

---

① 这两部史书在相关历史事实记载上可以彼此印证，在尊太公为"太上皇"事上，高祖认为太公家令分析君臣父子关系很有道理，前者作"赐金五百斤"，后者作"黄金五百斤"；高祖用陈平计捉住韩信后，田肯（《史记》索隐引《汉纪》及《汉书》作"宵"，刘显云相传作"肯"）一番论说形势，主张将齐地分封与同姓王，前者作高祖"赐黄金五百斤"，后者作"赐金五百斤"；高祖击黥布时为流矢所伤，吕后请来良医，高祖一顿臭骂，拒绝治疗，前者作"赐金五十斤罢之"，后者作"赐黄金五十斤，罢之"。

② 白建军《犯罪轻重的量化分析》，《中国社会科学》2003 年第 6 期，第 123 页。

性和区分性,在此基础上可以侧面反映它们的主要法律职能。

(一) 罚金四两

通过分析归纳,可以发现这种形式的适用范围相当明确,主要有:

1. 非官员身份而造成严重恶果或有可能导致危急事件的行为

> 挢(矫)制,害者,弃市;不害,罚金四两。(简11)
> 殴同死(列)以下,罚金二两;其有疻痏及□①,罚金四两。(简28)
> 其非吏及宦也,罚金四两,戍边二岁。(简210)
> 守燧乏之,及见寇失不燔燧,燔燧而次燧弗私(和),皆罚金四两。(简405)

简11是根据是否造成不良后果决定刑罚的使用,尽管未造成现实危害,但有可能导致危害事件的发生,处以罚金四两。简28对因殴打致人皮肤变青肿胀者的处理。简210对任人不贤、不胜任者的追溯性处罚,是吏的免职,不是吏和侍臣内官②的处以罚金四两和戍边的刑罚,可见正确任人的重要。简405,如果守燧者未按时点燧或点燧不能得到响应,影响传递信息,有可能对国家安全造成损害,其行为就被处以罚金四两,这一条表面似乎为失职行为,但在具体对象、细节规定等方面明显不同。

2. 官员失职或下属失职应负一定连带责任的行为

> 亡印,罚金四两。(简51)
> 盗贼发,士吏、求盗部者,及令、丞、尉弗觉智(知),士吏、求盗皆以卒戍边二岁,令、丞、尉罚金各四两。(简144)
> 尉、尉史、乡部、官啬夫、士吏、部主者弗得,罚金四两。(简201—202)

---

① 整理小组原注:疑为"颣",疵也。
② 阎步克《论张家山汉简〈二年律令〉中的"宦皇帝"》,《中国史研究》2003年第3期,第88页。

> 留弗移，移不并封，及实不徙①数，②盈十日，皆罚金四两。（简328—329）
>
> 吏卒主者弗得，赎耐；令、丞、令史罚金四两。（简488—489）

简 51 是对官吏失职的惩处。简 144 是对尽管没有直接责任，但却因属下办事不力而应负连带责任的官吏的惩罚。简 201—202 是对未捕捉到私自盗铸钱者的官吏的处罚。简 328—329 文意为户时乡部啬夫、吏、令史共同审查户籍，如有迁移户口的，必须及时办理，对扣压不办、迁移时无封印、实际人数与户口（即数）不符，满十天的，予以处罚，可视作失职行为。简 488—489 是对没有符信文书（即符传）私自偷越关塞（越塞阑关）者的处罚，如果有关的吏卒未抓捕到偷越者，不仅自己要受惩罚，而且也要连带罚其上级官员金四两。

3. 情节严重时的加重处理措施

> 所避毋罪名，罪名不盈四两，及毋避也，皆罚金四两。（简15）
>
> 其毋伤也，下爵殴上爵，罚金四两。（简28）
>
> 不盈百一十钱到廿二钱，罚金四两。（简56）
>
> 盗铸钱及佐者，弃市。同居不告，赎耐。正典、田典、伍人不告，罚金四两。（简201）

简 15 是对采取伪造办法改变券书以逃避刑罚或牟取赏赐行为的惩罚，但都比行为本身应承担的处罚要重。简 28 明显为维护等级制而加重处罚，这可以由和殴打同级或下级人员所受处罚的比较中看出，"殴同死（列）以下，罚金二两"（简28）。简 56 规定偷盗赃物价值在不足一百一十钱与二十二钱之间的处罚，盗去的钱物与罚金数量形成鲜明的比较，明显是一种加重处罚。简 201 是对与犯罪行为无直接关系但未举报者的处罚，如果正典、田典、伍人真地不知内情，这条处罚就明显有"连坐"的性质，有加重处罚的用意。

---

① 笔者疑为"從"（从）。

② 此逗号为笔者所加。

4. 必要时减轻处罚的措施

其当繋（系）城旦舂，作官府偿日者，罚岁金八两；不盈岁者，罚金四两。（简 93—94）

爵①戍四岁及繋（系）城旦舂六岁以上罪，罚金四两。（简 96）

告不审及有罪先自告，各减其罪一等……②赎耐罪罚金四两……③ □④金四两罪罚金二两，罚金二两罪罚金一两。（简 127—130）

简 93—94 与简 96 两相比较，可以看出前者是对过去没有追查到底的案件（即"故弗穷审者"）的加重处理，而后者则是对"其非故也"的案件的从轻处理。简 127—130 反映了在处理诉讼案件时对状告不实及自首行为的从轻处罚原则，既然是"各减其罪一等"，赎耐罪、罚金四两罪、罚金二两罪、罚金一两罪（如果有的话）依次各降一等，那么，以罚金的数量作为罪的名称也足见罚金是古代刑罚的一个组成部分。

5. 违反规定擅自行动的行为

擅赋敛者，罚金四两，责所赋敛偿主。（简 185）

诸有责（债）而敢强质者，罚金四两。（简 187）

金不青赤者，为行金。敢择⑤不取行钱、金者，罚金四两。（简 197—198）

相国、御史案致，当请，请之，毋得径请。径请者者⑥，罚金四两。（简 219—220）

□□□不以次，罚金各四两，更以次行之。（简 271）

简 185 涉及私自敛取财物并藏于官府的行为。简 187 是对强迫性的以人或物

---

① 整理小组疑衍。
②③ 省略号为笔者所加。
④ 据简符分析此处缺失文字较多，但根据文例可以断定与下文紧接的字是"罚"。
⑤ 《说文解字·十二篇上》："择，柬选也。"
⑥ 整理小组原注：下有重文号，为衍。

作为抵押的行为的处理。简 197—198 严禁人们拒收可以流通的铜钱或黄金，违者予以处罚。简 219—220 规定地方县或道的官员（县道官）请示制定律令时，必须逐级上报，即使相国、御史也不能直接向皇帝请示，否则予以处罚，规定了各级官吏的职责权限及请示程序。简 271 规定邮人传送文书时必须按照规定的次序进行。

（二）罚金二两

这种罚金形式在简文中出现的比较少，但适用的范围也很明确，包括必要时减轻处罚的行为，如"戍不盈四岁，繫（系）不盈六岁，及罚金一斤以上罪，罚金二两"（简 96—97）及前面提到的简 127—130，其他的还有：

1. 私自行动，未造成严重后果的行为

> 殴同死（列）以下，罚金二两；其有疻痏及□①，罚金四两。（简 28）
> 盗侵巷术、谷巷、树巷及稂（垦）食之，罚金二两。（简 245）
> 发致及有传送，若诸有期会而失期，乏事，罚金二两。非乏事也，及书已具，留弗行，行书而留过旬，皆盈一日罚金二两。（简 269—270）
> 田典更挟里门籥（钥）②，以时开；伏闭门，止行及作田者；其献酒及乘置乘传，以节使，救水火，追盗贼，皆得行，不从律，罚金二两。（简 306）

简 28 前文已见，不过，如将前后两种不同的处理结果比较分析，自然可以发现前者的情节较轻（至少在法律制定者看来是如此），未造成严重后果。简 245 是对私自在各种巷道开垦土地以牟地利者的处罚。简 269—270 是对私自行动，影响按时转交文书的行为的处罚。简 306 是对违背律令擅自行动的行为的处罚，规定田典应按时开里门，在严禁开门的伏日③，也不过是阻止来往行人与田间劳

---

① 整理小组原注：疑为"颡"，疵也。
② 即"钥"。
③ 《后汉书》卷四《和帝纪》："初令伏闭尽日。"唐李贤等引《汉官旧仪》曰"伏日万鬼行，故尽日闭，不干它事"。

作，如有公务在身或紧急突发事件，则不受限制。

2. 失于职守，未形成重大损失的行为

> 乡部、官啬夫、吏主者弗得，罚金各二两。（简5）
>
> 其弗致事，及其人留不自致事，盈廿日，罚金各二两，有（又）以亡律驾（加）论不自致事者。（简212）
>
> 代户、贸卖田宅，乡部、田啬夫、吏留弗为定籍，盈一日，罚金各二两。（简322）

简5是对未捕获到故意焚烧城邑、官舍、粮仓者的官吏的处罚。简212规定官员如果被免斥，下属有提醒和督促的义务，未尽到自己责任的将受到处罚。简322是对未及时办理田宅登记手续、拖延时日的官员的处罚，由这条律令也可以看出汉初的律令和当时社会现实紧密联系在一起，长年战乱刚刚结束，当务之急是整顿秩序，所以此律严格户籍管理，但显示允许买卖田产，"田宅的转让和买卖是合法的"[①]。

（三）罚金一两

这种形式在简文中出现的次数在三者中最少，但使用范围也很明确，除作为减轻处理的措施（前文简127—130已提到罚金一两是对罚金二两罪的减轻处罚措施）外，还有：

1. 追究不严重的失职责任

> 数在所正、典弗告，与同罪。乡部啬夫、吏主及案户者弗得，罚金各一两。（简329—330）
>
> 乘徼，亡人道其署出入，弗觉，罚金□□。（简404）
>
> 流者可拯，同食、将吏及津啬夫、吏弗拯，罚金一两。（简431）

---

① 杨振红《秦汉"名田宅制"说——从张家山汉简看战国秦汉的土地制度》，《中国史研究》2003年第3期，第59页。

简 329—330 是对户口在办理过程中的一系列问题（见前文）未予举报或在审查时未发现的处罚，后一种情况就是对有关官员失职的追究。简 147 也提到尉、尉史处罚金一两，从责任到处罚都较官啬夫等轻一级。简 404 是对守卫边界（即"乘徼"）者的处罚，从竹简整理意见看，较难判断处罚的具体情形，缺文仿佛也不只是两个字，因为亡律所涉及的处罚一般都不很重，这里对连带责任的处罚似乎应更轻一些，所以颇疑此处缺字为"一两"，因而暂附于此条。简 431 规定凡可以拯救的溺水者（即"流者"），而有关人员未拯救，予以罚金一两的处罚，流露出点滴珍视生命的迹象。

2. 程度较轻的失误或行为

□□□而误多少其实，及误脱字，罚金一两。误，其事可行者，勿论。（简 17）

不盈廿二钱到一钱，①罚金一两。（简 56）

马、牛、羊、豬彘、彘食人稼穑，罚主金马、牛各一两。（简 253）

诸行书而毁封者，皆罚金一两。（简 274—275）

简 17 是对会在一定程度上影响事情执行的数量或文字上的失误行为的处罚。简 56 是对盗窃财物而数量不多的行为的处罚，但较财物本身价值要高，依然有加重处罚的意味，以示惩戒。简 253 是对未管理好家畜致使庄稼被毁坏的行为的处罚。简 274—275 对毁坏书信封识而程度并不很严重的行为的处罚。

总之，罚金四两、罚金二两、罚金一两在量刑上是相对的，是罚金刑罚在现实中的具体运用和数量化表现。三者体现出量刑轻重的不同，但使用范围有重合的地方，说明其功能有一致之处，归纳起来，主要有：防止后果严重的行为发生，加强对各级官吏的管理，增强规章制度的严肃性，通过增减刑罚进一步调节人们的行为等。

---

① 此处的逗号为笔者所加。

三、研究"罚金"功能的价值

研究《二年律令》的"罚金"很有意义。

这种研究有助于完善对《二年律令》整个法律体系的认识和建构,更加准确地透视汉初社会的具体状况,以及进一步理解补校某些简文。特别是在法律研究上,有助于完善对《二年律令》整个法律体系的认识和建构,以便深入把握汉初社会的立法思想及影响因素。

《汉书·刑法志》曾列有"五刑"①,但未提"罚金"。"罚金"在汉代到底是一种怎样的刑罚,对这个问题的探索可以帮助人们全面理解汉初的法律体系。古人对"刑"和"罚"原是有区分的,不像今天兼而言之。《书·吕刑》说"五刑不简,正于五罚",传谓"不应五刑,当正五罚,出金赎罪",又说"墨辟疑赦,其罚百锾",传谓"六两曰锾。锾,黄铁也"②。古代赎金以"锾"计,故后世称罚款为罚锾,杨树达先生结合甲骨文认为"罚锾"的"锾"字"从贝而不从金"③,也可见罚金起源之早,且以支付货币为重要形式。《春秋繁露·四时之副》载"王者配天,谓其道。天有四时,王有四政,四政若四时,通类也。天人所同有也。庆为春,赏为夏,罚为秋,刑为冬。庆赏罚刑之不可不具也,如春夏秋冬不可不备也"④,"罚"和"刑"是不同的,执行的季节也不一样,具体而言,"罚,为犯法之小者。刑,为罚辠之重者。五罚轻于五刑"(《说文解字注·四篇下》)⑤,辠即罪,罚辠也即犯法,罚较刑为轻,五罚不属于五刑。吕思勉先生曾说"陈群等定魏律,更依古义,制为五刑:其死刑有三,髡刑有四,完刑作刑各三,赎刑十一,罚金六,杂抵罪七,凡三十七名,以为律首"⑥,也是将五刑和罚金区别了开来,且明确指出了罚金的六种形式。因此,古时的罚金不属于刑,而属于罚,是

---

① 《汉书》卷二十三《刑法志》。
② 《尚书正义》卷十九《吕刑》。
③ 杨树达著《汉书窥管》,北京:科学出版社,1955年,第113页。
④ 《春秋繁露》卷十三《四时之副》。
⑤ [东汉]许慎撰,[清]段玉裁注《说文解字注》,上海:上海古籍出版社,1988年,第182页。
⑥ 吕思勉著《秦汉史》,上海:上海古籍出版社,1983年,第701页。

一种独立于刑之外的较轻的处罚手段。①《二年律令》整体上贯穿着刑罚二分的思想，罚金也较斩刑、黥刑、完刑、耐刑、赎刑为轻，律令中的贼律、盗律和具律还记载着磔、要（腰）斩、弃市、枭首、黥、劓、斩左止（趾）、斩右止（趾）、府（腐）刑等，明显反映了古代"五刑"的遗存，与古制基本一致。在具律中，"吏、民有罪当笞，谒罚金一两以当笞者，许之"（简86），罚金一两与笞刑相当。行书律有"邮人行书，一日一夜行二百里，不中程，②半日，笞五十；过半日至盈一日，笞百；过一日，罚金二两"（简273），"罚金二两"仅高于笞五十、笞一百。因此，简文所反映的罚金是与笞刑相当或高于笞刑的。但汉初的罚金以金为准，数量已不小，不能算太轻，与其他刑罚结合起来同样是比较苛重的。

此外，由罚金的承继变化也可管窥到汉律与秦律的密切关系。

《睡虎地秦墓竹简》③所及秦律部分未发现有明确的"罚金"字样，相当于罚金的是"赀"，单独出现的凡五见。"赀"，"小罚，以财自赎也，从贝此声。《汉律》：民不繇，赀钱二十"（《说文解字·六篇下》）④，根据所举例证，这里实际视"赀"为罚金，而不是"赎罪"。睡虎地竹简将后者称为"赀赎"，高敏先生解为"以金钱或财物赎罪"⑤，《二年律令》对后者措辞和数量规定也明显不同⑥。秦简中的罚款情形见表2：

表2 《睡虎地秦墓竹简》罚款出现次数统计简表

罚款种类	赀布	赀盾	赀徭	赀一盾	赀二盾	赀一甲	赀二甲	赀二甲一盾	赀戍一岁	赀戍二岁
出现次数	1	2	1	30	1	29	33	1	1	2

说明：此表根据《睡虎地秦墓竹简·索引》统计绘制。

---

① 古代也有将罚金纳入"五刑"的，《晋书》卷三十《刑法志》："枭首者恶之长，斩刑者罪之大，弃市者死之下，髡作者刑之威，赎罚者误之诫。王者立此五刑，所以宝君子而逼小人。"
② 此处的逗号为笔者所加。
③ 睡虎地秦墓竹简整理小组《睡虎地秦墓竹简》（平装本），北京：文物出版社，1978年。
④ ［汉］许慎撰《说文解字》（附检字），北京：中华书局，1963年，第131页。
⑤ 高敏著《云梦秦简初探（增订本）》，郑州：河南人民出版社，1981年，第256页。
⑥ 《二年律令》："赎死，金二斤八两。赎城旦舂、鬼薪白粲，金一斤八两。赎斩、府（腐），金一斤四两。赎劓、黥，金一斤。赎耐，金十二两。赎迁，金八两。"（简119）

如果将前文对张家山汉简《二年律令》统计的备注部分和前几项统一起来，可列出表3：

表3 《张家山汉墓竹简·二年律令》罚金出现次数统计简表

罚金种类	罚金一两	罚金二两	罚金四两	罚金八两	罚金一斤
出现次数	12	17	34	1	1

试将表2、表3进行比较，值得注意的是它们的分布趋势大致相似[①]，呈一定的相关性。两种简文也有相近的表述，秦简"百姓有责（债），勿敢擅强质，擅强质及和受质者，皆赀二甲"（《睡》），汉简"诸有责（债）而敢强质者，罚金四两"（简187）；秦简"擅兴奇祠，赀二甲"（《睡》），汉简"县道官敢擅坏更官府寺舍者，罚金四两，以其费负之"（简410），可见汉律中的"罚金四两"相当于秦律中的"赀二甲"，到底哪一种更苛重，今已难知晓。秦简中有两处"赀罪"的说法，如果其所指不是罚款的具体形式，那么，就是一种对犯有应处以罚款的罪行的指称，类同于汉简"罚金四两罪""罚金二两罪"（简130）的说法。这里无意于在二者之间进行牵强附会，不难发现在相同的情景下，处置有近似或可以沟通的地方，仅从这个角度也可以看到秦律对汉律的深远影响，无怪乎有学者指出"从总体来说，《二年律令》几乎是同秦律大同小异的"[②]。汉律的革新之处也相形之下更加突出，以货币形态代替实物形态和劳役形式，操作更加简便，标准趋于统一，种类更集中，应是法律史上的一大进步。

前文所述相对明确的适用范围和功能也能说明这些法律具有一定的成熟性与稳定性，因为没有囿于一律一令的考察，可以感受到这些律令中有一种前后贯通的精神，在量罪上也少有前后抵触的地方。高敏先生认为"《二年律令》中诸律令，是吕后二年总结在此之前诸帝所先后制定的汉律的汇抄"[③]，这个问题还有

[①] 当然，表3的统计有重复的地方，因为《秦律十八种》与《效律》有重合部分，但出土秦简多为摘抄，并未反映出秦律的完整面貌，这里只是管窥以观其概貌。

[②][③] 高敏《〈张家山汉墓竹简·二年律令〉中诸律的制作年代试探》，《史学月刊》2003年第9期，第36页。

待进一步研究，因为现整理后的律令不避惠帝的"盈"①、文帝的"恒"②、景帝的"启"③的名讳，尤其不避惠帝的讳，但律令未提及"邦"，可见《二年律令》非惠帝和吕后时所作，或者可能原为几部法律而今已难析离了。即使是汇抄，也不等于杂编，无论这种统一的法律精神的起源怎样，都不能漠视它的客观存在。

同时，在社会分析上，有助于更加准确地透视汉初社会的具体状况，如当时罚金的货币形式、人们的生活处境以及人和人的关系。从高祖元年（前206年）到吕后二年（前186年）也就是二十年的时间，距秦亡不远，社会各方面演进和变化的具体情形，历来史书和研究资料记载多不详，《二年律令》提供了弥补这一缺环的有力证据。尽管律令条文与法律的现实实践之间有一定的距离，并非完全丝丝入扣，但其侧面透露出来的社会消息依然历历可辨，具有不可低估的价值。当时社会存在着比较严重的斗殴、乱伦、劫掠、逃亡、造伪、失职、腐败、盗铸货币、以下犯上、越级请示等现象，不少承继秦风而起，前面所列简文已足以说明这一点，反映了当时存在着经济萧条、民风强悍、社会秩序混乱等一系列问题，因而具有鲜明的时代性和针对性，这个方面显而易见，兹不赘述。

在简文整理上，有助于进一步理解补校某些文字，量刑的依据和指导思想可以给人们提供一种可靠的途径。利用罚金功能的考察结果也可以进一步尝试补充某些残缺的简文。根据罚金四两对"违反规定擅自行动"予以处罚的功能，也许可以补足"产子者恒以户时占其"（简326）与"罚金四两"（简327）之间的残文，如果这两枚简的连缀没有问题的话，残文有可能是或接近于"年，未以其时占者"，简文是对未按规定时间申报年龄的行为的处罚。

综上所述，"罚金"是《张家山汉墓竹简·二年律令》中有意识有规律出现的一种现象，全面分析和总结它的功能，为进一步深入理解汉代法律与汉初社会提供了又一个重要的途径和方式，对竹简研究本身也不无裨益。

---

① 见前文简15、简56、简94、简96、简212、简270、简322、简329以及简373等。
② 简214"恒秩气禀"，简516"以为恒"。
③ 简460的"启封"，即"开封"，属河南郡。

四 宋代道论与解经新变

试析欧阳修的"道"论思想*

欧阳修（1007—1072年）具有独特的道论思想，他的经学主张往往和他对道的认识密切相关。在经学方面，他强调衡量于古今人情事理，察之于文理脉络，以便求得经典的本义，而那些"本义"实际上只是文道相生相应的"道"而已。这种"道"意义上的"本义"的具体面目并非如"本义"探寻途径般简易，而是与儒释道三者紧密联系，在"理学"思想的形成发展中也有一席之地。

关于欧阳修道论思想的研究，日本学者土田健次郎在所著《道学之形成》一书第一章《北宋的思想运动》第二节《欧阳修——中央的动向》中，探讨了欧阳修关于"理"、"人情"、"自然与简易"等问题，并揭示从欧阳修到王安石思想学术变迁的内在规律。土田健次郎没有停留在一般描述的层面，而是着力发掘欧阳修注重人情与事理考察的思想依据和价值理想，这是很有启发的。他说："从前的欧阳修研究，大多陷于条条框框的罗列，如合理性、现实性、近代性，具体来说就是实事求是的精神、对人情的肯定、对简易的尊重等，但不用说，问题在于那底下的思想基础是什么，它在思想史上的意义又如何。"[①]从思想学术史角度，比较系统全面深入地把握欧阳修经学学术思想及其演变脉络是有必要的，也是迫切的。土田健次郎尝试将"理"、"人情"、"自然与简易"纳入到一个思想体系中去考察，而不是孤立地分析，这种设想和方法值得借鉴。

---

* 原载于《"文以载道·文以化人"清明黄帝文化学术交流会论文选集》，西安：陕西人民出版社，2015年，第292—310页。

① ［日］土田健次郎著，朱刚译《道学之形成》，上海：上海古籍出版社，2010年，第44页。

一、欧阳修"道"论思想的形成与发展

欧阳修经学研究有一个发展的过程，大略在登第之前与登第之后有所不同，引起人们的誉讥也恰恰相反，这也是经学新气象的必然反映。

景祐四年（1037年），欧阳修在书信中曾回忆自己治学经历的变化："仆少孤贫，贪禄仕以养亲，不暇就师穷经，以学圣人之遗业，而涉猎书史，姑随世俗作所谓时文者，皆穿蠹经传，移此俪彼，以为浮薄，惟恐不悦于时人，非有卓然自立之言如古人者，然有司过采，屡以先多士。及得第已来，自以前所为不足以称有司之举而当长者之知，始大改其为，庶几有立，然言出而罪至，学成而身辱。为彼则获誉，为此则受祸，此明效也。"①"大改其为，庶几有立"，表面是改变暂时为应考而流连时文的作风，实际上更含有学术思想的变革，可能是发生在洛阳游宦与贬谪夷陵整个历程中的事情，这是欧阳修经学研究中的重要转折，他本人也有自觉的认识。

明道二年（1033年），欧阳修二十七岁，但对学术已有基本明确的看法。他在《与张秀才（棐）》书中主张文以明道，平易为文。《与张秀才第二书》比较集中地论述了"道"的特点、古今关系、衡量的标准以及如何践履等问题，"君子之于学也务为道，为道必求知古，知古明道而后履之以身，施之于事，而又见于文章而发之，以信后世。其道，周公、孔子、孟轲之徒常履而行之者是也；其文章，则《六经》所载至今而取信者是也。其道易知而可法，其言易明而可行。及诞者言之，乃以混蒙虚无为道，洪荒广略为古，其道难法，其言难行。孔子之言道，曰：'道不远人。'言中庸者，曰：'率性之谓道。'又曰：'可离非道也。'《春秋》之为书也，以成隐让而不正之，传者曰：'《春秋》信道不信邪？'谓隐未能蹈道。齐侯迁卫，书'城楚丘'，与其仁，不与其专封，传者曰：'仁不胜道。'凡此所谓道者，乃圣人之道也。此履之于身，施之于事而可得者也。岂如诞者之

---

① 《与荆南乐秀才书》，《欧阳修全集·居士集》卷四十七《书》，北京：中国书店，1986年，第321页。

言者邪？"①"孔子之后，惟孟轲最知道。然其言不过于教人树桑麻、畜（蓄）鸡豚，以谓养生送死为王道之本。夫二典之文，岂不为文？孟轲之言道，岂不为道？而其事乃世人之甚易知而近者，盖切于事实而已。今学者不深本之，乃乐诞者之言，思混沌于古初，以无形为至道者，无有高下远近，使贤者能之，愚者可勉而至，无过不及而一本乎大中，故能亘万世可行而不变也。今以谓不足为而务高远之为胜，以广诞者无用之说，是非学者之所尽心也，宜少卜其高而近其远以及乎中，则庶乎至矣。"②清储欣《六一居士全集录》卷五称《与张秀才第二书》为"高虚者之药石"，沈德潜《唐宋八大家文读本》卷十一，认为该信"论道切近，足以针砭骛高远而入虚无者"。严杰《欧阳修年谱》加按语："永淑论文重道，道与事相关，非如理学家之侈谈心性。主张'言易明而可行'，所作文章流畅自然，奠定宋文基本特色。"③

景祐二年（1035年），欧阳修在《答孙正之（侔）第一书》中说："学者不谋道久矣，然道固不蒉废，而圣人之书如日月，卓乎其可求，苟不为刑祸禄利动其心者，则勉之皆可至也。"④欧阳修将"道"作为士人的理想，《六经》也是谋"道"的途径，只要不为名利祸福所驱遣，人都可以企及"道"。这个"道"不是玄远的，也不是悖离人生实际的，所以也不可能违背人情事理。

景祐三年（1036年），欧阳修《与乐秀才第一书》，强调"然闻古人之于学也，讲之深而信之笃，其充于中者足而后发乎外者大以光，譬夫金玉之有英华，非由磨饰染濯之所为，而由其质性坚实而光辉之发自然也"⑤、"古人之学者，非一家，其为道虽同，言语文章未尝相似。孔子之系《易》，周公之作《书》，奚斯之作《颂》，其辞皆不同，而各自以为经。子游、子夏、子张与颜回同一师，其为人皆不同，各由其性而就于道耳。今之学者或不然，不务深讲，而笃信之徒巧

---

① 《与张秀才第二书》，《欧阳修全集·居士外集》卷十六《书》，北京：中国书店，1986年，第481页。

② 《与张秀才第二书》，《欧阳修全集·居士外集》卷十六《书》，第482页。按："以谓养生送死为王道之本"之"谓"、"学者不深本之"之"深"、"今以谓不足"之"谓"，《文渊阁四库全书》本分别作"为"、"探"、"为"。

③ 严杰著《欧阳修年谱》，南京：南京出版社，1993年，第49页。

④ 《答孙正之（侔）第一书》，《欧阳修全集·居士外集》卷十八《书》，第496页。

⑤ 《与乐秀才第一书》，《欧阳修全集·居士外集》卷十九《书》，第506页。

其词以为华，张其言以为大。夫强为则用力艰，用力艰则有限，有限则易竭。又其为辞，不规模于前人，则必屈曲变态，以随时俗之所好，鲜克自立。此其充于中者不足而莫自知其所守也。"①该书信有"官仅得一县令，又为有罪之人"、"夷陵水土之气，比频作疾，又苦多事"②字样，当是贬谪夷陵时期的作品无疑。在《与乐秀才第一书》中，欧阳修已经比较清楚地表达了重道的观念，而经的差异也不过是文的形式不同罢了，继承韩愈"文以载道"的思想也很明显。

景祐四年（1037年），欧阳修《答祖择之书》，论述文道关系及有关"师经"的观点："古之学者必严其师，师严然后道尊，道尊然后笃敬，笃敬然后能自守，能自守然后果于用，果于用然后不畏而不迁……夫世无师矣，学者当师经。师经必先求其意，意得则心定，心定则道纯，道纯则充于中者实，中充实则发为文者辉光，施于事者果毅。三代两汉之学，不过此也。"③这种"师经"以把握"道"的思想，朱熹也有，"借经以通乎理耳，理得，则无俟乎经"（《朱子语类》卷十一），朱子注经的目的是把握"理"。某种意义上，朱子的经学成果是其理学思想赖以寄寓与生发的基础。这些成果，也是"师道"、"师经"的表现。当"道"本身难以独立呈现时，通过"道"的载体"经"把握"道"无疑是一种快捷而确切的途径。因此，"师经"是"师道"的进一步延伸，通过经典解释与还原来理解、体认和践行"道"。欧阳修解经（《诗经》《周易》《春秋》等）也是"师经"以"师道"的过程。

景祐年间，欧阳修的"道"论思想已初步形成，并在经典与道的关系方面有进一步探索。

康定元年（1040年），"夫学者未始不为道而至者鲜，为非道之于人远也，学者有所溺焉尔。盖文之为言，难工而可喜，易悦而自足，世之学者往往溺之，一有工焉，则曰吾学足矣，甚者至弃百事，不关于心，曰吾文士也，职于文而已，此其所以至之鲜也。昔孔子老而归鲁，《六经》之作数年之顷尔，然读《易》者

---

① 《与乐秀才第一书》，《欧阳修全集·居士外集》卷十九《书》，第506—507页。
② 《与乐秀才第一书》，《欧阳修全集·居士外集》卷十九《书》，第506页。
③ 《答祖择之书》，《欧阳修全集·居士外集》卷十八《书》，第499页。按："施于事者果毅"，原作"施于世者果致"，据《文渊阁四库全书》本《文忠集》卷六十八改。另，该书本无系年，严杰《欧阳修年谱》根据《龙学文集》卷十二附书及注，系于景祐四年（严杰著《欧阳修年谱》，第77页）。

如无《春秋》，读《书》者如无《诗》（原注：一作读《春秋》者如无《诗》《书》。——引者），何其用功少而至（原注：此字一作自然。——引者）于至也。圣人之文，虽不可及，然大抵道胜者（原注：一有于字。——引者），文不难而自至也"①，本段体现了欧阳修重"道"②以及《六经》互映的思想，与欧阳修"《六经》一道"的观念一致。

欧阳修虽是文章大家，但是他并不以文章作为最终的归宿，而是更加重视人的才行，如庆历三年（1043 年）所撰札子中就认为"才行者人臣之本，文章者乃其外饰耳"③，这也是庆历新风的一个重要表现。

这种"道胜者（原注：一有于字。——引者），文不难而自至"、"才行者人臣之本，文章者乃其外饰耳"的重"道"思想在欧阳修论《诗》的诗文书信中也比较多见。

庆历二年（1042 年），欧阳修《送黎生下第还蜀》云"黍离不复雅，孔子修春秋"，"圣言简且直，慎勿迂其求。经通道自明，下笔如戈矛"④。"黍离不复雅，孔子修春秋"，是说"王者之迹熄而《诗》亡，《诗》亡然后《春秋》作"（《孟子·离娄下》），涉及"变风""变雅"及其在思想学术方面的影响问题。"圣言简且直，慎勿迂其求。经通道自明"则简要地概括了欧阳修对经典（特别是《六经》）简直特点、载道本质及解读方法的体会，与《诗本义》中的论述一致。庆历二年（1042 年），太原王陶"举进士甲科，调岳州军事判官"⑤，欧阳修撰《送王陶序》，云："六经皆载圣人之道，而易著（原注：著一作尤明。——引者）圣人之用。吉凶得失动静进退，易之事也。其所以为之用者，刚与柔也。乾健坤顺，刚柔之大用也。"⑥

---

① 《答吴充秀才书》，《欧阳修全集·居士集》卷四十七《书》，第 321—322 页。
② 欧阳修的好友刘敞也有近似的看法："道者，文之本也。循本以求末易，循末以求本难。"（[宋]刘敞著，黄曙辉点校《公是先生弟子记》卷一，上海：华东师范大学出版社，2010 年，第 3 页）
③ 《论李淑奸邪札子》，《欧阳修全集·奏议集》卷四《谏院》，第 803 页。
④ 《送黎生下第还蜀》，《欧阳修全集·居士集》卷二《古诗》，第 8 页。
⑤ 范镇《王尚书陶墓志铭》，《琬琰集删存》卷二。
⑥ 《送王陶序》（原注：一作刚说送王先辈之岳阳。——引者），《欧阳修全集·居士集》卷四十二《序》，第 293 页。

欧阳修曾向多次主动登门求教的僧人解说关于《诗经》的看法，"诗三百五篇，作者非一人。羁臣与弃妾，桑濮乃淫奔。其言苟可取，庞杂不全纯"[1]，这首诗约作于庆历七年（1047年），欧阳修关于"桑濮乃淫奔"的观点已经形成。"桑濮"即《桑间》《濮上》。《吕氏春秋·季夏纪》："郑卫之声，桑间之音，此乱国之所好，衰德之所说。"它认为"郑卫之声，桑间之音"是败坏国家、道德腐朽者所喜好的对象。上博简《弟子问》有句"□风也，乱节而哀声"，整理者张光裕先生引用《礼记·乐记》"桑间、濮上之音，亡国之音也，其政散，其民流，诬上行私而不可止也"，认为"'乱节而哀声'云者，盖亦指此乎？"[2]《乐记·乐本》："郑卫之音，乱世之音也，比于慢矣；桑间濮上之音，亡国之音也，其政散，其民流，诬上行私而不可止也。"主张郑卫之音、桑间濮上之音都是一种音乐形式，以后《通典》等就继承了这种说法（《通典》卷一百四十一《乐一》）。如果仔细体会，郑卫是地域名，桑间濮上应也是地域名，互文对称，是指某地域的民歌乐调。后来，桑间濮上便转而成为乐曲或诗歌的名称了。南朝梁萧统《文选·序》"《关雎》《麟趾》，正始之道著；《桑间》《濮上》，亡国之音表。故风雅之道，粲然可观"，意思是《关雎》《麟趾》反映了端正初始的道理，而《桑间》《濮上》则是亡国之音的流露，这些都折射出可观的"风雅之道"。这里，《桑间》《濮上》已成为"淫诗"的代称。当然，《桑间》《濮上》或许是古代的乐曲，所谓"放郑声""郑声淫"（《论语·卫灵公》），而非仅仅关涉诗歌的内容。但疑《桑间》即《鄘风》中的《桑中》，是一首男女约会的情歌，正是"淫诗说"的写照，这种观点与《诗本义》中的相关论述也可相互辅佐。另外，对《诗经》"其言苟可取，庞杂不全纯"的观点，与后来朱熹关于"六经"（包括《诗经》）的评价如出一辙，这是值得反思的，或许朱熹在这一点上也受到了欧阳修的影响，可备一说。

欧阳修在经学方面，对经典传统解释所带来的分歧与混乱，深感担忧，皇祐元年（1049年），他曾经结合《春秋》学的状况谈到对经学的整体观点，认为

---

[1] 《酬学诗僧惟晤》，《欧阳修全集·居士集》卷四《古诗》，第26页。
[2] 马承源主编《上博馆藏战国楚竹书》（五），上海：上海古籍出版社，2005年，第269页。

"一从圣人没，学者自为师。峥嵘众家说，平地生崄巇。相讼（注："讼"，字形原本从"氵"，于义不通，似应为"讼"。——引者）益迂怪，各斗出新奇"，针对经典被蒙蔽甚至歪曲的现实，他感慨"常患无气力，扫除浮云披。还其自然光，万物皆见之"①，这实际就是一种推陈的过程，也是除蔽的过程，只有这样，新的经义与解经方法才能诞生。人们在《诗本义》中看到的正是"扫除浮云披"的努力。他肯定解经的新途径是一种简易的途径，而不是章句之学的崎岖纷扰，"正途趋（原注：一作常。——引者）简易，慎勿事岖崎"②，"读书趋简要，害说去杂冗"③。

嘉祐四年（1059年），欧阳修在和诗中说"古今参雅郑，善恶杂皋共"④，提及以古今方法来阅读《诗经》诗歌（雅郑），以善恶混合的观点来观照人性贤否（皋共）⑤。"古今参雅郑"，形象地揭示了阅读《诗经》庄正与通俗作品的方法论原则，即沟通古今，这与《诗本义》所提出的"古今人情一也"、论《诗》时重视以今论古的思想是相通的。

实际上，欧阳修的这种思想在明道元年（1032年）就已逐渐形成。《明因大师塔记》⑥撰于景祐元年（1034年）。明因大师，俗名卫道诠，并州（今山西）文水县人，卒于"明道癸酉之正月，寿五十有三年"，即明道二年（1033年），据塔记记载欧阳修"始道诠未死时，予过其庐，问其年岁几何，曰：'五十有二矣。'"⑦则欧阳修造访明因大师在明道元年（1032年），交谈中探讨了关于《诗经》中《唐风》的问题，这是欧阳修较早关注和研究《诗经》的珍贵资料，当时欧阳修二十六岁。欧阳修"因与语曰：'《诗·唐风》言晋本唐之俗，其民被尧之德化，且诗多以俭刺，然其勤生以俭啬，朴厚而纯固，最得古之遗风，今能言其

---

①② 《获麟赠姚辟先辈》，《欧阳修全集·居士集》卷四《古诗》，第27页。

③ 《送焦千之秀才》，《欧阳修全集·居士集》卷四《古诗》，第30页。该诗亦为皇祐元年（1049年）作品。

④ 《喜定号和禹玉内翰（原注：用其韵，一作和禹玉喜定号。——引者）》，《欧阳修全集·居士集》卷十二《律诗》，第91页。

⑤ 按：此句有些人理解为"有古有今，有大雅，有郑风，有善有恶，有皋陶，有共工"，似未惬当，且没有揭示出其中内蕴的思想学术特色和内涵。

⑥ 《欧阳修全集·居士外集》卷十三《记》，第452—453页。

⑦ 《明因大师塔记》，《欧阳修全集·居士外集》卷十三《记》，第452页。

土风乎？其民俗何若？信若诗之所谓乎？《诗》去今余千岁矣，犹若《诗》之时乎？其亦随世而迁变也。'曰：'树麻而衣，陶瓦而食，筑土而室，甘辛苦，薄滋味，岁耕日积，有余，则窖而藏之，率千百年不辄发。其勤且俭，诚有古之遗风，至今而不变也。'"①明因大师俗家山西，欧阳修就趁机打听当地是否还保留有《唐风》所描写的相传于尧的勤俭美德，明因给予了肯定的答复。这段材料显示了两点：一是欧阳修对毛《传》郑《笺》认为《唐风》多以俭刺产生了怀疑；二是欧阳修此时已经意识到解《诗》中不可避免的古今问题，并试图通过当时的风俗状况，沟通、把握《诗经》时代的情形，由明因大师的回应，可以推断这种以今论古是有可能的。这两点对于欧阳修的《诗经》研究都很重要，对后世的影响也很深远。特别是后者，在《诗经》阐释中尤为关键，在《诗本义》中得到了比较充分的阐发和运用。

欧阳修在评价汉代《诗经》学学术成果以及自己在《诗经》阐释中，都很注重情理标准。在《出车》诗解中说："论曰：诗文虽简易，然能曲尽人事。而古今人情一也，求诗义者以人情求之，则不远矣。然学者常至于迂远，遂失其本义。"（《诗本义》卷六《出车》）这反映了欧阳修自觉的解《诗》思想，包含着对诗文功能的认识（曲尽人事）、解释的历史性和可能性（古今人情一也）的体认、解释的途径与目标（以人情求之与合乎人情，得本义）、解读的风格（简近，不迂远）等方面。联系他例，比较系统和一致。以"人情"会通古今与以"性理"会通古今，虽是两种不同的解释旨趣和途径，但其基础是相近的，即认为古今有相通的方面，《诗经》是一座桥梁，沿着这些相同的方面即可获得本义，或诗意（作者之意），或性理。这也是欧阳修作为宋代《诗经》学开创者的重要贡献。孟子阐释思想有"说诗者，不以文害辞，不以辞害志。以意逆志，是为得之"，朱熹解为"言说诗之法，不可以一字而害一句之义，不可以一句而害设辞之志，当以己意迎取作者之志，乃可得之"（《孟子集注》卷九《万章章句上》）②。由此也可以发现，以人情会通古今、以性理会通古今，解决的都是读者

---

① 《明因大师塔记》，《欧阳修全集·居士外集》卷十三《记》，第452页。
② 这段材料也能反映朱熹的阐释思想。"以己意迎"，最后通向"以己意解"，进而认己意为作者之志，"淫诗"说的看法就很难避免了。

四 宋代道论与解经新变

的"意"与作者的"志"之间的矛盾及如何沟通二者的问题。

欧阳修怀疑《周礼》，主要基于以下两个原因：一是官制建构复杂完备，甚至繁琐周密，与周代井田制及人们的生产与生活实际不符；二是秦后各代统治者基本沿袭秦制，《周礼》"体大而难行"①，但他也肯定《周礼》"祭祀衣服车旗似有可采者，岂所谓郁郁之文乎？"②

从康定到嘉祐年间，欧阳修"道"论思想不断发展．相对景祐时期，他明确提出"六经皆载圣人之道"的说法，并结合具体的经学典籍深入讨论了把握经典"道"的原则与方法。这个过程与欧阳修的《诗经》研究与《诗本义》的写作是相伴的。

欧阳修为洛僧鉴聿撰著《韵总》作序，指出"圣人之道，直以简，然至其曲而畅之，以通天下之理，以究阴阳天地人鬼事物之变化，君臣父子吉凶生死，凡人（原注：一作祸福。——引者）之大伦，则《六经》不能尽其说，而七十子与孟轲荀杨之徒，各极其辩而莫能殚焉"③，似乎隐含着《六经》载道但不能尽道的思想，这对当时及此前的"道"论无疑是一种补充和推进。欧阳修所撰《韵总序》，未著写作时间，也难觅踪迹。但根据其思想判断，似乎是对前述"道"论思想的调整和补充，姑系于此。而《六经》载道的观念，在北宋中期已经成为儒家学者（包括理学家）的共识，尽管"道"的所指与基本类型还存在着差异④，但对《六经》不能尽道之精微还没有足够的认识直到南宋的朱熹等人才做

---

① 《问进士策三首》，《欧阳修全集·居士集》卷四十八《策问》，第326页。严杰、刘德清系于"庆历二年"（1042年）担任"别头试"考官时（严杰著《欧阳修年谱》，第101页；刘德清著《欧阳修纪年录》，第126页）。按：《问进士策三首》）原并无系年，中第者有吕公著、王安石等人。王安石服膺《周礼》，后亲著《周官新义》（"《周礼新义》笔迹，犹斜风细雨，诚介甫亲书。"（[宋]蔡絛撰，冯惠民、沈锡麟点校《铁围山丛谈》，北京：中华书局，1983年，第58页）），何不闻欧阳《周礼》"体大而难行"之语。或许此三策不当系于此年，略记疑问，以俟他日。

② 《问进士策三首》，《欧阳修全集·居士集》卷四十八《策问》，第326页。

③ 《韵总序》，《欧阳修全集·居士集》卷四十二《序》，第289—290页。

④ 详可参见林素芬著《北宋中期儒学道论类型研究》，台北：里仁书局，2008年。该著将北宋中期的道论分为四大类型，即"法天为政的行道论"（范仲淹）、"知古求理的为道论"（欧阳修）、"观物循理的尽道论"（邵雍）、"道德业俱全的一道论"（王安石）。

了更加充分的论述,从而推动了《四书》的确立与《四书》学的发展。

二、欧阳修"道"论内涵与佛老关系

欧阳修主张"六经简要",经典的关键是"不尽言之烦而尽其要,言不尽意之委曲而尽其理",对"书不尽言"、"言不尽意"的看法不甚苟同。"妙论精言,不以多为贵,而人非聪明不能达其义。余尝听人读佛书,其数十万言谓可数谈(原注:一作言。——引者)而尽,而溺其说者以为欲晓愚下人,故如此尔。然则《六经》简要,愚下(原注:一有人字。——引者)独不得晓耶?""书不尽言,言不尽意,然自古圣贤之意,万古得以推而求之者,岂非言之传欤?圣人之意所以存者,得非书乎?然则(原注:一无此字。——引者)书不尽言之烦而尽其要,言不尽意之委曲而尽其理,谓书不尽言、言不尽意者,非深明之论也。予谓《系辞》非圣人之作,初若可骇,余为此论迨今二十五年矣,稍稍以余言为然也。《六经》之传,天地之久,其为二十五年者,将无穷而不可以数计也。予之言久当见信于人矣,何必汲汲较是非于一世哉?"① 欧阳修的《〈六经〉简要说》与《〈系辞〉说》②,原本未系年,疑作于天圣七年(1029年)到天圣八年(1030年),当时欧阳修已与僧人释秘演、释惟俨等交往。欧阳修的这些看法与道家、佛教的思想或多或少有些联系。《六经》简要的看法似直接受到禅师解经的启发;《六经》"尽其要"、"尽其理"也是对老庄"言不尽意"理论的反思。

欧阳修排抑佛道思想很强烈,但其中不无微妙之处,如韩愈和后来的程朱理学家那样,他交往的名道高僧也甚多,对佛学经典略有涉猎,并撰《本论》抑佛,但正如陆九渊等人评"亦只说得皮肤"③,远没有后来张载、程朱那样泛滥

---

① 《〈六经〉简要说》,《欧阳修全集·试笔》,第1052页。

② 元祐四年(1089年)九月十九日苏轼以按语评价:"皆文忠公冲口而得,信手而成,初不加意者也,其文采字画皆有自然绝人之姿,信天下之奇迹也。"(《欧阳修全集·试笔》,第1052页)

③ 陆九渊对欧阳修的评价就多有保留,据他的学生记载,"先生云:'欧公《本论》固好,然亦只说得皮肤。'"([宋]陆九渊著,钟哲点校《陆九渊集》卷三十四《语录上》,北京:中华书局,1980年,第408页)

释老、入室操戈的。毋庸置疑，整体上，这也是三教融合在经学等思想学术领域中的体现。

欧阳修与道家道教有一定关系。相传他曾寄诗许昌龄道士《戏石唐山隐者》，云"石唐仙室紫云深，颍阳真人此算心。真人已去升寥廓，岁岁岩华自开落。我昔曾为洛阳客，偶向岩前坐盘石。四字丹书万仞崖，神清之洞锁楼台。云深路绝无人到，鸾鹤今应待我来"①。这首诗可能写于熙宁年间，当是晚年之作。"我昔曾为洛阳客，偶向岩前坐盘石"，可见欧阳修与道士往来，与道家道教接触，当在天圣九年（1031年）、明道元年（1032年）间就已开始，当时他才二十五六岁。这首诗被一些诗话、笔记认定为欧阳修临终前魂归道山的作品，并有演绎，如《西清诗话》《避暑录话》卷上、《青琐高议》前集卷八等②。《戏石唐山隐者》中的"石唐山隐者"即许昌龄道士，熙宁元年（1068年），欧阳修《赠许道人》，所指同一人，诗有"至人无心不算心，无心自得无穷寿。忽来顾我何殷勤，笑我白发老红尘。子归为筑岩前室，待我明年乞得身"③，领悟也要迥异于常人所理解的道教长生久视之道，显系老庄思想。《赠许道人》同时也显示了欧阳修归隐思想在熙宁元年（1068年）已很强烈，并非是次年王安石干政所致。其他又如治平四年（1067年）《赠隐者》④，熙宁元年（1068年）《送龙茶与许道人》⑤、《又寄许道人》⑥，《赠潘道士》⑦等。

欧阳修曾针对道家的一些思想阐发自己的理解和体会，如"前后之相随，长短之相形，推而广之，万物之理皆然也，不必更言其余。然老子为书，比其余诸子已为简要也。其于窥见人情，尤为精尔，非庄周慎到之伦可拟。其言虽若虚无，而于治人之术至矣"⑧，"道无常名，所以尊于万物；君有常道，所以尊于四

---

① 《戏石唐山隐者》，《欧阳修全集·居士集》卷九《古诗》，第65页。
② 参见严杰著《欧阳修年谱》，第39页。
③ 《赠许道人》，《欧阳修全集·居士集》卷九《古诗》，第64页。
④ 《赠隐者》，《欧阳修全集·居士集》卷十四《律诗》，第104页。
⑤ 《送龙茶与许道人》，《欧阳修全集·居士集》卷九《古诗》，第64页。
⑥ 《又寄许道人》，《欧阳修全集·居士集》卷十四《律诗》，第105页。
⑦ 《赠潘道士》，《欧阳修全集·居士外集》卷七《律诗》，第403页。
⑧ 《老氏说》，《欧阳修全集·笔说》，第1043页。

海。然则无常以应物为功,有常以执道为本,达有无之至理,适用舍之深机,诘之难以言穷,推之不以迹见"①,在某种意义上,欧阳修也将道家思想吸收改造到自己合乎简要与人情事理的学说中,并对"万物之理"、"有无之至理"有所探讨,甚至反以"常无常有"的理论来论证儒家的纲常名教,这种理路都是开理学先声的。

欧阳修结交了不少对儒家典籍有研究的僧人,仅诗文反映的就有昙颖②、慧勤③、惟晤④、智蟾上人⑤、秘演⑥、惟俨⑦、鉴聿⑧、知白⑨、净慧⑩、居讷⑪、净照⑫、明因⑬等。还撰写有寺记等,如《河南府重修净垢院记》⑭、《明因大师塔记》⑮等,具有一定的佛学知识。与他交往最著名的佛僧当是明教契嵩⑯。在北宋佛学界,对心法的古今问题向有探讨。临济宗善昭强调"续佛心灯"、"传祖师之

---

① 《道无常名说》,《欧阳修全集·笔说》,第 1045 页。
② 《送昙颖归庐山》,《欧阳修全集·居士集》卷一《古诗》,第 8 页,庆历元年(1041 年)。
③ 《送慧勤归余杭》,《欧阳修全集·居士集》卷二《古诗》,第 10 页,庆历三年(1043年);《山中之乐(并序)》,《欧阳修全集·居士集》卷十五《杂文》,第 113—114 页。
④ 《酬学诗僧惟晤》,《欧阳修全集·居士集》卷四《古诗》,第 26 页。
⑤ 《智蟾上人游南岳》,《欧阳修全集·居士集》卷十《律诗》,第 67 页,天圣九年(1031年);《送蟾上人游天台》,《欧阳修全集·居士外集》卷三《古诗》,第 361—362 页。
⑥ 《释秘演诗集序》,《欧阳修全集·居士集》卷四十一《序》,第 284—285 页,庆历二年(1042 年)。
⑦ 《释惟俨文集序》,《欧阳修全集·居士集》卷四十一《序》,第 285—286 页,庆历元年(1041 年)。
⑧ 《韵总序》,《欧阳修全集·居士集》卷四十二《序》,第 289—290 页。
⑨ 《送琴僧知白》《欧阳修全集·居士外集》卷三《古诗》,第 361 页,宝元二年(1039 年)。
⑩ 《题净慧大师禅斋》,《欧阳修全集·居士外集》卷六《律诗》,第 389 页。
⑪ 《赠庐山僧居讷》,《欧阳修全集·居士外集》卷六《律诗》,第 394 页。
⑫ 《酬净照大师说》,《欧阳修全集·居士外集》卷七《律诗》,第 397 页。
⑬ 《明因大师塔记》,《欧阳修全集·居士外集》卷十三《记》,第 452—453 页。景祐元年(1034 年)。
⑭ 《河南府重修净垢院记》,《欧阳修全集·居士外集》卷十三《记》,第 451 页。
⑮ 《明因大师塔记》,《欧阳修全集·居士外集》卷十三《记》,第 452—453 页。景祐元年(1034 年)。
⑯ [元]念常《佛祖历代通载》卷十九,《文渊阁四库全书》第 1054 册,第 630 页。

心",认为"虽是一心拈提有异。今古共同,随机利现,冥应诸缘,运通一切"①,具体的心法古今虽不同,但心却"今古共同",心法自然可传授。

欧阳修经学思想,特别是《诗经》学思想中,有"古今人情一也"的论断,这是欧阳修经学新风的重要理论基础之一,也是解经新方法的重要体现。但是,关于这个思想的来源,一直鲜有人关注,似乎这是不需讨论的问题。实际上,古今之争,在中国思想学术史上也是有渊源的,将古今沟通、以今衡古则是值得深思的问题。《礼记·礼运》有"何谓人情?喜、怒、哀、惧、爱、恶、欲,七者弗学而能",其中人情还仅是人天生的七种自然的心理感受和机能。战国中晚期的文献和出土竹简中,发端于"性"的"情"逐渐带有"情实"、"情理"、"理"的内涵(参见郭店楚简《性自命出》,上博简《性情论》与《孔子诗论》等)。欧阳修"求诗本义"的方法受《孟子》"以意逆志"思想的影响,"说诗者,不以文害辞,不以辞害志,以意逆志,是为得之"(《孟子·万章上》),东汉赵岐作《孟子章句》,为该句作注:"人情不远,以己之意,逆诗人之志,是为得其实矣。"②欧阳修对《孟子》很熟悉,在《诗本义》中也有引用,对赵岐的看法应该不陌生,"人情不远"正是"古今人情一也"的一个重要源头。但是,是否仅此一种渊源呢?毕竟这还不是明确的古今问题,尽管已经有了端倪。欧阳修简明的"古今人情一也"的论断也受到佛学理论的启发。当然,这个问题还需要进一步研究。

北宋时期,在南方一些地方,佞佛风气已经很炽炎了,"越俗僭宫室,倾赀事雕墙。佛屋尤其侈,眈眈拟侯王"③。欧阳修在《送慧勤归余杭》中提到的僧人慧勤"乃云慕仁义,奔走不自遑。始知仁义力,可以治膏肓"④,显然也是援儒入佛的。在《酬净照大师说》中说:"佛说我不学,劳师忽款关。吾方仁义急,君且水云闲。意淡宜松鹤,诗清叩佩环。林泉苟有趣,何必市廛间。"⑤欧阳修思想品格毕竟还是儒家的,他所感受和理解的佛学志趣,从诗文来看与道家道教似

---

① [宋]楚园等集《汾阳无德禅师语录》卷上,《大正藏》卷47,606b。
② [清]焦循撰、沈文倬点校《孟子正义》,北京:中华书局,1987年,第638页。
③④ 《送慧勤归余杭》,《欧阳修全集·居士集》卷二《古诗》,第10页。
⑤ 《酬净照大师说》,《欧阳修全集·居士外集》卷七《律诗》,第397页。

乎相去并不远。这也是自觉不自觉地融合三教的表征，只是还远没有达到精细精微的程度。

庆历二年（1042年），欧阳修《本论上》认为"礼义者，胜佛之本也"①，古代大多将其与唐代韩愈的《原道》齐论，如清唐介轩《古文翼》卷七主张《原道》与《本论》"辟邪崇正，前后一辙"。实际上不独如此，在宋代就已经有学者甚至认为，欧阳修在某些方面超越了韩愈的认识，但是总体上，二人都没有深入到佛学内部加以批判，如陈善《扪虱新话》："退之《原道》辟佛、老，欲'人其人，火其书，庐其居'，于是儒者咸宗其语。及欧阳公作《本论》，谓莫若修其本以胜之，又何必'人其人，火其书，庐其居'也。此论一出，而《原道》之语几废。"（《扪虱新话》下集卷四）罗大经《鹤林玉露》："欧阳公云：'道家乃贪生之论，佛家乃畏死之论。'此盖未尝深考二家之要旨也。……韩文公、欧阳公皆不曾深看佛老，故但能攻其皮毛。"（《鹤林玉露》乙编卷四）《本论》撰著，欧阳修时年三十六岁。欧阳修排佛，直至晚年也没有更易这种基本的思想倾向，至于家人诵佛而不加劝阻则是另一回事。

针对北宋中期一些学者奢谈"性"的问题，欧阳修认为"性"并不是孔子和《六经》探讨的核心问题，而关键是如何做到修身与处世的内在统一，体现了儒学积极入世的精神风貌。大约康定元年（1040年）前后，李诩以所著《性诠》三篇请益，欧阳修曾两次回复。他在《答李诩第二书》中详细地论述了这个问题，并对自己关于"性"的看法作了简明的解说，其中渗透的古今同一的人情事理的观念，尤值得关注。"修患世之学者多言性，故常为说曰：夫性，非学者之所急而圣人之所罕言也。《易》六十四卦，不言性，其言者动静得失吉凶之常理也。《春秋》二百四十二年，不言性，其言者善恶是非之实录也。《诗》三百五篇，不言性，其言者政教兴衰之美刺也。《书》五十九篇，不言性，其言者尧舜三代之治乱也。《礼》《乐》之书虽不完，而杂出于诸儒之记，然其大要治国修身之法也。《六经》之所载，皆人事之切于世者，是以言之甚详。至于性也，百不一二言之；或因言而及焉，非为性而言也，故虽言而不究。予之所谓不言者，非谓绝

---

① 《本论上》，《欧阳修全集·居士集》卷十七《论》，第123页。

而无言，盖其言者鲜而又不主于性而言也。《论语》所载七十二子之问于孔子者，问孝问忠问仁义问礼乐问修身问为政问朋友问鬼神者有矣，未尝有问性者，孔子之告其弟子者凡数千言，其及于性者一言而已，予故曰非学者之所急而圣人之罕言也。《书》曰'习与性成'，《语》曰'性相近，习相远'者，戒人慎所习而言也。《中庸》曰'天命之谓性，率性之谓道'者，明性无常，必有以率之也。《乐记》亦曰'感物而动，性之欲'者，明物之感人，无不至也。然终不言性果善果恶，但戒人慎所习与所感，而勤其所以率之者尔。予故曰因言以及之而不究也。修少好学，知学之难。凡所谓《六经》之所载，七十二子之所问者，学之终身，有不能达者矣；于其所达，行之终身，有不能至者矣。以予之汲汲于此而不暇乎其他，因以知七十二子亦以是汲汲而不暇也，又以知圣人所以教人垂世，亦皇皇而不暇也。今之学者，于古圣贤所皇皇汲汲者学之行之，或未至其一二，而好为性说以穷圣贤之所罕言而不究者，执后儒之偏说，事无用之空言（原注：一作文。——引者），此予之所不暇也。或有（原注：一作者。——引者）问曰：性果不足学乎？予曰：性者，与身俱生而人之所皆有也，为君子者修身治人而已。性之善恶，不必究也，使性果善邪，身不可以不修，人不可以不治；使性果恶邪，身不可以不修，人不可以不治。不修其身，虽君子而为小人，《书》曰'惟圣罔念作狂'是也；能修其身，虽小人而为君子，《书》曰'惟狂克念作圣'是也。治道备，人斯为善矣，《书》曰'黎民于变时雍'是也；治道失，人斯为恶矣，《书》曰'殷顽民'，又曰'旧染污俗'是也，故为君子者，以修身治人为急而不穷性以为言。夫七十二子之不问，《六经》之不主言，或虽言而不究，岂略之哉？盖有意也。或又问曰：然则三子言性，过欤？曰：不过也。其不同，何也？曰：始异而终同也。使孟子曰'人性善'矣，遂怠而不教，则是过也；使荀子曰'人性恶'矣，遂弃而不教，则是过也；使杨子曰'人性混'矣，遂肆而不教，则是过也。然三子者，或身奔走诸侯以行其道，或著书累千万言以告于后世，未尝不区区以仁义礼乐为急，盖其意以谓善者一日不教，则失而入于恶；恶者勤而教之，则可使至于善；混者驱而率之，则可使去恶而就善。其说与《书》之'习与性成'、《语》之'性近习远'、《中庸》之'有以率之'、《乐记》之'慎物所感'皆合。夫三子者推其言则殊，察其用心则一，故予以为推（原注：一无此字。——引者）其言不过始异而终同也。凡论三子者，以予言而一之，而呶呶

（说说）者可以息矣。"①欧阳修对"性"的认识，受到后来理学家的诟病，北宋王得臣《尘史》卷二（《文渊阁四库全书》本）记载"永叔卒贻后世之诮者，其在此书矣"，是有道理的。有学者比较了韩愈、李翱、欧阳修"性"论的差异，认为"唐代韩愈倡'性三品'说，李翱倡'复性'说，实开宋代理学先声。永叔所论平易质实，而理论上未能有所建树，故影响不大"②。

欧阳修在《赠学者》一诗中阐述了自己关于人性与五常关系的看法，其中某些看法与周敦颐、邵雍比较接近。如果注意到欧阳修与宋初三先生（特别是石介）交往甚密，又曾经派自己的儿子专门看望过邵雍，这段诗歌的思想便不难理解。宋代儒学与理学的鸿沟是否竟如后人研究的那样水火不容，也是值得进一步探讨的问题。这首诗歌的写作时间极有可能在庆历六年（1046年）至皇祐元年（1049年）之间。特别是诗歌结尾，作者提醒："尔曹宜勉勉，无以吾言轻。"因此，在反映欧阳修学术思想方面，这首诗歌应该是比较重要的，不能忽略。全诗是："人禀天地气，乃物中最灵。性虽有五常，不学无由明。轮曲揉而就，木直在中绳。坚金砺所利，玉琢器乃成。仁义不远躬，勤勤入至诚。学既积于心，犹木之敷荣。根本既坚好，翁郁其干茎。尔曹宜勉勉，无以吾言轻。"③周敦颐《太极图说》"唯人也得其秀而最灵。形既生矣，神发知矣，五性感动，而善恶分，万事出矣""君子修之吉，小人悖之凶"，《易通》也主张君子要"乾乾不息于诚"，即"必惩忿窒欲，迁善改过而后至"（[宋]周敦颐撰《周敦颐集》，北京：中华书局版）；邵雍《皇极经世书·观物篇》对性也有类似的论述，如"人之所以能灵于万物者，谓其目能收万物之色，耳能收万物之声，鼻能收万物之气，口能收万物之味。声色气味者，万物之体也。目耳鼻口者，万人之用也。体无定用，惟变是用；用无定体，惟化是体。体用交而人物之道于是乎备矣"（《皇极经世书·观物篇五十二》）等。周、邵论述自然较欧阳修细密深邃，但理论旨趣却也有近似之处，未必有天壤之隔。

---

① 《答李诩第二书》，《欧阳修全集·居士集》卷四十七《书》，第319—320页。
② 严杰著《欧阳修年谱》，南京：南京出版社，1993年，第92页。
③ 《赠学者》，《欧阳修全集·居士外集》卷三《古诗》，第367页。按："坚金砺所利"之"利"，《文渊阁四库全书》本《文忠集》卷五十三作"厉"。

《公是先生弟子记》卷四记载了欧阳修与刘敞的多次问答。二人有关于"性"问题的讨论，的确可以看到欧阳修对"性"问题不甚关注，但是《公是先生弟子记》的记载却显示了欧阳修不关注这个问题的深层原因。"永叔曰：'以人性为善，道不可废；以人性为恶，道不可废；以人性为善恶混，道不可废；以人性为上者善、下者恶、中者善恶混，道不可废。然则学者虽毋言性，可也。'刘子曰：'仁义，性也；礼乐，情也。以人性为仁义，犹以人情为礼乐也。非人情无所作礼乐，非人性无所明仁义。性者仁义之本，情者礼乐之本也。圣人唯欲道之达于天下，是以贵本。今本在性而勿言，是欲导其流而塞其源，食其实而伐其根也。夫不以道之不明为言，而以言之不及为说，此不可以明道而惑于言道，不可以无言而迷于有言者也。'"① 相较而言，刘敞所见较欧阳修深刻一些，理学的旨趣更加浓郁。

虽然欧阳修关于"性"的论述后多被理学家等诟病，但通过这个问题亦可观照欧阳修以儒学为根基应对释老的初始努力，它是三教融合的典型表现之一。

三、欧阳修"道"论与理学

欧阳修的经学研究开创了宋代"义理解《诗》"的先河。

关于"义理解《诗》"的争端，实际上取决于对"义理"内涵和解经风格与方法的综合把握，而不能仅仅拘泥于"义理"的字面理解。如果仅从"义理"角度考察，两汉时期已经有人认为汉代的学术也是注重义理的，那么，是否也要将"义理解《诗》"追溯到汉代呢？虽然宋代经学"摆落汉唐，独研义理"（《四库全书总目·经部总叙》），但章句训诂之学与义理之学只是各有侧重而已，而并非天壤悬隔，义理之学的"义理"内涵转变则是考察这一问题的关键，从这种意义上说，宋明时期的《诗经》学大略称为"义理之学"或者《诗经》宋学也是未尝不可的。

汉、宋《诗经》学皆是"义理"之学，但旨趣和方法各有千秋，前者侧重外

---

① ［宋］刘敞著，黄曙辉点校《公是先生弟子记》卷四，上海：华东师范大学出版社，2010年，第65页。

在的礼仪规范，后者注重内在的心性修养；前者突出章句训诂，后者强调涵泳体会；前者以礼和史解《诗》，后者以理和《四书》解《诗》；前者周密繁琐，后者平易简约；前者家法森严，后者兼收并蓄。汉、宋《诗经》学的演变体现了《诗经》学由外向内、由繁向约的文本复归倾向，同时在理学及《四书》学的促进下逐步走向注重心性的精微义理阐说。在这种注重"因文见义"或"以诗解诗"、沟通古今人情事理的基础上，涉及不少《诗经》学的基本问题，如乐歌和徒歌、孔子是否删《诗》、淫诗的认定、对汉唐学术的再认识和再评价、诗歌的性质和作者、笙诗的声和辞以及对诗歌意味的涵泳等，《诗经》文本的不少文学因素和面纱已被有意无意地揭开；同时《诗经》学的文化性和学术性得到增强，成为把握宋代理学和《诗经》学研究的共同途径，这也是进一步推进《诗经》学和理学研究的薄弱环节与重要方面[1]。

因此，宋代《诗经》学的特征也许可以简略概括为："经学属性的本质、义理之学的内核、简直明易的风格、注重心性的倾向。"[2]

萧华荣《试论汉、宋〈诗经〉学的根本分歧》从时代精神冲突和价值取向角度分析汉、宋《诗经》学的差异，认为其中的根本分歧是"以道制势"与"以道制欲"的不同，也是其他《诗经》学问题歧异的原因，这些问题包括"无邪"与"有邪"、"比兴"与"兴于诗"、"艰险"与"平易"等[3]。"以道制势"指用儒家之道（礼）制约君主的行为，以防止权势滥用；"以道制欲"针对众生特别是士子，试图从根本上改造人心，为人们指出一条"成圣成贤"途径。因而，汉、宋《诗经》学分别具有向外、向上和向内、向下的属性与特点[4]。该文并没有将汉、

---

[1] 拙著《宋代〈诗经〉学与理学》，西安：陕西人民出版社，2006年，第58页。

[2] 拙著《宋代〈诗经〉学与理学》，西安：陕西人民出版社，2006年，第61页。

[3] 邵炳军《朱熹〈诗集传〉所代表的南宋〈诗〉学革新精神的主要成因》将宋代《诗经》学革新精神的基本特征概括为："《诗》学批评方法由'观世'向'观道'转变，内容阐释由'无邪'向'有邪'转变，致用方向由'比兴'向'兴于诗'转变，解读方法由'艰险'向'平易'转变。"（邵炳军《朱熹〈诗集传〉所代表的南宋〈诗〉学革新精神的主要成因》，《上海大学学报（社会科学版）》2008年第6期，第96页）

[4] 萧华荣《试论汉、宋〈诗经〉学的根本分歧》，《文学评论》1995年第1期，第5—14页。

宋《诗经》学割裂开来，强调了二者的统一性和连续性，认为"经学与理学是儒家思想发展的两个阶段，汉代《诗经》学与宋代《诗经》学是儒家《诗经》学发展的两个阶段。'儒学'便是二者的统一点。它们对现世人生都抱有极大的热忱与关注，致力于现世人生的改善与提升，这是任何出世、遁世的思想体系所不可同日而语的。"[①]"具有宋代特色的《诗经》学，与理学的发生发展同步。理学的先驱人物韩愈，也正是疑《序》的嚆矢。"[②]"对于宋儒而言，与其说因为他们对汉人穿凿史实的发现引出了《诗经》学的新路向，毋宁说是理学的理路思致引起他们对汉人以史明诗的重新审视。因为他们注意的重心既然从修齐治平转移到修心养性，从美刺上政转移到反身而诚，从以道制势转移到以道制欲，从外王转移到内圣，那么就必须改变汉儒'逐外'的释诗方法，破除其扭曲史实的迷障"[③]。在汉、宋《诗经》学转型中解释了解《诗》方法转变的必然性及简易的趋向。至于宋儒解《诗》为什么主张简易、平易，该文以朱熹和杨简为例，强调禅学对宋代《诗经》学的影响，这是值得注意的。"理学是儒表佛里的儒学。在宋代《诗经》学的种种新变中，皆可以看到禅宗的影子，对于'道'的规定也是如此。佛教禅宗宣传'触类见道'、'在在处处，皆是道场'、'搬柴运水，无非佛事'，理学也认为'道'、'理'并不是玄妙高深的东西，它就在日用平常之间。……故对于《诗经》中的'道'，也应以'平易'之心，在'平易'之事中体认寻求"[④]，宋儒"意欲舍弃传注，不借史料，无复依傍地'体会'、'玩味'之法中，也可以看到禅宗不立文字、教外别传，内发自悟，不向外求之说的影子"[⑤]。作者虽然没有涉及欧阳修，但是这种平易解《诗》实际应发自于欧阳修，而不是该文所提的张载，"北宋理学五子的张载率先向传统的《诗经》解读方法发难，提出'平易'的解读方法"[⑥]。

然而，欧阳修解《诗》是否受到禅宗的启发和影响？因为他虽然在《本论》中排佛，但他交往的佛教人士甚多，家人多信佛，自己也不加劝阻，那么，欧阳

[①][⑤] 萧华荣《试论汉、宋〈诗经〉学的根本分歧》，《文学评论》1995年第1期，第13页。
[②] 萧华荣《试论汉、宋〈诗经〉学的根本分歧》，《文学评论》1995年第1期，第7页。
[③][④] 萧华荣《试论汉、宋〈诗经〉学的根本分歧》，《文学评论》1995年第1期，第12页。
[⑥] 萧华荣《试论汉、宋〈诗经〉学的根本分歧》，《文学评论》1995年第1期，第11页。

修平易解《诗》受禅宗的影响是可能的。虽然这并不意味着对"道"的体味和特征把握仅缘于禅宗,儒家传统的"道非远人、远人非道"(《中庸》)、"易则易知,简则易从。易知则有亲,易从则有功。有亲则可久,有功则可大。可久则贤人之德,可大则贤人之业。易简而天下之理得矣"(《周易·系辞上》)、"百姓日用而不知"(《周易·系辞上》)等道论更是一个重要的影响因素,但这的确为理学家义理解《诗》、简易把握经典开辟了道路。这个问题还可以进一步探讨。当然,萧华荣《试论汉、宋〈诗经〉学的根本分歧》过度采用了二元对立的方法,甚至将"知人论世"与"以意逆志"的侧重也作为汉、宋《诗经》学的差异,而欧阳修本人恰具有浓郁的汉、宋《诗经》学兼具和过渡的特征,并确立了宋代《诗经》学学术精神的基本面貌和发展方向。

当前欧阳修研究,特别是欧阳修与北宋理学思潮的关系,一直是学术界研究的薄弱环节。徐洪兴、杨月清《试论欧阳修与北宋理学思潮的兴起》认为"欧阳修是北宋理学思潮的最重要的开创者之一":欧阳修"不绝天于人,亦不以天参人"的天人观打破了"天人感应"的理论框架,为张载、二程等理学家的新的"天人合一"理论扫清道路,充满了儒家的理性精神,是北宋理学"理本论"的直接理论先导;欧阳修以理性精神为标准,衡量儒家经典传注,奠定了经学义理之学的基础;欧阳修"修本胜之"的排击佛道的思想,虽无法真正战胜佛道二教的影响,但却为稍后的理学家们加强儒家心性之学建设提示了方向[1]。笔者也曾结合欧阳修的《诗经》学揭示其理学思想的萌芽[2]。王国良、郭蕾《欧阳修与北宋儒学复兴运动》从欧阳修主张文道合一角度倡扬孔孟之道,研读经典而不惑传注,"修本"主张推动儒家学说不断理论化、思辨化、本体化,为儒家(包括理学家)克服与战胜佛教开辟了新的方向[3]。欧阳修的排佛思想与影响,也有专门的学位论文予以集中探讨,甚至提出"欧阳修提出的儒家区别于佛教的'修本说',开启了宋代理学的先河,成为了中国哲学史上由佛学鼎盛到理学兴起的关

---

[1] 徐洪兴、杨月清《试论欧阳修与北宋理学思潮的兴起》,《复旦学报(社会科学版)》1997年第6期,第41—48页。

[2] 详见拙著《宋代〈诗经〉学与理学》,第192—196页。

[3] 王国良、郭蕾《欧阳修与北宋儒学复兴运动》,《安徽大学学报(哲学社会科学版)》2007年第6期,第45—48页。

键性人物，对中国思想史的发展产生了极大的影响"①。可见近年人们对欧阳修与理学思想研究的关注和推进。

欧阳修的《诗经》学不信谶纬，历来多为人称道，这种观念不仅在经学领域有所体现，而且也表现在史学领域，能够反映欧阳修面对这种现象的稳定而自觉的认识和处理办法，"至为灾异之学者不然，莫不指事以为应，及其难合，则旁引曲取而迁就其说"（《新唐书》卷三十六《五行志》），但是最终欧阳修在经学的道德研究与历史的事实研究的矛盾中采取了折中的路线，"盖世人不绝天于人，亦不以天参人。绝天于人，则天道废；以天参人，则人事惑。故常存而不究"（《新五代史》卷五十九《司天考》）。"盖古人于兴亡之际，必推天以为言者，尊天命也。"（《诗本义》卷十《文王》）这种理性主义和人文主义兼具的作风使欧阳修经学呈现出复杂生动的面貌。《维天之命》"论曰：《维天之命》者，谓天命文王尔，郑以命为道，谓天道动而不止、行而不已者，以诗下文考之，非诗人之本义也"（《诗本义》卷十二《维天之命》），欧阳修将"天命"解为"天命于"或"天降命于"，更重要的是考虑到诗文意义完整通畅，并非自觉宣传"天命"意识，虽然在思想意义上似较郑玄的"天道"解释后退了一步，但有助于理解上下诗文。这种"天命于"的解释和理学家对"天命之谓性"的"命"解释也相吻合（《中庸章句》）。

欧阳修注重理性的精神，反对谶纬神学的观念，也被以后的理学家继承了下来，当然少数学者如杨简等例外。《生民》"论曰：妄儒不知所守而无所择，惟所传则信而从焉。而曲学之士好奇，得怪事则喜附而为说，前世以此为'六经'患者，非一也。后稷之生，说者不胜其怪矣，不可以遍攻，攻其一二之尤者，则众说可从而息也"（《诗本义》卷十《生民》），"夫以不近人情、无稽臆出、异同纷乱之说，远解数千岁前神怪人理必无之事，后世其可必信乎？然则《生民》之诗，孔子之所录也，必有其义。盖君子之学也不穷远以为能，阙所不知，慎其传以惑世也，阙焉而有待可矣。毛郑之说，余能破之不疑；《生民》之义，余所不知也，故阙其所未详"（《诗本义》卷十《生民》），不信怪诞虚妄之说，表现出强烈的理性精神，但囿于圣人删录之见，坚信其必有意义，尽管不能释解。欧阳修

---

① 崔路明《欧阳修排佛思想研究》，济南：山东大学硕士学位论文，2010年，第34页。

的理性精神和阙疑态度都很可贵。

欧阳修也重视"天理之自然","凡物极而不变,则弊。变则通,故曰吉也。物无不变,变无不通,此天理之自然也"①。虽然如此,欧阳修所说的"理"还只是事理、规则,即"所以然"②之理,还没有完全上升到理学家的本体论的高度。"凡物有常理,而推之不可知者,圣人之所不言也。磁石引针,蝍蛆甘带,松化虎魄。"③欧阳修虽然反对谶纬附会之风,但认为事物也存有客观的"常理",这种常理可能是人们思维无法企及的,但并不能否定其真实存在,因此圣人不言,这种看法具有一定的哲学内涵,是对其排击谶纬学风的有益补充。《诗本义》中的"理"一般也作事理、道理解,如"虽古今不同,其必不然,理不待论"、"兹理亦有所不通矣"(《诗本义》卷一《汝坟》),"无不濡之理"(《诗本义》卷二《匏有苦叶》)等。

欧阳修不仅注意到事物各有其特殊的理,"万物生于天地之间,其理不可以一概"④,即理学家所说的"分殊",而且也隐约意识到万物背后又有制约和主宰者,"万物各有役,无心独浮云"⑤,类似于理学家所说的"理一",但毕竟后者论述不发达,妨碍了理论在本体论意义上的建构。但欧阳修的"理"学思想的丰富性和启发性自然也不能轻易被人忽略。

土田健次郎先生发现,"欧阳修把'理'当作自明的东西来提出,或者更准确地说,只有自明的'理'才是重要的。万物必然都有各自的'理',与万物的多样性相应,这'理'也是多样的"⑥,"'理'是日常生活中可以体验到的,容易得到万人赞同的东西,因此也是党派性淡薄的语词。他求之于'理'的是共同的理解和赞同"⑦,"他说的'理'是以各种各样的形态融入在日常生活

---

① 《明用》,《欧阳修全集·居士集》卷十八《经旨》,第131页。
② 《怪竹辩》,《欧阳修全集·居士集》卷十八《经旨》,第136页。
③ 《物有常理说》,《欧阳修全集·笔说》,第1045页。按:"物有常理说",《文渊阁四库全书》本《文忠集》卷一百二十九《笔说》作"物有常理者"。
④ 《怪竹辩》,《欧阳修全集·居士集》卷十八《经旨》,第136页。
⑤ 《送朱生》,《欧阳修全集·居士外集》卷四《古诗》,第370页。
⑥⑦ [日]土田健次郎著,朱刚译《道学之形成》,上海:上海古籍出版社,2010年,第45页。

中"①,"欧阳修并不主张走向'一',他在分殊上停留下来"②,"'人情'是欧阳修经常使用的另一个词语,这一点也已知者甚多。'人情'带有一种浓厚的特点,就是对'理'的具体说明,这与道学将'情''理'对置的做法不同。(原注:道学本来也不是一概地否定'情',它只在妨碍'理'之发现的情况下才成为恶的原因,由此常被置入否定性的言说。至于'情'本身,既不善也不恶,是一种非价值性的存在。)对欧阳修而言,'人情'才是可知的极限,因为'人情'被直感所支持,是一切类推活动的基础。'人情'应该是容易得到众人认可的东西,时而被当作与常识相等的概念来使用"③,"采取简易的形态,就能顺着自然的动向不断得以调和,由此产生建立在认同基础上的毫无勉强的一致"④,因此,"自然"与"简易"便是欧阳修的"理"与"人情"的基本特征和存在形态。

土田健次郎先生结合《诗本义》卷六《出车》"诗文虽简易,然能曲尽人事,而古今人情一也。求诗义者,以人情求之,则不远。然学者常至于迂远,遂失其本义",分析认为:"按'人情'去探求经义,是欧阳修时代的心情的绝对化,其结果表现为,经书的存在似乎只为显示'人情'的权威,它担当的作用似乎是增强人们对于'人情'的信赖。"⑤实际上,《诗本义》的文字原本很清楚,远没有这样迂曲复杂。在欧阳修看来,《诗经》也是载"道"(或"理")的凭借,但是它并不远离或违背人情,根据人情来把握和判断诗意是比较准确、简易和有效的途径,但人情并不仅是诗意本身。因此,在欧阳修那里,《诗经》诗篇及其蕴含的"理"的多样性和丰富性得到了保存,而不是像后来在"《六经》一道"思路下走向极致的理学家那样,抹煞了经典和篇章的个性(如杨简等)。自然,关注人生、现实无疑是欧阳修经学的根本出发点和归宿,他明确地说:"《六经》

---

①② [日]土田健次郎著,朱刚译《道学之形成》,上海:上海古籍出版社,2010年,第53页。

③ [日]土田健次郎著,朱刚译《道学之形成》,上海:上海古籍出版社,2010年,第55页。

④ [日]土田健次郎著,朱刚译《道学之形成》,上海:上海古籍出版社,2010年,第67页。

⑤ [日]土田健次郎著,朱刚译《道学之形成》,上海:上海古籍出版社,2010年,第59页。

之所载，皆人事之切于世者。"①二程也有相近的看法："凡解文字，但易其心，自见理。理只是人理，甚分明，如一条平坦底道路。《诗》曰：'周道如砥，其直如矢。'此之谓也。"（《河南程氏遗书》卷十八）

欧阳修解《诗》中多有对人伦的议论和阐发。

"论曰：……宣公烝父妾，淫子妇，皆是鸟兽之行，悖人伦之理。诗人刺之，宜为甚恶之辞也"（《诗本义》卷二《匏有苦叶》），"昔鲁叔孙穆子赋《匏有苦叶》，晋叔向曰：'苦匏不才，供济于人而已。'盖谓要舟以渡水也。《春秋》《国语》所载诸侯大夫赋诗多不用诗本义，第略取一章或一句，假借其言以苟通其意，如《鹊巢》《黍苗》之类，故皆不可引以为诗之证，至于鸟兽草木诸物常用于人者则不应缪（谬）妄。苦匏为物，当毛郑未说《诗》之前，其说如此，若穆子去《诗》时近，不应缪（谬）妄也。今依其说以解诗，则本义得矣。毛郑又谓'飞曰雌雄，走曰牝牡'，然《周书》曰'牝鸡无晨'，岂为走兽乎？古语通用无常也"（《诗本义》卷二《匏有苦叶》）。欧阳修对宣公无人伦的举动的评价，表面似与毛郑没有太大的区别，而实际上，既讽刺郑氏妄分夷宣二姜而认为"独刺夷姜"，又嘲弄其以"男女才性贤不肖长幼宜相当"的"婚姻之礼"为"深厉浅揭"的比喻义，认为"毛郑二家不得诗人之意，故其说失之迂远也"（《诗本义》卷二《匏有苦叶》）。同时，对春秋引《诗》以言志的本质和意义有较辩证的认识，难能可贵。欧阳修的评价有理学倾向，而"理"还不是完全的理学概念，还未达到"《诗》所以明天理也"②的地步。

欧阳修已接触到一些心性、天命问题。"夫政化之行，可使人顾礼义而不敢肆其欲，不能使人尽无情欲，心也"（《诗本义》卷一《汉广》）。《考槃》"论曰：《考槃》本述贤者退而穷处。郑解永矢弗谖，以谓誓不忘君之恶；永矢弗过，谓誓不复入君之朝；永矢弗告，谓誓不告君以善道。如郑之说，进则喜乐，退则怨怼，乃不知命之很人尔，安得为贤者也？孔孟常不遇矣，所居之国，其君召之以礼，无不往也。颜子常穷处矣，人不堪其忧，而不改其乐也。使诗人之意果如郑说，孔子录诗必不取也"（《诗本义》卷三《考槃》），援先儒事迹以说理，已初步

---

① 《答李翊第二书》，《欧阳修全集·居士集》卷四十七《书》，第319页。
② ［宋］王应麟撰《困学纪闻》卷三《诗》，上海：上海古籍出版社，2015年，第95页。

具备宋代义理之学的特征。但主要还是辨析和整理前人的研究成果,欧阳修自己也并未完全摆脱汉唐儒者重礼义、美刺正变的先见,但能自觉地根据上下文探求诗歌的本义,已有体悟涵泳的倾向。这里提出的"命"的问题,与理学家"命"的概念比较接近,渗透着知命、乐命的中道意识。

《思齐》"本义曰:文王幼育于贤母,长得贤妃之助,以成其德。其德广被,由内及外,由近及远,自亲者始,故曰刑于寡妻至于兄弟以御于家邦。……毛谓性与天合者,是也。诗人既述文王修身之善,能和敬于人神,而出处有常度,又述其遇事之聪明,所为皆中理"(《诗本义》卷十《思齐》),这种观念在宋代逐渐成为占主导的观念,并和《大学》"三纲领""八条目"联系起来,至朱熹等人将其提到《诗经》首篇《关雎》释义中,成为理解《诗经》的基础和指导,这使《诗经》阐释由注重外在的礼义规范而转向更强调内在的心性修养,而这种风气和旨趣在欧阳修解《思齐》中已充分显露了出来,其语句表达形式对朱熹也有直接的影响。

《伐木》"论曰:……出自幽谷,迁于乔木……考诗之意,是为鸟在木上,闻伐木之声,则警鸣而飞,迁于他木"(《诗本义》卷六《伐木》),欧阳修解的是诗的字面义,并未赋予道德意味,这一句后来经过理学家阐发而转化成道德境界提升的标志。而早在《孟子》中已有此解,陈相见许行,"尽弃其学而学焉",孟子批评"吾闻用夏变夷者,未闻变于夷者也","吾闻出于幽谷迁于乔木者,未闻下乔木而入于幽谷者"(《孟子集注》卷五《滕文公章句上》),两句可互文,以比喻的方式进行道德说教。理学家进而光大之,也与"四书"学的兴起取同一方向。《十月、雨无正、小旻、小宛》"又劝勉之云,中原有菽,庶民皆可采,往者无不得也;世有善道,凡人皆可为,为则得之矣,王何独不为也?又言人性虽恶,可变而为善,譬如螟蛉之子,教诲之则可使变其形而为蜾蠃子也"(《诗本义》卷七《十月、雨无正、小旻、小宛》),这里除过一些一般的科学常识(寄生现象)错误外,从思想角度分析,前半部分似孟子,后半部分似荀子。

《抑》"本义曰:……'人亦有言,靡哲不愚'云者,谓哲人不自修慎,则习陷为昏愚矣,如《书》云'惟圣罔念作狂'也。'庶人之愚,亦职维疾'云者,谓众人性本善而初不明,不能勉自开发而终为昏愚者,譬人之疾,是其不幸尔。'哲人之愚,亦维斯戾'云者,言哲人性明而本善,惟不自修慎而习陷于过恶,终为愚人者，自戾其性尔。此虽泛论人之善恶在乎自修慎与不修慎，以讥王而勉之，亦以自警其怠忽也"（《诗本义》卷十一《抑》），"'荏染柔木，言缗之丝。温温恭人，维德之基'云者，泛言人必先观其质性之如何也，谓木必柔忍（韧）然后可以缗丝，人必温恭然后可以修德"（《诗本义》卷十一《抑》），虽然欧阳修并未像程朱解《诗》以示人修养心性之道，而是从义理上贯通诗文本身，但他的解释，增添了不少思想内涵，交织有孟荀两种思想因素与"修慎"的工夫，尽管不如程朱等人明显，但已有萌芽。《抑》诗文本身就含有修养磨砺道德的意思，宋代学者在阐发心性义理时对这首诗很重视，不是没有道理的。

整体上，欧阳修的《诗经》学贡献主要是对汉唐学术成果的反思，以及"据文求义"和"古今人情一也"论《诗》新主张的提出，对宋代《诗经》学产生了深远的影响。但从思想或义理角度而言，虽然还不够细致精微，达不到成熟理学家要求的高度，但欧阳修"道"论思想的形成和发展、丰富的哲学内涵及肇创理学先声的影响和脉络依然很明显。

欧阳修在《诗经》研究中涉及部分理学问题，既表现了自己受孟荀学术影响的痕迹，同时也在一定程度上体现出与理学相近的旨趣，或对理学家的解《诗》不无影响。欧阳修治学的理性精神和阙疑态度在宋代《诗经》学发展以及理学家的解《诗》原则上都有突出的反映。宋代陈亮在《书欧阳文粹后》中认为欧阳修"文根乎仁义而达之政理，盖所以翼《六经》而载之万世者也"[1]，从侧面强调欧阳修的文道统一，文学与经学自然也是统一的。

---

[1] 《书欧阳文粹后》，[宋]陈亮著，邓广铭点校《陈亮集》（增订本），北京：中华书局，1987年，第245页。

张载《诗经》学与关学

张载（1020—1077年）是宋代著名的理学家，关学学派的创始人。他的著作涉及面广，其中包括《诗经》学内容。张载独立的《诗经》学著作《诗说》已不知下落，但《正蒙》《经学理窟》等著作及宋代的一些集传集注类《诗经》学著作和笔记等中还保留了张载不少《诗经》学学术观点，有助于钩稽和研究。如果摆脱传统从文学角度把握这些言论的文学价值之外，从思想学术史角度重新审视这些材料，将会发现它们也是珍贵的思想史资料，其中蕴藏着张载关学思想的基本内涵。这里需要说明的是，关学的具体定义历来存有争议，直接影响到对关学学术流传与演变的思考。因为张载的后学（如蓝田三吕等）思想歧出，所以本文所涉及的关学主要指以张载为代表的思想学术，暂不讨论他人。

张载《诗经》学思想一直不甚被学者关注，包括研究宋代理学和《诗经》学的学者，但这种情形与历史实际并不相符。朱熹在淳熙九年（1182年）九月己卯为吕祖谦《吕氏家塾读诗记》写的《序》（初编本称为《原序》）中说：

> 《诗》自齐、鲁、韩氏之说不传，而天下之学者，尽宗毛氏。毛氏之学，传者亦众，而王《述》之类，今皆不存，则推衍毛说者，又独郑氏之《笺》而已。唐初诸儒为作《疏义》，因伪踵陋，百千万言，而不能有以出乎二氏之区域。至于本朝，刘侍读、欧阳公、王丞相、苏黄门、河南程氏、横渠张氏，始用己意有所发明。虽其浅深得失，有不能同，然自是之后，三百五篇之微词奥义，乃可得而寻绎。盖不待讲于齐、鲁、韩氏之传，而学者已知《诗》之不专于毛、郑矣。及其既久，求者益众，说者愈多，同异纷纭，争立门户，无复推让祖述之意，则学者无所适从，而或反以为病。（《吕氏家塾读诗记·原序》）①

---

① 按："王《述》"当指王肃《毛诗注》（二十卷），已佚。

朱熹简明地叙述了汉唐《诗经》学与宋代《诗经》学的不同。他将宋代《诗经》学扼要地概括为两个阶段，即刘敞、欧阳修、王安石、苏辙、二程、张载"始用己意有所发明"；南宋后观点众多，纷纭难从，渐有集众家之说加以裁夺的《吕氏家塾读诗记》类作品。此外，南宋末年的魏了翁也有这种认识，他在给钱文子《白石诗传》作的《序》中说："迨我国朝之盛，然后欧、苏、程、张诸儒昉以圣贤之意是正其说，人知末师之不可尽信，则相与辨《序》文、正古音、破改字之谬，辟专门之隘，各有以自靖自献。"（《经义考》卷一百零九）

张载《诗经》学无疑在《诗经》学史上占有极其重要的地位，在朱熹眼中，它基本处于汉宋《诗经》学的过渡及宋代《诗经》学特色的形成阶段。无论在《诗经》学史的研究还是宋代思想学术史的研究中，张载的《诗经》学都占有一席之地。

一、张载《诗经》学文献和心性义理取向

《宋史·艺文志》载"张载《诗说》一卷"（《宋史》卷二百零二《艺文一》），直至朱彝尊作《经义考》时还存在（《经义考》卷一百零四）。《四库全书总目》未载。刘毓庆亦云"未见"[①]。据刘毓庆考察，陈文采《两宋诗经著述考》曾从《张子全书》卷二《正蒙·乐器篇》、卷五《礼乐》，《经学理窟》中共辑得十六条，陈氏并认为"其言往往基于政教立场说《诗》，当属旧说一派"[②]。虽专门的《诗经》学作品《诗说》一卷已不知存亡，但他关于《诗经》的见解保留下来的依然很多。据笔者考察，比较集中地反映在《正蒙·乐器篇》《经学理窟·诗书》，其他《正蒙·诚明篇》《经学理窟·礼乐》《文集佚存·杂诗》《近思录》及《拾遗》《张子语录》等。另外，朱熹《诗经集传》中引用"张子曰"，吕祖谦《吕氏家塾读诗记》引用"张氏曰"数量也不少；《吹剑三录》《诗疑》等也有少数，皆可资补充对勘。

《宋史》载，两宋不少学者试图恢复先秦的诗教传统，将《诗》与"乐"、

[①][②] 刘毓庆著《历代诗经著述考（先秦——元代）》，北京：中华书局，2002年，156页。

"礼"结合起来,承续"声诗之学",而不仅仅是释义,有代表性的就是张载和朱熹:

> 宋朝湖学之兴,老师宿儒痛正音之寂寥,尝择取《二南》《小雅》数十篇,寓之埙篪,使学者朝夕咏歌。自尔声诗之学,为儒者稍知所尚。张载尝慨然思欲讲明,作之朝廷,被诸郊庙矣。朱熹求为诗篇,汇于学礼,将使后之学者学焉。(《宋史》卷一百四十二)

《正蒙·乐器篇》:

> 乐器有相,周召之治与(欤)!其有雅,太公之志乎!雅者正也,直己而行正也,故讯疾蹈厉者,太公之事耶!《诗》亦有《雅》,亦正言而直歌之,无隐讽谲谏之巧也。(《正蒙·乐器篇》)①

张载注重《诗》与乐的关系,"《诗》亦有《雅》,亦正言而直歌之,无隐讽谲谏之巧也",已是反驳《诗序》的观点了,"旧说"之说已受到了挑战。"雅者正也,直己而行正也",是他对《诗经》反映的"修""齐"功能的体会,和"声诗之学"结合起来也许就是所谓的"政教"吧。

不过,张载对《六经》的确很重视,据他所说每年要巡回反复阅读,"《六经》循环,年欲一观",目的是"治心","观书以静为心,但只是物,不入心,然人岂能长静,须以制其乱"(《经学理窟·义理》)。因此,他论读书总是和"维持此心""了悟义理"联系在一起,如:

> 盖书以维持此心,一时放下则一时德性有懈,读书则此心常在,不读书则终看义理不见。(《经学理窟·义理》)
> 游心经籍义理之间。(《经学理窟·义理》)
> 人之迷经者,盖己所守未明,故常为语言可以移动。己守既定,虽孔孟之言有纷错,亦须不思而改之,复锄去其繁,使词简而意备。

---

① 本文所参考张载原始材料凡未有特别说明的均见于《张载集》(北京:中华书局,1978年),以下不再另行出注。

(《经学理窟·义理》)

　　发源端本处既不误,则义可以自求。(《经学理窟·义理》)
　　观书解大义,非闻也,必以了悟为闻。(《经学理窟·学大原下》)
　　心解则求义自明,不必字字相校。譬之目明者,万物纷错于前,不足为害,若目昏者,虽枯木朽株皆足为梗。(《经学理窟·义理》)

　　尽管张载指出读书的目的一是维持"此心"(也即本心),使"此心"常在,不使德性有任何松懈倦怠;二是用以探求义理,"不读书则终看义理不见","志于道者,能自出义理,则是成器"(《经学理窟·义理》)。但张载更加强调"此心"与"义理"之间的关系,能否探求到义理,关键是看"此心"是否自明,"发源端本处既不误,则义可以自求","心解则求义自明",所以最终读书便成为如何"治心"——使这个"发源端本处""不误"的过程了,这是比较典型的以"心性义理"为阐释经典目标和归宿的思想,在南宋有集中的体现。朱子重视字斟句校,陆九渊(1139—1193年)则相反,重心明,实则是张载主张的逻辑展开。

　　尽管他更加注意《周礼》《易传》《论语》《孟子》《中庸》等著作[①],但也认为"《诗》《书》无舛杂"(《经学理窟·义理》)。张载表彰《论》《孟》、引《中庸》的地方很多,《大学》较少,二程修改《大学》章句次序,朱熹作《章句集注》首列《大学》,显示了《四书》学的发展次第。这有助于把握张载解读《诗经》的思想基础和义理来源。

　　张载特别重视《诗经》的治身齐家功能,与他对《论语》《孟子》《中庸》《大学》的涵泳所得有关。他先是号召从家人做起,"'人而不为《周南》《召南》,其犹正墙面而立',近使家人为之。世学泯没久矣,今试力推行之"(《经学理窟·自道》),"人不为《周南》《召南》,其犹正墙面而立,常深思此言诚是,不从此行,甚隔著事,向前推不去。盖至亲至近莫甚于此,故须从此始"(《拾遗·近思录拾遗》),引文出自《论语·阳货》,朱熹注"《周南》《召南》,《诗》首篇名。所言皆修身齐家之事"(《论语集注》卷九《阳货》)。张载在《女戒》中引用《斯

[①] "要见圣人,无如《论》《孟》为要。《论》《孟》二书于学者大足,只是须涵泳";"学者信书,且须信《论语》《孟子》","《中庸》《大学》出于圣门,无可疑者"(《经学理窟·义理》)。

干》《何彼秾矣》诗,强调女子要遵守妇德(《文集佚存·女戒》)。他还主张躬行实践,"惟审己兮乾乾"(《文集佚存·杂诗·鞠歌行》),通过遵守礼法来体悟学问,"圣心难用浅心求,圣学须专礼法修"(《文集佚存·杂诗·圣心》)①,在礼法伦常中体悟仁民、爱物、制礼、作乐的用意,所以被王夫之评为"要以反求大正之中道,此由博反约之实学"(《张子正蒙注》卷五《至当篇》)。

又如解《论语》与《诗大序》涉及的《诗》兴、观、群、怨四种功能,皆落至伦理上,修己守礼,已是心性义理学的阐释观念:

> 兴己之善,观人之志,群而思无邪,怨而止礼义。入可事亲,出可事君,但言君父,举其重者也。(《正蒙·乐器篇》)

若和毛《传》、《诗序》、郑《笺》等感发志意、观风俗兴衰、和睦上下、发泄怨愤的解释相比较②,张载侧重心性的特征更明显。

对于"在心为志,发言为诗"的传统解释,他充满哲学思辨地解为"志至诗至,有象必可名,有名斯有体,故礼亦至焉"(《正蒙·乐器篇》),其实质是反对《诗大序》割裂心和言、志和诗的做法,运用体用不离的思想论证了它们的统一性,并推断出与礼的紧密联系。无论是在方法上还是思想上已大异于汉唐学者,也克服了王安石(1021—1086年)阴阳二分思想的割裂倾向。正是在象、名、体三者合一的思想指导下,他解《诗》时往往由诗文的礼仪外部描写来推断人物心性,并作为落脚点,如解《周南·卷耳》:

> 采枲耳,议酒食,女子所以奉宾祭、厚君亲者足矣;又思酌使臣之劳,推及求贤审官,王季、文王之心,岂是过欤!(《正蒙·乐器篇》)

> 《卷耳》,念臣下小劳则思小饮之,大劳则思大饮之,甚则知其怨苦嗟叹。妇人能此,则险诐私谒害政之心知其无也。(《正蒙·乐器篇》)

---

① 张载对这些诗歌很自信,称"近作十诗,信知不济事,然不敢决道不济事"(《经学理窟·自道》,载《张载集》,289页)。

② 朱熹解为"感发志意""考见得失""和而不流""怨而不怒"(《论语集注》卷九《阳货》)。

又如解《小雅·棠棣》诗："'鄂不韡韡'，兄弟之见不致文于初，本诸诚也。"（《正蒙·乐器篇》）"鄂不韡韡"一般作"萼不韡韡"，虽然还没有完全摆脱《诗序》的影响，但取向已有明显不同。其他如《唐风·采苓》"厚之至"，《邶风·简兮》讥贤者"太简""甚则不恭焉"（《正蒙·乐器篇》），《豳风·破斧》"爱人之至也"，《豳风·狼跋》"感人心于和平也"（《正蒙·乐器篇》）等。尤其是他读书独得"天地之道"的心性归宿，"幽赞天地之道，非圣人而能哉！诗人谓'后稷之穑有相之道'，赞化育之一端也"（《正蒙·乐器篇》），把这一点揭示得更加淋漓尽致。无怪《宋史》评张载之学"尊礼贵德、乐天安命，以《易》为宗，以《中庸》为体，以《孔》《孟》为法，黜怪妄，辨鬼神"，重视"知礼成性、变化气质之道"（《宋史》卷四百二十七《道学一·张载》）。

二、文质相得、体用不离

张载虽然也未摆脱对"礼"的关注，但是他论礼的方式和体现的思想已经发生了细微的变化。

> "巧笑倩兮，美目盼兮，素以为绚兮。"孔子曰："绘事后素。"子夏曰："礼后乎？"礼（物）因物取称，或〔文或质，居〕物之后而不可常也。他人之才未（善）〔美〕，故宜饰之以文，庄姜才甚美，故宜素以为绚。〔下文"绘事后素"，〕①二素字用不同而义不相害。倩盼者，言其质美也，妇人生而天才有甚美者，若又饰之以文未宜，故复当以素为绚。礼之用不必只以文为饰，但各物上各取其称。文太盛则反素，若衣锦尚絅，礼太盛则尚质，如祭天扫地。绘事以言其饰也，素以言其质也。素不必白，但五色未有文者皆曰素，犹人言素地也，素地所以施绘。子夏便解夫子之意，曰"礼后乎"，礼所以为饰者也，素字使处虽别，但害他子夏之意不得。（《张子语录·语录下》）

---

① 点校者按："以上依《正蒙·乐器篇》订正。"

此段材料也见于《正蒙·乐器篇》，但稍显简略。其中的"巧笑倩兮，美目盼兮"出自《卫风·硕人》，是以礼解《诗》的滥觞。"素以为绚兮"，宋代直至今天学者多认为是"逸诗"（《论语集注》卷二《八佾》），而张载并没有追究这句到底是诗文本身、逸诗还是诗的释文，而是作为一个整体加以把握。观点也不是侧重礼与质的先后，而是强调礼与质的相得益彰，"礼矫实求称，或文或质，居物〔之〕后而不可常"，"礼（物）因物取称"，"礼之用不必只以文为饰，但各物上各取其称"，有兼济相得的意思。后来杨时（1053—1135年）就主要侧重质来谈，渐渐地转到心性路上去了，这是一个信号。

张载受《周易》的影响也很大，这同样渗透在他对《诗经》的认识上，表现为以乾坤阴阳的思想来把握某些篇章主旨。

首先他将《二南》视为乾坤，"《周南》《召南》如乾坤"（《经学理窟·诗书》）。类似这样的话，柳开也曾提过，但不及张载明确简洁。这实际上是从义理角度把握《周南》与《召南》之间的关系，较汉唐学者的"后妃之德"与"夫人之德"的区别更加抽象，强调《二南》在整个《诗三百》中的位置，正如父母卦在《周易》中的位置一样，是解读《诗经》的基础和起点。后来程颐与朱熹（尤其是朱熹，在《诗序辨说》与《诗经集传》中有细微的区别），由后妃而转系之于文王，《大学》的"纲领""条目"解说开始被突显了。张载早已注意到这个问题，他说"'上天之载，无声无臭'，但仪刑文王则可以取信家邦，言〔当〕[①]学文王者也"（《经学理窟·诗书》）。

张载所用的"阴"、"阳"是气的属性，与气不离。如解《鄘风·蝃蝀》：

> 阴气薄而日气见也。有二者，其全见者是阴气薄处，不全见者是阴气厚处。（《经学理窟·诗书》）

> 日出而阴升自西，日迎而会之，雨之候也，喻婚姻之得礼者也；日西矣而阴生于东，喻婚姻之失道者也。（《正蒙·乐器篇》）

后一句虽未有"气"这个字眼，但实指气。《生民》"张氏（载）曰：生民之

[①] 点校者按："'当'字依《抄释》补。"

事不足怪,人固有无种而生。当民生之始,何尝便有种?固亦因化而有"(《吕氏家塾读诗记》卷二十六《生民》),与张载重"化"、虚气相即的观点一致。

张载并没有孤立地看"气",而是和它的属性等结合起来,贯彻的还是文质、体用不即不离的思想。如他比较系统地考察人的气与环境、人情与人气、人情与音乐的关系,从而对"郑卫之音"作出了近乎地理学的解释。宋代多部典籍都曾引用过这番话,足见其影响。比较有代表性的是《经学理窟·礼乐》《诗经集传·卫风》《吹剑三录》等,文字及顺序略有出入,可资比较。

《经学理窟·礼乐》:

> 郑卫之音,自古以为邪淫之乐,何也?盖郑卫之地滨大河,沙地土不厚,其间人自然气轻浮;其地土苦,不费耕耨,物亦能生,故其人偷脱怠惰,弛慢颓靡。其人情如此,其声音同之,故闻其乐,使人如此懈慢。其地平下,其间人自然意气柔弱怠惰;其土足以生,古所谓"息土之民不才"者此也。若四夷则皆据高山溪谷,故其气刚劲,此四夷常胜中国者此也。(《经学理窟·礼乐》)

《诗经集传·卫风》:

> 张子曰:"卫国地滨大河,其地土薄,故其人气轻浮;其地平下,故其人质柔弱;其地肥饶,不费耕耨,故其人心怠惰。其人情性如此,则其声音亦淫靡,故闻其乐使人懈慢,而有邪僻之心也。"郑诗放此。(《诗经集传》卷二《国风一·卫风》)

《吹剑三录》:

> 横渠曰:"郑卫之音,号为淫乐。盖地滨大河,沙土不厚,故其人轻浮;地土平下,故其人柔弱,所以声音随之,闻其乐自然解(懈)慢。其土不甚费耕耨,物亦能生,故其人偷脱怠堕,弛慢颓靡。古所谓息土之民不才者,此也。若四夷则居高山溪谷,故其气刚劲,常能胜中国。"文豹谓:"泽国之人柔弱,山国之人强健,固必然之理。然亦系乎方土。自古关陇以西,幽燕以北,人皆刚健,勇于战斗者,以

西北严凝之气使然；两浙与江东西，山最多，其民却多脆弱，而亦罕见兵革，盖居东南温厚之地也。惟淮甸山水相半，其民自古常衽金革……"(《吹剑录全编·吹剑三录》)

在文字形式上，《经学理窟·礼乐》所引文字不简洁，表达顺序紊乱不清；朱熹《诗经集传·卫风》引时作了节略，只选重要的部分，顺序也进行了调整，从两个方面分述土地位置与人"气""质"、耕种难易与人"心"的关系，总之以"情性"，再推及音乐，语言简洁，层次井然；南宋末年俞文豹的《吹剑三录》并未顾及朱熹的更改，而是合并了《经学理窟·礼乐》中描写地理位置的两句话，层次较清晰，但不及朱熹改易。在思想内容上，张载对"郑卫之音"的看法及原因分析，立足于地理对人气质、心性的影响，而以"气"为本、为始，即以气之强弱论风土人情和诗歌风格，与其"气学"的学术主张有关，或者可以说是其哲学思想在《诗经》研究中的折射，但未注意社会生活和历史传统对民风的影响。朱熹未作评价，但改动较大，联系《经学理窟·礼乐》与《吹剑三录》，《诗经集传·卫风》在"闻其乐使人懈慢"后增加了一句"而有邪僻之心也"，并和"郑诗"并列起来，自然也将"卫之音"视为"卫诗"了。而张载将"郑卫之声"与"郑卫之诗"作了区分，侧重音乐（当然也许和他主张的"声诗之道"有关）：

> 郑卫之音悲哀，令人意思留连，又生怠惰之意，从而致骄淫之心，虽珍玩奇货，其始感人也亦不如是切，从而生无限嗜好，故孔子曰必放之。亦是圣人经历过，但圣人能不为物所移耳。(《拾遗·近思录拾遗》)
> 移人者莫甚于郑卫，未成性者皆能移之，所以夫子戒颜回也。(《经学理窟·礼乐》)

可见，这个从音乐角度来断定"郑卫之音"的标准是一贯的，所"放"和"移人"者正是这些乐曲！这里同时渗透着对文（音乐形式）与质（价值功能）的关系分析。至于张载未注意社会生活和历史传统对民风的影响，俞文豹的补充文字弥补了这个不足。

三、万事只一天理

张载在《诗》与礼、乐中最终要探求的是"理"或"天理",显示他自觉的理学学术追求。他认为"声音之道,与天地同和,与政通","律吕有可求之理,德性深厚者必能知之"(《经学理窟·礼乐》)。既肯定了"声音"之道具有"理",又指出知"理"的条件是"德性深厚",和主体的修养境界联系了起来。

张载也主张探求《诗》的本义,这种本义有什么特征呢?

> 古之能知《诗》者,惟孟子为以意逆志也。夫《诗》之志至平易,不必为艰险求之,今以艰险求《诗》,则已丧其本心,何由见诗人之志!(《经学理窟·诗书》)

> 张氏(载)曰:"求《诗》者贵平易,不要崎岖,求合诗人之情,温厚平易老成。今以崎岖求之,其心先狭隘,无由可见。诗人之情本乐易,只为时事拂其乐易之性,故以诗道其志。后千余年乐府皆浅近,只是流连光景、闺门夫妇之意,无有及民忧思大体者。"(《吕氏家塾读诗记》卷一《纲领》)

> 置心平易始通诗,逆志从容自解颐。文害可嗟高叟固,十年聊用勉经师。(《文集佚存·杂诗·题解诗后》)

他继承欧阳修的看法,认为本义是"诗人之志"的体现。而要获悉这个"诗人之志",必诉诸于孟子的"以意逆志"之法,"逆"又和"本心"相关联,失掉"本心"便不能更好地"逆",也就不能获得"诗人之志"。《题解诗后》表义与上例相同,其中的"逆志从容自解颐"化用《孟子·万章上》"说诗者,不以文害辞,不以辞害志。以意逆志,是为得之"(《孟子集注》卷九《万章章句上》),"文害可嗟高叟固"也是化用《孟子·告子下》中的"固哉,高叟之为诗也"(《孟子集注》卷一二《告子章句下》)。当然,这里还反映了张载对"平易"、"简易"学术风格的追求。不过,张载解《诗》并非全都落实了这个平易的主张,如解《秦风·晨风》《小雅·鹤鸣》《小雅·都人士》《小雅·渐渐之石》等,因此,朱熹指出"横渠云：'置心平易始知《诗》。'然横渠解《诗》多不平易"（《朱子语类》卷八十）①。

张载对《诗》"志""平易"的认定反映并决定了他的学术风格。张载重视《易传·系辞》提出的"易简"，"易简理得则知几，知几然后经可正。天下达道五，其生民之大经乎！经正则道前定，事豫立，不疑其所行，利用安身之要莫先焉"（《正蒙·至当篇》），这里的"经"或"大经"是指五常，"性大经然后仁义行，故曰'有父子、君臣、上下，然后礼义有所措'"（《正蒙·至当篇》），父子君臣上下的纲常伦理内化为人的"性"，即"性天经"②，王夫之解为"性天经者，知大伦之秩叙自天，本吾性自然之理，成之为性，安焉而无所勉强也"（《张子正蒙注》卷五《至当篇》）。"易简然后能知险阻，易简理得然后一以贯天下之道。易简故能悦诸心，知险阻故能研诸虑，知几为能以屈为伸"（《正蒙·至当篇》），在张载看来，只有达到易简，才能知悉"道"或"理"，并使心性得到修养。张载认为"循天下之理之谓道，得天下之理之谓德"（《正蒙·至当篇》），王夫之解"性，谓理之具于心者"（《张子正蒙注》卷五《至当篇》），三个概念皆是以"理"为核心的。又如：

> 德不胜气，性命于气；德胜其气，性命于德。穷理尽性，则性天德，命天理，气之不可变者，独死生修夭而已。故论死生则曰"有命"，以言其气也；语富贵则曰"在天"，以言其理也。此大德所以必受命，易简理得而成位乎天地之中也。所谓天理也者，能悦诸心，能通天下之志之理也。（《正蒙·诚明篇》）

这段文字从更广阔的角度深入论证了这个道理。依据是张载对"德"与"气"关系的认识，王夫之将其解为"继善而得其性之所固有曰德。此言气者，谓偏气成形，而气即从偏发用者也"（《张子正蒙注》卷三《诚明篇》），也可以说"德

---

① 按："置心平易始知《诗》"的"知《诗》"，今本《张载集》作"通诗"，略有出入。
② 按：此处的"天经"与前文的"大经"，语义相同，"天经"侧重来源，"大经"侧重意义。今多本《正蒙》或《正蒙注》保留了这种语言差异。有无因字形而形成的讹误，俟考。

即"天地之性","气"即"气质之性",而后者可化可变可复归于中正,通过"穷理尽性"恢复"天地之性","善反之,则天地之性存焉"(《正蒙·诚明篇》),则以"天德"为性,以"天理"为命①,即成圣贤。末一句"所谓天理也者,能悦诸心,能通天下之志之理也",与前面"易简故能悦诸心"恰可互相补充,将这种"通天下之志之理"的目的表达得很清楚。

易简可以帮助解《诗》者恢复"本心",张载认为"诗全是人之情性,须先得诗人之心,然后观玩易入",又认为"诗人之志至平易,故无艰险之言,以平易求之,则思远以广,愈艰险则愈浅近矣。大率所言皆自前事,而义理存乎其中矣"(《吕氏家塾读诗记》卷一《纲领》)。这里蕴含着等同情、性、志的倾向,较汉唐学者更加深入,未停留在"志"与"情"的层面,而是深入"性"的层次,并将"情""性"并观。正因为如此,"以意逆志",才有可能把握到诗文蕴藏的"诗人之志"(也是本心)和天理。这在《正蒙》和有关《诗》解中论述得比较充分。如:

> "顺帝之则",此不失赤子之心也,冥然无所思虑,顺天而已。赤子之心,人皆不可知也,惟以一静言之。(《经学理窟·诗书》)
>
> 文王之于天下,都无所与焉。"文王陟降,在帝左右",只观天意如何耳。观《文王》一篇,便知文王之美,有君人之大德,有事君之小心。(《经学理窟·诗书》)

这种"赤子之心""大德""小心"即人的"本心",也是天理所具之处,是君子"性"的体现。所以:

> "不识不知,顺帝之则",有思虑知识,则丧其天矣。君子所性,与天地同流异行而已焉。(《正蒙·诚明篇》)②

---

① 王夫之解为"与天同德,则天之化理在我矣"(《张子正蒙注》卷三《诚明篇》)。
② 按:所引诗句出自《大雅·皇矣》第七章"帝谓文王,予怀明德,不大声以色,不长夏以革;不识不知,顺帝之则。帝谓文王,询尔仇方,同尔弟兄;以尔钩援,与尔临冲,以伐崇墉"。

"在帝左右"，察天理而左右也，天理者时义而已。君子教人，举天理以示之而已；其行己也，述天理而时措之也。(《正蒙·诚明篇》)①

有"思虑知识"是说"欲"有发动，则气有偏差不正，即"丧其天"，蒙蔽了"天地之性"，这不是君子"所性"。君子与天地同流异行，昭昭然天理无处不在，即"'在帝左右'，察天理而左右也"，王夫之对此句作了发挥，解为"无不在之谓察。左右者，与时偕行而无所执也"(《张子正蒙注》卷三《诚明篇》)，连同下几句一起诠解了，所以下几句只是结合实际举例子而已。这种"时中"观念还表现在几首诗中，如张载解《周颂·闵予小子》"'陟降庭止'，上下无常，非为邪也，进德修业，欲及时也"，《大雅·文王》"'在帝左右'，所谓欲及时者与！"(《正蒙·乐器篇》)王柏在《大雅·板》中引张载说"天体物而不遗，此言无一物之非天也。此八句反复再三，而不若'上帝临女(汝)，无贰尔心'八字之为约也"(《诗疑》)，"无贰尔心"即诚，即无人为，即无伪，旨趣是一致的，"万事只一天理"(《经学理窟·诗书》)。《大雅·板》第八章朱子注引"张子曰：'天体物而不遗，犹仁体事而无不在也。礼仪三百，威仪三千，无一事而非仁也。昊天曰明，及尔出王；昊天曰旦，及尔游衍，无一物之不体也。'"(《诗经集传》卷六《大雅三·板》)也是同样的道理。

但是张载所指的"天"绝不是自然的"天"，也不是有意志的人格化的"天"，"天无心，心都在人之心。一人私见固不足尽，至于众人之心同一则却是义理，总之则却是天。故曰天曰帝者，皆民之情然也，讴歌讼狱之不之焉，人也而以为天命"(《经学理窟·诗书》)，使他的论断落脚在人心与人事上，所以带有较强的伦理色彩，"天"也就成了"义理"的共名。但又说"天之知物不以耳目心思，然知之之理过于耳目心思。天视听以民，明威以民，故《诗》《书》所谓帝天之命，主于民心而已焉"(《正蒙·天道篇》)，天通过民的视听来视听，因为不受有形的感官所限，所以所体察的理也不受感官所限，表面上与前述冲突，天成为一

---

① 按：所引诗句出自《大雅·文王》第一章"文王在上，於昭于天。周虽旧邦，其命维新。有周不显，帝命不时。文王陟降，在帝左右"。

神秘的主体。而张载最终将其归为"民心",也是一个共名,在形式上解决了这个冲突,但在实质上"天无心"、"天之知物"都在强调这个主体的类人的特质,矛盾并没有得到根本解决,成为以后理学反思的学术问题之一。

总之,张载的《诗经》学体现出心性义理的价值取向,通过解读《诗经》来获得"治心"途径和"天地之道"。他的《诗经》学反映出一定的哲学思想,如文质相得、体用不离等。作为理学家,探讨"理"或"天理"的特点,指出"理"或"天理"的普遍性、根本性、伦理性,也是张载《诗经》学思想的鲜明特征。同时,张载重视礼和践行,与其关学思想是统一的,这在张载《诗经》学中也有集中的反映。

《吕氏家塾读诗记》与《诗本义》的关系及意义

吕祖谦（1137—1181年）深受二程学术影响，又承长于中原文献的家学熏陶（参见《宋元学案》卷三十六《紫微学案》），其学术源于尹焞（1071—1142年）、吕本中（1084—1145年），在朱陆之争（如鹅湖之会）中具有调和朱陆、和同朱陆、"兼取其长"（《宋元学案》卷五十一《东莱学案》）的气象。吕祖谦遥承二程，能齐心、理学说，虚心融会，减少偏颇，和同朱陆则是这一学术渊源的外在表现。吕祖谦经学思想与理学关系密切，其经学观念与治经方法相辅相成，整体也体现了这种和同理学与心学的特色①。

在《诗经》学方面，吕祖谦《吕氏家塾读诗记》是很有特色的一部集注类作品，几可与后来的朱熹《诗集传》（或称《诗经集传》）相颉颃。当然，吕祖谦的经学研究（包括《诗经》学研究）资料还可见于《丽泽论说集录》。《丽泽论说集录》十卷，是门人整理吕祖谦平日讲学的记录，在吕氏生前已有流播，但因错讹与讲说体的限制，其中观点未被吕祖谦视为定论。但吕氏身后，其弟吕祖俭（？—1198年）与祖俭子吕乔年又加增益、编次刊布，内容大多为经说以及部分史说、杂说。其中卷三为《门人所记诗说拾遗》，扼要论及《诗经》诗篇56首，大略不出以理学和史学论《诗》的范围，文字平易简约，具有一定的参考价值。但它毕竟不像《吕氏家塾读诗记》经过反复修订，这个过程比较详细

---

① 蔡方鹿先生认为："吕祖谦在经学上提出'以理视经'的思想，重视以理解经，批评章句训诂传注之学；强调'经非疏我，而我则疏经'，既以理喻之，又崇尚心悟。提出一套先治一经，触类旁通；先识得大纲，再做工夫；读书必务精熟的治经方法。以义理为指导，以经典为研究对象，在经典诠释中，讲求实理，把经学与理学结合起来，在当时南宋思想界产生了较大影响。"（蔡方鹿《吕祖谦的经学思想及其方法论原则》，《中国哲学史》2008年第2期，第62页）

地记录在吕祖谦的《庚子辛丑日记》①中,包括修订《读诗记》的诗篇章节的进程,从淳熙七年(1180年)正月四日修订《唐风·无衣》一直到淳熙八年(1181年)七月二十日修订至《公刘》第一章。因此,《吕氏家塾读诗记》应是吕祖谦《诗经》学的代表作。

一、《吕氏家塾读诗记》成书时间及与《诗本义》关系考

古鄞(今浙江省宁波市鄞州区境内)陆鈇(1495—1534年)于嘉靖辛卯(1531年)撰《吕氏家塾读诗序》记载刊刻缘起时说道:"或问余曰:今《诗》学宗朱氏《集传》矣,刻吕氏何居?余应曰:子谓朱吕异说,惧学者之多岐耶?夫三百篇微词奥义,藐哉,邈矣。齐鲁韩毛,譬则蹊径之始分也,其适则同也。注疏,所由以适也,譬则辙也;朱氏、吕氏,盖灼迷而导之往也,譬则炬与帜也。吕宗毛氏,朱取三家,固各有攸指矣,安得宗朱而尽弃吕耶?朱说《记》采之,吕说《传》亦采之,二子盖同志友也,非若夫立异说以求胜也。善学者,审异以致同;不善学者,因同以求异。是故刻吕氏以存毛翼朱,求合经以致同而已矣。"虽然声明刻印《吕氏家塾读诗记》的目的是"存毛翼朱",将《吕氏家塾读诗记》《诗经集传》相互影响、彼此采撷、相辅相成的特征揭示得很清楚。相较《诗经集传》而言,《吕氏家塾读诗记》保存的前贤诗解原貌,为人们辑校补遗保存了丰富的史料。

作为吕祖谦的好友,在《诗经》学上同样有深厚造诣的朱熹早已看得分明。淳熙壬寅(1182年)九月己卯朱熹《吕氏家塾读诗记序》载:"诗自齐、鲁、韩氏之说不传,而天下之学者尽宗毛氏。毛氏之学,传者亦众,而王《述》之类今皆不存,则推衍毛说者又独郑氏之《笺》而已。唐初,诸儒为作《疏》义,因讹踵陋,百千万言而不能有以出乎二氏之区域。至于本朝,刘侍读、欧阳公、王丞相、苏黄门、河南程氏、横渠张氏始用己意有所发明,虽其浅深得失有不能同,然自是之后,三百五篇之微词奥义乃可得而寻绎。盖不待讲于齐、鲁、韩氏之

---

① 《东莱吕太史文集》卷十五,[宋]吕祖谦编著,黄灵庚、吴战垒主编《吕祖谦全集》(第一册),杭州:浙江古籍出版社,2008年,第238—276页。

传,而学者已知《诗》之不专于毛郑矣。及其既久,求者益众,说者愈多,同异纷纭,争立门户,无复推让祖述之意,则学者无所适从,而或反以为病。今观《吕氏家塾》之书,兼总众说,巨细不遗,挈领持纲,首尾该贯,既足以息夫同异之争,而其述作之体则虽融会彻,浑然若出于一家之言,而一字之训、一事之义亦未尝不谨其说之所自。及其断以己意,虽或超然出于前人意虑之表,而谦让退托,未尝敢有轻议前人之心也。"(《吕氏家塾读诗记序》)这段文字不仅对北宋代表性的《诗经》学学者刘敞、欧阳修、王安石、苏辙、程颐、张载有很高的评价,而且扼要概括了《吕氏家塾读诗记》汇聚融合众说、谨严平实的特点。《四库全书总目提要》的作者根据吕祖谦去世不久此书版次更新推断"知宋人绝重是书也"(《吕氏家塾读诗记·提要》)。

《吕氏家塾读诗记》三十二卷,二十六卷《公刘》诗之后(陆釴《吕氏家塾读诗记序》作"二十二卷"之后),当时就有人认为是吕祖谦未完全校订的作品,或系门人续成(陆釴《吕氏家塾读诗记序》),根据吕祖俭的说法(《吕氏家塾读诗记》卷二十六《公刘》),应以前者为可信。因此,《公刘》以下应也是吕祖谦《诗经》学的有机构成部分,不过编写体例、内容繁简与前略有差异而已。吕祖谦曾对《吕氏家塾读诗记》进行过刊定,据吕祖俭说,修订至《公刘》第一章后去世,因此此章以前的释文可以代表吕祖谦比较定型的《诗经》学思想和见解。如果仔细阅读,今天看到的三十二卷《吕氏家塾读诗记》,体例实际上分为三种,《公刘》第一章以后自不用说,前二十六卷的体例也稍有不同,前十八卷,在章后较各家注解低一字的按语,为吕祖谦按,但不标姓氏名号;从卷十九到卷二十六《公刘》第一章,则在章后以"东莱曰"标志吕氏的看法。通过这种细微的差别,可以推断也许删定非一时一人所为。

至于始于淳熙元年(1174年)和淳熙三年(1176年)的《吕氏家塾读诗记》一稿和二稿的关系①,明代至现代学术史上关于《公刘》第一章后是否为吕氏原著的争论,可见于杜海军《吕祖谦文学研究》第六章《〈诗经〉之学》部分的追溯(包括明代的陆釴、清代的《四库》馆臣、现代的陆侃如)②。这个问题比较

---

① 《东莱吕太史文集附录》卷一《年谱》,《吕祖谦全集》(第一册)。
② 杜海军著《吕祖谦文学研究》,北京:学苑出版社,2003年,第184页。

清楚，如结合朱彝尊（1629—1709年）《经义考》的梳理会更清楚。因此，不作考辨，主要依据其修订的部分。

吕祖谦对欧阳修的史学与经学成就等很熟悉，并结合欧阳修生平、诗文与著作编撰《欧公本末》四卷①，吕祖谦的好友朱熹也有《考欧阳文忠公事迹》（《晦庵先生朱文公文集》卷七十一）。一般据《吕祖谦年谱》淳熙八年辛丑载"编《欧公本末》"②判断，定《欧公本末》完成于吕祖谦去世前不久，即淳熙八年（1181年）上半年。但吕氏详细记录自己淳熙七至八年（1180—1181年）读书写作的《庚子辛丑日记》③，却没有关于撰写《欧公本末》的记载。《庚子辛丑日记》记录简明，修订《吕氏家塾读诗记》，阅读《正蒙》《论语》《近思录》等，每天任务量并不很大，虽"翻阅论著，固不以一日懈"④，但透露出吕祖谦身体每下愈况、体力严重不支的实情，疑《欧公本末》四卷完成时间可能并不在这两年。吕祖谦对欧阳修很敬仰，除过吕氏先祖与欧阳氏有世交外，欧阳修的史学与经学成就等也是很重要的方面，吕祖谦去世当年（1181年）"正月十五日阅《欧阳公集》"⑤，就可窥一斑。

《丽泽论说集录》卷三《门人所记诗说拾遗》较少引及前人言论，所引用者约有张载、程颐、谢良佐（引程颢诗说）各一例，其次就是欧阳修，在《沔水》诗解中，"欧公谓三章皆诸侯责王之辞"⑥，但该条不见于《吕氏家塾读诗记》卷十九《沔水》，《诗本义》也仅说"诗人规戒宣王以恩德亲诸侯"（《诗本义》卷六《沔水》），未有"诸侯责王之辞"云云，当属记录错讹。然而，《丽泽论说集录》卷三《门人所记诗说拾遗》保留的一些吕祖谦的《诗经》观念与解说原则，却是同欧阳修一气的，因而并非没有参考价值。如"诗者，人之性情而已，必先得诗

---

① 《吕祖谦全集》（第九册），第1—394页。
② 《东莱吕太史文集附录》卷一《年谱》，《吕祖谦全集》（第一册），第749页。
③ 《东莱吕太史文集》卷十五，《吕祖谦全集》（第一册），第238—276页。
④ 朱熹淳熙壬寅（1182年）《庚子辛丑日记》"后记"，《东莱吕太史文集》卷十五，《吕祖谦全集》（第一册），第276页。
⑤ 《东莱吕太史文集》卷十五，《吕祖谦全集》（第一册），第262页。
⑥ 《丽泽论说集录》卷三《门人所记诗说拾遗》，《吕祖谦全集》（第二册），第125页。

人之心，然后玩之易入"①，前半句（"诗者，人之性情而已"）本之于王通，欧阳修也曾经引用过；"《诗》三百篇，大要近人情而已"，"看《诗》须是以情体之，如看《关雎》诗，须识得正心，一毫过之，便是私心。如'窈窕淑女，寤寐求之'，此乐也，过之则为淫；'求之不得，展（辗）转反侧'，此哀也，过之则为伤。'天生蒸民，有物必有则'，自有准则在人心，不可过也"②，虽不能贸然断定吕祖谦的"人情"与欧阳修的"人情"内涵完全一致，但吕祖谦无疑也重视人情事理，特别重视中庸之道③；"常人之情，以谓今之事皆不如古，怀其旧俗而不达于消息盈虚之理，此所谓不'达于事变'者也。'达于事变'，则能得时措之宜，方可'怀其旧俗'。若唯知旧俗之是怀，而不达于事变，则是王莽行井田之类也"④，谈论古今问题，与欧阳修从人情事理古今相通角度切入不同，吕祖谦注意到古今的同异，主张应因时损益，才能切合古制的精神，而不是拘泥于形式的复古，在根本上与同样是历史学家的欧阳修有相契合之处。

《吕氏家塾读诗记》有二十八卷引到庐陵"欧阳氏"诗论，共计165处，直接评价"欧阳氏"经学观点的有3处，这些诗解基本出自《诗本义》。今《四部丛刊》本《诗本义》"为宋刻本，钞配六卷。其原刻各卷，遇玄、敬、警、驚、檠、殷、慇、桢、让、树、桓、完、觏、慎诸字，均以避讳阙笔，当刊于南宋孝宗之世"⑤，即在隆兴元年（1163年）与淳熙十六年（1189年）之间，共27年。而据淳熙壬寅（1182年）九月己卯朱熹《吕氏家塾读诗记序》来看，《吕氏家塾读诗记》可能刊刻于淳熙年间，当时吕祖谦已去世（1181年），而《吕氏家塾读

---

① 《丽泽论说集录》卷三《门人所记诗说拾遗》，《吕祖谦全集》（第二册），第112页。

② 《丽泽论说集录》卷三《门人所记诗说拾遗》，《吕祖谦全集》（第二册），第112—113页。

③ 笔者曾将吕祖谦的《诗经》学思想概括为："吕祖谦《诗经》学调剂朱陆的学术思想特征体现在对'则'和'心'的双重肯定上，他主张在阅读《诗经》诗篇中要'识见得正心'，又主张'准则在人心'，所以他的治学工夫论也集中在'中和为则'与'复归本心'上。"（拙著《宋代〈诗经〉学与理学》，第380页。）

④ 《丽泽论说集录》卷三《门人所记诗说拾遗》，《吕祖谦全集》（第二册），第113页。

⑤ 张元济《宋本〈诗本义〉跋》（《四部丛刊》（三编）），又见于张人凤编《张元济古籍书目序跋汇编》（上、中、下册），北京：商务印书馆，2003年，第929页。

诗记》所记《诗本义》的资料则应不晚于 1181 年。如果根据吕祖俭在《公刘》第一章后按语，吕祖谦于己亥（1179 年）秋刊定至此而终，而"自《公刘》之次章，讫于终篇，则往岁所纂辑者，皆未及刊定，如《小序》之有所去取，诸家之未次先后……"（《吕氏家塾读诗记》卷二十六《公刘》），可以确认，包括《诗本义》在内的《诗经》学资料纂辑很早，"往岁所纂辑"，则其中的《诗本义》则不晚于 1179 年。如果再考虑到《吕氏家塾读诗记》淳熙元年（1174）和淳熙三年（1176）一稿和二稿的关系，则这个时间底限还可上溯至 1174 年。吕祖谦享年 44 岁，如果从孝宗第一个年号隆兴元年（1163 年）估算，吕祖谦 26 岁，正是年富力强、出入经史的时候，他所接触的《诗本义》应早于"孝宗之世"，这样，《吕氏家塾读诗记》所引的 165 条欧阳修《诗经》学资料可能昭示了更早的《诗本义》宋版信息，在文献研究方面也极具重要价值。

二、《吕氏家塾读诗记》所引"欧阳氏曰"的特点与价值

《吕氏家塾读诗记》全书集注了四十四家的《诗经》解释，汉唐九家，宋占三十五家，实为宋代《诗经》学之渊薮[①]，也为人们集中把握欧阳修《诗本义》在宋代的影响提供了方便。

虽然古人引书未必字句必较，但吕祖谦与他人稍异，引用相当严谨，有些引文先后顺序或有出入，但整体比较细密。这不仅会让人对《吕氏家塾读诗记》的史料性质有进一步确认，同时也能够隐约感受到在《四部丛刊》本前的宋版《诗本义》的生动气息。关于文字的差异，吕祖谦删削的可能性较小，而有可能是《诗本义》不同修改本或版本的原因造成了这种细微的区别。在今天流传的关于《诗本义》比较清晰的宋代书目著作《郡斋读书志》《直斋书录解题》之前，《吕氏家塾读诗记》所征引的《诗本义》可能是目前能看到的最早的《诗本义》本子，尽管还不是全部。当然，《吕氏家塾读诗记》（后文有时简称《读诗记》）虽

[①] 该书被认为是"宋代《诗经》学资料，赖此书得以保存，是研究我国宋代《诗》学弥足珍贵的宝库。仅此一点，《读诗记》就已找到了它在《诗经》研究史上的位置"（蒋见元、朱杰人著《诗经要籍解题》，上海：上海古籍出版社，1996 年，第 41 页）。

也有不断流传增益的过程，会在某种程度上"扰乱"①这种考察，但在基本文献比勘上，依然有重要的参考价值。这里参考《文渊阁四库全书》《丛书集成初编》以及点校整理的《吕祖谦全集》中的《吕氏家塾读诗记》，试图使这种"扰乱"降低到最低程度，从而增强比较和研究的信度与效度。它除过反映了当时《诗本义》在客观现实中产生过实际影响，《读诗记》所引"欧阳氏曰"基本都来源于《诗本义》之外，还有助于我们反思《诗本义》版本流变的一些情况，包括解决《四部丛刊》本配抄六卷是否系宋版的问题，所以学术意义尤为重大。

《吕氏家塾读诗记》所引证的《诗本义》有几个特点：一是比较全面，主要的各个卷次都有；二是绝大多数与今本文字相合，少数有节略特点，个别不见于今本《诗本义》；三是引证所涉及的内容丰富多彩，既有篇章主旨说解，又有训诂考证，还有义理发挥，虽斥责毛郑的议论基本未被录入，但反对毛郑的学术观点却多有选收；四是重视历史评论与道德评价、史学与经学相结合，这是欧阳修和吕祖谦的共同特点。

笔者尝试将《吕氏家塾读诗记》所引"欧阳氏曰"与今本《诗本义》进行细致比较，以彰显二者的关系，并折射《诗本义》早期版本的信息。这里，为表述简洁，特将该统计信息而得的主要数据制成简表（表1），以便扼要把握。

表1 《吕氏家塾读诗记》所引"欧阳氏曰"与今本《诗本义》相关性统计简表

项目名称	《吕氏家塾读诗记》				今本《诗本义》			
	卷次	篇目	欧阳氏曰		卷次	篇目	论曰	本义曰
引用	28	80	165	3	12	68	37	127
总数	32	305	168		12	114	164	
比例	87.5%	26.2%	98.2%	1.8%	100%	59.6%	22.6%	77.4%

说明：《吕氏家塾读诗记》所引"欧阳氏曰"包括涉及今本《诗本义》卷十三《一义解》6处、《取舍义》1处，卷十六《〈诗谱补亡〉后序》2处。

---

① 借用考古学术语"扰乱"，旨在表明历史与文化的研究，在某种意义上与地下考古相似。这也是人文学科科学性的内在规定之一，可称为"知识考古学"。

由上表可见，《吕氏家塾读诗记》对欧阳修《诗本义》相当重视，在 32 卷中有 28 卷引用，占到 87.5%；所引"欧阳氏曰"共 168 处，包括经解 165 处，吕祖谦评论 3 处，分别占比例 98.2% 与 1.8%。吕祖谦未轻易下评判，而是更加重视欧阳修《诗经》学观点的价值，尽管其中少数可能存在误断，即将欧阳修批评或发挥毛郑的观点视作欧阳修自己的观点，但均与今本《诗本义》相关，不影响这里的考察统计。《吕氏家塾读诗记》所引"欧阳氏曰"涉及内容丰富，除包括涉及今本《诗本义》卷十三《一义解》6 处、《取舍义》1 处，卷十六《〈诗谱补亡〉后序》2 处外，其余均分布在今本《诗本义》一至十二卷，而且每一卷都有涉及，次序也基本吻合，所以是 100%。仅就所涉诗篇比例来看，按照传统看法，《诗本义》所论诗歌 114 篇，吕氏涉及的 68 篇占比例 59.6%。如果将《一义解》6 处、《取舍义》1 处所涉及 7 首诗歌（即《邶风·谷风》《七月》《南山有台》《菁菁者莪》《鱼藻》《云汉》《载驱》）剔出，这个比例也为 53.5%，相关性也相当高。吕氏所引大多数表达次序与今本《诗本义》相一致，个别顺序呈倒易状态，少数兼具联结今本《诗本义》"论曰"与"本义曰"内容，如果分别统计，在 164 处中，37 处涉及"论曰"，占 22.6%，127 处涉及"本义曰"，占 77.4%，这无疑说明吕祖谦更加看重欧阳修个人的《诗经》学观点，但对毛郑的分析也比较关注。这个基本结论与前从《吕氏家塾读诗记》所引"欧阳氏曰"的推论一致，证明《吕氏家塾读诗记》与《诗本义》明显正相关，其中所引《诗本义》就是较早的《诗本义》宋版系统，由其与《四部丛刊》本《诗本义》的个别印证，也可以佐证这一点。

如果说，《吕氏家塾读诗记》对《诗本义》最重要的意义，莫过于两个方面：一是可以补充今本《诗本义》阙漏；二是厘清版本源流。

《吕氏家塾读诗记》卷二十三记载了一条"欧阳氏曰"，是关于《小雅·鱼藻》诗的解释，今本《诗本义》目录并无《鱼藻》，但卷十三《一义解》有关于《鱼藻》的阐述："'鱼在在藻'者，言万物之得其性也；'王在在镐'者，谓武王安其乐尔。"《吕氏家塾读诗记》则作："欧阳氏曰：'鱼在在藻'者，言万物之得其性也。'王在在镐'者，谓武王安其乐也。"吕祖谦并注道："毛氏曰：'鱼以依蒲藻为得其性。'孔氏曰：'鱼何所在乎？在于藻也。藻是鱼之常处，既得其性，故能肥充，有颁然其大首也。'长乐刘氏曰：'夏月之时，浅水生藻，阳气在外,鱼亦从之,不潜于渊,而在于藻也。'有颁其首'者,出游水面,则露其首,故见其颁大也。'"(《吕氏家塾读诗记》卷二十三《桑扈之什》)吕祖谦引用毛、孔、刘三家同时注释"得其性"的问题,足见欧阳修"万物之得其性"训释的重要,这也是超迈于各家的地方。《吕氏家塾读诗记》卷二十七《大雅·云汉》诗解中记载了一条"欧阳氏曰:'父母先祖,胡宁忍予',诗人述宣王诉于父母及先祖尔。"(《吕氏家塾读诗记》卷二十七《荡之什》)今本《诗本义》目录无《云汉》。该条也见于卷十三《一义解》:《云汉》"下章又云'父母先祖,胡宁忍予'者,其义同也。而毛、郑皆谓先祖文武为民父母者,亦非也。盖诗人述宣王诉于父母及先祖尔。"可见,《吕氏家塾读诗记》所引则是对《一义解》的节略。

《读诗记》所引见于《一义解》的还有卷四《谷风》、卷十六《七月》、卷十八《南山有台》、卷十九《菁菁者莪》等诗解。

《吕氏家塾读诗记》所征引的资料有的与今本《诗本义》第十三卷《取舍义》一致。如《齐风·载驱》,吕祖谦引欧阳修的观点:"文姜安然乐易,无惭耻之色也。"(《吕氏家塾读诗记》卷九《载驱》)这本是对《毛传》的继承,今本《诗本义》卷十三《取舍义》作:"毛云言文姜于是乐易然者,谓文姜为淫秽之行,曾不畏忌人。而襄公乘骊,垂辔而行鲁道,文姜安然乐易,无惭耻之色也。"(《诗本义》卷十三《取舍义》)

《吕氏家塾读诗记》卷三十二引"欧阳氏曰",至《长发》止,欧阳修《诗本义》前十二卷也以《长发》诗为终结。吕祖谦所引主要集中在《诗本义》卷一到卷十二。这或许证明,当时流行的《诗本义》的主体就是这十二卷,朱熹在《朱子语类》中曾经提到《诗本义》有"二十篇煞说得好处"此类的话,"二十篇"终难明了具体所指。根据吕祖谦比较严谨的资料引证,朱熹所说的"二十篇"可能正是指这"十二卷","二十"是"十二"之误,略备一说,以供有志于深入探研者参考。《吕氏家塾读诗记》所引"欧阳氏曰"涉及今本《诗本义》卷十三《一义解》《取舍义》,卷十六《〈诗谱补亡〉后序》,这可能说明吕祖谦所看到的《诗本义》已经包括《一义解》《取舍义》即今本第十三卷在内了,对我们了解宋代十四卷本的《诗本义》提供重要的参考。如果这一点可以确定的话,依据《吕氏家塾读诗记》所征引的《诗本义》的资料分析,当时十四卷应包括今本第一至十二卷、第十三卷、第十六卷（或者十五卷本的附录），第十六卷至少包括《〈诗谱补亡〉后序》。当然，《吕氏家塾读诗记》所引"欧阳氏曰"涉及今本《诗本义》卷十三《一义解》《取舍义》，卷十六《〈诗谱补亡〉后序》内容，是否还有其他来源渠道，对探讨《一义解》《取舍义》《〈诗谱补亡〉后序》是否已编入《诗本义》到底有多大助益，这些问题还有待日后进一步研究。因为吕祖谦对"《欧阳公集》"很熟悉（见前文），《〈诗谱补亡〉后序》采撷自"《欧阳公集》"也是极有可能的。

《吕氏家塾读诗记》卷一《删次》引用了欧阳修关于国风编次的论说："欧阳氏曰：《周南》《召南》《邶》《鄘》《卫》《王》《郑》《齐》《豳》《秦》《魏》《唐》《陈》《曹》，此孔子未删之前，周太师乐歌之次第也。《周》《召》《邶》《鄘》《卫》《王》《郑》《齐》《魏》《唐》《秦》《陈》《桧》《曹》《豳》，此今诗次第也。《周》《召》《邶》《鄘》《卫》《桧》《郑》《齐》《魏》《唐》《秦》《陈》《曹》《豳》《王》，此郑氏《诗谱》次第也。"（《吕氏家塾读诗记》卷一《删次》）这段引文很重要，"今诗次第"与"郑氏《诗谱》次第"的最大区别，是"黜《桧》后《陈》，此今《诗》次第也"（《诗本义》卷十六《〈诗谱补亡〉后序》），吕氏所引符合这个特征，同时，它还进一步透露了"郑氏《诗谱》次第"将《王风》次于《豳风》之后的消息，这种顺序与今人冯浩菲《郑氏诗谱订考》的基本编排顺序吻合①。

欧阳修关于十五国风次第的论述主要见于《〈诗谱补亡〉后序》（《诗本义》卷十六）、《诗图总序》（《诗本义》卷十六）以及早年作品《诗解》（或《诗解统》）中的《十五国次解》（《诗本义》卷十五）等。

《〈诗谱补亡〉后序》作："《周南》《召南》《邶》《鄘》《卫》《王》《郑》《齐》《豳》《秦》《魏》《唐》《陈》《曹》，此孔子未删之前，周大师乐歌之次第也。《周》《召》《邶》《鄘》《卫》《王》《郑》《齐》《魏》《唐》《秦》《陈》《桧》《曹》《豳》，此郑氏《诗谱》次第也。黜《桧》后《陈》，此今《诗》次第也。"（《诗本义》卷

---

① 参见冯浩菲《郑氏诗谱订考》，上海：上海古籍出版社，2008年，第129—152页。

十六《〈诗谱补亡〉后序》）①《吕氏家塾读诗记》卷一《删次》所引与此段文字大体相当，但也有文字出入。相较而言，吕氏所引与郑氏《诗谱》吻合，完整清晰，如果考虑到《居士集》经过欧阳修的亲笔修订，则该集所收录的《〈诗谱补亡〉后序》体现的"今《诗》次第"、"黜《桧》后《陈》"特征，与吕氏所引相副称。自然，《吕氏家塾读诗记》所引的《诗》的三种次第要更分明一些，似乎是对《诗本义》进一步修订完善的结果，时间顺序应在《居士集》所收集的《〈诗谱补亡〉后序》之后。

《诗图总序》作："《周》《召》《邶》《鄘》《卫》《王》《郑》《齐》《豳》《秦》《魏》《唐》《陈》《桧》《曹》，此孔子未删《诗》之前，季札所听周乐次第也。《周》《召》《邶》《鄘》《卫》《王》《郑》《齐》《魏》《唐》《秦》《陈》《桧》《曹》《豳》，此今《诗》之次第也。"（《诗本义》卷十六《诗图总序》）

《十五国次解》作："大抵《国风》之次，以两而合之，分其次以为比，则贤善者著而丑恶者明矣。或曰：何如其谓之比乎？曰：《周》《召》以浅深比也，《卫》《王》以世爵比也，《郑》《齐》以族氏比也，《魏》《唐》以土地比也，《秦》《陈》以祖裔比也，《桧》《曹》以美恶比也，《豳》能终之以正，故居末焉。"（《诗本义》卷十五《十五国次解》）

《诗图总序》与《十五国次解》主要探讨"今《诗》之次第"，尤其是《十五国次解》概括的"以两而合之，分其次以为比"的划分与排序原则，虽然有牵强的地方，但便于人们理解，其中将三《卫》诗（《邶》《鄘》《卫》）系于《卫风》之下，这种对十五国风次第的抽象思考是发人深思的。但论述明显不及《〈诗谱补亡〉后序》以及《吕氏家塾读诗记》所引全面完整，时间应也属早出之列，可

---

① 按："此孔子未删之前"，《欧阳修全集》之《居士集》卷四十一《序·〈诗谱补亡〉后序》"删"下有"诗"字；"《周》《召》《邶》《鄘》《卫》《王》《郑》《齐》《魏》《唐》《秦》《陈》《桧》《曹》《豳》，此郑氏《诗谱》次第也"，《四部丛刊》本无"齐"字，《欧阳修全集》之《居士集》卷四十一《序·〈诗谱补亡〉后序》"桧"置于"郑"前，据下文"黜《桧》后《陈》"语，《居士集》为妥当，而《四部丛刊》本、《文渊阁四库全书》本"《陈》《桧》"则显与"黜《桧》后《陈》"不侔；"黜《桧》后《陈》，此今《诗》次第也"，《四部丛刊》本、《欧阳修全集》之《居士集》卷四十一《序·〈诗谱补亡〉后序》"第"作"比"。

作参考。

当然,《吕氏家塾读诗记》在引用欧阳修《诗》论时偶尔也有误断的地方,但材料却与《诗本义》密切相关,对我们判断《诗本义》影响不大,但在把握欧阳修的《诗经》学观点和思想方面,则应谨慎对待这些材料。如《邶风·柏舟》,吕祖谦分别引用欧阳氏《诗》论三处,其中前两处分别是"其意谓'石席可转卷,我心匪石席,故不可转卷也'""'愠于群小',群小愠仁人也"(《吕氏家塾读诗记》卷四《柏舟》),这些文字也见于今本《诗本义》卷二,但是前者实际是欧阳修对《毛传》《郑笺》的进一步阐发,后者则是对"郑氏云'德备而不遇,所以愠'"的解释,欧阳修自己的观点正相反,即:"'忧心悄悄,愠于群小'者,本谓仁人为群小所怒,故常惧祸而忧心焉。"(《诗本义》卷二《柏舟》)这可能是吕祖谦考察不周的遗憾,在所难免。如果吕祖谦考察无误,这种歧异则更可能昭示了今本《诗本义》对学术观点的截然相反的调整,这是值得注意的。

三、《吕氏家塾读诗记》保存的《诗本义》与今本《诗本义》的关系

《吕氏家塾读诗记》绝大多数保留了《诗本义》的原貌,引证精审规范,材料具有可信性。

"农夫在田,妇子往馌,田大夫见其勤农乐事而喜尔。"(《诗本义》卷十三《一义解》)《读诗记》卷十六《七月》所引"妇子往馌"之"馌"正与《四部丛刊》本《诗本义》相合,而他本多作"馎"。《吕氏家塾读诗记》卷三十引作"'实维尔公允师'者",《文渊阁四库全书》本《诗本义》作"'实维尔公'者",实际上《酌》诗文末一句即为"实维尔公允师"。

《吕氏家塾读诗记》引用《诗本义》大多准确,少有变动,而且大多分别取于"论曰"或"本义曰"。当然,也有少数例子横跨"论曰"与"本义曰"。如《卷耳》诗解,吕氏所引为:"欧阳氏曰:妇人无外事,求贤审官非后妃之职。盖后妃讽其君子爱养臣下,慰其劳苦,而接以恩意。其宫中相语者,如是而已,非私谒之言也。"(《吕氏家塾读诗记》卷二《卷耳》)该段文字实际上分别包括今

本《诗本义》"论曰"的"妇人无外事,求贤审官非后妃之职也"与"本义曰"的"后妃以采卷耳之不盈而知求贤之难得,因物托意,讽其君子以谓贤才难得,宜爱惜之。因其勤劳而宴犒之,酌以金罍不为过礼,但不可以长怀于饮乐尔。故曰'维以不永怀',养爱臣下,慰其劳苦,而接以恩意,酒欢礼失,觥罚以为乐,亦不为过,而于义未伤,故曰'维以不永伤也'。所以宜然者,由贤臣勤国事,劳苦之甚,如卒章之所陈也。诗人述后妃此意以为言,以见周南君后皆贤。其宫中相语者,如是而已,非有私谒之言也,盖疾时之不然"(《诗本义》卷一《卷耳》)①,其中,《读诗记》是对今本《诗本义》的节略和修订。

又有一处兼采今本《诗本义》"论曰"与"本义曰"的地方,这就是《邶风·击鼓》,吕祖谦引用欧阳修的看法:"王肃以下三章卫人从军者与其室家诀别之辞。士卒将行与其室家诀别,云:'我之是行,未有归期,亦未知于何所居处,于何所丧其马,若求我与马,当于林下求之。'盖为必败之计也。"(《吕氏家塾读诗记》卷四《击鼓》)与今本《诗本义》相较,实际上涵盖"论曰""自'爰居'而下三章,王肃以为卫人从军者与其室家诀别之辞""本义曰""于其诗载其士卒将行与其室家诀别之语,以见其情,云:'我之是行,未有归期,亦未知于何所居处,于何所丧其马,若求与我马,当于林下求之。'盖为必败之计也"(《诗本义》卷二《击鼓》),《读诗记》也是对今本《诗本义》的节略和修订。

《吕氏家塾读诗记》所引同一处经解横跨今本《诗本义》"论曰"与"本义曰"的还有卷四《匏有苦叶》(《诗本义》卷二)、卷十七《天保》(《诗本义》卷六)、卷十八《湛露》(《诗本义》卷六,分别是"本义曰"与"论曰"的融裁)等诗诗解。

《吕氏家塾读诗记》所引"欧阳氏曰"的文字叙述顺序,大多与今本《诗本义》整体上保持一致,但也有例外。如《吕氏家塾读诗记》卷二《汉广》,所引前后两例文字,即"欧阳氏曰:末乃陈其不可得之辞,如汉广而不可泳,江永而不可方尔。""欧阳氏曰:既知不可得,乃云之子既出游而归,我则愿秣其马。此悦慕之辞,犹古人言'虽为执鞭,犹忻慕焉者'是也。"(《吕氏家塾读诗记》

---

① "所以宜然者,由贤臣勤国事",《四部丛刊》本"贤"下衍一"者"。

卷二《汉广》）与今本《诗本义》卷一《汉广》"本义曰"完全相同，但顺序正好相反。

吕氏所引，有时似乎不全，删削也不当，如《召南·草虫》，引"欧阳氏曰：妇人见时物之变新，感其君子。"（《吕氏家塾读诗记》卷三《草虫》）《诗本义》作："其曰'陟彼南山，采蕨采薇'云者，妇人见时物之变新，感其君子久出而思得见之，庶几自守能保其全之意也。"（《诗本义》卷二《草虫》）但《读诗记》所引句子不全，这从侧面说明《读诗记》所引是对当时《诗本义》的删节。

上述《读诗记》征引文字兼有今本《诗本义》"论曰"、"本义曰"的内容，究竟如何判断？仅从逻辑上考察，似乎难以得出令人信服的结论。但关键的问题是这种节略是欧阳修后期修订的，还是吕祖谦引用时酌加的，抑或是版刻不同所致？根据后几卷引述的精确来判断，吕祖谦改动的可能性很小。这种歧异从逻辑上导致了几种截然相反却可能并存的状况，即吕氏所引是今本《诗本义》扩充和增补的基础与内核，或是对今本《诗本义》的删削和简化，或是《诗本义》原稿与修订稿分别传布、同时存在的明证，还是不同的修订本的流传样态？这种考察最终只能在历史学和文献学的视域内才能得到较为明晰地呈现。

《吕氏家塾读诗记》所引"欧阳氏曰"绝大多数文字与今本《诗本义》相合，而且有九十余处完全一致，说明吕氏引用是相当谨严准确的。在这种情况下，那些貌似节略和删削、个别文字出入、顺序颠倒的例子，便不能被以引用不慎的态度轻意放过，正是它们可能昭示了更早于《四部丛刊》本《诗本义》的蛛丝马迹。因为，在《吕氏家塾读诗记》中的确存在着这样一些富有启发意义的异文，需要认真辨析，但首先是将其放在吕祖谦谨严引证而形成的系统的前提下，才能呈现其准确和明晰的内涵。

《读诗记》所引《诗本义》与今本《诗本义》的差异有助于反思《诗本义》的源流变化。

首先，今本《诗本义》在某些地方，较《读诗记》所引简易恰切，是明显被修订的遗存。如"谓此君子乐易而有威仪尔"（《诗本义》卷十三《一义解·菁菁者莪》）。《读诗记》卷十九所引"君子乐且而有威仪"，"乐且"古涩不通，今本《诗本义》作"乐易"，简易明白，为长。《读诗记》卷二十《斯干》引作"如鸟惊变而悚顾也"，今本《诗本义》卷七作"如鸟惊而革也"，与"论曰"文字相映照，行文更加周密。《吕氏家塾读诗记》卷二十五在《大雅·皇矣》诗解中记载了一条"欧阳氏曰：省，视也"(《吕氏家塾读诗记》卷二十五《文王之什》)，而今本《诗本义》则无，似已删去。"其三章言帝视岐"实际解释的正是诗句"帝省其山"，已经包含"省，视也"的意思，所以原"省，视也"的注释因过于简易便可径直删去。这说明今本《诗本义》是修订本，但未必是最终的修订本。

其次，《读诗记》所引与今本《诗本义》在整体相关的基础上，还保留许多异文，而且相较今本《诗本义》更胜一筹。如《读诗记》卷十九《鸿雁》，引"欧阳氏曰"作"之子使臣也"，今本《诗本义》卷六作"此诗之说但述使臣"，文虽不同，意义相同，《读诗记》更加简洁。《读诗记》卷二十《无羊》所引"'众维鱼矣'，但言鱼之多也。周官司常，县鄙建旐，州里建旟。(吕氏原注：详见《出车》)"，与今本《诗本义》出入较大，今本《诗本义》卷七作"鱼之为物，生子最多，故梦鱼者占为丰年"。《读诗记》卷二十《正月》所引"此章大夫自伤独立于昏朝之乱也，大夫既伤独立而知其无如之何，故于下章遂及亡国之忧"，今本《诗本义》卷七作"其七章曰'瞻彼阪田，有菀其特。天之扤我，如不我克。彼求我则，如不我得。执我仇仇，亦不我力'云者，大夫自伤独立于昏朝之辞也。五章既陈戒王之意，六章又戒小人而不见听，因自伤独立而无助云，瞻彼阪田之苗，有特立者乃菀然而茂盛，今我独立于昏朝而势倾危，'天之扤我'，惟恐不倾折也。又云'彼有欲求我相则效'者，又不与我相遭；其与我同列而耦居者，又不出力助我也。云'天之扤我'者，君子居危，推其命于天也。古言谓'耦'为'仇'，其复言'仇仇'者，犹昔言'两两'，今言'双双'也。大夫既伤独力，而知其无如之何，故于下章遂及亡国之忧，然犹欲救之也。"《读诗记》引证简明扼要，"大夫自伤独立于昏朝之乱也"，《诗本义》"乱"作"辞"，胜于《读诗记》，《读诗记》或系字形相近误刻，余大多是对今本《诗本义》的节略，该段文字是在今本基础上删削而成，抑或是今本扩充的基础？待考。但今本语言散漫，前文已有"五章"、"六章"义释，文隔不远，不必回溯，似非欧阳修语，而《读诗记》所引颇胜一筹。

又如《读诗记》卷二十一《巧言》引作"蛇蛇乃舒迟安闲之貌"，今本《诗本义》卷八作"委委蛇蛇，古人常语，乃舒迟安闲之貌"，《读诗记》所引似更佳。《巧言》第六章曰"蛇蛇硕言，出自口矣。巧言如簧，颜之厚矣"，当直接释

"蛇蛇"为妥。"委委蛇蛇,古人常语,乃舒迟安闲之貌",反似散漫,与诗文也不尽相侔。《读诗记》卷二十一《大东》引作"箕引其舌",较《诗本义》卷八"箕张其舌"更加通畅贴切。《读诗记》卷二十四《白华》引作"弃妻指此石常在人下,如妾止当在下尔。今之子远我而近彼,使我病也",今本《诗本义》卷九作"弃妻指此石常在人下而助人升者,如妾止当在下而佐人尔。今之子远我而进彼,使我病也",《读诗记》所引"此石常在人下"下无"而助人升者",另"远我而近彼",《诗本义》作"远我而进彼",远与近、进与退相对,因此,《读诗记》所引为长。《读诗记》卷二十六《凫鹥》引作"凫鹥在泾、在沙,谓公尸和乐,如水鸟在水中及水旁得其所尔。在渚、在潨、在亹,皆水旁尔。郑氏曲为分别,以譬在宗庙等处者,皆臆说也",今本《诗本义》卷十在"在渚"前有"在沙"二字。《凫鹥》诗五章,章六句,各章依次言凫鹥在泾、在沙、在渚、在潨、在亹,《诗本义》"论曰"已言"凫鹥在泾、在沙,谓公尸和乐",下当不必复言"在沙"。因此,应以《读诗记》所引为精当。

这些异文可视作今本《诗本义》被删订的证据,也就是说《吕氏家塾读诗记》所引《诗本义》应该胜于今本《诗本义》,尽管它也可能是欧阳修修订过的一种本子。《读诗记》所引《诗本义》应是欧阳修《诗本义》的修订本,更加简洁精当;而流传的宋版系统的《诗本义》在这个细节上与《读诗记》一致,是同一版本源流。虽然肇源相同,但修订不一,所以两种本子存在一定的离合关系。如《欧阳修文集》有多种版本流传一样,《诗本义》也存在类似的情形。但不同的毕竟是少数,绝大多数则相同或基本相同,反映当时《诗本义》已经有了比较稳定的版本形态和流传载体。这样,今本《诗本义》中所没有的几处、明显的对今本文字的节略等都可以得到解释。

这正好给人们以启发:该"欧阳氏曰"可以弥补今天《诗本义》的不足,使人了解到《诗本义》删削修订的历史过程,这种删削同时印证《吕氏家塾读诗记》所保留的《诗本义》与今本《诗本义》同源异质的特征,它保留了欧阳修修订本的一些面貌。但异文的存在标明要早于今本《诗本义》,这同前文考证的吕祖谦所接触的《诗本义》应早于"孝宗之世"的结论可以相互佐证。

四、《吕氏家塾读诗记》所见《诗本义》与汉宋《诗经》学

通过《吕氏家塾读诗记》的集注形式，人们可以比较集中地把握汉宋《诗经》学的异同与沿革，从这种意义上说，与《诗本义》一样，《读诗记》也是汉宋《诗经》学过渡中的作品之一。

吕祖谦经常将欧阳修的《诗》解放在汉唐及宋代《诗经》学者的观点中，彼此映照，相互补充，同时也能看到这些观点的优劣和承袭关系。如《齐风·东方之日》，他就将毛、程、朱、欧阳放在一起，让人对这首诗的主旨有基本明确的把握，"毛氏曰：兴也，日出东方，人君明盛，无不照察也。朱氏曰：履，随也。郑氏曰：即，就也。朱氏曰：言随我而相就也。程氏曰：日月明照，则物无隐蔽，奸匿莫容，如朝廷明于上也；今君不明，故有淫奔之行，诗人以东方之日刺其当明而昏也。欧阳氏曰：'在我室兮，履我即兮'，相邀以奔之辞也。"（《吕氏家塾读诗记》卷九《齐》）

吕祖谦通过夹注的形式呈现了欧阳修《诗本义》观点的渊源。如《小雅·节南山》，"欧阳氏曰：责幽王不自为政，而使此尹氏在位，致百姓于忧劳也。"吕祖谦注："孔氏曰：王肃云言政不由王出也。"（《吕氏家塾读诗记》卷二十《祈父之什》）可见，欧阳修此解与《孔疏》同，均发源于晋代王肃。《小雅·小宛》，"欧阳氏曰：告其速自改悔云，譬如脊令，且飞且鸣，自勤其身，不少休息。"吕祖谦注："前汉东方朔云：士所以日夜孳孳，敏行而不敢怠也，辟若鹡领飞且鸣矣。"（《吕氏家塾读诗记》卷二十一《小旻之什》）吕祖谦引西汉东方朔的话，点明欧阳修诗解"譬如脊令，且飞且鸣"的意义与来源。《小雅·蓼莪》，"欧阳氏曰：'南山烈烈'，望之可畏也。'飘风发发'，暴急而中人也。"吕祖谦注："郑氏曰：民人自苦见役，视南山则烈烈然，飘风发发然，寒且疾也。"（《吕氏家塾读诗记》卷二十一《小旻之什》）可见，欧阳修在解释"南山烈烈，飘风发发"时，受到郑玄的影响，但有自己的调整，"'飘风'非取其寒，亦非诗意也"（《诗本义》卷八《蓼莪》"论曰"），"暴急而中人"就是"寒且疾"的进一步明晰化和校正，解"南山烈烈"为"望之可畏也"，虽比较委曲，但也是看到《郑笺》有不周到的地方。朱熹《诗经集传》也注意到了该问题，解"烈烈，高大貌。发发，

急貌"，就更加明了，但又说"南山烈烈，则飘风发发矣"（《诗经集传》卷十二《蓼莪》），反有些添足。

比较典型的例子是《小雅·大东》篇诗解，可以看到《诗本义》与《郑笺》《孔疏》的内在联系。《吕氏家塾读诗记》作："欧阳氏曰：天虽有织女，不能为我织而成章；（吕氏原注："郑氏曰：织女有织名尔，驾则有西无东，不如人织相反报成文章。孔氏曰：织之用纬，一来一去，是报反成章。"）虽有牵牛，不能为我驾车而输物；虽有启明、长庚，不能助日为昼，俾我营作；（吕氏原注："郑氏曰：启明、长庚，皆有助日之名，而无实光也。"）虽有天毕，不能为我掩捕鸟兽。（吕氏原注："孔氏曰：在天之毕，徒施于二十八宿之行列而已，何曾见其掩兔乎？"）"（《吕氏家塾读诗记》卷二十一《小旻之什》）为了更集中地看到《读诗记》注释的特点，这里保留了原排版的基本面貌，诗文"虽则七襄，不成报章。睆彼牵牛，不以服箱。东有启明，西有长庚。有捄天毕，载施之行"，欧阳修在解释时，明显受到《郑笺》和《孔疏》的深刻影响。

《大雅·棫朴》，"欧阳氏曰：诗人言芃芃然棫朴，茂盛采之以备薪樵。"吕祖谦注："毛氏曰：山木茂盛，万民得而薪之。"（《吕氏家塾读诗记》卷二十五《文王之什》）指出欧阳修诗解与《毛传》关系密切。

作为史学家、经学家和理学家，吕祖谦注意思想学术流变的渊源与流播，这种历史的眼光与义理（道德）的眼光一直伴随着他的历史和经学研究。

如《邶风·谷风》诗解，吕祖谦就受到欧阳修的深刻影响："欧阳氏曰：禁其新昏'毋逝我梁，毋发我笱'，言弃妻将去，犹顾惜其家之物，既而叹曰'我身不容，安得恤后事乎'。"吕祖谦自己的看法是："泾，新昏也。渭，旧室也。泾渭既合，则清浊易惑，于洲渚浅处视之，渭之清犹可见也。诗人多述土风，此卫诗而远引泾渭者，盖泾浊渭清，天下所共知，如云海咸河淡也。"（《吕氏家塾读诗记》卷四《邶》）吕祖谦将"泾渭"视作新旧室之比。朱熹也是以比看待"泾渭"，但意义上有细微差别，认为"泾浊渭清"、"妇人以自比其容貌之衰久矣，又以新昏形之，益见憔悴，然其心则固犹有可取者"，诗歌主旨上与欧阳修、吕祖谦判断相同，"言毋逝我之梁，毋发我之笱，以比欲戒新昏毋居我之处，毋行我之事。而又自思我身且不见容，何暇恤我已去之后哉？知不能禁而绝意之辞也"（《诗经集传》卷二《邶》），虽然这段训解朱熹并未声明受到欧阳修影响，但其中采撷、融裁欧阳、吕二氏观点处痕迹鲜明。当然，"知不能禁而绝意之辞也"虽然《吕氏家塾读诗记》卷四《邶》已在注中标明，但其他各句未见，或这些论断《诗经集传》初稿尚无，此处暂作此论，以见学术影响与发展的渊源和微妙。

欧阳修对宋代学者启发很大，包括某些训诂，吕祖谦通过文中夹注的方式揭示了这种学术影响。如《卫风·氓》："欧阳氏曰：桑之沃若，喻男情意盛时可爱；至黄而殒，又喻男意易得衰落。"吕祖谦注"朱氏曰：桑之沃若，以比始者容色美盛情好欢洽之时也；桑之黄落，以比色衰而爱弛也。"（《吕氏家塾读诗记》卷六《卫》）自然，朱熹后出则优，但脉络一致。《陈风·东门之枌》"穀旦于差，南方之原。不绩其麻，市也婆娑"，"欧阳氏曰：子仲之子，常婆娑于国中树下，以相诱说，因道其相诱之语，曰当以善旦期于国南之原野，下章又述其相约以往。"吕祖谦注"范氏曰：先王恶夫饱食而逸居，是故君子勤礼，小人尽力，所以爱日也，今也民于善日则择高明之地而荒乐焉。"（《吕氏家塾读诗记》卷十三《陈》）朱熹在解《东门之枌》时，完全沿袭了欧阳修的看法，"既差择善旦以会于南方之原，于是弃其业以舞于市而往会也"（《诗经集传》卷七《陈》），尽管他也并未注明出处。《陈风·防有鹊巢》"欧阳氏曰：谗言惑人，非一言一日之致，必由积累而成，如防之有鹊巢，渐积构成之尔，又如苕饶，蔓引牵连，将及我也"，吕祖谦注"程氏曰：相茂林之蔽翳，则鹊巢之兴；人心有蔽昏，则谗诬者至。丘言平广之地则有美草，兴人心高明平夷则来善言"（《吕氏家塾读诗记》卷十三《陈》）。

《小雅·常棣》："丧乱既平，既安且宁。虽有兄弟，不如友生。""欧阳氏曰：'此乃责之之辞。'程氏曰：'言平时则皆可遂其私意，急难则莫如兄弟也。'"吕祖谦注："苏氏曰：'人居平安之世，不知兄弟之可恃，而以至亲相责望，则兄弟常多过失，易以生怨，故有以朋友为贤于兄弟者。'王氏曰：'友生约我以礼义者也，虽有兄弟，不如友生，有礼义然后无失其爱兄弟之常心。友生约其外，妻子调其内，则兄弟加亲矣。故曰妻子好合，如鼓瑟琴；兄弟既翕，和乐且湛。'"（《吕氏家塾读诗记》卷十七《正小雅》）这里涉及欧阳修、程颐、苏辙、王安石四人的诗解，其中因为王安石发挥《诗经》义理、重视伦理道德的价值，虽然并非诗的本义，但依然有价值，因此吕祖谦认为"王氏之说虽非经旨，亦学者所当知也"（《吕氏家塾读诗记》卷十七《正小雅》）。而欧阳修对诗句辞气的体味就比较真切，较程颐超绝，苏辙也紧承欧阳修的诗解，是对欧阳修"责之之辞"的进一步阐发。

《小雅·南山有台》，"欧阳氏曰：高山多草木，如周大国多贤才。"吕祖谦注："李氏曰：诗人之意，只言山之有草木，以喻国之有贤者，君必一一为说则拘矣。"吕祖谦自己的看法是："贤才之盛多如此，乐哉，王者诚可为邦家之基矣，诚可以万寿无期矣。五章反复咏叹之，乐之至也。"(《吕氏家塾读诗记》卷十八《南陔之什》)显然李氏、吕祖谦也是承袭欧阳修"乐多贤才"的看法。《小雅·沔水》，"欧阳氏曰：'鴥彼飞隼，载飞载止'者，言诸侯之来者，如隼之或飞或止，其或来或不来，不可常。东莱曰：诸侯之于天子，如沔水之朝宗，其常理也。所以如飞隼载飞载止、去来不常者，其必有所以矣。'嗟我兄弟，邦人诸友'，固皆愿安宁；'莫肯念乱，况谁无父母'，岂不顾惜乎？然则其未服者，盖必有甚不得已也。此深规宣王，使之自反也。"(《吕氏家塾读诗记》卷十九《彤弓之什》)①"东莱曰"以下是吕祖谦的认识，在训释上从欧阳修，在义理探讨上则更加深刻，揭示诸侯朝宗②不常的原因与周天子的德行有关，因此，该诗具有讽谏宣王自省的功能，这种义理发挥反映了作为史学家与理学家的吕祖谦关注社会现实、时代命运、德性修养的理论旨趣，但无疑是在思想方面对欧阳修的进一步深化和延伸。

《大雅·思齐》，"欧阳氏曰：事虽未尝闻，举必中法，又不待教谏而入于善。"吕祖谦注："朱氏曰：虽事之无所前闻者，而亦无不合于法度；虽无谏净之者，而亦未尝不入于善。"(《吕氏家塾读诗记》卷二十五《文王之什》)吕祖谦所引朱熹的诗解亦见于《诗经集传》卷十六《思齐》，尽管吕氏看到的是朱熹前期的作品，但在此句上只字未改。吕祖谦的注释使人看到，欧阳修的诗解对朱熹具有深刻的影响，尽管《诗经集传》该句前后却未提到欧阳修。

《小雅·大东》，"欧阳氏曰：周人方事侈富，洁其衣服以相夸，至于操舟之贱，亦衣熊罴之裘，而私家之人皆备百官而禄食。"吕祖谦注："王氏曰：私人之

---

① "莫肯念乱，况谁无父母"，疑此"况"字衍。
② "诸侯春见天子曰朝，夏见曰宗。"(朱熹《诗经集传》卷十《沔水》)

子试于百僚，则绝功臣之世，弃贤者之类，窭贱者用事而贵也。"(《吕氏家塾读诗记》卷二十一《小旻之什》)王安石与欧阳修《诗》解的联系也可窥一斑。

此外，夹注也有表达对欧阳修诗解的辅证意义。《小雅·正月》，"欧阳氏曰：'我心之忧如结，而国之政何其恶也！'"吕祖谦注"王氏曰：厉，危也。正危则邪胜故也。"(《吕氏家塾读诗记》卷二十《祈父之什》)"王氏"指王安石，吕祖谦引王安石诗解，表面看了无瓜葛，但实际是对欧阳修观点的补充和原因说明。

《吕氏家塾读诗记》引欧阳修的看法："诹、谋、度、询，但变文以叶韵尔，诗家若此之类甚多。"这段论断也见于今本《诗本义》卷六。吕祖谦并按："诹、谋、度、询，必咨于周，而诗文乃云'周爰咨诹'者，古语多倒也。欧阳氏诸说《诗》中亦兼有此意。然《毛传》乃经之本旨也。"(《读诗记》卷十七《皇皇者华》)欧阳氏开"叶韵"说，当为朱子所承。

当然，毕竟《吕氏家塾读诗记》整体上尊序、宗毛，有些比较是应谨慎的，但也饶有学术兴味。如《小雅·斯干》，《诗序》认为是"宣王考室也"，《郑笺》释"考"为"成"，《孔疏》进一步延续，主张"路寝成则考之而不衅"，解释为一种祭祀庆祝的仪式。欧阳修与吕祖谦继承并发挥了这种基本解释，"欧阳氏曰：古人成室而落之，必有称颂祷祝之言，如歌于斯，哭于斯，聚国族于斯，谓之善颂善祷者是矣。若知《斯干》为考室之辞，则一篇之义简易而通明矣。东莱曰：《斯干》《无羊》，皆宣王初年之诗，乃次于刺诗之后，何也？盖宣王晚岁，虽怠于政，然中兴周室之大德，岂可以是而掩之乎？故复取此二篇以终之也。宣王之大雅有美无刺，大雅言大体者也，论其大体，则宣固一世之贤君也。"(《吕氏家塾读诗记》卷二十《祈父之什》)欧阳修关注《斯干》文辞的体味，深感作为"考室之辞"，有助于简明地把握全诗的重心，这是恢复诗本义的阅读。而吕祖谦则是史学与义理相结合的解读，重在阐发《斯干》《无羊》所彰显的历史意义，与其评价历史时代与英雄人物重视"大体"的史学思想相一致，"大体"即吕祖谦常说的"统体"或"大纲"①。如将《诗序》、郑、孔、欧阳、吕相互比较，承革损益脉络明晰，反映了思想学术史生动复杂的面貌。

---

① 《东莱吕太史别集》卷十四《读书杂记·读史纲目》，《吕祖谦全集》(第一册)，第561页。

《小雅·节南山》"驾彼四牡，四牡项领。我瞻四方，蹙蹙靡所骋"，"欧阳氏曰：我驾此大领之四牡，四顾天下，王室昏乱，诸侯交争，而四方皆无可往之所。东莱曰：此章言幽王既不悟贤者有去，而己于是驾彼四牡而将行，四牡项领，则马之肥壮固可惟意所适也，然我瞻四方则蹙蹙靡所骋。盖本根病则枝叶皆瘁，是以无可往之地也。"（《吕氏家塾读诗记》卷二十《祈父之什》）吕祖谦解释虽多深婉义理与历史批评，"本根病则枝叶皆瘁"尤能发人深思，但基本意思与欧阳修无二，或者说是以欧阳修的诗解为基础的。朱熹《诗经集传》在此章，实际上是将欧阳修与吕祖谦的看法融而为一，并明确标明吕祖谦的看法，但未注明欧阳修的诗解，其注解为："言驾四牡而四牡项领，可以骋矣。而视四方则昏乱，蹙蹙然无可往之所，亦将何所骋哉？东莱吕氏曰，本根病则枝叶皆瘁，是以无可往之地也。"（《诗经集传》卷十一《节南山》）由朱熹引证东莱语的准确无误看，《吕氏家塾读诗记》的这段材料朱熹应比较熟悉，与其紧连的欧阳修的解释也应不会陌生，虽未标明"欧阳氏"，我们也可视为是受欧阳修《诗经》学影响的表征。至于朱熹多次未标明欧阳氏诗解，其中原因虽不便推测，或者可能是多方面的，但理学标准则是很重要的方面。这也是"本根病则枝叶皆瘁，是以无可往之地也"被朱熹强调的重要原因，实际上它对理解诗义本身意义并不大，但是在义理价值上却很突出，这应是不可忽视的现象。因此，清理欧阳修以及其他人经学见解及其渊源影响，不能仅停留在文字表面，或者仅重视作者是否标出引用的字样，而是要据实而论、实事求是。

吕祖谦、朱熹借鉴欧阳修《诗本义》的地方也很明显。如《大雅·抑》，吕祖谦引："欧阳氏曰：觉，警动也，言德行修著可以动人，则四国服从矣。"此句见于今本《诗本义》卷十一《抑》。《吕氏家塾读诗记》并作："东莱曰：动民以行，不以言。德行者不言，而信觉民之大者也，故曰'有觉德行，四国顺之'。"（《吕氏家塾读诗记》卷二十七《荡之什》）朱熹在解释"无竞维人，四方其训之，有觉德行，四国顺之"时则说："言天地之性人为贵，故能尽人道，则四方皆以为训。有觉德行，则四国皆顺从之。"（《诗经集传》卷十八《抑》）朱熹在欧阳修、吕祖谦的基础上，将对诗文的解释纳入理学的轨辙，揭示其中隐藏着的人文精神，但重视德行修养，则是他们共同强调的。

《大雅·抑》，"欧阳氏曰：人必先观其质性之如何也。横渠张氏曰：柔和之木乃弓之材，温恭之人乃德之质。……东莱曰：此章言人之质有美有恶，故有可告语者，有不可告语者。"（《吕氏家塾读诗记》卷二十七《荡之什》）在论述人的德性与气质方面，也能看到欧阳修、张载、吕祖谦的一致之处。

《小雅·斯干》"殖殖其庭，有觉其楹。哙哙其正，哕哕其冥，君子攸宁"，"欧阳氏曰：宜君子居之而安宁也。董氏曰：'哙哙其正'，所谓阳室者也。'哕哕其冥'，所谓阴室者也。古者于阴阳以为宫室，故其正为阳，冥为阴。夫负阴抱阳以安其神，所以宁也。"（《吕氏家塾读诗记》卷二十《祈父之什》）欧阳修解释简明，"宜君子居之而安宁也"，但为什么要解为"宜君子居"，这种居室有什么特点，为什么就能使人"安宁"？"董氏"（逌）则从阴阳关系角度作了解释，它是对上述问题的解答，也是对欧阳修诗解的补充。从解诗思想倾向上看，与王安石《诗经新义》（参考邱汉生（1912—1992年）辑佚《诗义钩沉》、程元敏《三经新义辑考汇评》等）、蔡卞（1048—1117年）《毛诗名物解》等气息相投，笔者颇疑"董氏"受王氏新学影响，因为"董氏"《诗经》学著作零落散佚严重，《吕氏家塾读诗记》就是很重要的资料。如果这种推断无误，那么，即使在王学兴盛的时候（乃至南宋以后还有六十年的时间），欧阳修的《诗本义》应该也还是有影响的，并非湮灭无闻。

《豳风·鸱鸮》："东莱曰：《尔雅》：'鹠鷅，鸱鸮之别名。'郭景纯、陆农师所解皆得之。《方言》云：'自关而东，谓桑飞曰鹠鷅。'此乃陆玑《疏》所谓巧妇，似黄雀而小，其名偶与鸱鸮之别名同，与《尔雅》之所载实两物也。毛、郑误指以解诗，欧阳氏虽知其失，乃并与《尔雅》非之，盖未考郭景纯之注耳。"（《吕氏家塾读诗记》卷十六《豳》）程颐已弄不清"鸱鸮者主何物"。晋代郭璞（276—324年，字景纯）认为属于鸱类，宋代陆佃（1042—1102年，字农师）认同郭璞的观点，而反对将鸱鸮解作巧妇。吕祖谦从博物学角度进行综合考察，也肯定了郭、陆的解释，同时对欧阳修的优长和不足作了辨析，论述简明而平实，将欧阳修鲜为人知的博物学知识与经学精审的学术态度也凸现了出来。

因为尊《序》的基本倾向，以及对《毛诗》的信崇，吕祖谦对欧阳修的《诗》论有时便略有微词。如《野有死麕》："此诗三章皆言贞女恶无礼而拒之，其辞初犹缓而后益切。曰'有女怀春，吉士诱之'，言非不怀昏（婚）姻，必待吉士以礼道之，虽拒无礼，其辞犹巽也。曰'有女如玉'，则正言其贞洁，不可犯矣，其辞渐切也。至于其末，见侵益迫，拒之益切矣。毛、郑以'诱'为道，《仪礼·射礼》亦先有诱射，皆谓'以礼道之'，古人固有此训诂也。欧阳氏误以'诱'为挑诱之诱，遂谓彼女怀春，吉士遂诱而污以非礼。殊不知是诗方恶无礼，岂有为挑诱之污行而尚名之吉士者乎？"（《吕氏家塾读诗记》卷三《召南》）与朱熹《诗集传》直接继承了欧阳修关于这首诗的诗解不同（《诗经集传》卷一《召南》），吕祖谦虽赞同毛郑观点，对欧阳修的训诂提出质疑，但是在揣摩文辞、"因文见义"方面无疑也受到了欧阳修的启发和影响，选录欧阳修诗解较多，也说明了这个道理。吕祖谦对欧阳修的批评，也可在后来对郑樵和朱熹批评中看到。他撰《又诗说辨疑》一文，深诋朱熹《诗集传》解《诗》受郑樵的影响[1]，因为欧阳修、郑樵（1104—1162年）、朱熹之间具有承接关系，这种批评链环就是情理中的了，但从侧面也可以看到欧阳修等的影响。

总之，《吕氏家塾读诗记》所引用的"欧阳氏曰"，坚定了这种认识，即宋代十四卷的《诗本义》本身包含今本《诗本义》一至十二卷，卷十三《一义解》《取舍义》或也在其中，甚至包括《〈诗谱补亡〉后序》，但吕祖谦所引《〈诗谱补亡〉后序》可能源于《欧阳公集》。为什么能够肯定吕祖谦所看到的《诗本义》是十四卷，而不是十五卷或十六卷呢？因为除作为今本卷十五的《诗解》（或《诗解统》）已被学者们证明是欧阳修早年的作品、后弃而不用[2]外，更为重要的是，《吕氏家塾读诗记》引用《诗本义》涉及面广，仅引用了今本《诗本义》卷一至十二，卷十三《一义解》《取舍义》，卷十六《〈诗谱补亡〉后序》。这为后人了解宋本十四卷本《诗本义》提供了重要依据和参考，并为把握今本《诗本义》的学术流变和价值提供了有力的论证。同时，它也显示了早于《四部丛刊》本的《诗本义》的结构与内容概貌，《读诗记》所引与今本《诗本义》大量相同或基本相同的内容，彰显了今本《诗本义》渊源有自；而《读诗记》所具有的异文及相较精当的地方则折射出今本《诗本义》可能经过修订，但还不是最终的修订本。同源而异质是《读诗记》所引《诗本义》与今本《诗本义》的联系和区别。同时，通

---

[1] 《东莱吕太史别集》卷十六《又诗说辨疑》，《吕祖谦全集》（第一册），第598页。
[2] 裴普贤著《欧阳修诗本义研究》，台北：东大图书有限公司，1981年，第7页。

过吕祖谦的集注也有助于比较清晰和集中地把握欧阳修《诗经》学对汉唐和宋代《诗经》学的承革与影响，是弥足珍贵的史料。《四部丛刊》本有六卷系抄配（如一至五卷，八至九卷部分，十五卷部分），《吕氏家塾读诗记》所引《诗本义》，进一步印证了这些抄配确乎属于宋版系统，但未必属于《四部丛刊》本一系的宋版系统。

朱子礼观及其工夫论意义*

在中国思想文化中,"礼"具有多种面向和内涵。作为一种政治制度,礼被视作礼制,是国家统治的规章制度和总体的礼仪规范;作为一种伦理规范,礼被视作礼治,是国家和个人如何使用礼调整社会中各类伦理关系、加强个人修养、实现身修家齐国治天下平理想的过程;作为一种心性修养,礼是整饬心性、陶铸情理的修持工夫。"礼"在古代社会生活中占据重要地位,古代虽有"礼治"与"法治"的争论,但细究礼法关系,"法"的出发点与归宿终究还是在"礼"上,因此清人称"古之治天下者,无所谓法也,礼而已矣"①。作为"礼",既具有"形于外"的意义,也同时具有"形于内"的含义。在两宋时期,关于"礼"的探讨进一步深化了,特别是关于礼与理的关系问题有了根本的变化。在这方面,朱熹居功甚伟,他不仅培养了大批推行礼仪、编撰礼书、斟酌礼论的弟子,还在晚年主持编修大规模礼书《仪礼经传通解》②。

朱熹(1130—1200年)是中国宋代著名的理学家和哲学家,影响深远。朱子学研究已经成为海内外中国哲学史、思想史研究的重要内容。其中,关于朱子的经学研究进展显著。朱子遍注群经,具有独特的经学观和诠释理念,其注经实践也是理学思想不断形成、完善、成熟和渗透的过程。

在朱子的经学研究中,关于"三礼"(《周礼》《仪礼》《礼记》)也有丰富的探讨。《小戴礼记》中的《大学》《中庸》是朱子注释《四书》时十分关注的内

---

* 原载于谢阳举主编《中国思想史研究》(2018年卷),北京:中国社会科学出版社,2018年,第126—139页。

① [清]唐晏《两汉三国学案》卷七《礼》,清龙溪精舍丛书本。

② 《仪礼经传通解》,凡六十六卷,含前三十七卷本与续二十九卷本,其中前二十三卷经朱子审定,后诸卷经黄榦、杨复等审定。参见朱杰人、严佐之、刘永翔主编《朱子全书(修订本)》(27册),上海:上海古籍出版社,合肥:安徽教育出版社,2002年。后同。

容,他在《四书章句集注》中对这两部分下了很大的功夫,逝世前依然在修订《大学》章。《仪礼经传通解》系他与学生合作完成,但贯彻和反映了自己的某些理学主张。《朱子语类》以及朱子书信中也有不少论"礼"的内容。本文尝试对朱子的礼观加以反思,试图彰显朱子关于"礼"论述中文质、体用、道器合一的思想理路,进而反思其工夫论从"主静"到"主敬"转变的必然性和内在学理依据,以期对当下的儒学文化推广与实践、礼的研究与实施提供借鉴价值。

一、朱子与三《礼》研究和实践

朱子十分重视"礼"与礼书。

朱子认为:"国以礼为本。"(《仪礼经传通解》卷一《家礼一之下·冠义》)这是对礼具有"经国家,定社稷"[①]作用、"礼足以立上下之敬,物耻足以振之,国耻足以兴之。为政先礼,礼其政之本与(欤)?"(《礼记·哀公问》)[②]认识的延伸和发挥。在古代宗法制社会,"礼"具有秩序性和等级性,"乐合同,礼别异"(《荀子·乐论》),作为维持社会秩序,使社会各个阶层皆能按照自己的职分和社会地位各行其宜、各尽其责,从而做到有章可循、井然有序,被视作为一种合乎礼的大治局面。如果礼仪废弛、社会失序,人们无所措手足,或者举止不当,出现违背伦常的毁礼败德的行为,则是没有较好地实施和贯彻礼的结果。在各种礼中,尤为关键的是"修身"之礼,这是推及家国天下的礼的基础,"士大夫幼而未尝习于身,是以长而无以行于家。长而无以行于家,是以进而无以议于朝廷,施于郡县;退而无以教于闾里,传之子孙,而莫或知其职之不修也"(《朱文公文集》卷八十三《跋三家礼范》),这是关于礼修持的内外远近的问题,与《大学》八条目中的"修齐治平"恰相对应,《大学》也称"君子不出家而成教于国"。在朱熹心目中,作为外在规范的礼仪与内在心性修养的谨敬也是自相表里、

[①] 高诱注《吕氏春秋》曰:"礼所以经国家,定社稷,利人民;乐所以移风易俗,荡人之邪辟,存人之正性,故命乐师使习合之。"([清]朱彬《礼记训纂》卷六,清咸丰宜禄堂刻本)

[②] 《大戴礼记·哀公问于孔子》稍异,"礼其政之本与"作"礼者政之本与"。

彼此副称的，其实质也是对"礼主敬"的展开和阐发。

《宋史》载："朱子尝欲取《仪礼》《周官》、二戴《记》为本，编次朝廷公卿大夫士民之礼，尽取汉晋而下及唐诸儒之说，考订辨正以为当代之典，未及成书而殁。"（《宋史》卷九十八《礼志》）朱子编撰礼的经过，学术界尚有不同的说法，但至少可以看到，朱子对撰修礼书相当重视，竭尽毕生之力来推行，即使觉得自己难以完成，也要叮嘱学生继续完成该项工作。清朱彝尊《经义考》卷二百八十五考朱子授礼弟子六十一人，此外蔡元定（1135—1198 年）等人也参与了《仪礼经传通解》的编写[①]；另外，朱子对礼的设计极为全面，试图在士礼之外，将王朝、邦国、学、家、乡、丧、祭礼辑佚、订补完整。他考订礼，主张先考礼再求义，"须是且将散失诸礼错综参考，令节文度数一一着实，方可推明其义。若错综得实，其义亦不待说而自明矣"（《朱子语类》卷八十四）。

在具体的社会实践中，朱子受《周礼》的影响很大。这个方面，他恰恰与其稍有微议的王安石有相通之处，都借助《周礼》（或《周官》）尝试对当时的社会伦理进行调整，参考民风民俗，变通社会制度与风俗人情，以期作进一步的改良，甚至包括在荒政等方面的具体措施，如乾道三年（1167 年）至乾道七年（1171 年）所探讨总结的"社仓法"，也都源于《周礼》的启发。

这些做法和认识，是与他的礼观密切联系在一起的。

二、礼即理：朱子的"礼观"

朱熹的礼观，具体包括两个方面：一是对三《礼》的基本看法；二是对礼的本质与价值的看法。

受宋代疑经惑传思潮影响，朱子对经典持理性的态度，如他认为"《礼记》不可深信"（《朱子语类》卷八十六），其中记载的"玄鸟卵，大人迹"等"岂有此理，尽是鄙俗相传，傅会之谈"（《朱子语类》卷八十七）。在三《礼》中，朱子认为《周礼》《仪礼》所记载的制度有可信之处，"大抵说制度之书，惟《周

[①] 参见吴国武《朱子及其门人编修礼书补考》，载叶纯芳、乔秀岩编《朱熹礼学基本问题研究》，北京：中华书局，2015 年，第 86—88 页。

礼》《仪礼》可信"(《朱子语类》卷八十六)。

关于三《礼》，朱子明确说："《仪礼》，礼之根本，而《礼记》乃其枝叶。《礼记》乃秦汉上下诸儒解释《仪礼》之书，又有他说附益于其间。今欲定作一书，先以《仪礼》篇目置于前，而附《礼记》于后。"(《朱子语类》卷八十四)"《仪礼》是经，《礼记》是解《仪礼》。如《仪礼》有《冠礼》，《礼记》便有《冠义》；《仪礼》有《昏礼》，《礼记》便有《昏义》；以至燕、射之类，莫不皆然。"(《朱子语类》卷八十五)"《礼记》要兼《仪礼》读，如冠礼、丧礼、乡饮酒礼之类，《仪礼》皆载其事，《礼记》只发明其理。读《礼记》而不读《仪礼》，许多道理皆无安著处。"(《朱子语类》卷八十七)朱子认为《仪礼》(即《礼经》)与《礼记》是本末、经传、事理、器道的关系，他晚年编撰《仪礼经传通解》时分经传也依此为准则。

朱子强调："《周礼》自是一书。"(《朱子语类》卷八十四)"《周礼》是周公遗典。"(《朱子语类》卷八十六)他肯定《周礼》的重要性和价值，而且主张尽管分本末、经传，但是三《礼》之间的联系也很密切，"《周官》一书，固为礼之纲领，至其仪法度数，则《仪礼》乃其本经，而《礼记》《郊特牲》《冠义》等篇乃其义说耳"(《朱文公文集》卷十四《乞修三礼劄子》)，这样，考礼求义，纲领细目、经传、本末一一分明，才可以根据三《礼》的典籍来恢复、考求已经散佚不全的礼典。

为什么朱子在三《礼》中将《周礼》(《周官》)视作纲领，一方面与两宋之际《周礼》研究与普及的勃兴有关，另一方面是他对《周礼》属性的认识使然。"今人不信《周官》，若据某言，却不恁地。盖古人立法，无所不有，天下有是事，他便立此一官，但只是要不失正耳。"(《朱子语类》卷八十六)"不失正"意味着在天地人三才中合宜得体，礼仪制度的确立与天地四时万物的运行规律相适宜而互不违背，与《礼记·礼运》"夫礼，必本于大一"的思维方式一致，在朱子那里，也是使"礼"与天理学说的"理"联系并统一起来，进而使礼的仪节获得存在的依据，使理的本质获得呈现的形式[①]。

[①] "朱子之所以重视《周官》，其用意是明显的，即要以天道规范人道，在朱子那里，天道即所谓天理，因此，朱子主张在官制的设立上，在具体礼节的损益变化上，要一循天理。这样，朱子便把'礼'与'理'联系了起来。"(尉利工著《朱子经典诠释思想研究》，北京：中国社会科学出版社，2013年，第190页)

朱子在天理学说的基础上，对"礼者，理也"的传统观点作出天理论的解释。"礼即理也。但谓之理，则疑若未有形迹之可言；制而为礼，则有品节文章之可见矣。"（《朱文公文集》卷六十《答曾择之》）①即认为礼与理是相互统一、文质不离的关系。他反对离开礼讨论理，以免虚浮不实，"只说理，却空去了。这个礼，是那天理节文，教人有准则处"（《朱子语类》卷四十一），也就是说，礼是天理的自然的流露和彰显，是天理的外在实现形式，具有明确具体的外壳，可供人把握、实践、学习、体认，人们通过文明礼貌与娴熟言辞来培养和表现礼仪修养。"凡人之所以为人也，礼义也。礼义之始，在于正容体，齐颜色，顺辞令。"（《仪礼经传通解》卷一《家礼一之下·冠义》）"正容体，齐颜色，顺辞令"三者皆是"礼容"的内容，礼仪没有形迹可求，但可以通过礼容的是否妥帖来判断，这实际也是认为礼仪本身含有内外、文质的关系。

这些礼，作为当然之理的天理的表现，是对社会人伦关系的反映，是与人们之间的社会实践密切相关的。"礼谓之天理节文者，盖天下皆有当然之理。今复礼，便是天理。但此理无形无影，故作此礼文，画出一个天理与人看，教有规矩可以凭据，故谓之天理节文。有君臣，便有事君臣底节文；有父子，便有事父底节文；夫妇长幼朋友，莫不皆然，其实皆天理也。"（《朱子语类》卷四十二）

由上述可见，朱子对三《礼》文本真伪与价值的审视，侧重的是"义理"向度，是其理学观念"礼即理"的价值观在经典文本上的折射和体现；"礼谓之天理节文"，则将其对礼和理的本末、文质关系显露无遗，也是对"礼即理"观念的反映和置换性表达。

三、朱子"礼观"的思想渊源

朱子论礼，与汉唐时期的"礼"论思想有内在的学术渊源。从字源学角度和训诂学角度考察"礼"②，是发人深思的，即"礼者，体也"、"礼者，理也"、"理

---

① 曾氏为朱子晚年弟子，其书信往来在庆元三年（1197年）以后（参见陈来著《朱子书信编年考证（增订本）》，北京：生活·读书·新知三联书店，2007年，第444页）。

② 高明先生曾有集中的论述和考察。参见高明著《礼学新探》，台北：学生书局，1978年。

者，履也"等。

关于"礼者，体也"，较早见于《淮南子·齐俗训》，称："礼者，体情制文者也。义者，宜也。礼者，体也。"所以，"体"主要指体察、体现、显现。从字源学和音韵角度看，"礼"（禮）、"体"（體）具有密切的相关性，在语音和意义上可以相通。将"礼"作为对"情"的体察和反映，这种思路在先秦至秦汉间的文献中多见，如"礼者，因人之情而为之节文，以为民坊者也"（《礼记·坊记》），"饮食男女，人之大欲存焉；死亡贫苦，人之大恶存焉；故欲恶者，心之大端也。人藏其心，不可测度也。美恶皆在其心，不见其色也，欲一以穷之，舍礼何以哉？"（《礼记·礼运》）等等。可见，"礼"是作为对情与欲的节制和表现，忽视"礼"便难以判断人内心所思所想的美恶。《朱子语类》《朱文公文集》等中似乎没有对"礼者，体也"的直接论述，但是大体意思近似者仍很多。如《朱子语类》卷八十四论述礼"自是天理之当然"段（见后文），清人汪绂注："礼者，体也。比如人有身体冠服鞶鞢，皆自体生，然无个现样，却做不出来，亏得前人想出个冠服鞶鞢的裁剪法，做个样式出来，后人依他做时，便自模样合体，究竟这法度样式，岂从外生，只在自己身上做熟时，似虽无样亦可。"①自然，汪绂认为朱子这段论述有对"礼者，体也"的阐发，当然，今天来看，更多是对"礼者，理也"的论述。

关于"礼者，理也"，作为理学的奠基者周敦颐在《通书》（或《易通》）中已有论述。但这个思想渊源也可溯于秦汉时期，语出《礼记·仲尼燕居》"礼也者，理也。……君子无理不动"。荀子称"礼也者，理之不可易者也"（《荀子·乐论》），也是反映了对礼与理关系的省察。实际上，这种思路在孔子那里已经有所涉及，如"礼云礼云，玉帛云乎哉？乐云乐云，钟鼓云乎哉？"（《论语·阳货》）以及关于"觚不觚"（《论语·雍也》）的感慨等。朱子力主"礼即理也"（《朱文公文集》卷六十《答曾择之》），但是这个"理"已有新的含义，即"天理"，他说："这个典礼，自是天理之当然，欠他一毫不得，添他一毫不得。惟是圣人之心与天合一，故行出这礼，无一不与天合。……做得合时，便是合天理之

---

① ［清］汪绂撰《理学逢源》卷二内篇，清道光十八年敬业堂刻本。

自然。"(《朱子语类》卷八十四)这是朱子对"礼者,理也"的理学解释和阐发,当然其中所论述的"礼"是"天理之当然"。"礼与天合"与"合时",即是"合天理之自然","礼与天合"之"天"指的是"天理","合天理之自然"之"自然"则是本然,"合天理之自然"也即合乎天理。

关于"礼者,履也",《白虎通义·情性》已称"礼者,履也,履道成文也",强调礼是一种实践,而且是遵循道所形成的有规则、有法度、有仪轨的实践,这就是"礼"。东汉时期许慎在《说文解字》中训解"礼",便作"礼,履也,所以事神致福也",揭示了"礼"源起祭祀活动而具有的践履性质。如果"礼"不被实践,便会产生令人无所适从、因小失大的危害,"礼者,人之所履也。失所履,必颠蹶陷溺,所失微而其为乱大者,礼也"(《荀子·大略》)。"君子明于礼乐,举而措之而已。……言而履之,礼也。行而乐之,乐也。"(《礼记·仲尼燕居》)《礼记·仲尼燕居》所称的"举而措之"指实践,实际上也是对《论语·阳货》"礼云乐云"的诠释和延伸。朱子说:"熹闻之,学者博学乎先王六艺之文,诵焉以识其辞,讲焉以通其意,而无以约之,则非学也。故曰:'博学而详说之,将以反说约也。'何谓约?礼是也。礼者,履也,谓昔之诵而说者,至是可践而履也。故夫子曰:'君子博学于文,约之以礼。'"(《朱文公文集》卷七十四《讲礼记序说》)这是朱子对"礼者,履也"的继承和发挥。

"礼者,体也"、"礼者,理也"、"理者,履也"等并关于"礼"的非割裂的论述,也不是呈现"礼"作为一个连续的序列在不同阶段的特点,而是均能混融地反映文质、表里、情实、内外、知行的关联,之所以从不同角度训解,旨在显示各有侧重而已。因此,"礼"不仅仅表现为一种节文和礼仪,而是有实质的内容与情理。这些为朱子的"礼观"及因革礼奠定了坚实的学术与思想基础。

四、朱子因革礼的标准

礼仪节文,有一定的时代性和局限性[①]。古代在传承("因")和创新("革")

[①] "三代不同道而王,五霸不同法而霸……各当时而立法,因事而制礼。礼法以时而定,制令各顺其宜,兵甲器备各便其用。"(《商君书·更法》)

礼仪时，都难免要对礼仪进行改革和变化，有增有减，这就是"损益"①。如何损益？损益的标准是什么？对当前传承和创新礼仪也是有重要的参考价值和借鉴意义。先秦至秦汉间，这个标准多注重的是合乎天地万物之道②、"当时""因事"（《商君书·更法》），而朱子强调要合乎"风气之宜""义理之正"，这是朱子"礼即理"思想的逻辑必然与自然结论。

首先，"合乎风气之宜，而不违乎义理之正"。

朱子在给张钦夫的信中说："夫三王制礼，因革不同，皆合乎风气之宜，而不违乎义理之正。"（《朱文公文集》卷三十《答张钦夫》）③"风气之宜"是说要调查并顺应社会历史实际和具体的风土民情，"义理之正"则是理学兴起发展之后颇富时代色彩的文字表述和价值观念，"不违乎义理之正"即要求合乎天理。但"风气之宜"与"义理之正"到底也只是一个抽象的标准，面对已有的既定的礼仪，哪些该"因"，哪些该"革"？怎么样才能做到合乎分寸，合宜合适，朱子根据自己的理学观念，做了天人的区分，即"所因之礼是天做底，万世不可易。所损益之礼是人做底，故随时更变"，"所因之礼，如'三纲'、'五常'，竟灭不得"，"所谓损益者，亦是要扶持个'三纲'、'五常'而已。如秦之继周，虽损益有所不当，然'三纲'、'五常'终变不得"（《朱子语类》卷二十四）。

可见，可因的礼是"天做底"，是亘古不变的，是天理，如人间的三纲五常；可损益的礼是"人做底"，则是可以随时代推移、世事变迁而变更的，是人欲，如具体的调节不同时期人们社会生活需求的礼仪，则是可以变异的。天理与人欲，在朱子那里，有区分而并非完全截然对立，那么，关于礼的因革也就是相互联系的。具体考察，"革"是为了更好地"因"，合乎"人欲"的"革"是为了更

---

① "殷因于夏礼，所损益，可知也；周因于殷礼，所损益，可知也。其或继周者，虽百世，可知也。"（《论语·为政》）

② "夫礼，必本于天，动而之地，列而之事，变而从时，协于分艺。"（《礼记·礼运》）

③ 在该信中，朱子明言："为《祭说》一篇，而《祭仪》《祝文》又各为一篇，比之昨本稍复精密。"可见朱子已将《祭说》《祭仪》《祝文》撰写完毕，并有修订缮写。陈来先生《朱子书信编年考证》将此信系于乾道四年（1168年）（见陈来著《朱子书信编年考证（增订本）》，北京：生活·读书·新知三联书店，2007年，第49页）。

好地实现体现"天理"的"因",这是对合乎"风气之宜""义理之正"的理学阐释。"因革",本身便包含着权变的因素,反映了"礼"的常(经)与变(权)的有机联系,而这种联系是礼书中本身固有的,"礼有经,有变。经者,常也。变者,常之变也……先儒以《仪礼》为经礼,然《仪礼》中亦自有变,变礼中亦自有经,不可一律看也"(《朱子语类》卷八十五)。整体上,在朱子那里,礼仪的功能是辅助与维持"三纲""五常"这些人伦准则的,同时,它们也是"三纲""五常"的实施和体现。

其次,"求其可行者"。

"因革"礼仪的目的是为了更好地推行礼仪,合乎时代的需要,方便可行,也即古人所说的"时中",朱子多次强调"礼,时为大"(《朱子语类》卷八十四、八十九)。他说:"礼,时为大。使圣人有作,必不一切从古之礼。疑只是以古礼减杀,从今世俗之礼,令稍有防范节文,不至太简而已。今所集礼书,也只是略存古之制度,使后人自去减杀。求其可行者而已。"(《朱子语类》卷八十四)"礼,时为大。有圣人者作,必将因之礼而裁酌其中,取其简易易晓而可行。必不至复取古人繁缛之礼而施之于今也。古礼如此零碎繁冗,今岂可行,亦且得随时裁损尔。"(《朱子语类》卷八十四)"若要可行,须是酌古之制,去其重复,使之简易,然后可。"(《朱子语类》卷八十九)朱子重视礼在现实中具体落实和开展,这些礼恰恰不是简单机械地恢复古礼,而是在现实的世俗之礼的基础上,做些损益变化,使礼变得更加简明简易,具有可行性,也就是说,通过简易礼文而更加凸显出礼的精神和现实功用。这是在当今依然具有启发意义的礼学观念。

再其次,"切于日用常行"。

"切于日用常行",能够在现实生活中推行而不违背情理,这样的"礼"才能有效有用,成为人们自觉遵守而调整情理的手段。关注现实,注重"礼"的人文精神,即使在今天也依然有重要的参考价值。朱子说:"若欲观礼,须将《礼记》节出,切于日用常行者看,节出《玉藻》《内则》《曲礼》《少仪》看。"(《朱子语类》卷八十七)"切于日用常行"是对礼具体实施的可能性、可行性和有效性的反映。

"居今而欲行古礼,恐情文不相称。"(《朱子语类》卷八十四)"恐情文不相称"是朱子的担心,则"情文相称"是朱子试图揭示的"礼"的特点。情指的是情实,是质,所以"情文相称"也是旨在强调文质相应。朱子认为"礼"的根本属性在其实质与意义("义")。"礼之所尊,尊其义也。失其义,陈其数,祝史之事也。故其数可陈也,其义难知也。知其义而敬守之,天子之所以治天下也。"(《仪礼经传通解》卷一《家礼一之下·冠义》)实际上,这里"尊其义"的"义"即"天理",也就是说,礼的实质归根到底是天理。朱子曾说:"只克己,便是复礼。'克己复礼'便似'著诚去伪'之类。盖己私既克,无非天理,便是礼。大凡才有些私意,便非礼。"(《朱子语类》卷四十一)克去己私,便是恢复天理,也就是合乎礼仪,均是一体而非割裂的,也揭示了在日用常行中守礼循理的可能。

最后,"干涉吾人身心上事"。

朱子认为:"礼学多不可考,盖为其书不全,考来考去,考得更没下梢,故学礼者多迂阔,一缘读书不广,兼亦无书可读。……其他礼制皆然,大抵存于今者,只是个题目在尔。"(《朱子语类》卷八十四)他已意识到礼制难考,有题无实,即使可以考得,在现实社会中也难以推行。有学生问他《周礼》,朱子答:"不敢教人学。非是不可学,亦非是不当学,只为学有先后,先须理会自家身心合做底,学《周礼》却是后一截事。而今且把来说看,还有一句干涉吾人身心上事否?"(《朱子语类》卷八十六)

是否"干涉吾人身心上事"是朱子判断礼学价值的重要标准,"《仪礼》虽亦非全书,然所述礼仪及仪节的进行,一举一动,犹可依循,也都干涉'自家身心上事',是朱熹更重视《仪礼》的原因"[①]。"干涉吾人身心上事"反映了理学的价值观,也即对经典研读在持敬、穷理、存心、尽心等方面的理学建构和理想追求,具有鲜明的时代特色和现实关怀。

虽然,礼即理,但是在人们的教育中,从礼仪节文切入,逐渐进到对理的把握,在待人接物的礼仪中随时随处体认天理。"古者小学,教人以洒扫应对进退之节,爱亲敬长隆师亲友之道,皆所以为修身、齐家、治国、平天下之本,而必使之讲而习之于幼稚之时,欲其习与智长,化与心成,而无扞格不胜之患也。"

[①] 叶纯芳《朱熹〈仪礼经传通解〉对〈礼记〉经、传的界定》,载叶纯芳、乔秀岩编《朱熹礼学基本问题研究》,北京:中华书局,2015年,第92页。

(《朱文公文集》卷七十六《题小学》)在具体的礼仪活动中体味天理,最关键的是要与自己的身心修养结合起来,"不先就切身处理会得道理,便教考究得些礼文制度,又干自家身己甚事?"(《朱子语类》卷七)关注礼,最终目的还是要解决身心修养,体认天理,而不是仅仅停留在礼文制度层面。

五、朱子"礼观"的工夫论意义

朱子年轻时师从道南学派杨时-罗豫章-李侗一系,以心体认"喜怒哀乐未发之际"(《龟山文集》卷四),"未发已发之几""已发"与"未发"的中和问题,"未发"之性与"已发"之情的性情论成为这个时期朱子关心的工夫要目,"大抵令于静中体验大本未发时气象分明,即处事应物自然中节"(《朱文公文集》卷四十《答何叔京二》),从而获得由心性的修养包含待人接物的礼仪,其向度显然是主张由内向外,故对"静"格外关注,静不仅是一种静止安谧的心态,同时也是澄明宁静的心境的操持。

"某旧见李先生,尝教令静坐。后来看得不然,只是一个'敬'字好。"(《朱子语类》卷一百二十)由"静"向"敬"的工夫论转变,恰是朱子学术前后期的分野,与其后期更加关注和参与礼的理论探讨与实践尝试密切相关。

"敬"是向内的心性涵养工夫,"义"是向外的格物致知工夫。"敬义夹持"(《二程遗书》卷五)是二程(特别是伊川)著名的工夫论,同时格物致知的集义中也渗透伴随着居敬的工夫。"伊川敬义夹持的工夫论被朱熹工夫论所承继和发展,成为朱学中居敬穷理说的主要来源。"① 这里强调朱子礼观的独特性和学术价值,旨在强调朱子由"静"向"敬"的工夫论转变,除受到回溯二程、直接秉承程颐"敬义夹持"工夫论的影响外,还受到了自己对"礼"的理论探索和现实实践的影响与启发。

《礼记·曲礼》开篇称"毋不敬",可称得上是三《礼》总纲,已经蕴藏着

---

① 曾春海著《朱熹哲学论丛》,台北:文津出版社,2001年,第73页。

"礼主敬"的观念。但"礼主敬"却是汉代学者对"礼"的本质与工夫的体会和发明。郑玄注礼,倡导"礼主敬"。《曲礼》曰:'毋不敬,俨若思,安定辞,安民哉!'郑氏曰:'礼主敬。俨,矜庄貌。人之坐思,貌必俨然。安定辞,审言语也。此三句可以安民。'"[①]朱子重视"礼主敬"。"'问:上蔡谓礼乐之道异用而同体,还是同出于情性之正,还是同出于敬?'曰:'礼主敬,敬则和,这便是他同体处。'"(《朱子语类》卷二十二)朱子注《曲礼》"毋不敬"时也重申"以意推之,礼主于敬",且认为这是礼的根本,"此礼之本,故于《曲礼》首章言之"(《仪礼经传通解》卷十一《学礼四·曲礼》)。

朱子重视"居敬""穷理"。他说:"学者功夫,唯在居敬、穷理二事。此二事互相发,能穷理,则居敬功夫日益进;能居敬,则穷理功夫日益密。"(《朱子语类》卷九)在朱子看来,"居敬"与"穷理"是相辅相成、互相促进的两种修身治学工夫。但是"居敬"则是更为根本的工夫,"持敬是穷理之本。穷得理明,又是养心之助"(《朱子语类》卷九),毕竟"持敬"是"存心""尽心"的工夫,"心包万理,万理具于一心。不能存得心,不能穷得理。不能穷得理,不能尽得心"(《朱子语类》卷九)。

朱子认为古代圣贤论述治理国家之事,"必以仁义为先,而不以功利为急","盖天下万事本于一心,而仁者此心之存之谓也。此心既存,乃克有制,而义者此心此制之谓也。诚使是说明于天下,则自天子以至于庶人,人人得其本心,以制万事,无一不合宜者"(《朱文公文集》卷七十五《送张仲隆序》),这里已经包含了本心与仁义、敬与礼的关系,而居敬则是维持本心、推行仁义、践行礼文的根本。

因此,由"静"向"敬"的转变,标志着朱子前后期思想学术的变化,特别是工夫论的变化,其中源于朱子礼学研究的理论探索与实践尝试,从"礼主敬"中得到的义理和工夫启发,对朱子思想与哲学的重构具有重要的理论价值和实践意义。

总之,受理学思想与观念的影响,朱子重视三《礼》文本及其研究。他对传

---

① [宋]卫湜撰《礼记集说》卷一,清通志堂经解本。

统的"礼者,理也"作了进一步的发挥,既强调"礼"是"理"的表现和节文,"礼"不是空洞的形式和仪节,也注重"理"是"礼"的本体和最终根据。朱熹的礼观念具有汉唐学术的渊源和基础。他对礼加以损益、因革,重视根据社会实际情况进行必要的调整,具体可行,能够满足日常生活的需要,对主体的身心修养具有重要促进作用。朱熹关注礼的理论探讨和社会实践,促进了由静向敬的工夫论转变,反映了朱子前后期思想与学术转变的基本轨迹和逻辑进程。朱子探讨礼的本质,尝试推进礼的实践,颇富现代意义及启示,是今天人们传承和创新礼的理论与实践的重要思想文化资源。

五　明清关学与经学融通

明代吕柟的经学观念及其意义

清末皮锡瑞（1850—1908年）称"论经学，宋以后为积衰时代"，而尤断明代经学为"极衰时代"，而"明时所谓经学，不过蒙存浅达之流；即自成一书者，亦如顾炎武云：明人之书，无非盗窃"[①]。明代经学虽与汉唐、宋元风格不同，难免虚浮不实，但依托经学典籍建构新的思想与学说，却自有其贡献。吕柟经学在明代经学中思想学术特色比较鲜明。

吕柟，字仲木，号泾野，陕西高陵人，生于明成化十五年（1479年），卒于嘉靖二十一年（1542年），是明代著名的理学家。正德三年（1508年），举进士第一，授翰林院修撰。正德年间，曾两度引退。嘉靖初年复起，又因议礼被贬解州，任判官，建立解梁书院，重视讲学。嘉靖六年（1527年），升南京宗人府经历，先后还担任南京吏部考功司郎中、尚宝寺卿、太常寺少卿，并在柳湾精舍、鹫峰东所等处讲学，这段时期是他学术活动的鼎盛时期。被誉为"九载南都，与湛甘泉、邹东廓共主讲席，东南学者尽出其门"（《明儒学案》卷八），"讲习几与阳明氏中分其盛，一时笃行自好之士多出先生之门"（《明儒学案》卷首《师说》）。后任北京国子监祭酒一年多，官至南京礼部右侍郎。

吕柟经学著作颇丰，比较有代表性的有《周易说翼》（三卷）、《尚书说要》（五卷）、《毛诗说序》（六卷）、《春秋说志》（五卷）、《礼问》（二卷）（五种统称《泾野先生五经说》）、《四书因问》（六卷）[②]，另在吕泾野诗文集等[③]中也有反映。

[①] ［清］皮锡瑞著，周予同注释《经学历史》，北京：中华书局，2004年，第198、210、201页。

[②] ［明］吕柟撰，刘学智点校《吕柟集·泾野经学文集》，西安：西北大学出版社，2015年。

[③] ［明］吕柟撰，米文科点校《吕柟集·泾野先生文集》，西安：西北大学出版社，2015年；［明］吕柟撰，赵瑞民点校《泾野子内篇》，北京：中华书局，1992年；［明］吕柟撰，赵瑞民点校《泾野子内篇》，西安：西北大学出版社，2015年。

吕柟经学作品的价值,古人也有高度评价,被誉为"仁义之精华,孔颜之正脉"①、"发前圣之奥旨,正后贤之偏识,指来学之迷途"②等。

目前,学术界关于吕柟经学研究的特色、方法与关学关系③,对《四书因问》中的《孟子》④进行了探讨,在吕柟学术与思想研究方面呈现出不断开拓和深化的态势⑤。吕柟思想综合张载关学,对朱子学有吸收改造,与阳明学分庭抗礼,但也有融会。在经学思想方面,目前对吕柟重视工夫,即"致曲"的探讨,强调其具有关学躬行实践的层面⑥,对其经学思想与朱子学、阳明学的内在关系还有探讨的空间。

吕柟经学思想与朱子学关系密切⑦,《明史》称吕柟与罗钦顺在王阳明、湛若水学术盛极一时的时候"独守程朱而不变者"(《明史》卷二百八十二《吕柟传》),是否合乎吕柟思想学术实际,还有研究余地。经学思想的核心是考察其中占主导的经学价值观念⑧,即具有普遍性和支配性的思想,特别是体现在他对

---

① [明]薛应旂撰《方山先生文录》卷十四《传一·泾野先生传》,明嘉靖东吴书林刻本。
② [明]张萱撰《西园闻见录》卷七《吕泾野》,民国哈佛燕京学社印本。
③ 刘学智《前言》,载[明]吕柟撰,刘学智点校《吕柟集·泾野经学文集》,西安:西北大学出版社,2015年,第5—8页;刘学智《吕柟的经学思想及其关学精神》,《唐都学刊》2016年第5期。
④ 李敬峰《取法程朱,辨乎阳明——吕柟的〈孟子〉学及其思想意义》,《中国哲学史》2016年第3期。
⑤ 马智《吕柟理学思想研究述评》,《哲学动态》2009年第6期。
⑥ 刘学智先生将吕柟的经学思想概括为四个方面:"重视经学,以为'经学是士子之堤防'","'治经'之关键在于'求道'、'治身'","强调治经的目的在于'力行'","'治经'一定要'求之于心而放之于行'"(刘学智《吕柟的经学思想及其关学精神》,《唐都学刊》2016年第5期,第60—61页)。这四个方面主要是强调治经的目的("求道")和功用("治身"、"力行")。
⑦ "吕柟的经学在明代中叶代表了一个不同于阳明心学的独特方向,即恪守程朱的方向","相较于程朱之经说经注,吕柟的经学还是显得粗疏一些","他在经注中以'求道'为目标,以'力行'为归宿,重视实践而反对空谈,以及对修身的关注,都表现出鲜明的关学特色"(刘学智《吕柟的经学思想及其关学精神》,《唐都学刊》2016年第5期,第63页)。
⑧ "中国过去涉及经学史时,只言人的传承,而不言传承者对经学所把握的意义,这便随经学的空洞化而经学史亦因之空洞化。更因经学史的空洞化,又使经学成为缺乏生命的化石。……即使不考虑到古代传统的复活问题,为了经学自身的完整性,也必须把时代各人物所了解的经学的意义,作郑重的申述,这里把它称为'经学思想',此是今后治经学史的人应当努力的大方向。"(徐复观著《中国经学史的基础》,台北:学生书局,1982年,第208页)

经学价值、经典关系以及经学研究方法等的看法上,而前提是关于吕柟经学思想基础的探讨。

一、吕柟的关学特质与心学倾向

吕柟学术以躬行实践、践履笃实著称①,被邹守益(号东廓)(1491—1562年)誉为"以躬行倡之"(《邹东廓集》卷一《赠王克孝》),万历年间冯从吾(1557—1627年)表彰其"重躬行,不事口耳""不为玄虚高远之论"(《关学编》卷四)。

吕柟的学术渊源比较复杂,表面上直接受授于"河东学派",他曾问学于河津薛瑄(1389—1464年)的三传弟子渭南薛敬之(1435—1508年)。薛瑄开创"河东学派",重视躬行实践,因此,《明儒学案》列吕柟于《河东学案》。

吕柟是关中人,服膺于张载(1020—1077年)所创立的关学,对张载的思想颇为重视。明代关学又有了一些新的发展,鲜明的是继承关学传统、不拘门户、融合周程张朱、重视践行躬礼,可称为关中理学。如当时形成的"三原学派",就与"河东学派"学风比较相近。吕柟和三原马理(1474—1556年)相友善,吕柟去世后,马理撰写了《南京礼部右侍郎泾野吕先生墓志铭》(《泾野子内篇》附录三)。黄宗羲(1610—1695年)认为"关学世有渊源,皆以躬行礼教为本,而泾野先生实集其大成"(《明儒学案》卷首《师说》),从学术思想发展的内在理路分析,这种说法是有一定道理的。但是,吕柟的"关学",实际上已经与张载的"关学"有所不同,吕柟在当时更多遥承周程张朱余绪,力主理学,与心学相抗衡。在这种意义上,"关学"即"关中理学",后来这种思想学术不断发展,绵亘至清代。毋庸置疑的是,张载原创性的"关学"在吕柟思想的形成发展以及"关中理学"的演变中具有重要的影响和作用。此外,以吕柟为关学的集大成者,实源于《明儒学案》,而并非是现当代学者才有的认识。

吕柟与周程张朱的宋代理学有着紧密的内在联系,特别是受到张载重礼、重践行的学风的影响。他对张载"德性所知,非闻见小知而已"等思想也有进一步

---

① [明]吕柟撰,赵瑞民点校《泾野子内篇·前言》,北京:中华书局,1992年,第1页。

的发展,主张"不曾废闻见"(《泾野子内篇》卷二十七)、"心尽亦由多见多闻中来"(《张子抄释》卷一)、"德性之知亦或假见闻,但不恃焉耳"(《二程子抄释》卷六)等,重视感官经验对道德涵养的积极作用,是对宋代"德性之知不萌于见闻"的认识的校正和发展。

吕柟重视仁学。"先生曰:'仁者,人也。凡万物生生之理,即是天地生生之理,元非有两个。故人生天地间,须是把己私克去,务使万物各得其所,略无人己间隔,才能复得天地的本体。夫孔门诸贤,于一时一事之仁则有之,求万物各得其所,与天地同体气象便难。惟颜子克己复礼,几得到此境界,故夫子于夏时、殷辂、周冕、《韶》舞,惟与他说得。他人无此度量,夫子不得轻与也。'"①吕柟"仁者,人也"的思想与传统的"仁者,爱人也"有所不同,它的关键是在于发现和把握万事万物之间的联系,以及给人的伦理道德启示和论证,人可以通过克去己私沟通天人、人己间隔,最终达致"与天地同体"的境界。此处所谈的"仁者,人也"意在点明"仁"是"人"的本质属性,并由仁爱他人推及仁爱万物,使万物各得其所,"与天地同体"才是"仁"的最高价值目标。因此,吕柟的"仁者,人也"的思想要较"仁者,爱人也"更加深刻深远,对后者作了进一步深化,是后者发生的理论基础,同时也是对张载"民胞物与"思想的继承和发展。

吕柟对二程和"程门四子"的评价,能够反映他的基本学术旨趣。"光祖问:'二程先生孰优?'先生曰:'明道优。然始学之道,其必先自伊川之方严进乎!'"②"光祖问:'程门尹、谢、游、杨四子孰优?'先生曰:'惟尹彦明吾最敬焉,笃志力行,有周、汉人风,使及孔门,可方由、求乎!'"③胡大器与吕柟之间有段对话,"大器问:'明道、伊川皆大贤也,初学何先?'先生曰:'当学伊川严毅方正为是。若学明道和粹,而工夫不至熟,只见燕朋日日往来不绝,忽不知岁月

---

① [明]吕柟撰,赵瑞民点校《泾野子内篇》卷十五《鹫峰东所语第二十》,北京:中华书局,1992年,第145页。

②③ [明]吕柟撰,赵瑞民点校《泾野子内篇》卷五《解梁书院语第八》,北京:中华书局,1992年,第36页。

之将至。然学熟后便是明道也。'"①也可进一步印证这种看法,即以程颐为入手处,渐至程颢的境界和气象。"何廷仁言:'程子、张子之心,无些物我之间。如张子方与弟子说《易》,闻程子到,善讲《易》,即撤皋比,使弟子从程子讲《易》。程子方与弟子论主敬之道,见张子《西铭》,则曰"某无此笔力"。可见二子之心甚公。'先生曰:'此正是道学之正脉。如孔门之问答,虞廷之告语,皆是此气象。可见古人之学,绝无物我之私。他如朱、陆之辩,不免以己说相胜。以此学者不可执己见。'"②吕柟服膺于张载和程颐(1033—1107年)的学说,由他对程张朱陆的评析,可见他反感争于口舌是非、偏执己见的学风,这与他重践行的学术主张一致。

吕柟的学术思想与传统的宋代理学(特别是性理道学)分野很明显,端倪渐露。"'光祖近得《新增伊洛渊源录》,乃月湖杨公廉之所增也,多是朱文公论议诸贤之短处。敢问是非?'先生曰:'月湖亦好古之士,但所见亦近世口说性理道学。若孔门切实正学,渠恐未闻,故所录诸贤皆未真。'"③吕柟对月湖先生杨廉(1452—1525年)编撰的《新增伊洛渊源录》不无微词,他将"性理道学"与"切实正学"在一定意义上对立了起来,这就不难理解吕柟重视践行的原因了。

吕柟重视"正心""务实","先生曰:'志在荣身者,未必能荣其身;志在荣名者,未必能荣其名。故君子以正心为本,务实为要。'"④吕柟对"心"的重要性有足够的认识。他在回答弟子的问题时有番对话,"问:'老子有言:"不见可欲则心不乱。"然则必见可欲而乱乎?夫使吾心有主,其能乱乎?必若吾夫子所谓非礼勿视听者,然后为无弊。'曰:'人于非礼,耳目虽勿视听,而心中不忘,

---

① [明]吕柟撰,赵瑞民点校《泾野子内篇》卷七《柳湾精舍语第十一》,北京:中华书局,1992年,第48—49页。

② [明]吕柟撰,赵瑞民点校《泾野子内篇》卷十三《鹫峰东所语第十八》,北京:中华书局,1992年,第122页。

③ [明]吕柟撰,赵瑞民点校《泾野子内篇》卷六《柳湾精舍语第十》,北京:中华书局,1992年,第43页。

④ [明]吕柟撰,赵瑞民点校《泾野子内篇》卷二《云槐精舍语第三》,北京:中华书局,1992年,第16页。

则亦乱耳。"①他对"养心"和"养心"的方式格外重视,明确认为"养心是学问根本"②。他告诫学生要经常检省本心,无论读书还是听讲。"先生常谓大器曰:'看书先要将己心与日用常行比合,其见自别。'"③"先生讲罢,谓诸生曰:'某之言论,不可以为是,必合之于心与理安,方为是。'"④以至于"先生闻施秀才家被毁,对人致勉曰:'此不必动心,教他再用功,水来溺不著,火来烧不著。'"⑤

"先生谓大器曰:'千虑万思不如一静,千变万化只在一心。'大器曰:'静,无欲之谓;心如谷种之谓。'又曰:'心上起经纶如何?'先生曰:'那经纶固是心上起,但看怎生样起。'又问。曰:'就在谷种上生起。''谷种焉能生?'曰:'仁而已。'"⑥重静、心、仁的学说。"问为学。曰:'只要正己。孔子曰:"上不怨天,下不尤人,知我者其天乎!"若求人知,路头就狭了。天打那处去寻?只在得人,得人就是得天。《书》曰:"天视自我民视,天听自我民听。"'学者未省。曰:'本之一心,验之一身,施之宗族,推之乡党,然后达诸政事,无往不可。凡事要仁有余而义不足,则人无不得者。'"⑦

"陈世瞻问:'欲使南北一样士习,可能否?'先生曰:'南海有圣人出焉,此心此理同,北海有圣人出焉,此心此理同。所不同者,特风气山川隔著耳。学者不可以其隔处自限也。思慎不见夫子以中和变南北之强乎!'"⑧这里,体现了吕柟思想中心学与气学、陆学与关学的交融特征。其中"南海有圣人出焉,

---

① [明]吕柟撰,赵瑞民点校《泾野子内篇》卷四《端溪问答第七》,北京:中华书局,1992年,第29页。

② [明]吕柟撰,赵瑞民点校《泾野子内篇》卷四《端溪问答第七》,北京:中华书局,1992年,第35页。

③⑤ [明]吕柟撰,赵瑞民点校《泾野子内篇》卷七《柳湾精舍语第十一》,北京:中华书局,1992年,第48页。

④ [明]吕柟撰,赵瑞民点校《泾野子内篇》卷七《柳湾精舍语第十一》,北京:中华书局,1992年,第52页。

⑥ [明]吕柟撰,赵瑞民点校《泾野子内篇》卷九《鹭峰东所语第十四》,北京:中华书局,1992年,第82页。

⑦ [明]吕柟撰,赵瑞民点校《泾野子内篇》卷九《鹭峰东所语第十四》,北京:中华书局,1992年,第84页。

⑧ [明]吕柟撰,赵瑞民点校《泾野子内篇》卷九《鹭峰东所语第十四》,北京:中华书局,1992年,第85—86页。

此心此理同，北海有圣人出焉，此心此理同"屡被陆九渊（1139—1193年）、杨简（1141—1226年）等称道，而重视山川风气对人的影响，则是张载在论述风土气质与歌谣关系时的思想，与张载气学思想有内在的联系。同时它也是关学心性之学的反映，张载思想中原本就有的心性之学因素，为吕柟思想的发展提供了逻辑依据。

虽吕柟有心学倾向，但与王阳明（1472—1529年）心学不同。这一点还能体现出程朱理学与关学的基本特质，即"重躬行"的特征。"或质阳明致良知。先生曰：'阳明凡百事皆习过了，老来静坐。学者来问，亦以此告人，忒自在了。然孔子不是这般学，好古敏求，发愤忘食，终夜不寝，问礼问官之类，未尝少懈，况下圣人者乎！学者当日夜勤力不息，犹恐知之不真，得之或忘。'"① "何廷仁言：'阳明子以良知教人，于学者甚有益。'先生曰：'此是浑沦的说话。若圣人教人，则不如是。人之资质有高下，工夫有生熟，学问有浅深，不可概以此语之。是以圣人教人，或因人病处说，或因人不足处说，或因人学术有偏处说，未尝执定一言。至于立成法，诏后世，则曰："格物致知"，"博学于文，约之以礼"。盖浑沦之言可以立法，不可因人而施。'"② 可见，吕柟对阳明之学还是有所批评的，其中体现了关学敦厚的特点，与心学还保持着距离，经过南大吉（1487—1541年）兄弟在关中传播阳明学的努力，至冯从吾（1557—1627年）、李二曲（1627—1705年）等人又有变化，吸收融会阳明学。这也从关学与心学的关系角度体现了关学的递变特点和规律。

"先生曰：'今世学者，开口便说一贯，不知所谓一贯者，是行上说，是言上说？学到一贯地位，多少工夫！今又只说明心，谓可以照得天下之事。宇宙内事固与吾心相通，使不一一理会于心，何由致知？所谓不理会而知者，即所谓明心见性也，非禅而何！'"③ 吕柟所说的"心学"实指领会于心，理会于心，与禅学

---

① ［明］吕柟撰，赵瑞民点校《泾野子内篇》卷七《柳湾精舍语第十一》，北京：中华书局，1992年，第52页。
② ［明］吕柟撰，赵瑞民点校《泾野子内篇》卷十三《鹫峰东所语第十八》，北京：中华书局，1992年，第121—122页。
③ ［明］吕柟撰，赵瑞民点校《泾野子内篇》卷十一《鹫峰东所语第十六》，北京：中华书局，1992年，第103页。

不同。同时，他所强调的"一贯"，也分为言和行两个方面，从而反对在言辞上论说再三，而不见诸践行的行为。

吕柟的"知行学说"可概括为"知为行始，行与知随"，知与行密不可分，相辅相成。"先生谓：'知得便行为是，谓知即是行，却不是。故知者行之始，行者知之随，犹形影然，又犹目视而足移然。'"①这是吕柟的"知行学说"，他反对王阳明认知为行的主张，但是强调知是行的前提和基础，近似于"知先行后"，但是又有细微差别。这是吕柟对宋明学者关于"知""行"关系看法总结后得出的学术观点。"先生曰：'天下事当言不言，当行不行，失之弱；至于过言过行，却又失之露。其要只在心上有斟酌损益方好。'"②与吕柟、马理同时的另一位关学人物杨爵（1493—1549年）就秉行"当言则言，当行则行"，耿直不回，谥号"忠介"。关学的确有重气节、重节操的传统，躬行实践，义无反顾。

明代经学重视"实行之学"，与明初统治者的政策导向有关，"学问虽不进，但在实行方面，或出气节之士，或养成道德家"，后经社会风气激荡与思想演变，澄心静观的学风风靡。但这种尚气节操守、重躬身实行的风格却得到了保留和发扬，特别是在关中理学家那里表现更为明显。"宋之道学所谓'天地之塞吾其体'其规模何等地大，而明之心学，'心即天，言心则天地万物皆举之矣'（《传习录》），言语虽大，规模却陷于方寸，且以天地为经纬的礼乐制度的研究也没有"③，实际上，这里所说的"宋之道学"正是以张载《西铭》语为代表，而重视"礼乐制度"也是张载、朱熹等人格外关注的内容，对吕柟影响深远。吕柟等还编撰《诗乐图谱》，以"复雅颂之古乐，本末俱举，质文兼修"（《诗乐图谱·吕柟序》）为旨归④。

吕柟发现行为践行是否合宜、合乎中庸之道，决断的标准最终还要取决于"心"的斟酌损益，这也是他重视"心"的重要原因。其实在关学创始人张载那里，已经为"心"的地位提供了理论说明，具有一定的心性倾向，吕柟只是作了

---

① ② ［明］吕柟撰，赵瑞民点校《泾野子内篇》卷十五《鹫峰东所语第二十》，北京：中华书局，1992年，第146页。

③ ［日］本田成之著，孙俍工译《中国经学史》，上海：上海书店，2001年，第235、237页。

④ 吴志武《明代吕柟编撰的〈诗乐图谱〉研究》，《中国音乐学》2012年第3期。

进一步展开和发展而已。

重视践行的关学学风和特色实是吕柟思想的重要基础。他虽然受张载思想的影响，但又没有局限于张载思想，而是有了一定的传承和创新。吕柟学术思想尽管有些部分与心学比较接近，或者说受到了心学的影响，但是在整体上却是融合程朱与张载之学的。

二、吕柟的主要经学观念

能够比较集中反映吕柟理学思想的著作主要有《五经说》《四书因问》《宋四子抄释》《泾野子内篇》等。《五经说》包括《周易说翼》《尚书说要》《毛诗说序》（一作《毛诗序说》）、《春秋说志》《礼问》等。《泾野子内篇》包含不少相关语录，虽然零散不整，但却是观照吕柟经学研究与其理学思想形成之间重要关系的珍贵史料。从吕泾野流传下来的《五经说》与《四书因问》来看，他对《四书》《五经》的重要性都有强调，反映了融会诸经、自铸新解的努力和尝试。关于《五经》（即一般所说的《六经》），他继承张载遍观群经的告诫，"横渠亦曰：'五经须常放在面前，每年温诵一遍，况学者乎！'"①教育门人博览众经，融会贯通。这在把握经学典籍的关系方面有其独特性和创新性。

即使在宋明时期，经学义理解说流行，而吕柟对汉儒的章句注疏成果也甚为关注，他虽然也主要侧重义理阐发，但却没有强烈的汉宋门户观念。他认为："读经者不可不读《十三经注疏》，其书皆汉儒所作，其源流皆自孔门传授将来，……"②

（一）经学道德功能："药石皆具于《六经》。"

"经学者，士子之堤防也。"（《泾野先生文集》之《赠张惟静提学序》）③吕

---

① ［明］吕柟撰，赵瑞民点校《泾野子内篇》卷七《柳湾精舍语第十一》，北京：中华书局，1992年，第51页。
② ［明］吕柟撰，赵瑞民点校《泾野子内篇》卷二十三《太学语第三十一》，北京：中华书局，1992年，第235页。
③ ［明］吕柟撰，米文科点校《吕柟集·泾野先生文集》，西安：西北大学出版社，2015年，第257页。

重视经学典籍在提高人伦道德修养、防检人心方面的重要价值。吕柟的《六经》观很独特，他视《六经》为提高人生修养的药石。吕柟重视践行，把《六经》与应对时务联系起来，彰显《六经》的时代感和生命力，具有深刻的思想内涵和启发性。"夏子曰：'今之不知时务而好谈经者，皆腐儒也。'先生曰：'《六经》尽时务也，第读经者弗知耳。如其知经也，必不敢背经矣。'"①他认为经书在人们的生活中地位异常重要，是须臾不可离开的，就像人们生活需要物质依靠一样。"先生叹曰：'经书是平天下粱肉，未有舍经而能致治者。后世偏用法律，是失开设学校之初意也。'"②

吕柟以体用合一、体用不二的思想对待《六经》，在解决某些似是而非的问题上能够独辟蹊径，发人深思。"问：'"天得一以清，地得一以宁"，王侯得一以守其国。夫所谓"一"，非理乎？所谓理，非太极乎？然后知老子得《易》之体也。'曰：'老子未知《易》之用，焉知《易》之体！'"③"问《仪礼》《周礼》。曰：'此周公传心之要。孔子作《春秋》，本二《礼》而作。'"④这种认识虽并未有足够的文献依据，但却体现了吕柟解经的心学理趣和倾向。

（二）经典载道本质：本末一贯，始终一理

吕柟通过对《大学》的阐发，认为《大学》具有"本末一贯，始终一理"，即"'明德'即所以亲民，明德而能亲民，无所杂焉，所谓'止至善'也"(《四书因问》卷一)⑤，主张"明明德"在"三纲领"中地位重要，是其他二者的基

---

① ［明］吕柟撰，赵瑞民点校《泾野子内篇》卷一《云槐精舍语第一·正德年中语》，北京：中华书局，1992年，第7页。
② ［明］吕柟撰，赵瑞民点校《泾野子内篇》卷七《柳湾精舍语第十一》，北京：中华书局，1992年，第50页。
③ ［明］吕柟撰，赵瑞民点校《泾野子内篇》卷四《端溪问答第七》，北京：中华书局，1992年，第30页。
④ ［明］吕柟撰，赵瑞民点校《泾野子内篇》卷七《鹫峰东所语第十二》，北京：中华书局，1992年，第54页。
⑤ ［明］吕柟撰，刘学智点校《吕柟集·泾野经学文集》，西安：西北大学出版社，2015年，第294页。

础和保证。

"问:'千古圣贤心事与天地万物万事之理,无不赖文字以传。所谓文字,如《六经》《四书》之类是也。故尝窃料人固不可专靠书册,舍书册亦岂所以为学邪?'曰:'顾观之者如何耳。四方上下、山川草木,皆书册也,要之有所归耳。'"① 吕柟注意体会自然世界和社会生活,万千世界都与要应对的时务结合在一起,即"天人相应"。因此,在他看来,世间把握圣贤之心和宇宙之理的途径很多,不能仅凭借书册进行。这种思想是对狭隘的经典观念的补充,它有助于启发人们关注现实,应对社会生活中的矛盾和问题。但是,与心学末流不同的是,吕柟强调要有归宿,而不是漫无边际、游谈无根。这是吕柟学术思想的一个鲜明特色:自由性与限定性的统一和结合。

吕柟对"道"的把握比较周全,没有拘泥于阴阳二分的论道模式。"问:'饮以养阳,食以养阴,生民之恒,故观便液之清浊而阴阳可见。夫道不离乎日用,故男女、饮食,道之端也。彼求于人事之外,无乃非道乎!'曰:'此等阴阳论道,恐亦太浅。若谓求道于人事之外非道者,则甚切。'"② 特别是他强调在日用与人事中把握道,反映了对道器关系的深刻思考,发道不离器、即器求道的先声。

(三)吕柟对《四书》与《六经》关系的看法

吕柟解经思想中有种自觉的观念,即以《四书》的观念来解释《五经》,这是对南宋"《四子》,六经之阶梯"的细微调整,同时也是《四书》学勃兴与发展的体现。

"戴光问:'《易》卜蓍何如?'先生曰:'《易》专言正心、修身、齐家、治国道理。后世以吉凶祸福言,便小看了《易》。《易》,变易以从道也。'"③ 整体

---

① [明]吕柟撰,赵瑞民点校《泾野子内篇》卷四《端溪问答第七》,北京:中华书局,1992年,第28页。

② [明]吕柟撰,赵瑞民点校《泾野子内篇》卷四《端溪问答第七》,北京:中华书局,1992年,第34页。

③ [明]吕柟撰,赵瑞民点校《泾野子内篇》卷八《鹭峰东所语第十三》,北京:中华书局,1992年,第68页。

上，吕柟解经侧重人事，但是这种以《四书》解经的特点还是比较明显的。"先生曰：'《易》之意，都在言外看可得。《旅》"射雉，一矢亡"。盖矢比利欲，雉比明德，如去利欲，便得明德。若只在象上拘泥，就看不去了。'"①这就是一个显例。

吕柟《四书》观、《六经》观与朱子学有密切的联系。《朱子语类》有"《四子》，六经之阶梯；《近思录》，四子之阶梯"（《朱子语类》卷一百五），虽然在表面上推尊《六经》，而实际上则在大力表彰《四书》和北宋五子，朱熹身后《四书》学的长足发展，以致人们有《五经》系统与《四书》系统的看法。

吕柟齐观《六经》和《四书》，在经学史上，不仅是对张载"遍观群经""反复体会"的继承，也是对朱子学对立《五经》和《四书》的倾向的纠正。他从文道关系角度看待儒学经典，对《六经》《四书》的关系理解深刻，认为它们都是载道的工具，而关键是如何发挥这些文化经典对敦风良俗、提高人的德行方面的切实功用。

三、吕柟的解经方法

吕柟的经学思想与其经学方法密切联系。

吕柟的经学方法，一般多被概括为以义理说经，基本是沿袭宋学的路径。《四库全书总目提要》认为《周易说翼》"专主义理，不及象数"（《四库全书总目提要》卷七），《尚书说要》"虽间有阐发"而不免"以私意揣摩"（《四库全书总目提要》卷十三），《毛诗说序》也只是"标举大意"（《四库全书总目提要》卷十七），《春秋说志》虽"务为新说苛论"但"褒贬迂刻，不近情理"（《四库全书总目提要》卷三十），《礼问》"多循旧义，少所阐发"（《四库全书总目提要》卷二十五）。《四库》馆臣的说法虽难脱汉宋之争的门户之见，但在吕柟经学解释的特色把握上却入木三分，即吕柟承袭宋学的方法，解经不拘泥训诂而重视阐

---

① ［明］吕柟撰，赵瑞民点校《泾野子内篇》卷八《鹫峰东所语第十三》，北京：中华书局，1992年，第68页。

发义理。同时，吕柟重视将经解与现实生活联系起来，发挥经学的积极作用。他在《四书因问》中和门人讨论《四书》时，"多因《四书》之义，推而证诸躬行，见诸实事"（《四库全书总目提要》卷三十六），具有质朴鲜活、重视躬行实践的特色。

"经典皆人事"是中国经学的一大鲜明特色，它推进了学术研究中道德伦理化倾向，而知识性的理性探究并不发达。"叶监生问读书多忘却。先生曰：'还是未体贴。程子云：'古之经典，今之人事也。'若《礼》经，最切于日用，若《易》《诗》《书》，亦是人事。故《学记》曰：'善学者，师逸而功倍，又从而庸之。'盖其能体行也。'"①

"官问：'孔子奚不论日月、雨雹？'先生曰：'昔在子路问事神，夫子且不对曰'未能事人'？夫圣人论人如此其亟也，人犹舍而求之渺茫。如圣人而论日月、雨雹也，后之流弊不可胜言矣。然其言人即言天也，言天即言人也。故《春秋》纪日蚀、雨雹、水旱、霜雪，皆为言乎人。'"②"言人即言天，言天即言人"，吕柟用这种观念沟通了经典中自然规律与道德法则之间的关系，认为二者是一体的，也是对中国哲学中天人关系的反思与印证。这种天道与人道相统一的观点，是吕柟把握经典文献的又一重要基础。

在易学方面，他具有平易解《易》的易学思想。"问：'《易》中先儒以某卦自某卦变来，其爻自某爻变来，恐非圣人之意乎？'曰：'圣人何尝有此意！盖《易》原非为卜筮作，不过假象说明天地间道理，使人知吉凶、消长之理，进退、存亡之道尔。朱子曰：'有伏羲的《易》，有文王的《易》，有周公的《易》，有孔子的《易》，有程子的《易》。'岂有此理！夫程子不过是说孔子的，孔子不过是说周公的，周公不过是说文王的，文王不过是说伏羲的，其《易》一也。'"③这段材料集中反映了吕柟《易》道贯通古今的易学思想。

---

① ［明］吕柟撰，赵瑞民点校《泾野子内篇》卷七《鹫峰东所语第十二》，北京：中华书局，1992年，第59页。

② ［明］吕柟撰，赵瑞民点校《泾野子内篇》卷三《东林书院语第六》，北京：中华书局，1992年，第25页。

③ ［明］吕柟撰，赵瑞民点校《泾野子内篇》卷十二《鹫峰东所语第十七》，北京：中华书局，1992年，第119—120页。

吕柟重视修身重本,他对《大学》的看法与众不同。"诗问:'格物者何?'先生曰:'其亦程子主一之说乎!''何谓也?'曰:'如目有视面、视膝、视足及淫视、勿视之不同也,格而知之,以必行耳。言动诸物皆然也。故《大学》旧本以修身知本为知至也。''朱子所补《格物之章》非欤?'曰:'未尝亡也,又何补之有!且如其补,为所谓当世不能究其辞,累世不能殚其用也。'"①吕柟认为《大学》本身未曾亡佚,朱熹没有必要来补充《格物章》,强调《大学》本身就在表明修身持本的重要性,与他的思想是内在统一的。他强调"学圣人要先读《论语》,读《论语》莫先讲仁。仁至大而切,学道者不学此,则终身路差无所成。"②"问圣贤教人之方。曰:'《大学》乃是立定规矩条目,使人有所持循。《论语》则多因门人弟子问答及君臣相与之言,各就其资禀造诣,与夫人之病痛处言。《语》《孟》不必同于《中庸》,《中庸》不必同于《语》《孟》。拘拘执一者非也。'"③

吕柟弟子廉介询问读书的方法,吕柟说:"其上以我观书,其次以书观我,其次以书观书。""其上,行有余力而学文,可以作圣;其次,体圣人言,可以作贤;其次,恣记诵之博,无身心之实。误天下苍生者,皆以书观书者也。"④吕柟从读书法的角度强调了躬行实践与口耳之学的区别,重视德行、倡导身体力行是吕柟学术的重要特点。胡大器问他做学问的方法,"问今之讲道学者。先生曰:'虽则幽深玄远,但我有捷径法,只做得不耻恶衣恶食,便是道学。'"⑤

因为重视德行与力行,吕柟很重视因材施教,回答学生提问能够结合学生实际,具有很强的针对性。"琮问文。先生曰:'治《左氏》。'周官问文。曰:'治

---

① [明]吕柟撰,赵瑞民点校《泾野子内篇》卷二《云槐精舍语第三》,北京:中华书局,1992年,第16页。

② [明]吕柟撰,赵瑞民点校《泾野子内篇》卷七《鹫峰东所语第十二》,北京:中华书局,1992年,第55页。

③ [明]吕柟撰,赵瑞民点校《泾野子内篇》卷十《鹫峰东所语第十五》,北京:中华书局,1992年,第90页。

④ [明]吕柟撰,赵瑞民点校《泾野子内篇》卷一《云槐精舍语第一》,北京:中华书局,1992年,第1页。

⑤ [明]吕柟撰,赵瑞民点校《泾野子内篇》卷七《柳湾精舍语第十一》,北京:中华书局,1992年,第48页。

《尚书》。'原勋问文。曰：'治《孟子》。'权用曰：'何谓也？'曰：'琉俚而不则，官易而不典，勋博而不畅。'"①

在对待典籍方面，吕柟反对章分句索的繁琐作风，强调要全面把握、体味涵咏。"光祖问：'孔子常云："吾志在《春秋》，行在《孝经》。"观斯言，《孝经》不可疑矣。朱子乃疑非尽是圣人之言者何？'先生曰：'朱子特以其分章引《诗》，体格不变为疑耳。然圣人之言，在意不在文；圣人之志，在感不在法。盖必其章分条释，闾阎童稚可诵而鼓舞故也。'"②他觉得"章分条释"是为了便于初学的幼童吟咏，"圣人之言，在意不在文；圣人之志，在感不在法"，自然不应拘泥于文字等表面形式。

"伊问：'《书》终于《秦誓》者何？'先生曰：'《秦誓》其可以作圣乎！夫人不患于有过，患于有过不知悔而改也。悔而改之，虽秦穆也，尧舜皆可为矣。故《书》以《二典》始，以《秦誓》终。'"③吕柟解释经书（如《诗》《书》等）篇章的安排顺序时，大多侧重内容的义理和逻辑，从整体角度加以把握，解释便比较合乎事理、情理，对经典及其注本的版本源流梳理也会产生影响。吕柟认为当时婚娶都要论财，"欲兴《桃夭》肃雝之化，不亦难乎！"④

用"道"的观点来解释《诗经》的功能与"《诗》亡"的特点，是理学家的基本特点，吕柟也不例外。

> 陈诏问："自汉以来诗亡，何谓也？"先生曰："观风之官不设而《风》亡，王道废而《雅》亡，谄道兴而《颂》亡。""李白、杜甫何如？"曰："二子应博学宏辞科则可矣，于诗则未也。然而君子犹有取

---

① [明]吕柟撰，赵瑞民点校《泾野子内篇》卷三《东林书屋语第五》，北京：中华书局，1992年，第23页。
② [明]吕柟撰，赵瑞民点校《泾野子内篇》卷六《柳湾精舍语第十》，北京：中华书局，1992年，第47页。
③ [明]吕柟撰，赵瑞民点校《泾野子内篇》卷二《东林书院语第四》，北京：中华书局，1992年，第19页。
④ [明]吕柟撰，赵瑞民点校《泾野子内篇》卷三《东林书院语第六》，北京：中华书局，1992年，第25页。

焉者，辞有近乎史者也。""潘岳、刘琨、江淹、鲍照、二陆、三谢、沈、宋如之何？"曰："乱世之作也，宜勿有于世矣。"问曹植、王粲、刘桢、阮籍。曰："其汉之衰乎！然而涂斯人之耳目者，则自是耳。"问韦孟、苏武、陶潜。曰："赖有此欤！其《鹤鸣》《蓼莪》《考槃》之亚乎！故君子不知《风》不足以成俗，不知《雅》不足以立政，不知《颂》不足以敦化。"①

由吕柟对《诗》亡的看法，足可以看出，他将《风》《雅》《颂》与"道"联系了起来，同时也突出了《诗》的社会政治伦理功能，具有一定的历史价值。他认为，《风》可以"成俗"，《雅》可以"立政"，《颂》可以"敦化"。他评价历代著名的诗人，并不是着眼于他们在文学上或诗歌发展史上的贡献，而是将诗作与社会风气、人伦道德联系起来，实质上继承的仍然是过去的"《诗》教"传统②。

---

① ［明］吕柟撰，赵瑞民点校《泾野子内篇》卷一《云槐精舍语第一·正德年中语》，北京：中华书局，1992年，第2页。
② "诗问诗。先生曰：'诗之亡久矣。三代之诗，或感于物，或缘于政，或有怀而兴，其辞典可教也，其情迩可咏也。后汉以来，设题目，苦思虑，盖其所短，侈其所长，悦人耳目，迷人心志。诗终不可以咏，不可以教，诗之亡久矣。必不得已，其民间之歌谣乎，犹有风乎尔。'"（《泾野子内篇》卷一《云槐精舍语第二·正德年中语》）在吕柟看来，诗（包括《诗经》中的诗篇）的意义主要在于有内容，有感而发，而不是雕琢字句，拘泥形式。他认为在民间歌谣中还有"风诗"的印痕，这在一定程度上侧面反映出吕柟对《风》诗歌谣体的认同。宋代朱熹等人已有这种认识，吕柟的这种认识不是没有渊源的。吕柟评价杜甫和韩愈，认为"其诗溺，故其道微"（《泾野子内篇》卷一《云槐精舍语第一·正德年中语》），"诗溺道微"注意到"诗文"与"道"在一定意义上的对立性。吕柟对《诗经》以外的其他诗歌形式也有生动简明地划分和把握，可以视为吕柟广义的诗歌观点，或诗学观点，它也是吕柟《诗经》学理论的立论基础，即主张诗歌中的思想（道义）要与诗歌内容（事物）有机地结合起来。"问：'作诗体如何？'曰：'诗有几般样。有事物无道义，是晋、唐诗；有道义无事物，是宋人诗；事物与道义并用，吾儒之诗。'"（《泾野子内篇》卷七《柳湾精舍语第十一》）"大器问：'诗可学乎？'先生曰：'圣人可学，况诗乎！但不可溺耳。'"（《泾野子内篇》卷七《柳湾精舍语第十一》）不可溺于诗，吕柟对徒有形式、缺乏义理的诗篇还是有所警惕的。他主张"一代有一代之诗"（《泾野子内篇》卷八《鹫峰东所语第十三》），并反复叮嘱学生"耕田不深无高稼，治学不深无端行"（《泾野子内篇》卷一《云槐精舍语第一·正德年中语》），揭示了学与行的密切关系。

吕柟反对空泛议论。"问治《六经》。先生曰:'此皆圣贤精义妙道所在,学者非徒以资辩博也。盖圣贤前言往行,固有后学心思所不及,躬行所不到者,诵其言,将以广其知识,增益其所不能也。'"①"先生因人专务于高谈,曰:'在陕有一秀才,不肯读书,每日高大议论。则诲之曰:"可读《五经》。"对曰:"此是记诵之学也。"曰:"不然。心存方能记得,与圣贤通。不然读经如吃木楂同。"横渠亦曰,《五经》须常放在面前,每年温诵一遍,况学者乎!'"②"问:'《五经》《四书》熟后,再看何书?'先生曰:'行后方能熟,虽不治他书可也。'"③"先生叹曰:'今人读经书,徒用以取科举,不肯用以治身。即如读医书,尚且用以治身,今读经书反不若也。'"④"有问'知行合一'者。先生曰:'尔如此闲讲合一不合一,毕竟于汝身心上有何益?不若且就汝未知者穷究将去,已明白者尽力量行去,后面庶有得处。'"⑤强调"知行合一"贵在践行,而不在于空发议论。可见,吕柟的读经观不在于巧言高谈,也不在于逞强使性、追逐名利,而在于把握经书的精神,实现与圣贤的心灵沟通,将经书作为治身的依托和凭借。"先生语诸生曰:'民生不安,风俗不美,只是学术不正。学术不正,只为惟见功利一边,鲜知道义。所以贵于讲学者,又不在言语论说之间,惟在笃行道义,至诚转移而已。'"⑥"笃行道义,至诚转移"正是吕柟的为学主张。

吕柟对汉唐经学与宋代经学及其关系的分析评价,比较集中地反映了他的经学主张和解经方法。

"戴光问:'汉儒太穿凿。'曰:'不然,其来历还是孔孟遗意。后来周程张

---

① [明]吕柟撰,赵瑞民点校《泾野子内篇》卷十《鹫峰东所语第十五》,北京:中华书局,1992年,第93页。

②③ [明]吕柟撰,赵瑞民点校《泾野子内篇》卷七《柳湾精舍语第十一》,北京:中华书局,1992年,第51页。

④ [明]吕柟撰,赵瑞民点校《泾野子内篇》卷八《鹫峰东所语第十三》,北京:中华书局,1992年,第64页。

⑤ [明]吕柟撰,赵瑞民点校《泾野子内篇》卷十二《鹫峰东所语第十七》,北京:中华书局,1992年,第118页。

⑥ [明]吕柟撰,赵瑞民点校《泾野子内篇》卷十《鹫峰东所语第十五》,北京:中华书局,1992年,第96页。

朱非此不能训诂,至于义理,自家主断。汉儒间有一二处穿凿,又门人相传失真。如我与诸生讲论,言语三四人录下,中间也有写得是的,也有写得想象的,也有写得差错的,便有高下深浅。是以相传愈广,失旨愈多。学者贵乎得心为难,语录次之。'"①总体上,吕柟对汉代学者评价较高,也注意到宋代学者在训诂义理等方面与汉代学术之间的内在联系,虽说对汉代学者穿凿附会的地方多有开脱的努力,但是能够在学理层面上重视汉宋学术之间的关联,已属难能可贵。

"汉儒以反经合道为权,还是因经行不得,只得用权。非反经而何?汉去古未远,看书甚好。今不可便谓之非也。如舜不告而娶,正是反经合道处。"②吕柟对解经"反经合道""权"的方法的认可,并且对汉学的价值比一般理学家评价要高得多。"皋陶说九德,皆就气质行事上说。至商周始有礼义、性命之名。宋人却专言性命,谓之'道学',指行事为粗迹,不知何也?"③他批评宋人"道学"专言性命之弊。

吕柟对隋代的王通(584—617年)有很高的评价。"先生曰:'孟轲、董仲舒之后,得道之深者,其惟隋王通乎!若在孔门,当雍、商之间矣。'介曰:'续《诗》续《书》,人咎其僭经;《中说》,人咎其拟《论语》者何?'曰:'《诗》《书》不续,何以见后世之衰,为来告邪?若《中说》,多发前人之奥,其行则王子之志也,其文则薛收、姚义之笔也,可尽议乎!'"④他之所以对王通有宽容性看法,主要在于关心"续《诗》续《书》"的现实作用,认为这是应时务的表现,而没有拘泥于"僭经""拟圣"等传统观点。合理理解这一学术现象,关键在于吕柟独特的《六经》观,这种观念提供了开放性的、实践性的视角,从而使颇有争议的王通在思想学术史上的重要地位得到了一定的呈现。

---

① [明]吕柟撰,赵瑞民点校《泾野子内篇》卷八《鹫峰东所语第十三》,北京:中华书局,1992年,第68页。

② [明]吕柟撰,赵瑞民点校《泾野子内篇》卷七《鹫峰东所语第十二》,北京:中华书局,1992年,第55—56页。

③ [明]吕柟撰,赵瑞民点校《泾野子内篇》卷十二《鹫峰东所语第十七》,北京:中华书局,1992年,第118页。

④ [明]吕柟撰,赵瑞民点校《泾野子内篇》卷二《云槐精舍语第三》,北京:中华书局,1992年,第14页。

综上所论，吕柟在继承关学、融会和发展朱子理学思想的过程中，具有自己独特的创造，他重视躬行实践，但又有深刻的论述和阐发。在经学观念和解经方法方面，吕柟独特的《六经》观提供了开放性、实践性的研究视角，并进一步沟通了经典中自然规律与道德法则之间的关系，是对中国哲学中天人关系的反思与印证，对传统《六经》教的精神和方法也有继承和弘扬。

《周易辨录》哲学思想刍议

《周易》是中国古代哲学与思想文化的重要经典之一，围绕《周易》形成的易学与易学史研究，成果丰富，汗牛充栋。这些易学作品在不同的历史时期，在哲学思想的传承与创新方面均有各自的贡献。明代杨爵的《周易辨录》（四卷）以其简明的特色引起人们关注，在《五经》（《诗》《书》《礼》《易》《春秋》）与《四书》（《大学》《中庸》《论语》《孟子》）的解经序列中具有一定地位，特别是将《四书》引入《周易》注解，形成了一些新的思想和认识，需要哲学史界和思想文化研究领域共同研究。今天，研究杨爵诗文者较众，而《周易辨录》研究甚为薄弱。实际上，《周易辨录》在把握中国哲学特色与价值，深入领会体用显微关系，以及反思中国哲学与解经方法等方面都有很多裨益。拙文不揣浅陋，略作梳理。

杨爵（1493—1549年），字伯修（一作伯珍），号斛山，谥忠介，陕西富平人，明代关中著名儒者，以操守节气著称，被尊作"关西夫子"。嘉靖二十年（1541年）春，斛山以监察御史上封事。大略"谓雪雨不可为祥瑞而颂之，谓权奸不可为忠信而迩之，谓土木之工不可不止，谓朝讲之礼不可不修，谓邪说之妨政害治者不可不斥，谓谠言之益国与民者不可不听"（《杨忠介集》卷三《周主事传》），极论五事，械系下狱，备极拷掠，桎梏榔锁，昼夜困苦。嘉靖二十四年（1545年）放释，至家甫十日，旋即复逮。三年后，始归故里。前后八年，讲学撰著不辍，备尝牢狱辛厄，但赤心耿耿，持守始终如一。

杨爵流传下来的代表性著作主要包括《周易辨录》（四卷）、《杨忠介集》（十三卷，附录五卷）等[①]。另据《明史》本传及《艺文志》等，斛山还有《中庸解》

[①] 本文所据《周易辨录》，以《文渊阁四库全书》本为主，校以《文津阁四库全书》本等；《杨忠介集》，参考版本较多。具体可见鄙人点校整理《杨爵集》（关学文库之一），西安：西北大学出版社，2015年。为简便行文，后文不再另行出注。

等,在今本《杨忠介集》卷六《语录》与《关中四先生语要》等中有存留。《千顷堂书目》记载杨爵著作共四部(含与他人合撰一部),分别是"杨爵《周易辨录》四卷""杨爵《中庸解》一卷""杨爵《槲山逸稿》五卷"(原注:《明史·艺文志》"槲"作"斛"。)、"杨爵、孙继鲁《破碗集》"(原注:"狱中倡和,以毁磁书之壁,故名破碗。")(原补注:卢校无"破碗"二字,别本"碗"下有"继鲁字道甫,钱塘人,嘉靖癸丑进士,谥清愍"。)①

《钦定四库全书总目》称斛山为明代关中道学开创者,云:"爵则以躬行实践为先,关西道学之传,爵实开之迹。"(《钦定四库全书总目》卷一百七十二《集部》二十五《别集类》二十五《杨忠介集》)这显示了斛山学术重"躬行实践"的基本品格,它也是自张载(1020—1077年)以来关学的重要特色之一,当然,在明代已经有了新的变化。

杨爵生平事迹、学术思想详见《明史》本传、《关学编》《明儒学案》等。

一、杨爵思想与阳明心学

明代关中儒学,无疑是以朱子学与阳明学的传播与融会为主调的,并且遥承横渠学说,重视躬行实践,出现了一批重视气节和操守的学者。明代嘉靖时期阳明学说对关中儒学产生了深刻影响,当时关中比较著名的儒学学者多与阳明或阳明后学有密切交往,如南大吉(1487—1541年,字符善,号瑞泉,陕西渭南人)即师从阳明,为阳明高足,参与编选《传习录》,于嘉靖三年(1524年)撰写《传习录序》,强调"勿以《录》求《录》也,而以我求《录》也,则吾心之本体自见,而凡斯录之言,皆其心之所固有,而无复可疑者矣"②。瑞泉本"豪旷不

---

① [清]黄虞稷撰,瞿凤起、潘景郑整理《千顷堂书目》(附索引),上海:上海古籍出版社,2001年,第5、42、572、772页。
② 吴光、钱明、董平、姚延福编校《王阳明全集》卷四十一《序说序跋》,上海:上海古籍出版社,2009年,第1582页。
③ 陈俊民、徐兴海点校《关学编》卷四《瑞泉南先生》,北京:中华书局,1987年,第51页。

拘小节"③，为学"以致良知为宗旨，以慎独改过为致知工夫，饬躬励行，惇伦叙理"，被阳明誉为"关中自横渠后，今实自南元善始"①。阳明在《送南元善入觐序》中更反复申述南大吉"持之弥坚，行之弥决"②的治学与处世特点。瑞泉归陕弘扬"致良知之学"，建酒西书院，"前访周公迹，后窃横渠芳"③，也是以阳明学作为基础兼摄横渠学说。

马理（1474—1556年，字伯循，号溪田，陕西三原人）与聂豹（1487—1563年，字文蔚，号双江，江西吉安人）有诗歌唱和④，邹守益（1491—1562年，字谦之，号东廓，江西安福人）也曾赠诗给马理⑤。吕柟（1479—1542年，字仲木，号泾野，陕西高陵人）也有鲜明的心学倾向。

邹守益在《简吕泾野宗伯》⑥中阐述自己的学术心得，认为"圣门之教，只在修己以敬。敬也者，良知之精明而不杂以私欲也"⑦，据该简反映当时关中学者也常南下交流，《东园同泾野诸君赋》（三首）⑧、《赠泾野宗伯北上》"耿中天兮月色，尚千里分辉辉"⑨、《岁除饮吕泾野客舍》"欲识乾坤真意味，小瓶分插一枝梅"⑩、《酬吕泾野》"扫雪焚香案几幽，梦回书卷静相求"⑪也能反映这种情况。吕柟曾在《别东廓子邹氏序》中比较集中简约地论述自己与东廓的交往及学术分歧，这种分歧主要聚集在关于知行的关系上。吕柟在该文中说："予与东廓邹氏之在南都也，三年矣。每以居室之远，会不能数，然会必讲学，讲必各执所见，十二三不合焉。"吕氏主张"行必由知而入，知至必能行耳"，与东廓"知即是行。人能致良知焉，则非义袭而取也"⑫不同，显示了二人在知行关系问题上

---

① ③ 《关学编》卷四《瑞泉南先生》，第 52 页。
② 《王阳明全集》卷二十二《外集四》，第 882 页。
④ 吴可为编校整理《聂豹集》，南京：凤凰出版社，2007 年，第 508—509 页。后同。
⑤ 《赠溪田马子西归》，董平编校整理《邹守益集》，南京：凤凰出版社，2007 年，第 189—190 页。
⑥ ⑦ 《邹守益集》，第 515 页。
⑧ 《邹守益集》，第 1145 页。
⑨ 《邹守益集》，第 1235 页。
⑩ 《邹守益集》，第 1283 页。
⑪ 《邹守益集》，第 1328 页。
⑫ 《邹守益集》，第 1407 页。

的差异。而吕柟的警觉正是阳明所重视的,也为阳明后学束书不观、游谈无根、以知代行的弊端所印证。泾野南都讲学的盛况,在《别东廓子邹氏序》叙述颇谦抑,但欧阳德《泾野吕先生考绩序》则明确地记述了当时的情景,"比至南都,四方就学者日益众。僚友朋俦相与考德而问业,上公钜卿时就而咨谋焉"①。

欧阳德(1496—1554年,字崇一,号南野,江西泰和人)与吕柟也有交往。南野在《寄吕泾野》中说:"君志定而天下之治成,念之悚然。微执事,复谁望也?"②南野在《泾野吕先生考绩序》③中对泾野学行赞誉不绝。在诗歌《赠泾野吕先生赴召大司成》(二首),即有"忠直平生符两字,江湖廊庙总悠然"④的称赞。南野与韩邦奇(苑洛)后人也有来往,曾撰《送韩苑洛庶子谪南太仆寺丞》⑤等。

通过关中学人与阳明及其后学的交往,可管窥明代嘉靖年间关学的具体面貌。杨爵与阳明的高足钱德洪(1496—1575年,本名宽,字洪甫,号绪山,浙江余饶人)交往甚密,并且在送钱氏出狱时请益,绪山教以静中涵养,绪山的《复杨斛山书》(《杨忠介集》附录卷三)比较集中地阐述了阳明学的基本思想,特别是关于"无善无恶心之体"与良知说的关系等问题。在狱中杨爵也曾经夜梦阳明探访。他与阳明弟子刘魁(生卒不详,字焕吾,号晴川)、周怡(1505—1569年,字顺之,号讷溪)更是患难与共的生死之交,交谊非寻常可论。与罗洪先、聂豹、邹守益等也有往还。其中晴川学术亦有可观之处,据欧阳德《送刘晴川北上序》"阳明先生倡学虔台之岁,某从晴川子日受业焉。……去今余二十年,山颓梁坏,朋侣离索,晴川子既卓然有立矣"⑥可见一斑。具体则如南野《祭刘晴川》所载"忠信笃敬之学,孝友仁让之行,正直謇谔之节,循良恺悌之政,默而成之,不言而信",并称"忆昔与兄师门共学,接席连床,动逾数月,语焉而不厌其聒,默焉而不疑其秘。相观相砥之益,惟予与兄自知之,而朋侪或未尽知

---

① 陈永革编校整理《欧阳德集》,南京:凤凰出版社,2007年,第451页。
② 《欧阳德集》,第63页。
③ 《欧阳德集》,第450—451页。
④ 《欧阳德集》,第807页。
⑤ 《欧阳德集》,第779页。
⑥ 《欧阳德集》,第233页。

也"①，侧面也透露出欧阳德对刘魁评价的可信性。罗洪先（1504—1564年，字达夫，号念庵，江西吉水人）《访刘晴川公云津次白沙韵》有"试问狱中事，何如岭表心？道南闻已久，君是指南针"的诗句，也可略窥晴川"一生无妄语"②的人格。

讷溪也是阳明学阵营的人物，罗洪先曾有《答周讷溪》，对周氏"闲中安乐境界，有如唐虞洙泗，非有福德者，不得居此，何羡于天宫"的体悟多有肯定，认为它比较好地表达了"澄湛浑全，发于喜怒哀乐，一以贯之，坦然无复起止"的修养境界。文末也透露出讷溪对困厄处境的不同认识，"时事未忍更述，相语有知，'宁为太平犬，莫作乱离人'，不亲罹此境，断不能作此语，亦不能闻此语而酸鼻刺心"③，与《杨忠介集》中的若干记述可以相互印证。讷溪的温和宽容、坚忍不拔也可略窥。

斛山、晴川、讷溪三人狱中的生活，《杨忠介集》有直接与间接的表述，比较简明可靠。罗洪先《刘晴川公六十序》也有一番写照："嘉靖二十年，工部虞衡、员外晴川刘君焕吾上封事，下诏狱。是时，上亲览章奏，明察幽隐，谓君之言和而有体，又不越他人职事，故不深罪，第欲稍留之以观其诚。遂与富平杨伯修、姑孰周顺之留狱中者六年。上复遣伺三人动语食息何似，有所异否？闻其食乏衣穿，色不沮，言不怍，而讲论终岁不辍，则又时时给食食之。既久，而三人之诚愈著。一旦不待有司之请，释归故乡，天下之人莫不感圣天子之仁，庆三人之遭。"④这段文字虽然风格温和儒雅，但百般卫护，字词突兀中不乏无奈与委婉。所以，了解三人在狱中前后八年遭遇的非人折磨，当以斛山耿介的文字为准。

在当时整体学术思潮影响下，因为种种具体的机缘，杨爵也具有浓郁的心学倾向，这成为其融会横渠、程朱思想的学术基础。

如果要具体观照斛山的思想学术品格，需要结合他的诗文和经解来进行。斛山融会张载、程朱、阳明学术的地方很多。在《杨忠介集》中，斛山的学术思想

---

① 《欧阳德集》，第762页。
② 徐儒宗编校整理《罗洪先集》，南京：凤凰出版社，2007年，第1183页。
③ 《罗洪先集》，第345页。
④ 《罗洪先集》，第608页。

面貌呈现得比较明显，特别是他的心学因素，在诗文中也不时有所流露。"人心原是书之本，会寻真趣便能虚。心书与道相忘处，身居天下之广居。"（《杨忠介集》卷九《题云津书屋》）"隐显从心无上下，险夷信步有西东。"（《杨忠介集》卷十《次绪山韵五首》）"不教闲虑在胸中，便与长天一样空。信步踏来皆乐地，开襟满抱是熏风。庭前柏色拂云绿，墙角葵心向日红。更有一般好景象，应时黄鸟啭幽丛。"（《杨忠介集》卷十《初夏二首次韵》）"月朗风清皆自得，鸢飞鱼跃在其间。"（《杨忠介集》卷十《遣怀二首用杜工部韵》）这些诗歌均具有鲜明的心学气象。这在斛山与钱德洪诗歌唱和中表达得尤为显豁，如："从来克己最为难，克去超过人鬼关。""正见胸中好景象，天光云影半空闲。"（《杨忠介集》卷十一《次绪山韵三首》）"留心剪枝叶，枝叶更秾鲜。努力勤于耒，共耕方寸田。""心能乐取善，善自我心全。""荆榛不自剪，令我此心迷。洞识虚明体，超然即在兹。"（《杨忠介集》卷八《四丁宁赠钱员外绪山》）

当然，杨爵的个人节操、耿介气概，字里行间，不胜枚举。如他在书信中多次重申自己的人生观，"吾人处世，安乐则心存于安乐，患难则心存于患难，有何不自得而戚戚于心耶？于今日之幽囚而安顺之，亦吾百年中所作之一事也"（《杨忠介集》卷四《与纪中夫书》）。即使在去世前自己书写的墓志铭中也以"做天下第一等人"、"干天下第一等事"（《杨忠介集》卷七）自我期许和勉励家人。清张廷玉（1672—1755年）等奉敕修《明史》，云："自杨最、杨爵得罪后，无敢言时政者四十五年。"（《明史》卷二百二十六《列传》第一百十四《海瑞》）更见其难能可贵，斛山气节彪炳史册，令志士扼腕。

杨爵在《周易辨录》序言中谈论自己解《周易》的缘起、方法与主旨："予久蒙幽系，自以负罪深重，忧患惊惕之念，即夙夜而恒存也。困病中，日读《周易》以自排遣，愚昧管窥，或有所得，则随笔之以备遗忘。岁月既久，六十四卦之说略具矣，因名曰《周易辨录》。《系辞》曰：'困，德之辨也。'吾以验吾心之所安，力之所胜何如耳。若以为实有所见而求法于古人焉，则吾死罪之余，万万所不敢也。杨爵书。"①（《周易辨录·原序》）

---

① "困病中"，《文津阁四库全书》本，"困"作"因"。"杨爵书"，《文津阁四库全书》本，前有"嘉靖二十四年乙巳八月日"数字。

《四库全书总目》认为《周易辨录》"盖即其与周怡、刘魁等在狱中讲论所作,故取《系辞》'困,德之辨'一语为名","所释惟六十四卦,每卦惟载上下经卦辞,然其训解则六爻及彖传、象传皆兼及之,特不列其文耳。其说多以人事为主,颇剀切著明,盖以正直之操处机槛之会,幽居远念,寄托良深,有未可以经生常义律之者。然自始至终无一字之怨尤,其所以为纯臣欤!"(《钦定四库全书总目》卷五《经部》五《易类五》)。对该书的解经方法与思想义理有简明论说,颇中肯綮。

在《周易辨录》中,杨爵虽受《彖辞》、大小《象辞》的影响较大,但他能够将《四书》特别是其中《大学》《中庸》抽绎出来注解《周易》的卦爻辞,并结合君臣关系阐述政治伦理与道德规范,虽基本是以《四书》解《周易》,但他注意到《周易》卦爻辞与象的特点,所以多有个人心得和发明,今天依然可以给人以启发。整体看,正如《大学问》在阳明学中占有重要的地位一样,斛山重视《大学》《中庸》《孟子》等,自有其深刻的思想根源与哲学特色。《周易辨录》内容丰富,但主要方面(关注人事)也比较鲜明,哲学史常探讨的本体论、认识论、工夫论、境界论等都有涉及。

二、贞正之理:天下达道

杨爵探讨天地万物与社会伦理的本体和运行规律,集中体现在关于"元"与"贞"及贞正之道的论述上。

"'元、亨、利、贞',乾之德也。分而言之有四,合而言之,一元而已。气始动为元;流行为亨;以变则变,以化则化,为利;机藏于静,其动而为元亨利者,皆具于此,为贞。乾之四德,一'诚'可以尽之矣。"(《周易辨录》卷一《乾》)杨爵认为,元亨利贞,虽然表面分为四个方面,但并不是简单并列的,其中元是发端,贞才是归宿。之所以称"诚"可以概括乾卦的四德,也是因为"贞"本身就是"诚"。"诚"代表着天道运行变化的规律,反映了元气的升降盈亏。因此《周易》六十四卦卦爻变化即显示了与天道离合的关系,离则为凶,合则为吉。"《易》《系辞》曰:'吉凶者,得失之象也。'自《坤》而至《未济》,虽情伪万变,莫不以合此天道而为得为吉,戾此天道而为失为凶也。悔吝无咎,亦即其得失浅深而言之也。"(《周易辨录》卷一《乾》)这也是杨爵强调《周易》"尚辞""尚变""尚象""尚占"四种用途都要"配之以道而后可用"(《周易辨录》卷一《乾》)的道理。

那么,这些贞正的道具体是什么呢?杨爵明确地说贞正之道就是"正道"、"定理",是古圣贤相传不绝的道统和文化精神,"贞者,尧、舜、禹、汤、文、武、周公相传之正道,万古不易之定理也,天下之人心不同而同于此理,故贞"(《周易辨录》卷二《随》),"贞者,扶持宇宙奠安国家之正道"(《周易辨录》卷二《剥》)。这样,杨爵所反复申述的"道"并不是空洞的抽象的虚无的道理,而是实实在在亘古及今的文化传统和道德精神①。

贞正的道也可以简称"贞"。"所谓贞者,不过于惇典、庸礼、命德、讨罪合于天理,当于人心,而不参以私意于其间,则贞之至也。是道也,毫忽几微之不察,则流于失而不自知矣,故必丁宁,揆度详审周密,而戒之至则动无过,举可以得其当而吉矣。"(《周易辨录》卷四《巽》)"贞者至极之善,人心本然之理,千圣感物之常道也。尧、舜、禹、汤、文、武之所以尽君道者,此也;皋、夔、稷、契、伊尹、莱朱、周、召之所以尽臣道者,此也;孔子之所以继往圣开来学者,亦此也。"(《周易辨录》卷三《咸》)"贞者天下之达道也,慎修而有得焉,则为圣哲之作用矣"(《周易辨录》卷三《大壮》),以追求实现"体用全备之事业"(《周易辨录》卷三《大壮》)。"贞"对于天地、社会与人生尤为重要。"武人而非贞,则血气之强而已矣;惟能贞也,则凡刚毅果断而振奋有为者,皆纯于义理之正而为君子所尚矣。"(《周易辨录》卷四《巽》)

---

① 劳思光(1927—2012年)先生在《新编中国哲学史》第三卷指出,阳明后学引发了三大哲学问题,即心体问题、发用及工夫问题、客观化问题(参见劳思光著《新编中国哲学史》三卷下,桂林:广西师范大学出版社,2005年,第379页)。特别是劳先生联系整个儒学走势,强调"成德之学虽成为中国传统哲学思想之主流,肯定世界虽为儒者所坚持之精神方向,毕竟道德理性只在自我之转化升进处显其功能,而未能在历史文化之客观推进上确显其大用","成德或成圣之学倘若只落在道德心之明昧上说,则此心既明后,仍大有事在;盖已明之道德心必须在另一境域中发用,方能建立客观轨道以统御事势也"(同前,第394页)。在这种意义上,杨爵对德性修养与贞正之道的文化传统的同时肯定,应是有理论意义和现实意义的。

杨爵认为："贞正之理，我自有之，非由外铄，反而求之，即此而在。"(《周易辨录》卷二《无妄》)"性，吾所本善；道，吾所固有。"(《周易辨录》卷二《颐》)"德者，人心固有之善也。"(《周易辨录》卷三《恒》)这些思想自然渊源于《孟子》，杨氏结合《周易》传解作了进一步发挥。他强调，伦理道德"自我而出之"(《周易辨录》卷一《坤》)，需要反躬自察，"反身而求以至之者，惟精察其禀赋之偏蔽，而勇克去之，则高明广大可驯致而与天地同体矣"(《周易辨录》卷一《坤》)。"宇宙间事，皆吾分内物也。'民吾同胞，物为吾与'，非仁者不能有此心也。"(《周易辨录》卷一《坤》)物即事，此显受张载、陆王的影响。杨爵甚至直接认为社会事务也与人的"一念发越"有必然的内在联系，"凡列爵分土，井田学校，所以裁成天地之道，辅相天地之宜，维持之以纪纲，涵濡之以礼乐，事业之大弥六合而无间者，皆自一念之微所发越，而亦非有所增益于性分之外也"(《周易辨录》卷一《坤》)，这反映了他哲学思想上的心学气息。因此，他声称："天位惟艰，一念不谨，或贻生民无穷之害而天禄永终矣。"(《周易辨录》卷一《履》)当然，这是有感而发的，联系他所处的时代背景和自己身陷牢狱的原因自然可以判断。

君子不行不义，所作所为合乎正的原则，所以"义"也即"正"，也就是"贞"。"正者，天命人心之则，时中至善之道，无妄之本体也。"(《周易辨录》卷二《无妄》)"正则为君子，为以义理用事者也；不正则为小人，为以血气用事者也。正则为王道；不正则为霸术矣。"(《周易辨录》卷三《大壮》)"然利于正，则所从可以无咎；所从不正则为苟合，虽可以致亨而过多矣。"(《周易辨录》卷二《随》)所从正与不正，结果大相径庭。"所丽贵于得正，如体常道，亲有德，皆丽于正也"(《周易辨录》卷二《离》)，丽即依附，也是主张"体常道，亲有德"有助于"得正"。"君子行一不义，杀一不辜而得天下不为；行一不义，杀一不辜而得免于死，亦不为，何所往而可离于正乎？以此得正。"(《周易辨录》卷一《屯》)是否"得正"，关键取决于是否"得道"，这就使"正"有了法则和道德的限定，因而"得其道而顺"(《周易辨录》卷一《蒙》)，"用之以道皆为正"(《周易辨录》卷一《师》)，(六四)"为畜之主，以畜道为尚者也"(《周易辨录》卷一《小畜》)。

如何把握"道"，"必至于安贞而与道为一"(《周易辨录》卷一《坤》)。如果要"尽性命之理,极精微之蕴",首先要"安贞",内心诚正安适,则有助于把握义理,"勉强而未至于安焉者,非诚也。安贞则顺适乎义理之中正而止于至善矣"(《周易辨录》卷一《坤》),"观天下之道,诚敬而已矣","以是诚敬之德观天下,则不言而信,不怒而威"(《周易辨录》卷二《观》)。

简言之,贞、正、道、义,一本而万殊。当然,杨爵也称"中者,万世不易之常道"(《周易辨录》卷二《离》),"天地人之道,中而已,易之全体大用可识矣"(《周易辨录》卷二《离》),但相对于贞、正、道、义来说,倒居于次要的地位。这也是将《中庸》引入《周易》经解中需要进一步融合、调整的问题。

三、天人之际:天人一理

关注天道与人道的关系[①],特别突出人道的意义与价值,是杨爵易学思想的重要方面。"所以主之者,必有其人,岂可尽归于天运哉?"(《周易辨录》卷二《泰》)"人谋之与天运未尝不相为流通者也。"(《周易辨录》卷二《蛊》)重视人事,而反对笃信天命,是难能可贵的思想,"盖天之所佑者,德也;人之所归者,亦德也。"(《周易辨录》卷四《既济》)

在杨爵看来,元是发端,贯穿始终,虽有升降亏盈的变化,但不会泯灭,所以元可通贯亨、利、贞,"合而言之,一元而已"(《周易辨录》卷一《乾》)。"'大哉乾元',为万物所资以始,匪特资之以始也。非乾元则不能有终矣,故亨也者亨此元也,利也者利此元也,贞也者贞此元也。一理流行而用各不同,随其所至之善而名之耳。"(《周易辨录》卷一《乾》)"一理流行而用各不同",程朱理学"理一分殊"的思想也呼之欲出了,所以说:"'大明终始',会乾道之一本也;'六位时成',识乾道之万殊也,生而知之也。"(《周易辨录》卷一《乾》)"一本""万

[①] 当然,也有一些学者将这个关系理解为中国文化的特色,强调中国哲学的主要任务是探问人和实在自身或终极存在的关系,保持人与终极实在本身的亲密感,珍视它们之间的融入性沟通(参见[美]姜新艳主编《英语世界中的中国哲学》,北京:中国人民大学出版社,2009年,第447页)。

殊"也即"理一分殊"。这里"一理流行"随其"发用"并不仅限于自然,也可伸展至社会人生,"在人则为仁义礼智,而仁则无所不包,发而为恻隐羞恶辞让是非,而恻隐则无所不贯"(《周易辨录》卷一《乾》),从而使天人统一起来,使天道和人道相融通,从而为人伦道德奠定存在依据。"知义理之至而求以至之,则察之极其精,故可与几,所谓始条理者智之事也;知义理之终而求以终之,则措之无不当,故可与存义,所谓终条理者圣之事也。即《大学》格物致知诚意正心,《中庸》明善诚身,尧舜禹'惟精惟一,允执厥中'也。"(《周易辨录》卷一《乾》)杨爵认为,"千古圣贤之学问"在此已被道尽。"天地非有心于感也,至理之流行而已。圣人非有心于感也,顺至理而已。"(《周易辨录》卷三《咸》)"感以正"本身就是天地间至理的流行发散而已。

杨爵进一步论述天道与人道的关系:"元为'善之长',亨为'嘉之会',利为'义之和',贞为'事之干',天命之谓性也;'体仁足以长人,嘉会足以合礼,利物足以和义,贞固足以干事',率性之谓道也。命与性一也,降自天为命,具于人为性;性与道一也,统于心为性,见于行为道,体用一原,显微无间也。"(《周易辨录》卷一《乾》)当然这是以《中庸》来解《周易》,但他将"命"和"性"紧密联系起来,在理论上揭示了中国哲学关于天人之际的基本论述与"体用一原,显微无间"的哲学特色。关于"天命之谓性,率性之谓道",朱熹有著名的理学解释和阐发,即:"命,犹令也。性,即理也。天以阴阳五行化生万物,气以成形,而理亦赋焉,犹命令也。于是人物之生,因各得其所赋之理,以为健顺五常之德,所谓性也。"(《四书章句集注·中庸章句》)这也是旨在阐明天人关系和伦理道德的渊源。

杨爵认为,人道来源于天道,而天道是人道的最终依据和根源。他说:

> "刚柔交错",天之垂象,自然之文也,观之以察时变,凡历象授时,裁成辅相,皆其事也。"文明以止,人文也",六十四卦,三百八十四爻,此一言可以尽之,此如《诗》之"思无邪",《礼》之"毋不敬",《书》之"允执厥中"之类也。"天文",天之道也;"人文",人之道也。人道本于天道,而天道所以为人道。(《周易辨录》卷二《贲》)

关于天道与人道关系的论述,《周易辨录》比较丰富,是一种自觉的认识和思想观念。其他如："天人一理，更不分别。"(《周易辨录》卷二《复》)"人道必本于天道，而天道所以为人道也。"(《周易辨录》卷二《无妄》)"人道必本于天道，天道之外无所谓人道也。"(《周易辨录》卷四《中孚》)

至于具体地分析天道与人道的内在联系，除前述理论解释外，《周易辨录》中还有一些有趣的比较和论述。如：

> 生长收藏，无非天地之心，化工之妙，无间可停息，大而一气之运，小而一物之微，莫不皆然，特于藏诸用之终、显诸仁之始为易见耳。恻隐、羞恶、辞让、是非皆人之心，特于见孺子入井而怵惕者为易见耳。天人一理，更不分别。(《周易辨录》卷二《复》)

虽然体用一源，显微无间，但是在一些关键环节和危难关头尤能集中鲜明地反映出来。既然天人一理，人们审察天道，自有获得道德依据的可能，而这些理念都是在天人合一理论前提下展开的，在逻辑上有其自足性。后人的指责往往轻视或忽略了这个理论前提。

人若不能明察天道运行规律，与时偕行，则要招致祸患，"昧于消息盈虚之理，进退存亡之道，时已极而不知变，则'与时偕极'矣。盈满既久，穷灾不免，颠覆之凶其将至矣"(《周易辨录》卷一《乾》)。

杨爵认为，天地万物的实际情形就是聚合，但是聚合有"道"和"非道"的差异，对社会与自然运行变化也会产生深远的影响。"天地万物之情，聚而已。天施地生，乾坤交泰，聚之义也。五品人伦，恩义相笃，亦聚之义也。飞潜动植，类聚群分，亦聚之义也。盈天地之间者，聚而已，但以道则得，非道则失，升降消长，治乱安危，胥此焉。"(《周易辨录》卷三《萃》)"万物之形象有万，其不同也，然以类相聚，于不同之中而各有同焉，则其事类也。天地万物之形皆有自然之睽，睽之相与，则皆有自然之道。圣王之治天下，使各正于自然之道而已，此则睽之时用也。盈天地间，满眼皆睽之象，亦满眼皆睽之时用也，在默而识之。"(《周易辨录》卷三《睽》)这里，杨爵又强调自然之道是天地万物和社会政治的基本准则与存在依据，与前文关于"道"人文性、精神性、道德性的论述似有冲突，值得进一步研究和探讨。

如何合天人之道，也需依靠正，"正则尽人道以合乎天道矣。圣人先天而天弗违,后天而奉天时,尽其正大之作用而已矣。一失其正,则与天地不相似而非率性之道也"(《周易辨录》卷三《大壮》),"君子尽其在人者而已,本于天者则顺受之"(《周易辨录》卷四《丰》)。虽然人道本于天道,但合天人之道,关键还在于努力恪守人道,这显示了该哲学思想重理性、重现实、重伦理的人文化特质。

四、修养工夫:明心力行

在德行修养上,重视"明心"、"力行",强调"自养"与"所养"的内外统一,是杨爵易学思想的特色。

杨爵提出道德修养中有"所养"与"自养"的问题:

> 所养必以王道,则所养为得正矣。"自求口实",观其自养。自养必以天德,则自养为得正矣。如分人以财,教人以善,为天下得人,皆所养之道,自小德之谨,至大德不逾闲,皆为自养也。以《大学》之序言之,"自养"为格物、致知、诚意、正心、修身,而"所养"则齐家、治国、平天下之谓也。内圣外王之学,"观颐,自求口实"尽之矣。"天地养万物",养道也。圣人在天子之位,尊贤使能;俊杰在位,膏泽下及于民,亦养道也。尽养之道者,天地圣人也。天地无心而成化,圣人有心而无为,养之时,其道大矣哉!(《周易辨录》卷二《颐》)

"自养"实际是内圣,而"所养"则是外王,两者内外副称,表里相一,密不可分。如果"自养"与"所养"相互割裂,断为两截,学难以致用,就会产生一些理论和实践的问题。关于内圣与外王的关系,是中国哲学史时至今日依然在探讨的焦点问题之一。而在《周易辨录》中,"自养"与"所养"同时都是"养之道"的有机构成部分和环节,本来就是统一的,因而在逻辑上也不存在后来争议的问题。

杨爵解《坤》卦"用六",说:"用六者,六爻之阴皆变而为阳也。阴柔之性,见之不能明,守之不能固,变而为阳,则愚可至于明,柔可至于强,而能长久于义理之正矣,故'利永贞'。变之之道无他焉,博学、审问、慎思、明辨、笃行，人一能之己百之，人十能之己千之，斯可矣。"(《周易辨录》卷一《坤》)这是用《中庸》来解《周易》。"前言往行之理，即吾心之理也。多识之，所以畜吾心之德也。多识而不畜德，则所识者资口耳之陋而无实用矣，故非多识不足以畜德，而多识者又不可以不畜德也。先明诸心，知所往，然后力行以求至焉。格物、致知、诚意、正心、修身，以为齐家、治国、平天下之本，圣学功用之全，即此一言尽之矣。"(《周易辨录》卷二《无妄》)杨爵将《大学》的"八条目"作为修养身心的重要工夫，与上述《中庸》五种方法有异曲同工之妙，特别是他强调"明心""畜德""力行"，使知行统一起来，无疑有重要的意义。

达到"中""正""贞""诚"，就要对自己的内心与修养做些损益。"损所当损而皆出于诚心，则盛德至善，可大可久，施之天下国家，无所往而不当矣。"(《周易辨录》卷三《损》)解《损》卦，"'惩忿窒欲'，谓之损可也，谓之益亦可也。圣人特以克己而言，则理之复者非益乎？消一分人欲，则长一分天理"(《周易辨录》卷三《损》)，虽然还没有完全摆脱程朱理学的铅华，但能从道德提升的角度强调损益的相得益彰、相互转化，也是颇有新意的。杨爵重视"以道义自益"(《周易辨录》卷三《益》)，损欲而益理，依然是关于理欲之辨的探讨。

内心达到什么程度，才能算作"诚"与"贞"呢？这需要有"敬"的工夫。在这个方面，杨爵显然受到程朱比较深的影响。他强调："忌，敬之意也。敬，德之舆；不敬，则德不可居矣。"(《周易辨录》卷三《夬》)

杨爵形象地将个人的修养工夫称为"御寇"，以达到去私全善的目的。"凡外诱之私蔽其明而乱其真，皆寇也。为去其私而使全其善，御寇之义也。学之教之固多术，而皆所以御寇也。"(《周易辨录》卷一《蒙》)"君子度德而进，量时而动，则机括在我，而进退施为有余裕矣。"(《周易辨录》卷二《无妄》)君子充分发挥自己的主观能动性，恰当地审视自己和时势，自然进退优裕，远离灾祸。

修养身心，能够合内外，使学行统一，做到学以致用。"格致诚正之学，措而为治平之用，未为物诱而变其所守者也。执此道以往，则'无咎'矣。人之修己所愿者，在行所学以治人也。"(《周易辨录》卷一《履》)修养砥砺德行，与人交往皆需谨慎，"所随必择其人，所交必慎其道"(《周易辨录》卷二《随》)。"富贵宠利，人视之以为喜，己则思其有忧者；在人视之以为安，己则思其有危者在，是能艰以处之也。如此，则于事之可否，身之去就，皆不敢苟，而得'无咎'矣。"（《周易辨录》卷二《大有》）能够居安思危，谨敬以求，自然无有祸患。解《大壮》"上六"，说"大抵天下之事，莫不成于难而败于易：以为难，则可以无难处之事；以为易，则忧即至矣。'艰'之一言，乃圣人示人以存诚之基本，而转灾为祥之机也。"（《周易辨录》卷三《大壮》）人若具有强烈的忧患意识，就会更加重视谦抑处下的价值。

杨爵通过对《谦》卦的细致解释，阐发了关于"谦"的基本理解：

> 谦者，有若无，实若虚之意也。无为无，虚为虚，此有恒也。己有而处之若无，己实而处之若虚，此谦也。山之高者处于地之卑之下，外示卑而自掩其高，则谦之象也。止于理而不敢或过，顺于道而从容谨敕，则谦之义也。未有尚谦德而不亨通者矣，谦者，君子之美德也。有若无，终不能掩其有；实若虚，终不能匿其实，"有终"之谓也。天道下济，则天道谦矣；下济而成生物之功，则光明也。地道卑而处下，则地道谦矣；承天以有为而时行，则上升也。光明上升，则亨通之义也。（《周易辨录》卷二《谦》）

可见，谦不仅是一种修养，而且能够发挥切实的功用；谦也不只是表面的谦抑恭逊，而是有实实在在的美德和修养，所以最终也不能"掩其有""匿其实"；谦的基本精神，在于"止于理""顺于道"。这些论述对于全面理解和把握"谦"有深刻启示，即使在今天来看，也是有积极意义的。

杨爵也注意到风俗善恶与个人"自育其德"相互促进、相得益彰的辩证关系，但"自育其德"则是基础，是敦厚风化的重要途径。他认为："未有风俗不坏而世乱者也；世之乱者由于风俗之坏也。振起其民而使皆趋于教典，所以善风俗也。育德，则自育其德，又所以端风化之本也，未有己不正而能正人者也。"（《周易辨录》卷二《蛊》）

即使正己正人，改过迁善，也是因为人本身含藏有善的种子和根苗，而不是外在强加和赋予的。这些都与《孟子》性善论一脉相连。"复，阳复生于下也。本其固有，非自外至，特为阴所掩消，而至此复见耳，故谓之复。天道之盈虚消息，人物之生化盛衰，凡人心肆恶之极而后天理复萌，皆此义也。"（《周易辨录》

卷二《复》)

君子处世要重视"义",进退有度。"君子立身,可贵可贱,可荣可辱,可生可杀,而不可使为不义,进则泽被于生民,退则道传于来世。"(《周易辨录》卷四《井》)杨爵强调,只有合乎理,就要义无反顾,不顾及他人兴废和个人安危,所谓"君子以义安命"(《周易辨录》卷二《习坎》),"当生而生,当死而死,常道也。见危授命,以常道处之"(《周易辨录》卷二《离》)。"君子之蹈履,知有理而已。理苟可行,虽举世皆欲止之而吾行焉;理苟可止,虽举世皆欲行之而吾止焉。死生祸福,纷迭于前而吾无有焉。"(《周易辨录》卷二《大过》)这与杨爵个人行事处世相合,反映了可贵的风骨和气节,有助于完整地把握他关于道德修养的见解。

以贞正之道处世,待人接物,自有法则,成就美德。"贵戚之卿,义同休戚,去之则不可,救之则不能,处之之道,贞而已。于人事则咎之以己,于大运则归之于天,自靖其志,献于先王,此箕子之贞,不息之明,而后人之所当法也。"(《周易辨录》卷三《明夷》)

如何处"困",杨爵因自身和朋友身陷牢狱,深有体会,文字便入木三分,饱含辛酸痛楚,然而慷慨激昂,凛然不可侵犯。"困之时,非实有所见,实有所得,不能处也。圣人安土敦仁而皆自得,贤者决于义命而可泰然,实有所见,实有所得,则言语动止死生,处之如一。尽言语之道则能尽动止之道,尽动止之道则能尽死生之道。言语、动止、死生,皆理之常。事有大小,道无二致,见其为一,则能与天地万物同流而无所谓困矣。"(《周易辨录》卷三《困》)

杨爵强调:"寇者,切害之名,指人之私欲而言。私欲者,心德之害也,故以为寇。"(《周易辨录》卷四《渐》)"或人所当亲,或道所当学。信其所当亲,则终身资之以为宗;信其所当学,则终身用之而不穷。反是,则非自安之道也。所谓自安,非但安身,亦安其心而已矣。"(《周易辨录》卷四《中孚》)此虽沿袭了人欲(特别突出私欲)与天理之辨,但主张"安心"[①],心学气息也很浓郁。

[①] "非但安身,亦安其心",阳明后学王艮(1483—1541年)就倡论"安身"、尊身、保身、爱身,而"安心"则是更加根本的问题。

五、君臣关系：奉天安民

君主任用贤才，要发挥才的功用，善于用人。"才一也，用之以为恶则恶无不至，用之以为善则善亦无不至矣。"（《周易辨录》卷三《升》）"赏善去恶，以拯一世之困，诚而已，未有诚而不动者也，未有诚而弗能成功也。"（《周易辨录》卷三《困》）贞，正，中，诚，即是"进君子，退小人，振经国之要务，端治化之本原"（《周易辨录》卷三《遯》）。"所谓德薄而位尊，力小而任重，不能胜其责任，犹栋之屈挠而不能胜其任屋之重也。天下之事，当与天下之贤才共之，而非一人之手所能成。有与人为善之心，则天下之善皆其善也。"（《周易辨录》卷二《大过》）杨爵劝告君主任用贤能，与天下贤才共治国家，含藏有丰富的政治智慧。

杨爵论述君与臣各自的职守，称"君也者，奉天以安民者也。臣也者，受君之命而奉以行之者也"（《周易辨录》卷二《临》）。可贵的是杨爵将君臣的职责都定位在如何"奉天安民"，使老百姓生活更加安定幸福。他提出："天之立君所以为民，欲以一人理天下而劳之，非以天下奉一人而逸之矣。圣王裁成天地之道，辅相天地之宜，皆治历、明时之大用，而所以左右斯民也。"（《周易辨录》卷四《革》）

在《周易》中，《乾》《坤》二卦就包含了君臣关系。"乾道则尧、舜、禹、汤、文、武尽君道者之作用也，坤道则稷、契、皋、夔、伊、傅、周、召尽臣职者之事也。引而伸之，触类而长之，则凡统属之分，才质之宜，卷舒运用，先后缓急之异，施无非此道，而天下之能事毕矣。"（《周易辨录》卷一《坤》）"盈天地间皆遇之义也，而圣人制以相遇之礼焉。如五品人伦之相与，一事一物之裁制，君子遇之以道，小人遇之以非道，富贵贫贱死生患难之在人，亦遇也，而亦有遇之之道焉。非其道则妄而已矣。遇之之道，所以已天下之乱也。"（《周易辨录》卷三《姤》）杨爵主张君臣之间要以道义调节，并且道义有助于防止天下出现祸患。

臣子事君主以道，"内取由中之义，事君以道，而出于中心之诚也。所谓责难于君谓之恭，陈善闭邪谓之敬，非尧舜之道不敢陈于王前者，皆是也；如此，则仅可以免过而不自失也。臣道之难尽也如此。"(《周易辨录》卷一《比》)"小人而无才无位者,亦安能制君子哉?以巽畜乾,亦为小畜。又以阴畜阳,亦不能大有所畜。小人畜君子,畜其不能用世耳,于其道则无如之何。所畜者,区区之微末耳。"(《周易辨录》卷一《小畜》)如何合理有效地处理君臣关系,相对而言,坚守臣道更加困难,这也是对明代君臣关系的微妙反映与深刻反思。

杨爵主张君主要养民致贤,他举例子,"如萧何劝高帝养民致贤,收用巴蜀,此计失得之私心也。文王则诚心养民,以尽君道而已,失得所不恤也,如是而往,则吉而无不利。圣人以六五明察而不足于君道,故欲其远功利之小术,而尊帝王之大道也"(《周易辨录》卷三《晋》)。

杨爵解《明夷》"上六",指出"人君失道,求为匹夫而不可得,安有肆恶已极而能保其身乎?"(《周易辨录》卷三《明夷》)劝诱帝王,遵循《解》卦之道。"赦过宥罪,体解之义,法天地好生之德也。天地间,一治一乱,一善一恶,一得一失,皆解之义也。君子省之,使有治无乱,有得无失,有善无恶,则善于用解者矣。"(《周易辨录》卷三《解》)至于具体的举措,也不乏其例。如:"上之益下:穷乏者,周给之;贤能者,任使之;不肖者,惩戒之。"(《周易辨录》卷三《益》)

杨爵提出,国君不能"伤财""害民",否则会给国家安危带来致命打击,从而提出"恤民保国"。他对"养乎民"与"戕乎民"的制度进行了比较,深刻地揭示二者差异的本质是"公私"的不同。"财者,民之所资以生者也,伤财则至于害民矣;民者,国之所赖以立者也,害民则自伐其国矣。制度无节,则徇人欲灭天理,无所不至,岂恤民保国之道哉?先王之制度也,所以养乎民;后世之制度也,适以戕乎民,公私之间而已矣。"(《周易辨录》卷四《节》)

通过研究《周易》经传,总结历史发展规律,探讨君主与天下的关联,是杨爵易学中颇有新意的内容,且有深远的历史影响。斛山提出:"天之立君,以一人治天下而劳之,非以天下奉一人而逸之也。君人者,顷刻谨畏之不存,则怠忽之所自起;毫发几微之不察,则祸患之所自生。"(《周易辨录》卷一《比》)"天之立君所以为民,欲以一人理天下而劳之,非以天下奉一人而逸之矣。"(《周易辨录》卷四《革》)"天下,势而已。势轻势重,当于其几而图之。"(《周易辨录》卷四《既济》)这些论断固当发黄宗羲《明夷待访录·原君》、顾炎武《天下郡国利病书》、王夫之《宋论》的先声。

总之,作为能够身体力行的儒者,杨爵在《周易辨录》中渗透了丰富的个人体会和见解,在《易》学史上也具有独特地位。在经传中阐发和建构哲学思想,是中国哲学传承和创新的重要途径与鲜明特色。明晰并清理《周易辨录》哲学思想的主要内容和意义,在今天依然有重要的理论意义和实践价值。

性情和学术

——南冥与退溪学术比较考略*

朝鲜朝（1392—1910年）十六世纪的儒学史上有两位著名的学者，即李滉（号退溪）与曹植（号南冥），虽都有朱子学的学术基础和倾向，但因学术旨趣的差异，个人禀赋和性情的特色，其学术面貌也不尽相同。两人尽管同年生，几乎相继离世。虽不无学术争鸣，但相互倾慕，又终生未曾谋面，其奇异感人之处，历历可数。这种表面的性情、出处态度差异，也同时体现了他们在学术渊源、学术风格上的不同。本文尝试从这个角度将朝鲜朝两位大儒作以比较，并对一些资料试作考辨，以反映中国思想文化的深远影响与学术意义。

一、南冥与退溪

曹植（1501—1572年），字楗仲，自号南冥，学者尊称南冥先生，朝鲜朝时期昌山（昌宁）人。官主簿，赠领相，谥文贞公。

李退溪（1501—1570年），名滉，字景浩，号退溪。他生于朝鲜李朝燕山君七年，卒于李朝宣祖四年，是朝鲜李朝时期著名的朱子学学者。

南冥述而不作，唯《学记》一著，多系读书笔记类编和摘录，"分类一依《近思录》篇目，所以求端、用力、处己、治人及辟异端，观圣贤之大略，无不备焉。"①由道统而心性而格致齐平，条理井然，显示治学修身的层次，以明"入道

---

* 原载于刘学智、[韩]高康玉主编《关学、南冥学与东亚文明》，北京：社会科学文献出版社，2007年，第252—270页。

① 《南冥先生文集》卷四《学记类编凡例》，曹永哲所藏厘正合集本，第63页。

之阶梯，治心之规范"①，也表明了南冥的朱子学志趣，重静敬，尚仁义，涵养天理，关注现实人生，具有心性之学和实学相结合的多重特征。当然，南冥学术虽多经后学激扬发明而不致埋没，但其生性资质绝异，为人决绝，不苟世俗，"器局峻整，才气豪迈，超然自得，特立独行"②，学术个体色彩依然很鲜明，如结合当时学术风气，则尤为显著。

退溪则著作极为浩富，极力介绍中国的理学成果，尤其是朱熹的学术成就，并整理、主编多部文集，表彰"四贤"，为朝鲜朝朱子学的发展兴盛作出了举足轻重的贡献。同时，退溪力排释老、阳明心学的学术弊端，维护朱子学的独立和纯净。尤其是在与奇高峰（名大升，字明彦，号高峰，又称存斋，德阳人，1527—1572年）等人的"四七"论辩中，进一步阐发了朱熹气理不离不同、道器不即不异的观点，将"四端"和"七情"沟通起来，整体理解，但又反对认情即理、欲即理，体现了细密的学术风格。

在南冥先生的文集中，明确地包含着与退溪先生的学术争辩，则是二十三则信（包括给六人由二则到十则不同的信）中的两则信件，《南冥集》各本书信部分一般前两封都是《答退溪书》《与退溪书》，足见这两则信函的重要。而南冥与退溪的交往，则主要集中于晚年，而且多是神交和书信往还。两人终生未曾见面，尽管有不少可以相遇的可能，但都机缘不巧，失之交臂。尽管如此，其中感人的地方依然很多，不仅能显示出二人的性情，而且标志着各自的学术旨趣与追求。

二、独特的交往

南冥先生与退溪先生的交往很特殊，仅据目前所看到的资料分析，主要集中在两人五十三岁以后，这与流行的两人在晚年相互交往的看法一致。裴绅《行

---

① 《学记类编刊补》卷四《学记类编跋》，载《小川书堂所藏初期重刊本散遗》卷四，第1页。引自曹植《南冥集四种》，南冥学研究院出版部印。以下有关南冥学的资料，皆出自此版本中，不再另行出注。
② 《南冥先生别集》卷七《师友录》，曹永哲所藏厘正合集本，第3页。
③ 《南冥集》卷五《行状》，曹永哲所藏厘正合集本，第14页。

状》说南冥"暮年又与退溪李先生（滉）相通，简（栋）吃紧论辩焉"③。而他们的交往又与常人不同，虽彼此倾慕已久，多有深交，但终生未曾相遇。所以这种交往是独特的、感人的，并具有丰富的学术内涵。

现据《南冥集》所载《年谱》以及《退溪全书》中的《退溪先生年谱》，对二人事迹作以梳理，以便审视二人之间的交往和关系。

明世宗嘉靖三十二年癸丑（1553年），南冥五十二岁，李退溪以大司成的身份致书南冥，勉励他顾全君臣大义，离开藏踪晦迹的山林。并以三人同志，而另两人即成守琛、李希颜已经出仕的事实劝说南冥。是年，南冥撰成著名的《答退溪李先生书》。南冥以不愿"构取虚名，厚诬一世"与身体状况变差委婉加以拒绝。退溪又复书，甚至也表达了隐退而不得的无奈①。

嘉靖三十七年戊午（1558年），南冥五十八岁，南冥的《年谱》记载南冥与金晋州（泓）、李秀才（公亮）、李黄江（希颜）、李龟岩（桢）同游智异山。南冥触物随事，时有警省之论。该条并补充李退溪的一番话，说："曹南冥《游头流录》，观其游历探讨之外，随事寓意，多感愤激仰（昂）之辞，使人凛凛，犹可想见其为人，其曰一曝之无益，曰向上趋下只在一举足之间，皆至论也，而所谓明哲之幸不幸等语，真可以发千古英雄之叹而泣鬼神于冥冥之中矣"②云云，这里所载退溪云云等语据《南冥集》，则不知出处，恐正是《李子粹语》卷四所说的《书南冥"游头流录"后》，《退溪年谱》的"正月，跋曹南冥《游头流录》"，其时在嘉靖三十九年庚申（1560年）。两条在时间上出入不大，《南冥集》所载又不见于《李子粹语》，恰可资印证。特别值得一提的是，这里将曹南冥游记散文的风格特征和学术精神也巧妙地揭示出来了。

嘉靖三十九年庚申（1560年）"正月，跋曹南冥《游头流录》"，退溪时年六十。

嘉靖四十三年甲子（1564年），南冥六十四岁，作《与退溪李先生书》，批评当时的不良学风，《年谱》作"近见学者手不知洒扫之节而口谈天理，先生长

---

① 《南冥集》卷六，《南冥先生别集》卷一《年谱》，曹永哲所藏厘正合集本，第9页。
② 《南冥集》卷六，《南冥先生别集》卷一《年谱》，曹永哲所藏厘正合集本，第10页。

老无有以呵止之故也？如仆则所存荒废，罕有来见者；若先生则身到上面，固多瞻仰，十分抑规之如何？"①《与退溪书》作"近见学者手不知洒扫之节而口谈天理，计欲盗名，而用以欺人，反为人所中伤，害及他人"②，文字上有一定出入，但都将学者学风的败坏归结到老师管束不严上。退溪先生也不得不承认，"南冥之言，真可谓吾辈药石之言"③，基本上是肯定了南冥的主张，要门人弟子引以为戒。同时《年谱》的编者评道："两先生行藏殊途，虽欠一席之丽泽，道义相许，诚为千里之神交也。"④并未厚此薄彼，而是同时加以褒扬。

嘉靖四十五年丙寅（1566 年），南冥六十六岁。《年谱》注有："退溪先生曰：'滉与南冥生并一世而未与之相接，常切莫（幕？）用之私，今其起应召命，又见其合于君子随时出处之义，其视滉老颠病废、胶著一隅而将获罪者一何相去之远耶？'又《答清香堂李源书》云：'南冥必已还德山矣。近日经席又有请，召致者，赖复有知南冥心事者方便论白，故得停，为南冥深贺。'"⑤

明穆宗隆庆元年丁卯（1567 年）十月，当时已六十七岁的李滉"与曹植、李恒同以教书特召"⑥，但李滉因病未行。

隆庆五年辛未（1571 年），南冥七十一岁，"正月闻退溪先生讣"，"去年十二月退溪卒，至是先生闻讣，伤悼甚，仍流涕曰：'生同年，居同道，未相见，岂非命耶？斯人云亡，吾其不久。'乃于册子书《士丧礼》节要，以授门人河应图等曰：'吾殁，以此治丧，葬于山天斋后冈可矣。'"⑦这个结局恰恰验证了南冥在《与退溪书》中说的"百年神交，直今违面，从今住世，应无几矣，竟作神道

---

① 《南冥集》卷六，《南冥先生别集》卷一《年谱》，曹永哲所藏厘正合集本，第 12 页。
② 《南冥先生文集》卷二《与退溪书》，曹永哲所藏厘正合集本，第 1 页。
③ 李滉《与郑子中书》，载《南冥先生别集》卷一《年谱》，曹永哲所藏厘正合集本，第 12 页。
④ 《南冥集》卷六，《南冥先生别集》卷一《年谱》，曹永哲所藏厘正合集本，第 12 页。
⑤ 《南冥集》卷六，《南冥先生别集》卷一《年谱》，曹永哲所藏厘正合集本，第 15—16 页。
⑥ 《退溪先生年谱》卷二，载贾顺先主编《退溪全书今注今译》（第一册），成都：四川大学出版社，1992 年，第 114 页。
⑦ 《南冥集》卷六，《南冥先生别集》卷一《年谱》，曹永哲所藏厘正合集本，第 18 页。
⑧ 《南冥集》卷二，《南冥先生文集》卷二《与退溪书》，曹永哲所藏厘正合集本，第 1 页。

交耶？人间无限不好事，不足介怀，独此第一含恨事也"⑧。

两位大儒心有灵犀，终未能同席而论，殊为可惜可叹，同时也是学术界的一桩纷杂的事情。但二人的学术和人格，自不能作简单化处理。

三、南冥与退溪之间的相互推许和学术差异

曹南冥对李退溪的政治才能很佩服，《言行实记》载"南冥曹植曰：'斯人有王佐之才。'"①可见，南冥对退溪是极为推崇和肯定的。

李退溪对曹南冥的评价也极高，《答李刚而》甚至推许为"南州高士，独数此一人"。虽然还有不少批评和警惕的成分，尤其是指出南冥"好奇自用"的风格，正突出南冥的磊落不羁。

《答李刚而》云："南冥，吾与之神交久矣。当今南州高士，独数此一人。但念自古高尚之士，例多好奇自用。好奇则不遵常规，自用则不听人言。"②《书南冥"游头流录"后》曰："或以其尚奇也好异，难要以中道为疑者。噫！自古山林之士，类多如此，不如此不足以为南冥矣。若其节拍气味所从来，有些子不可知处，斯则后之人必有能辨之者。"③《答黄仲举》"《鸡伏堂铭》旷荡玄邈，虽于老、庄书中，亦所未见"④。而鸡伏堂创建于明世宗嘉靖二十七年戊申（1548年），曹植四十八岁⑤。李退溪的这封信不应早于此年。

至于以"山林之士"目南冥，在南冥后学那里有一些争辩，认为是所谓知南冥者的看法。但这里的"高士"，以及南冥自命，乃至要求死后让门生号称以"处

---

① 《李子粹语》卷四，载贾顺先主编《退溪全书今注今译》（第一册），成都：四川大学出版社，1992年，第1004页。

② 《李子粹语》卷四《答李刚而》，载贾顺先主编《退溪全书今注今译》（第一册），成都：四川大学出版社，1992年，第979页。

③ 《李子粹语》卷四《书南冥"游头流录"后》，载贾顺先主编《退溪全书今注今译》（第一册），成都：四川大学出版社，1992年，第979页。

④ 《李子粹语》卷四《答黄仲举》，载贾顺先主编《退溪全书今注今译》（第一册），成都：四川大学出版社，1992年，第979页。

⑤ 《南冥集》卷六，《南冥先生别集》卷一《年谱》，曹永哲所藏厘正合集本，第7页。

士"的"处士",都在间接地彰示南冥学术中的老庄色彩。李退溪的这种看法,或许对二者的学术差异有敏锐地感觉和理解。退溪曾在多处提到这种差异,尽管反复申述不愿以交好敬慕代替学术探讨。

《答黄仲举》"花潭、南冥,皆素所慕用之深,岂敢妄肆诋斥。惟不欲阿私所好,而溢为称誉,故有下帷之评,未醇之论。既以道义论人物,不容以己之未至,而少有苟且之谈"①,此处"花潭"是朝鲜朝哲学家徐敬德(1489—1546年)的号,其主张"气不灭""气外无理"等学说,因而受到典型的朱子学学者李滉的批评。退溪将南冥和花潭并称,一并给予"下帷之评,未醇之论"的评价。

即使在曾经师从过南冥的寒冈(郑道可,即郑逑)面前,退溪也毫不改易这种看法。郑道可问"南冥曹先生尝以郑圃隐出处为疑"时,李滉回答说:"程子曰:'人当于有过中求无过,不当于无过中求有过。'以圃隐之精忠大节,可谓经纬天地,栋梁宇宙,而世之好议论,喜攻发,不乐成人之美者,哓哓不已。滉每欲掩耳而不闻"②,"圃隐"指高丽王朝时著名的朱子学学者郑梦周(1337—1397年),字达可,号圃隐。李滉一方面维护了朱子学先辈学者的权威和尊严,另一方面也能折射出南冥慷慨议政、扼腕诚恳的气象。

《溪山记善录》载李滉对当时学术界的评价如下:

> 大凡世无切己根本上做工夫底人,有曹南冥倡南华之学,卢稣斋守象山之见,甚可惧也。不知高峰百尺竿头,更进就一步乎!不然,则陆学之盛,恐不独于中原也。③

退溪唯恐奇高峰流于异端,多次训诫讨论,但对南冥则以庄子之学看待。南冥素有高名,隐遁的志向产生得很早,往往被视为"山林隐逸",归结到老庄之

---

① 《李子粹语》卷四《答黄仲举》,载贾顺先主编《退溪全书今注今译》(第一册),成都:四川大学出版社,1992年,第974页。
② 《李子粹语》卷四《答郑道可》,载贾顺先主编《退溪全书今注今译》(第一册),成都:四川大学出版社,1992年,第958—959页。
③ 《李子粹语》卷四《溪山记善录》,载贾顺先主编《退溪全书今注今译》(第一册),成都:四川大学出版社,1992年,第998页。

学，而治心、敬义、践履、重视出处和气节，又决非老庄之学所能完全概括。退溪先生的看法至少是不全面的，但其所揭示的庄学色彩却不能不引起人们的注意。南冥"先生病甚，门生等进曰：'请先生有以教小子。'先生曰：'几百义理，君辈所自知，但笃信为贵。'且曰：'诸朋友在此，吾死亦荣矣。且不见儿女悲啼之态，此是大段快乐事也。'又极论时事，慷慨扼腕，有如平日"①，乐观达生，确有老庄学者风范，尤其是庄学风采。"宇颙请曰：'万一不讳，当以何号称先生乎？'曰：'用处士可也。此吾平生之志，若不用此而称爵，是弃我也。'"②隆庆六年壬申（1572年）先生七十二岁，二月初，"临终义不绝妇人之手，令旁室不得近，戒内外安静，笑谓门人曰：'死生常理耳。'怡然如就寝"③。如果联系中国宋明理学史上所出现的"出入于释老"的诸理学家，南冥学的这种色彩也是很明显的，但毕竟不是主流，不是其学术的基调。至于南冥后学郑仁弘（1535—1623年，字德远，号来庵）在学术、政治上多受学者的讥评，往往会追溯至对南冥学术的反思上，甚至直接归结到学术的不纯、异端的滋生上，则是另一回事，不能一概而论。

曹南冥对李退溪的学术也有批评，据现有资料看，主要集中在退溪重视思辨而忽略实践，对弟子约束不严上，即《南冥集》书信中的《与退溪书》。

南冥指出"近见学者手不知洒扫之节，而口谈天理，计欲盗名而用以欺人，反为人所中伤，害及他人"④，《李子粹语》卷四所载文字与此略有出入⑤。这封信也引起了退溪的高度重视。

退溪在《答李刚而》中说："奇斯文曾与滉论'四端七情'。书札往复事，南冥极以为非，至以'欺世盗名'目之。此言真药石，此名甚可惧。"⑥奇斯文指奇

---

① 《南冥集》卷五《行录》，曹永哲所藏厘正合集本，第12页。
② 《南冥集》卷五《行录》，曹永哲所藏厘正合集本，第13页。
③ 《南冥集》卷六，《南冥先生别集》卷一《年谱》，曹永哲所藏厘正合集本，第19—20页。
④ 《南冥先生文集》卷二《与退溪书》，曹永哲所藏厘正合集本，第1页。
⑤ 《李子粹语》卷四，载贾顺先主编《退溪全书今注今译》（第一册），成都：四川大学出版社，1992年，第850页。
⑥ 《李子粹语》卷四《答李刚而》，载贾顺先主编《退溪全书今注今译》（第一册），成都：四川大学出版社，1992年，第868页。

高峰。退溪虽然并不完全认同南冥的批评与缺少对弟子的约束呵斥,但反省自警,时常用南冥的批评教育门人弟子,并说"非有嫌怒于南冥而云"①,主要侧重学术上的启发。退溪认为这些话"实吾辈皆当策励终身"②。

关于应否对学生加以呵斥制止,退溪先生多有辩解,在《答曹楗仲》中认为学者"其不能专心致志,以期于有成者,固不能无罪。然其心可尚,犹是此一边人。其可概以欺盗而挥斥之乎?其亦在所相从而共勉也"③,并认为"降衷秉彝,人同好善。天下英才,其诚心愿学者何限!若以犯世患之故,而一切呵止之,是违帝命锡类之意,绝天下向道之路。吾之得罪于天与圣门,已甚"④,认为学生有向学的善心,应予以呵护鼓励,而不应像对待欺盗那样呵斥。

但退溪先生也不得不承认,"南冥之言,真可谓吾辈药石之言。自今请各更加策励,以反躬践实为口谈天理之本,而日事研究体验之功,庶几知行两进,言行相顾"⑤,基本上是肯定了南冥的主张。

四、南冥与退溪的性情和学术

整体上看,南冥放逸高明,退溪严谨细密。尽管南冥不无矜持苛刻的方面,退溪不无雍容宽和的方面。

比较典型的例子,如有关退溪的《言行拾遗》载:

---

① 《李子粹语》卷四《答李刚而》,载贾顺先主编《退溪全书今注今译》(第一册),成都:四川大学出版社,1992年,第868页。
② 《李子粹语》卷四《答李刚而》,载贾顺先主编《退溪全书今注今译》(第一册),成都:四川大学出版社,1992年,第869页。
③ 《李子粹语》卷四《答曹楗仲》,载贾顺先主编《退溪全书今注今译》(第一册),成都:四川大学出版社,1992年,第850页。
④ 《李子粹语》卷四《答曹楗仲》,载贾顺先主编《退溪全书今注今译》(第一册),成都:四川大学出版社,1992年,第849页。
⑤ 李滉《与郑子中书》,载《南冥别集》卷一《年谱》,曹永哲所藏厘正合集本,第12页。

陶山精舍下有渔梁，官禁甚严，人不得私渔。先生每当暑月，则必居溪舍，未尝一到于此，盖避嫌也，南冥闻之，笑曰："何太屑屑也！"先生曰："在南冥则当如彼，在我则当如是。以吾之不可，学柳下惠之可，不亦宜乎。"①

　　李退溪重视"瓜田李下"的教训，不愿被人误解，虽拘泥了一些，但显现了谨敬的态度。相形之下，南冥则自然随心，豪爽洒脱得多。

　　林公薰对退溪说"南冥令弟子等撤毁淫妇家，甚不当。莫如独采我薇蕨也"，退溪答道"此言当"。退溪在《答李刚而》中也说"曹君有高世重名，意谓其人必亭亭物表、皎皎霞外，天下万物无足以撄其心，彼乡里一妇失行与否？是何等一尘秽事，使斯人而遇说此事，宜若洗耳而不闻，乃为之自贬损高节，与人争是非，费尽心机，至于积年，而犹不知止，诚所未晓"②。这则材料则相反，体现了两位学者性情中的另一个侧面，即南冥的苛刻，退溪的宽和，只有如此，学者的性格和学术面貌才能得到较全面地呈现。尤其是南冥指使门人弟子捣毁淫妇房屋的举动，殊难让人理解和接受。相关材料也不见于《南冥集》。但联系南冥的性情和做法，这种事情或许不是没有可能的。

　　曹植特别重视实践，重视人的"出处"，即如何应对事务，待人处事，在日常实事实行中见其实学，特别重视"敬义"。金宇颙在南冥《行录》中载南冥"谓宇颙曰：'吾平生有一长处，抵死不肯苟从，汝尚识之。'又语宇颙及述曰：'汝等于出处粗有见处，吾心许也。士君子大节唯在出处一事而已。"③"谓宇颙、述曰：'天下第一铁门关是花柳关也，汝等能透此关否？'因戏言：'此关能销铄金石，汝等平日所操，到此想应消散无余矣。'"④一些学者传闻他指使门人拆毁淫妇房屋的举动，此事虽不见于《南冥集》四种，但退溪有评论，似不应有误讹之

---

① 《李子粹语》卷三《言行拾遗》，载贾顺先主编《退溪全书今注今译》（第一册），成都：四川大学出版社，1992年，第838页。
② 《李子粹语》卷三《答李刚而》，载贾顺先主编《退溪全书今注今译》（第一册），成都：四川大学出版社，1992年，第834页。
③④ 《南冥集》卷五《行录》，曹永哲所藏厘正合集本，第12页。

处。这与曹南冥凌厉高蹈、简洁利落、不让于人的风格吻合,如他与李愚斋(希颜)等一起游头流山时,就很不留情面地直戳愚斋心底,与此一致。南冥为人决绝不苟,如隆庆二年戊辰(1568年),先生六十八岁,因怀恨老友李龟岩(桢)"二三其德",变更无常,愤然与之绝交,显示了独特的性情和风格①。

李珥(1536—1584年),字叔献,号栗谷,也是朝鲜朝著名的思想家和学者。他认为退溪"多依样之味""拘而谨"②,"曹南冥与退溪同时,而南冥遁世之标早著,固俯视退溪矣。退溪谦冲自守,绝不谈人物长短、时事得失,惟于辟异端处,未尝退让"③。诸如退溪批评徐花潭、朴松堂,独表寒暄(郑汝昌)、一蠹(金宏弼)、静庵(赵光祖)、晦斋(李彦迪)为"四贤",皆能验证这种评价是确切的、有根据的。"至于南冥,退溪见其议论气习,不无后弊,不得已而略容点化之语。所谓'尚奇好异,难要以中道'等语,盖恐道之不行,贤者过之,或流于他歧耳。南冥门人寒冈、东冈,皆从退溪问学,不以为嫌,独郑仁弘刚历好胜,积憾于退溪。及其假宠昏朝,威权震一国,则敢疏论两贤之非,泥其同道乡校从祀者十余年。毕竟仁弘罪恶滔天,八十之年伏刑都市,其忌克之论,不足为两贤之累。而南冥之学,一转而为仁弘迷君丧邦,流毒至今!不啻如荀卿之于李斯。则退溪当日有所隐忧,至是而始著,亦可谓后学之蓍龟矣。"④反映了李珥对南冥后学的批评,同时对退溪的警觉又有所褒赞,可贵的是没有简单地以后学成败来抑扬南冥。这段材料中所说的后来跟随退溪问学的寒冈、东冈,分别指郑道可与金宇颙,都曾是南冥的门人。"疏论两贤"中的"两贤"指晦斋、退溪二先生。

南冥学术的风格,"其学以主静为基,以高洁为尚,其视功名有如太虚中一片云矣,至于富贵贫贱不淫不移则有不足道者"⑤。"申松溪尝有言曰:'三足有轩豁不拘底气宇,南冥有雪天寒月底气象,黄江有设施底大手。'时人谓善形容

---

① 《南冥集》卷六,《南冥先生别集》卷一《年谱》,曹永哲所藏厘正合集本,第18页。
②③ 《退溪先生年谱》卷四《附大学士泽堂李植家训》,载贾顺先主编《退溪全书今注今译》(第一册),成都:四川大学出版社,1992年,第390页。
④ 《退溪先生年谱》卷四《附大学士泽堂李植家训》,载贾顺先主编《退溪全书今注今译》(第一册),成都:四川大学出版社,1992年,第390—391页。
⑤ 《南冥集》卷五,裴绅《行状》,曹永哲所藏厘正合集本,第14页。

三君子矣。"①此处"申松溪"指申季诚,"三足"指金大有,"南冥"指曹植,"黄江"指李希颜。以"雪天寒月"形容曹南冥,突出他的高洁清峻、孤峭傲冷,殊为妙喻,但似乎缺少温和雍雅的气度。

门人郑逑在《祭文》中说:

> 先生阅人既多,眼目亦高,四海如空,千古渺然,恢恢乎阔步于独立之境,悠悠乎高举于独观之地。时见经童学竖颠蹶嬉戏于仪文度数之末,妄谈天命之性而昧夫洒扫之方,琐琐碌碌,终不足议为于大方之家。而至于志道之士,硕学之子,洁进之诚,愤悱之功,有不能已焉,则论说警策,叩竭两端,言论激昂,词辨骏烈,引物譬喻,愈出无穷,如河转海倒,风凛雷厉,而恻恻爱人之心,恳恳乐善之意,洞然呈露,洋溢可掬,而表襮不掩,防畛不设,光明洒落,自成一家,此虽不足以见先生之大,而非先生之大则亦何能浩博如是而无所不足哉?至于诗文兵法医经地志,虽无不曲畅旁通,为应世之用,而此岂真足以为先生之轻重者哉?然世之知先生者既鲜,其自谓知之者不过曰山林隐逸之流而已,而不知者辄复诋诃,至有加以不逊之辞而无所忌惮焉。嘻!于先生卓卓之见,磊磊之节,钦钦之学,浑浑之量,彼乌可窥测其万一?而于先生旷然之德亦何足为加损哉?②

南冥门人金宇颙在隆庆六年(1572年)为曹植撰写的《行状》中评论曹南冥《学记》:

> 特讲学之规模,做功之次第,议论之绪余耳。其用功则亲切著明,要自确实头做来,故其炯炯之心,烈烈之气,卓立颓波,照映方来,而廉顽立懦于百世之下矣。章句小儒,寄命乎耳目,出入于四寸,而犹欲以学术议先生,至其临小利害,仅如毫发,而张皇失措,进退无门,求其屹然独立、毅然不拔如先生者,百未见一人焉,则于先生又

---

① 《南冥集》卷五,裴绅《行状》,曹永哲所藏厘正合集本,第14页。
② 《南冥集》卷五,郑逑《祭文》,曹永哲所藏厘正合集本,第36—37页。

胡可以轻议焉哉？[1]

由前后师从南冥、退溪二人的寒冈、东冈对南冥的回忆和评价看，颇多相同处，即突出了南冥学术的切实扼要以及南冥气节的磊落洒脱。

曹植去世后，从明神宗万历四年丙子（1576年）至万历二十九年辛丑（1601年），其门人弟子相继创立德川书院、晦山书院、新山书院、龙岩书院。万历三十七年己酉（1609年，朝鲜光海元年），朝廷赐德川、新山、龙岩三书院匾额，以"耸动士气"[2]。万历四十三年乙卯（1615年），赠曹植大匡辅国崇禄大夫，议政府领议政，兼领经筵弘文馆、艺文馆、春秋馆，观象监事，世子师，谥文贞公。此后，还曾有数百名儒生请求从祀文庙，但没有得到批准。这已经是南冥先生身后四五十年的事了。

五、余论

南冥学术最鲜明的地方，在于注重践行，标举敬义，言行一致，"反己内修，笃信自力"[3]，"忠信以为本，敬义以为主"[4]，终归于"诚"，"源本既立，流出不忒，养送无违，推泽亦广，各止吾诚，贵贱少长，所乐在是"[5]，最为学者称道。先生喜好梅竹莲菊，不染尘滓，遗世独立，但又心怀家国、苍生，显彰出外隐而实儒的价值取向。南冥先生对"敬义"有自己的界定，"内明者，敬；外断者，义"（《佩剑铭》），实是"内敬外义"、内外兼修的为学主张。注重事物发展的"机"，"纵然忘世未忘机"（《次湖阴题四美亭韵》），高蹈远视，非常儒所及。同时，力主道德的专一、醇纯。

南冥先生主张切己体验、躬自实践，具有实学的倾向。南冥自己颇精于兵

---

[1]《南冥集》卷五，金宇颙《行状》，曹永哲所藏厘正合集本，第8页。
[2]《南冥集》卷六，《南冥先生别集》卷一《年谱》，曹永哲所藏厘正合集本，第21页。
[3]《南冥集》卷四《行状》，壬戌本，第14页。
[4]《南冥集》卷三《祭文》，壬戌本，第12页。
[5]《南冥集》卷三《祭文》，壬戌本，第22页。

法、边疆等实学事务。退溪先生也认为"纲常者,扶持宇宙之栋梁,奠安生民之柱石"①,"自吾之性情,形色,日用彝伦之近,以至于天地万物,古今事变之多,莫不有至实之理,至当之则存焉,即所谓天然自有之中也"②,这种"至实之理"也是实学的一个鲜明特征。实际上,在李滉、李珥等人的朱子学术的推动下,朝鲜朝学术已有接纳实学的条件,或朱子学已有向实学发展的可能,而实学在朝鲜的产生也在这个时期,即16世纪末。阳明学人约在16世纪初已传入朝鲜,南冥对心学有一定的排斥,但自己注重省悟体察,反躬而求,"于吾心须有汗马之功,教人必随人资禀而激励之,不开卷讲论,曰:'今之学者高谈性理,无实得于其心,如游通都大市,见珍宝奇玩,空谈高价,不如沽得一尾鱼。圣人之旨,前儒既尽言之,学者不患不知患不行。其得力之浅深,在求之诚不诚如何耳?……谈经说书不如反求而自得之,观书亦不曾章解句释,领略其宗旨而已。"③南冥"以为学莫要于持敬,故用工于主一,惺惺不昧,收敛身心,以为学莫善于寡欲,故致力于克己,涤净查(渣)滓,涵养天理,戒惧乎不睹不闻,省察乎隐微幽独,知之已精而益求其精,行之已力而益致其力,以反躬体验脚踏实地为务,求必蹈夫阃域"④,重心性的体验和探究,其学术痕迹也可略见一斑。

因此,从学术渊源上看,南冥学术无疑肇端于北宋五子和朱子⑤,而在嘉靖五年(1526年)直接受许鲁斋的启发⑥,是朝鲜朝朱子学的代表人物之一;从朝鲜朝朱子学的现实发展和学术特色看,南冥学术体现了朱子学向实学的过渡和渗透;从对阳明学的反映看,则反映了朱子学旨趣的微妙变化,是传统朱子学没落和自我更新的学术表现。"当士林斩伐之余,士习偷靡,醉梦成风,人视道学不

---

① 《退溪先生年谱》卷二,载贾顺先主编《退溪全书今注今译》(第一册),成都:四川大学出版社,1992年,第153页。

② 《退溪先生年谱》卷二,载贾顺先主编《退溪全书今注今译》(第一册),成都:四川大学出版社,1992年,第135页。

③ 《南冥集》卷五,许穆《神道碑铭并序》,曹永哲所藏厘正合集本,第21页。

④ 《南冥集》卷五,成大谷《墓碣铭并序》,曹永哲所藏厘正合集本,第16页。

⑤ 《南冥先生文集》卷三、四《学记类编》,曹永哲所藏厘正合集本。

⑥ 《南冥先生别集》卷一《年谱》,曹永哲所藏厘正合集本,第2页。

啻如大市中平天冠。而先生奋起不顾,树立万仞,使士风既偷而稍新,道学既蚀而复明。扶颓拯溺之功,在我东国宜亦未有也。"①南冥学术是朝鲜朝16世纪朱子学发展和状况的集中体现,其学术品格呈现出以朱子学为主导的多重特征。这是本文对南冥学术历史审视的基本观点,也是将南冥的学术思想与李退溪等人比较后得出的进一步的结论。

---

① 郑仁弘《南冥先生集序》,壬戌本,第1—2页。

博学于文　行己有耻

——读顾炎武《日知录》

明末清初著名思想家、清代朴学的开创者顾炎武,在历史、地理、经学、语言学、文学等方面都有重要贡献。他崇尚实学,博通古今,著作有《天下郡国利病书》《肇域志》《音学五书》《日知录》《韵补正》等。《日知录》是顾炎武积30余年读书所得,"平生之志与业皆在其中",是他一生学问和思想的结晶与集中体现,也是反映明清之际实学思潮的重要文化经典。

《日知录》将仁义道德等人文内容看成是国家兴亡的根本所在,认为"匹夫之贱,与有责焉耳矣。"近人梁启超(1873—1929年)概括为"天下兴亡,匹夫有责",影响深远。顾炎武提倡博学于文,行己有耻。他所谓博学的内容,既包括经学研究,也包括对政事、民隐等社会现实问题的研究。他要求学者应"采铜于山",从语言文字、音韵训诂、历史地理、典章制度等多方面搜集第一手材料,考证经史,开启了清代考据学的先河。他还身体力行,从实地社会调查中收集材料,研究各个地区地理、水文、交通、物产等问题,在实证研究方法上也开一代实学新风。

一、顾炎武与《日知录》

顾炎武,生于明万历四十一年(1613年),卒于清康熙二十一年(1682年),江苏昆山人。初名绛,字忠清。明亡,因为敬仰南宋文天祥(1236—1283年)的门生王炎午(1252—1324年)的忠贞品格,更名为炎武,字宁人,号亭林,学者称为亭林先生。他年轻时曾参加青年士子反清团体"复社"的活动;1645年6月在家乡参与武装抵抗清军的斗争,失败后在大江南北隐姓埋名,颠沛流离20

年之久。1657年（清顺治十四年）离开江南，先后到山东、河北、山西、陕西，游历考察史地，拜谒明十三陵，访问学者。1681年在由陕西华阴到山西曲沃的途中患病，1682年正月初九逝世，享年70岁。

顾炎武为学与为人统一，志高行洁，学博识精，重视实地考察，是清代朴学与实学的开创者。一生著作丰富，今有《顾炎武全集》22册（上海古籍出版社2011年12月版）。

顾炎武搜集资料特别强调原始材料。他平生反对用第二手资料以证己说，认为利用第二手资料是买铁铸钱："尝谓今人纂辑之书，正如今人之铸钱，古人采铜于山，今人则买旧钱，名之曰废铜，以充铸而已。所铸之钱既已粗恶，而又将古人传世之宝，舂剉碎散，不存于后，岂不两失之乎？"（《亭林文集》卷四《与人书十》）为避免不重视原始资料的流弊，他主张引文必注出处："前辈时文，无字不有出处，今但令士子作文，自注出处，无根之语不得入文。"（《日知录》卷十六《经义论策》）顾氏引书大都能引用原文，如《日知录》卷十七《进士得人》条引自黄宗羲《明夷待访录·取士篇》，仅删去原文数字。

《日知录》三十二卷，是顾炎武一生治学的结晶，也是顾炎武最重要的作品。这部书曾有多种版本，这些版本体现了顾炎武精益求精的治学精神。他曾形象地将该书的写作比作"采铜于山"（《亭林文集》卷四《与人书十》），自然艰难不易，取材精粹，不像买废铜铸钱粗恶，可见他治学严谨勤奋，追求一手资料。康熙九年（1670年）江苏淮安付刻八卷本，这是初刻本；康熙三十四年（1695年），弟子潘耒（1646—1708年）在顾炎武三十余卷遗稿的基础上经过删削整理，在福建建阳刻印，这是流传最广的三十二卷本。

关于《日知录》的研究论著和论文比较多。其中，集释类的著作有清人黄汝成（1799—1837年）集释，栾保群、吕宗力校点的《日知录集释》（上海古籍出版社2006年12月版）等。上海古籍出版社1985年6月影印出版的《日知录集释》（外七种）选收了李遇孙（生卒不详）、丁晏（1794—1875年）、俞樾（1821—1907年）、黄侃（1886—1935年）、潘承弼（1907—2004年）等的校正补考作品，分别为《日知录续补正》《日知录校正》《日知录小笺》《日知录校记》《日知录补校》等，选本精良，具有重要参考价值。《日知录集释》以及黄汝成校勘的《日知录刊误》《日知录续刊误》等，荟萃了前人研究心得，纠正了刊刻错误，前后辉映，逐层推进，鞭辟入里，体现了《日知录》研究精益求精的学术趋势。陈垣（1880—1971年）撰《日知录校注》（安徽大学出版社2007年8月版），注重史源考察，以便厘清原文与引文的区别，其研究方法和原则在今天依然是研究顾炎武学术与思想的重要参考。比较简明的选本，有赵俪生（1917—2007年）著《日知录导读》（巴蜀书社1992年4月版，中国国际广播出版社2008年6月版）等。

二、《日知录》的主要思想

《日知录》包含的内容极为丰富。康熙二十年（1681年），顾炎武在《与人书》中认为："别著《日知录》，上篇经术，中篇治道，下篇博闻，共三十余卷。有王者起，将以见诸行事，以跻斯世于治古之隆，而未敢为今人道也。"（《亭林文集》卷四《与人书二十五》）经术，主要指以新义解释古经，涉及《易》《书》《诗》《春秋》《礼》《孟子》等经学著作。治道，主要是对历史上治乱兴替及其规律的总结，对社会政治经济军事状况的分析。博闻，则侧重对一些知识与文化现象的考察评介，如语言、文学、典籍、掌故、信仰、职官、制度、风俗、地理等。

《四库全书总目提要》对《日知录》的内容作了细致的划分，具体为："大抵前七卷皆论经义，八卷至十二卷皆论政事，十三卷论世风，十四、十五卷论礼制，十六、十七卷皆论科举，十八卷至二十一卷皆论艺文，二十二卷至二十四卷杂论名义，二十五卷论古事真妄，二十六卷论史法，二十七卷论注书，二十八卷为杂事，二十九卷论兵及外国事，三十卷论天象、论术数，三十一卷论地理，三十二卷为杂考。"

《日知录》是笔记体著作。它是顾炎武读书、研究，"稽古有得，随时札记，久而类次成书者"（潘耒《序》）。潘耒认为："凡经义、史学、官方吏治、财赋、典礼、舆地、艺文之属，一一疏通其源流，考正其谬误，至于叹礼教之衰迟，风俗之颓败，则古称先，规切时弊，尤为深切著明，学博而识精，理到而辞达。是书也，意惟宋元名儒能为之，明三百年来殆未有也。"清代嘉庆道光之际撰写《日知录集释》的黄汝成认为，《日知录》是一部"资治之书"（［清］黄汝成《日知录集释序》,《袖海楼文录》卷二),"其书于经术文史,渊忽治微,以及兵刑、赋税、田亩、职官、选举、钱币、盐铁、权量、河渠、漕运,与他事物繁赜者,皆具体要。"([清]毛岳生《黄潜夫墓志铭》,《休复居文集》卷五)这些都可以反映《日知录》学术思想与形式风格的特色。

《日知录》虽是读书札记类著作,但自成体系,具有深刻的学术思想,尤重视经世致用。

首先,开放的人文史观。

顾炎武将"亡国"和"亡天下"做了区分,"易姓改号,谓之亡国;仁义充塞而至于率兽食人,人将相食,谓之亡天下",他强调"保天下"更加重要,"保天下者,匹夫之贱,与有责焉耳矣。"(《日知录》卷十三"正始"条)这突破了易姓改号和朝代兴亡的旧观念,具有一定的创新性。顾炎武认为明王朝的覆亡是一种文化上的颠覆,而自己正处在礼制文化的关键时期。他进而探究历代以来的文化危机和得失,进一步阐述了他开放的文化史观①。

顾炎武认为,礼制文化的经典在于《周易》《尚书》《诗经》《春秋》《周礼》《仪礼》《礼记》以及《论语》《孟子》。《五经》的精神实质是使自然人成为文化人,提示人之所以为人的本质,并告诫人们只有在切实的人伦日用的践履以及对自然界的改造中才能实现生命的真正价值。他说:"古之圣人所以教人之说,其行在孝弟(悌)忠信,其职在洒扫应对进退,其文在《诗》《书》《礼》《易》《春秋》,其用之身在出处去就交际,其施之天下在政令教化刑罚。"(《日知录》卷十八"内典"条)他在诠释"夫子之言性与天道"条中又说:"夫子之教人文行忠信,而性与天道在其中矣。"(《日知录》卷七)强调了学术与实践密不可分,在人伦日用之外没有独立的抽象的学问,显示对明末空疏学术教训的反思,也体现了实学的基本风格。

在顾炎武看来,自汉代以后,历代官员、学者都很少能全面领会《五经》及孔孟等人所提倡的文化精神,出现了种种流弊,其中比较典型的是沉湎于清谈和流遁于佛老。明代中后期,士大夫们为学空疏虚浅,崇尚浮辞,摒弃实学,这是

---

① 张岂之《顾炎武〈日知录〉的学术价值》,载张岂之著《儒学·理学·实学·新学》,西安:陕西人民教育出版社,1994年,第197—209页。

明朝灭亡的一个重要原因："刘、石乱华，本于清谈之流祸，人人知之；孰知今日之清谈，有甚于前代者？昔之清谈，谈老庄；今之清谈，谈孔孟，未得其精而已遗其粗，未究其本而先辞其末，不习六艺之文，不考百王之典，不综当代之务，举夫子论学论政之大端，一切不问，而曰一贯、曰无言。以明心见性之空言，代修己治人之实学。股肱惰而万事荒，爪牙亡而四国乱。神州荡覆，宗社丘墟。昔王衍妙善玄言，自比子贡，及为石勒所杀，将死，顾而言曰：呜呼！吾曹虽不如古人，向若不祖尚浮虚，戮力以匡天下，犹可不至今日。今之君子，得不有愧乎其言！"（《日知录》卷七）顾炎武认为明朝和宋朝之灭亡（《日知录》卷一"艮其限"条），与士大夫们流于佛老，舍本离末，丢掉了儒家"修己治人之实学"的人文精神有很大关系。

这种人文史观，在文化的文质关系上有新的论述。它强调人文道德是文化的根本。文化的形式可以多种多样，具有历史性和历时性，但文化的内核有其恒常性，即都不能背离"人道"。另外，它强调文化与人的实践密切联系。文化重视"博学于文，行己有耻"，是事功与道德的统一，是修己治人与尽物极用的统一。顾炎武的人文史观侧重社会进步与人文道德的统一，为古代文化的生存和发展开拓了宽阔的学术视野。

顾炎武的人文史观决定了他的研究重心和旨趣与以往学者不同。他一生的学术研究主要体现在两个方面：一是从文字和思想层面深入挖掘儒家经典的原义；二是探求历史经验与现实问题的结合。在这两个方面的探索过程中，形成了顾炎武开一代学风的特色。

其次，鲜明的实学气息。

顾炎武从历史和现实相结合的高度，思考民族文化的兴衰，并谋求拯救的措施。他特别关注制度、风俗等问题。

关于政权组织和职能。顾炎武认为晚周以来的历史证明了政权组织结构是可以变动的，由封建变为郡县。郡县之制有汉魏与唐宋之别，又有唐宋与明之异。但这种变动大多数是一时权宜之计，因而出现了许多弊端。他曾写过《郡县论》，说："封建之废非一日之故也，虽圣人起亦将变而为郡县。方今郡县之敝已极，而无圣人出焉，尚一一仍其故事。此民生之所以日贫，中国之所以日弱，而益趋于乱也。"（《亭林文集》卷一）顾炎武指出郡县制的最大弊端是高度集权："郡县之失，其专在上。"（同上）"尽天下一切之权而收之在上，而万几之广固非一人之所能操也，而权乃移于法；于是多为之法以禁防之，虽大奸有所不能逾，而贤智之臣亦无能效尺寸于法之外。"（《日知录》卷九"守令"条）高度集权，但政治中枢又没有可能对一切事情进行具体审理，因而不得不依托于法，造成法令滋彰、条目纷繁的局面，这不仅限制了地方官吏根据具体情况便宜行政，而且使地方官搬弄是非，甚至操纵地方行政。皇帝集中了地方的"事权""利权""兵权"，难以真正做到富国裕民强兵，"言莅事而事权不在于郡县，言兴利而利权不在于郡县，言治兵而兵权不在于郡县，尚何以复论其富国裕民之道哉！"（《日知录》卷九"守令"条）因此，顾炎武提出"寓封建之意于郡县之中"（《亭林文集》卷一《郡县论》），不断完善乡里基层组织，改变由中央"多设之监司""重立之牧伯"（《日知录》卷八"乡亭之职"条）的做法。他认为，如果能使乡里基层组织发挥切实的作用，"天下之治若网之在纲，有条而不紊"，不能仅在上层增设机构，以免出现职位繁冗，人浮于事。他强调，不仅在机构组织上要加强地方组织，而且要使地方享有行政权，包括官吏的任免、财政管理以及军队建设等，使地方能够分有一定的权力，但又要克服藩镇割据、拥兵自重的弊端。

关于官吏的选拔和任免。顾炎武认为，与中央集权相结合，官吏选拔和任免权力高度集中，使国家无法得到真正德才兼备的杰出人才，也无法对各级官吏的政绩和才干作出准确判断，不可避免地出现了官吏任命的论资排辈现象，使庸碌者愈益庸碌。顾炎武主张改革科举制度，更新考试内容，突出国计民生，使国家选拔出真正有用之才。为了保证官吏的道德品格和理政才能，顾炎武主张借鉴两汉乡举里选和唐代身言书判的方法（《亭林文集》卷一《郡县论九》）。此外，顾炎武还力主下放官吏的任免权，并鼓励地方官吏自行延纳人才。

关于社会风俗。顾炎武认为"风俗者，天下之大事"（《日知录》卷十三"廉耻"），风俗关系国家命运，也是人文道德的关键。"论世而不考其风俗，无以明人主之功。"（《日知录》卷十三"周末风俗"）《日知录》第十三卷的"周末风俗""秦纪会稽山刻石""两汉风俗""正始""宋世风俗""清议""名教""俭约""贵廉""南北风化之失"等条，对晚周以至明末社会风俗进行历史考察，涉及社会舆论、士人道德、吏风民俗等方面。他特别赞赏东汉社会风俗之美，光武帝奖励名节；反感魏晋风俗，认为正始之音是典型的亡国之音。至于明末，则与魏晋有相似之处，甚至有过之而无不及。如士大夫无廉耻，"万历以后，士大夫交际多用白金，乃犹封诸书册之间，进自阍人之手。今则亲呈坐上，径出怀中，交收不假他人，茶话无非此物"（《日知录》卷三"承筐是将"条），即士人不但没有化民导俗，反而助长了腐败作风。顾炎武结合自己在明末清初的切身经验，他不无感慨地说："目击世趋，方知治乱之关，必在人心风俗，而所以转移人心，整顿风俗，则教化纪纲为不可阙焉。百年必世养之而不足，一朝一夕败之而有余。"（《亭林文集》卷四《与人书九》）良好的社会风尚有助于实现和增强人文道德的积极影响。针对明末社会风俗的颓败，顾炎武提倡"清议"，存"清议"于乡里，让士大夫有权议论政治得失，形成合乎道义、相对独立的舆论监督环境。"政教风俗，苟非尽善，即许庶人议之矣。"（《日知录》卷十九"直言"条）他认为，通过"清议"既可以限制官吏的贪赃枉法，又可以激励社会的普遍廉耻感、道德感。通过对儒家经籍的阐发和对历史人物的评价，顾炎武认为，一个良好的社会风尚需要为民表率的读书士人自觉自尊，培养高尚品德。良好的社会风俗与政治清明关系密切，如果皇帝"赏善罚恶"，不阿权贵，令行禁止，地方官吏也能自我约束，一心为民，则社会风俗自然可以改善。

顾炎武强调治学应该"博学于文"与"行己有耻"相并重。博学于文，就要"学有本原"，由文字音韵通晓经学。但是，"文字音韵的钩稽，旨在通经；广博知识的探寻，旨在致用。所以，他所说的'文'，就不是一般'文字'、'文章'的'文'，而是具有经世内容的'文'。"[①]具体来说，包括能够"明道"、"纪政事"、"察民隐"、"乐道人之善"的文字。"君子博学于文，自身而至于家国天下，制之为度数，发之为音容，莫非文也。"（《日知录》卷七《博学于文》）如果一个人真正做到了既"博学于文"，又"行己有耻"，才算得上"经明身修"，对砥砺士节、淳朴风俗，形成良好的社会风气才会有切实的促进作用。这本身也是顾炎武实学思想的重要组成部分。

鉴于言心谈性的理学末流日益脱离实际，空疏无物，顾炎武重新提倡儒家

---

① 周予同《从顾炎武到章炳麟》，载朱维铮编校《周予同经学史论》，上海：上海人民出版社，2010年，第525页。

"六经"的经世致用功能,提出"理学,经学也",他将后来沦为狂禅的理学与先秦至两汉的经学(即理学)作了区分,强调要"明六经之旨,通当世之务",做"实用之人"(《亭林文集》卷三《与施愚山书》)。

顾炎武的研究方法既有对前人的继承,又有所突破,他把历史和文化的研究与现实相结合,产生了深远影响。

三、历史地位和影响

《日知录》反映了当时的时代风貌,特色鲜明,引起学者们的共鸣,对乾嘉汉学有深远影响。明末清初之际,士大夫们有感于明代学风空疏,渐趋务实。当时顾炎武的好友北方学者如张尔岐(1612—1678年)、马骕(1621—1673年)、刘孔怀、傅山(1607—1684年)、李因笃(1632—1692年)、王弘撰(1622—1702年)等人都有较浓的考据学兴趣。但尤以顾炎武《日知录》为博大精深,故为后人推崇。有不少人研究注释《日知录》,研究《日知录》几乎成为一种专门的学问。道光年间黄汝成撰写的《日知录集释》就比较集中地反映了有清一代《日知录》的研究盛况。

顾炎武自己对《日知录》的学术价值也相当自信。他曾说:"近二百年来未有此书,则确乎可信也。""近二百年"大约是从马端临(1254—1323年)的《文献通考》算起。清代李慈铭(1830—1894年)认为:"顾氏此书,自谓平生之志与业尽在其中,则其意自不在区区考订。""尝谓此三十二卷中,直括得一部《文献通考》,而俱能自出于《通考》之外。"[①]相对而言,《日知录》虽然规模不及《文献通考》庞大,但体制精微,论述更加深入具体,个人学术思想也更加明显。

《日知录》朴实无华,开创了务实的新学风,一洗明末空疏浮泛的习气。特别是在雍正、乾隆两朝,伴随着文字狱的兴起,学者们多汲取《日知录》考证经史的方法。后人在评价清代学术的渊源时,对顾炎武的学术影响评价甚高。顾炎武被视作"清学的开山"与乾嘉考据学的"不祧祖先"。梁启超认为:"论清学开

---

① [清]李慈铭著,由云龙辑、本社重编《越缦堂读书记》,上海:上海书店,2000年,第773页。

山之祖，舍亭林没有第二人。"①范文澜（1893—1969年）指出："自明清之际起，考据学曾是一种很发达的学问。顾炎武启其先行，戴震为其中坚，王国维集其大成，其间卓然名家者无虑数十人，统称为乾嘉考据学派。"②

清代研究《日知录》的学者很多，大多是经史学家，也有文学家。如阎若璩（1638—1704年）、李光地（1642—1718年）、惠栋（1697—1758年）、江永（1681—1762年）、顾栋高（1679—1759年）、戴震（1724—1777年）、庄存与（1719—1788年）等经学家，全祖望（1705—1755年）、钱大昕（1728—1804年）、王鸣盛（1722—1798年）、赵翼（1727—1814年）等史学家，方苞（1668—1749年）、姚鼐（1731—1815年）等文学家。《日知录》注释多达九十余家，侧面反映了清代朴学的繁盛以及《日知录》的深远影响。

阎若璩曾为顾氏《日知录》改订50余条，而自言"上下五百年，纵横一万里"，所佩服者仅有钱牧斋（1582—1664年）、顾炎武、黄宗羲（1610—1695年）三人而已（《钱牧斋先生年谱》附录）。而乾嘉之学中无论是经学研究的吴、皖派，或者是史学研究的浙东、浙西派，都莫不祖尚顾炎武。章学诚推顾炎武为开国儒家（《文史通义·浙东学术》），阮元（1764—1849年）的《国朝儒林传稿》也以顾氏居首。

乾嘉之学是对顾炎武学问的发扬。顾炎武关于经学、史学等方面的许多见解以及其客观平实的研究方法在乾嘉学者中得到了继承、充实和发展。如阎若璩对古文《尚书》的辨伪，程瑶田（1725—1814年）对于典制的疏通，段玉裁（1735—1815年）、王念孙（1744—1832年）、王引之（1766—1834年）对于语言文字的研究，以及王鸣盛《十七史商榷》、钱大昕《廿二史考异》、洪颐煊（1765—1837年）《诸史考异》、陈景云（1670—1747年）《两汉书订误》、沈钦韩（1775—1831年）《两汉书疏证》、杭世骏（1695—1773年）《三国志补注》、章宗源（1752—1800年）《隋书经籍志考证》、汪辉祖（1730—1807年）《元史本证》、赵翼《廿二史札记》等著作，都继承了顾炎武的研究方法和学术观点。他们运用

---

① 梁启超著《清代学术概论》，上海：复旦大学出版社，1985年，第9页。
② 范文澜《看看胡适"历史的态度"与"科学的方法"》，载中国社会科学院近代史研究所编《范文澜历史论文选集》，北京：中国社会科学出版社，1979年，第224页。

文字、音韵、训诂、版本、校勘、辑补、辨伪等方法，校正经、史乃至子书的错误，辨析文献的真伪，判断其成书年代；通过分析、比较、归纳和推理等方法去评估经籍所载某一事件、某一事物和某项典章的真实程度和文化意义。这些成果不但整理了历代重要典籍，解决了许多历史疑案，而且为文化史研究奠定了坚实的文献学基础。他们所建立的行之有效的操作程序，有助于改变只凭个人学识和经验推断史料的局限。乾嘉学者们对古代文化典籍的整理与研究做出了重要贡献，而其奠基之功则肇自顾炎武及其《日知录》等。

如果说乾嘉学者偏重于《日知录》的考据方法论，那么，当近代中国民族文化危机再度出现时，学者们越来越深切地体会到了《日知录》的深层思想文化意义。龚自珍（1792—1841年）曾评论江藩（1761—1831年）的《国朝汉学师承记》，认为把清朝学术概括为汉学"有十不安"，其中之一即："国初之学，与乾嘉初年以来之学不同。"（《龚自珍全集》第五辑《与江子屏笺》）黄汝成究心于《日知录》，在《日知录集释》序文中再三称道顾炎武的经世胸怀。张穆（1805—1849年）自序其《顾亭林年谱》："本朝学业之盛，亭林先生实牅启之，而洞古今，明治要，学识赅贯，卒亦无能及先生之大者。"鸦片战争后，顾炎武的思想及学术遗产对俞樾、章太炎（1869—1936年）、王国维等都有很大影响。侯外庐（1903—1987年）在其《中国思想通史》第五卷中早就指出，"只有王国维是最后继承炎武的人"，"从炎武到王国维是近代中国学术的宝贵遗产"。有了这些遗产，才会有五四以后的中国现当代史学。

六 文化反思与现代意义

清末"黄帝"形象和文化的内涵与价值
——以邹容与陈天华为中心*

"黄帝"信仰与崇拜产生并发达于先秦晚期。《六经》,特别是比较早的《诗》《书》等中未有关于黄帝的记载。伴随着战国中晚期大一统历史趋势的逐渐形成,炎黄崇拜日渐流行。黄帝文化不仅是对中国上古史重新构图的历史记录,而且也是针对社会历史变革所提出来的应对方案。《史记·五帝本纪》是对这种历史重构和梳理的总结,也是先秦至秦汉之际大一统历史趋势在思想文化上的反映,奠定了中国多民族融合的历史文化的基本格局。作为一种文化价值系统,黄帝文化,除具有历史考古学的意义外,更具有文化与思想价值。

黄帝形象的形成和演变,本来就是一个值得研究和反思的课题。毋庸讳言,在黄帝形象的传承和建构中,黄帝文化的精神和内涵也不断得到传播。汉以后至清,追溯与崇拜黄帝,与承传道统、政统、学统密切相关,出现了不少认祖归宗的历史文化现象,这是对黄帝文化的历史认同与价值认同。黄帝的形象,在被一代一代地塑造和丰富,其中的文化意蕴尤其值得关注[①]。

近代,著名的思想家、革命家孙中山(1866—1925年)、黄兴(1874—1916年)、宋教仁(1882—1913年)、邹容(1885—1905年)、陈天华(1875—1905

---

* 原载于《长安大学学报(社会科学版)》2016年第3期。

① 当然,有学者认为在中国古代史上,黄帝的形象一直很淡薄,未引起人们的充分关注,这是可以继续研究的问题。"虽在以《史记》为首的历代古典史书中,作为中国文明之始祖屡被提及,但在漫漫历史长河之中,黄帝这个人物却一直隐晦不彰,未唤起世人关注。直到20世纪初叶,排满革命论潮席卷全国之时,作为汉族之始祖的黄帝倍受瞩目,大放异彩,重为世人所乐道。"([日]石川祯浩《20世纪初年中国留日学生"黄帝"之再造——排满、肖像、西方起源论》,载《清史研究》2005年第4期,第52页)

年)、刘师培（1884—1919年）、章太炎（1869—1936年）等人，在其著述与演讲中，多次以"黄帝"为号召，作为鼓舞士气、推进社会进步、启迪思想的凭借。某种意义上，辛亥革命的成功与黄帝文化及信仰的认可和重建具有密切的内在联系。有些学者称为"尊黄"思潮①，虽未必准确，却揭示了当时思想界的基本情形。关于"尊黄"的价值与不足的研究，"革命派可以借尊黄来反清，却无法借尊黄来告别封建主义，实现三民主义，实现中国社会的真正转型"②。辛亥革命研究呈现出不断丰富和深化的特点③，但"尊黄"本身还有没有更深广的文化意义和社会实践价值，尚需要进一步探讨。

作为当时比较激进的思想家、革命家，在革命思想的宣传与鼓动方面立下汗马功劳的邹容和陈天华，以《革命军》和《猛回头》《警世钟》《狮子吼》等鼓荡革命士气，宣传民主与自由的思想，但他们本身也因受进化论以及固有的儒佛思想的影响，在思想与人生方面呈现出复杂多样的面貌。这些作品是生动丰富的思想文化研究素材。

考察1903年④前后"黄帝热"⑤兴起缘起、文化内涵与意义，离不开对邹容和陈天华的研究。邹容和陈天华都是早期民主革命家和宣传家，同年（1905年冬）去世，前者21岁，后者31岁。邹容《革命军》是当时"《苏报》案"的重要构成者，陈天华在《狮子吼》中用"破迷报馆案"映射"《苏报》案"，用"《革命论》"暗指"《革命军》"，云"尤为痛快。此论一出，人人传颂"，尽显惺惺相

---

① 如高强《清末革命派尊黄现象述论》，《安徽史学》2001年第4期；梁景和、赖生亮《清末"尊黄"思潮与民族主义——以〈黄帝魂〉为中心》，《河北师范大学学报（哲学社会科学版）》2007年第1期。
② 高强《清末革命派尊黄现象述论》，《安徽史学》2001年第4期，第45页。
③ 章开沅《50年来的辛亥革命史研究》，《近代史研究》1999年第5期；章开沅、田彤《新世纪之初的辛亥革命史研究（2000—2009）》，《浙江社会科学》2010年第9期。
④ "1903年是革命舆论的辉煌岁月。"（章开沅《辛亥革命时期的社会动员——以"排满"宣传为例》，《社会科学研究》1996年第5期，第94页）
⑤ 1903年夏天刘师培发表《黄帝纪年论》，称黄帝为"制造文明之第一人，而开四千年之化者"。后相继出现《黄帝魂》《黄帝传》《黄史》等。

惜之意。不少著作将二人作比较研究①，是有道理的。

一、关于"黄帝"形象的建构与历史文化意义

关于黄帝形象，历来不乏争论。汉代画像石的肖像，今天已成为黄帝陵祭祀摹刻的主要依据。20世纪初，关于黄帝肖像的争议与取舍，特别是分为写实风格的头像②与线条画武士立像③两种，却反映了共同的保种、救国、排满的思想倾向与历史构图尝试。至于继1905年6月《二十世纪之支那》第1期后兴起的《民报》（1905年11月第1期）却自觉选择了写实风格的画像，被视作"反映了革命人士在把近代的英雄风貌寄附于远古人物时的一种态度，或者是一种审美观"④。但是，之所以选择写实风格的头像，是因为该画像形象直观地显示了华夏种族西来的生理特征，也就是与所谓黄帝西方起源论相关的学说。历史发展与学者研究成果显示，黄帝西方起源论⑤，虽然在当时留日的中国学者与学生中影响深远（诸如梁启超、章太炎、刘师培等），在宣传进步思想与革命学说方面也有积极贡献，但该理论在被引介传到日本时本已受到一些严谨学者特别是引介者（如三宅米吉

---

① 如陈旭麓著《邹容与陈天华的思想》（上海：上海人民出版社，1957年），陈旭麓、费成康著《邹容和陈天华》（上海：上海人民出版社，1985年），冯祖贻著《邹容 陈天华评传》（郑州：河南教育出版社，1986年），向燕南编著《陈天华和邹容》（北京：中国国际广播出版社，1999年），朱庆葆、牛力著《邹容 陈天华评传》（南京：南京大学出版社，2006年）等。其中陈旭麓著《邹容与陈天华的思想》带有"合传"和"合论"的特色，在《序言》称二人"为奔走国事而死，表现了纯洁的革命品质"。

② 1903年6月《江苏》第1期，1904年1月《黄帝魂》，1905年1月《国粹学报》第3期，1905年11月《民报》第1期。

③ 1905年6月《二十世纪之支那》第1期。

④ ［日］石川祯浩《20世纪初年中国留日学生"黄帝"之再造——排满、肖像、西方起源论》，载《清史研究》2005年第4期，第54页。

⑤ 此说由法国东方学学者拉库伯里（一译为拉克伯里）（Terrien de Lacoupérie，1845—1894）率先提倡，并经日本传入中国，其代表著作为《中国古文化西方起源论》。主张在远古时代，汉族由氏族首领黄帝率领，从遥远的西方的巴比伦迁徙到中国。这种观点影响到当时一批革命者和思想家，邹容和陈天华也不例外。

（1860—1929年）、桑原隲藏（1871—1931年）等）的怀疑。关于中华民族本土起源与多民族共存共生的历史学、考古学、民族学研究，也促使人们反思这个时期关于黄帝形象建构的历史依据和文化意义。而当时线条画武士立像的倡导者，所意图传达的思想观念则格外需要关注，这张图和陈天华的《警世钟》与《猛回头》相关。"黄帝热"的出现，的确与中国留日学生的系列活动有关，时间的节点也在1903年。鲁迅（1881—1936年）"我以我血荐轩辕"也发生在这个时期[1]。康有为（1858—1927年）的门生欧榘甲（1870—1911年）于光绪二十八年（壬寅）九月刻板发行的《新广东》（附《康南海辩革命书》）称："中国汉种之始祖，黄帝也；合中国汉种各族姓之自出，黄帝之子孙也；汉种虽千万姓，如一族也。"[2]书籍刊刻正是1902年9月，基本也是在1903年左右，至少在关于黄帝的看法上，其论调与革命派恰恰是同一声气的。

陈天华在《猛回头》序后有《黄帝肖像后题》，显示该文原本应有黄帝肖像，才有"后题"的说法，但在《陈天华集》等中的《猛回头》并未保留该图像。陈天华，字星台，号思黄，又号过庭。"思黄"别号已显示了他对"黄帝"及黄帝时代文明的态度和看法，化腐朽为新奇，借古喻今，刻画传播黄帝的肖像自然是合乎情理的。

但是，作为《二十世纪之支那》创办者之一的宋教仁在日记《我之历史》第二卷1905年1月26日中记载访友时的经历："至越州馆田梓琴处午餐，见彼处有《警世钟》数册，余遂取一册，摘其开始所印之黄帝肖像，将为插入杂志之用，乃并题数语于背曰：'起昆仑之顶兮，繁殖于黄河之浒。藉大刀与阔斧兮，以奠定乎九有。使吾世世子孙有啖饭之所兮，（音）〔胥〕赖帝之栉风沐雨。嗟四万万之同胞兮，尚无数典而忘其祖'。"[3]这段记载似乎证明《警世钟》最初是印

---

[1] 日本学者山田敬三曾将同一时期出现的邹容《革命军》与稍晚几月的鲁迅《中国地质略论》进行比较，发现二者在思想内容与语言表达方面有惊人的一致，认为他们大概"都彻底反映了当时留学生之中的革命派的动向"（［日］山田敬三著，韩贞全、武殿勋译《鲁迅世界》，济南：山东人民出版社，1983年，第53页）。

[2] 欧榘甲《新广东》，张枬、王忍之编《辛亥革命前十年间时论选集》（第一卷上册），北京：生活·读书·新知三联书店，1960年，第306页。

[3] 陈旭麓主编《宋教仁集》（下卷），北京：中华书局，1981年，第512页。

有黄帝肖像的，但还不能充分说明该图的渊源。"将为插入杂志之用"，绝非虚言，因为日记同年2月9日即记载交付黄帝与华盛顿肖像刻印事宜。《警世钟》全文讲述"十个须知"与"十个奉劝"，与《狮子吼》目的相同，旨在"唤醒群梦"[①]，警示世人免蹈亡国灭种覆辙，做官的"尽忠报国"[②]，当兵的"舍生取义"[③]，贵的"毁家纾难"[④]，"富的舍钱"[⑤]，"穷的舍命"[⑥]，使天下士人"明是会说，必要会行"[⑦]，做"布文明种子"而不是"奴隶种子"的"真读书人"[⑧]。无疑《警世钟》视华夏儿女为"神明贵种"[⑨]，称汉种为"黄帝公公的子孙"[⑩]。然而《警世钟》并没有直接的黄帝肖像插图的蛛丝马迹，如果不是《警世钟》版刻有较大变化，则是宋教仁日记所记有误。实际上，先于《警世钟》的《猛回头》，正是1903年夏天刊刻于日本东京。这则刊载于《二十世纪之支那》第1期的武士全身直立像应是《猛回头》中《黄帝肖像后题》中的肖像。其形象为左手按剑（刀），右手怀抱斧戟，穿甲挂胄，长髯垂胸，威武而不凶恶，反映了渴望强国自立、以武力救助水火中的国家的美好愿望。与宋教仁日记中记载的"藉大刀与阔斧"相吻合。宋氏所题数语，与《猛回头》中《黄帝肖像后题》"昆仑高高兮，江水清清，乃我始祖所建国兮，造作五兵。我饮我食兮，无非始祖之所经营，誓死以守之兮"相一致。如果判断不误，宋氏所题，当是受到陈氏语的启发，并作了阐释。因此，宋教仁日记中的《警世钟》则应为《猛回头》之讹[⑪]。

---

① 陈天华《狮子吼》，载刘晴波、彭国兴编校《陈天华集》，长沙：湖南人民出版社，1958年，第91页。另有刘晴波、彭国兴编校，饶怀民补订《陈天华集》，长沙：湖南人民出版社，2008年。
② 陈天华《警世钟》，载《陈天华集》，长沙：湖南人民出版社，1958年，第79页。
③④ 陈天华《警世钟》，载《陈天华集》，长沙：湖南人民出版社，1958年，第80页。
⑤⑧ 陈天华《警世钟》，载《陈天华集》，长沙：湖南人民出版社，1958年，第82页。
⑥ 陈天华《警世钟》，载《陈天华集》，长沙：湖南人民出版社，1958年，第83页。
⑦ 陈天华《警世钟》，载《陈天华集》，长沙：湖南人民出版社，1958年，第81页。
⑨ 陈天华《警世钟》，载《陈天华集》，长沙：湖南人民出版社，1958年，第57页。
⑩ 陈天华《警世钟》，载《陈天华集》，长沙：湖南人民出版社，1958年，第74页。
⑪ 宋教仁日记，1905年5月20载"以《农作物病理学教科书》及《警世钟》《白话〈报〉》各书数册赠文卿，共封一缄，由邮局寄去"（陈旭麓主编《宋教仁集》（下卷），北京：中华书局，1981年，第532页），可见《警世钟》是宋教仁手头常备书籍，记载错误也是有可能的。

黄帝的形象与演变，是饶有趣味的。其中蕴藏的时代烙印和思想观念值得人们进一步发掘。

二、关于通过"黄帝"所传达的国家观念与思想特色

清末，留日学生通过"黄帝"不仅实现保种强国、排满的目的，更通过融会多元思想因素的方式表达对国家和民族前途的展望与理想。

自称"革命军中马前卒"的邹容撰著《革命军》，自序明标"岁次癸卯三月日"①，即完成于1903年3月。邹容在序言中不无痛惜地称"中国人，奴隶也。奴隶无自由，无思想"，渴盼"言论自由，思想自由，出版自由"，自信"文字收功日，全球革命潮"②。该书目的是"立懦夫，定民志"，"其所规画，不驱除异族而已，虽政、教、学术、礼俗、材性犹有当革者焉"③，涉及的范围甚广，基本是对未来国家的规划和设想。《革命军》第一章《绪论》破题便是空谷足音："扫除数千年之专制政体，脱去数千年种种之奴隶性质"，"使中国大陆成干净土，黄帝子孙皆华盛顿"④。作者声嘶力竭，热情讴歌"竖独立之旗，撞自由之钟"⑤，呼吁"牺牲个人，以利天下，牺牲贵族，以利平民，使人人享其平等自由之幸福"⑥，要旨是宣传独立、平等、自由的观念，这些观念在黄帝形象与复杂的思想因素交织中呈现出微妙的状态。《革命军》对当时士农工商的现状与职责逐一进行剖析，表露新民的思想，以士人（即读书人）为例，疾呼："中国士子者，实奄奄无生气之人也。""俾之穷年矻矻，不暇为经世之学。"⑦"抗议发

---

① 邹容《革命军自序》，载邹容著《革命军》，北京：中华书局，1958年，第4页。另有周永林编《邹容文集》，重庆：重庆出版社，1983年；张枬编《邹容集》，北京：人民文学出版社，2011年。
② 邹容《革命军自序》，载邹容著《革命军》，北京：中华书局，1958年，第4页。
③ 章炳麟《革命军序》，载邹容著《革命军》，北京：中华书局，1958年，第2—3页。
④⑤ 邹容著《革命军》，北京：中华书局，1958年，第1页。
⑥ 邹容著《革命军》，北京：中华书局，1958年，第2页。
⑦ 邹容著《革命军》，北京：中华书局，1958年，第8页。

愤之徒绝迹，慷慨悲咤之声不闻。"①试图唤醒士人学以致用、独立自主、关切国家兴亡责任的士人精神。邹容讥讽士人中的"汉学"者《六经》之奴婢，"宋学"者"立于东西庑上一瞰冷猪头"，"词章"者"大唱其姹紫嫣红之滥调排腔"，"名士"者"钻营奔竞，无所不至"②。他求学期间"非尧舜，薄周孔"③，但是对清政府割胶州湾给德国愤恨不已，其中的原因却是"谓德人侮毁我尧舜禹汤文武周公遗教之地，生民未有。神圣不可侵犯之孔子之乡，使神州四万万众，无教化而等伦于野蛮"④。邹容在对待中国传统文化，特别是儒家文化方面有一定的矛盾性，但是重视"文明"是其中十分重要的因素，形象一点表达就是保存"汉官威仪"与"唐制衣冠"⑤的礼乐文化和精神。他面对传统的伦理道德时，也是如此。如关于"忠""孝"，就强调："夫忠也，孝也，是固人生重大之美德也。以言夫忠于国也则可，以言夫忠于君也则不可。何也？人非父母无以自生，非国无以自存，故对于父母国家，自有应尽之义务焉，而非为一姓一家之家奴走狗者所得冒其名以相传习也。"⑥甚至不无偏激地疾呼："柔顺也，安分也，韬晦也，服从也，做官也，发财也，中国人造奴隶之教科书也。""拔去奴隶之根性，以进为中国之国民。"⑦邹容的理想是学习美国依靠本国人民建立共和国，大胆追求和渴盼实现男女平等、尊重生命、言论思想出版自由的天赋权利，"这些都是属于资产阶级民主主义范畴的理念，其思想意识的基础是极其强烈的民族主义"⑧。

邹容主张"中国者，中国人之中国也"⑨，这种观念当然可追溯到《吕氏春

---

① 邹容著《革命军》，北京：中华书局，1958年，第9页。
② 邹容著《革命军》，北京：中华书局，1958年，第9—10页。
③ 章炳麟《赠大将军邹君墓表》，载邹容著《革命军》，北京：中华书局，1958年，第41页。
④ 邹容著《革命军》，北京：中华书局，1958年，第15页。
⑤ 邹容著《革命军》，北京：中华书局，1958年，第17页。
⑥ 邹容著《革命军》，北京：中华书局，1958年，第30—31页。
⑦ 邹容著《革命军》，北京：中华书局，1958年，第32页。
⑧ ［日］山田敬三著，韩贞全、武殿勋译《鲁迅世界》，济南：山东人民出版社，1983年，第53页。
⑨ 邹容著《革命军》，北京：中华书局，1958年，第14页。

秋》等关于"天下非一人之天下,乃天下人之天下"(《吕氏春秋·孟春纪·贵公》)的看法,又有了时代感和救亡图存的使命感以及明确的自由独立的"中华共和国"①的国家观念。邹容将这种观念和"黄帝"联系起来,称"中国之一块土,为我始祖黄帝所遗传,子子孙孙,绵绵延延,生于斯,长于斯,衣食于斯,当共守而勿替",以免"羞我始祖黄帝于九原"②,把"黄帝"与中国文明史及保种强国联系起来,赋予黄帝文化以新的内涵。他称汉人种为"黄帝神明之子孙"③,"黄帝之子孙,神明之胄裔",力倡做"清清白白黄帝之子孙"④。因为受具体时代与历史形势的限制,"黄帝神明之汉种"⑤,不免有狭隘的民族观念,后来在辛亥革命后逐渐为革命者、思想家所自觉改变⑥,以汉、满、蒙、回、藏"五族共和"代替"驱除鞑虏",反映了时代递变和思想演进的客观历程。但是,"汉种"并不仅仅是汉族⑦,黄帝子孙的表述几乎等同于中华民族。

《警世钟》宣扬"国家是人人有份的"的观念,主张"国家"与"身家"密切联系,这自然受到中国古代修身齐家治国思想的影响,但又移植了新的民主和法权意识,称"身家都在国家之内,国家不保,身家怎么能保呢?国家譬如一只船,皇帝是个舵工,官府是船上的水手,百姓是出资本的东家,船若不好了,不但是舵工水手要着急,东家越加要着急。倘若舵工水手不能办事,东家一定要把这些舵工水手换了,另用一班人,才是道理。断没有袖手旁观,不管那船的好坏,任那舵工水手胡乱行使的道理"⑧。所以,又强调"要拒外人,须要先学外

---

① 邹容著《革命军》,北京:中华书局,1958年,第36页。
② 邹容著《革命军》,北京:中华书局,1958年,第23页。
③ 邹容著《革命军》,北京:中华书局,1958年,第18页。
④ 邹容著《革命军》,北京:中华书局,1958年,第28页。
⑤ 邹容著《革命军》,北京:中华书局,1958年,第34页。
⑥ 林家有著《辛亥革命与少数民族》,郑州:河南人民出版社,1981年。该著论述了包括满族在内的少数民族反抗清王朝的奋争,说明辛亥革命并不是汉满之间的种族冲突和斗争。
⑦ 辛亥革命前后"黄帝子孙"称谓存在错位与复归现象,是对"炎黄文化凝结而成的文化符号"与"单纯的血缘符号"选择的反映。参见高强《辛亥革命时期"黄帝子孙"称谓的错位》,《贵州文史丛刊》2001年第4期。
⑧ 陈天华《警世钟》,载《陈天华集》,长沙:湖南人民出版社,1958年,第75页。

人的长处"①,"要想自强,当先去掉自己的短处",养成"有学问""有公德""知爱国","政治、工艺,无不美益求美,精益求精"②的良好社会风尚。死后被誉为"爱国根于天性之人"③。

当然,邹容也受到佛学的影响,在狱中与章太炎讲论佛学④,"两人日会聚说经,亦时时讲佛典,炳麟授以因明入正理论"⑤,在《革命军》中也多有佛学印痕,如"但愿我身化为恒河沙数,一一身中出一一舌,一一舌中发一一音","但愿我身化为无量恒河沙数名优巨伶"⑥等。

陈天华思想中也有复杂的成分。他虽然是《革命方略》的主要执笔者,参与创立《民报》等,具有革命性和创新性,但在思想深处,相较邹容而言,同受西方进化论等新思想的影响,陈天华受儒释道的影响更大一些。陈天华在《猛回头》的《序》中就以"如来座下现身说法的金光游戏""唱几曲文明戏"⑦开篇,这并不是为艺术的方便,而是陈天华思想的反映。因为在《绝命辞》中他也郑重表露心迹:"凡作一事,须远瞩百年,不可徒任一时感触而一切不顾,一哄之政策,此后再不宜于中国矣。如有问题发生,须计全局,勿轻于发难,此固鄙人有谓而发,然亦切要之言也。鄙人于宗教观念,素来薄弱。然如谓宗教必不可无,则无宁仍尊孔教,以重于违俗之故,则兼奉佛教亦可。至于耶教,除好之者可以

---

① 陈天华《警世钟》,载《陈天华集》,长沙:湖南人民出版社,1958年,第76页。
② 陈天华《警世钟》,载《陈天华集》,长沙:湖南人民出版社,1958年,第77页。
③ 宋教仁《陈星台先生〈绝命书〉跋》,陈旭麓主编《宋教仁集》(上卷),北京:中华书局,1981年,第20页。按:该跋语署名"雾斋",作于1905年12月25日,但曹亚伯《武昌革命真史》称为黄兴所作。1906年1月22日,宋教仁撰写《烈士陈星台小传》赞其"爱国之忱,发于天性","日惟述以鼓吹民族主义;近年革命风潮簸荡一时者,皆烈士提倡之也"(陈旭麓主编《宋教仁集》(上卷),北京:中华书局,1981年,第24页),可证"雾斋"当为宋教仁。
④ 章太炎1903年在上海入狱,肇端于笔祸,一是为《革命军》作序,一是在《苏报》发表著名的《驳康有为论革命书》,被判刑三年;邹容被判刑二年,但终在1905年冬死于狱中。
⑤ 章炳麟《赠大将军邹君墓表》,载邹容著《革命军》,北京:中华书局,1958年,第42页。
⑥ 邹容著《革命军》,北京:中华书局,1958年,第19页。
⑦ 陈天华《猛回头》,载《陈天华集》,长沙:湖南人民出版社,1958年,第30页。

自由奉之外，欲据以改易国教，则可不必。"①这显示了陈天华与中国传统文化中儒家及佛教文化的密切联系。1905年12月，陈天华投海自杀。宋教仁在日记中多次记载对陈天华的回忆和挚真之情②。

邹容与陈天华思想中含藏着中国固有传统文化的因素，也有受进化论和美国独立革命思想影响的鲜明烙印，在对未来国家规划和建设上带着空想的成分，但是在批判封建君主专制，宣传和普及民主、共和、独立、自由、平等的进步理念方面做出了重要贡献③。他们将"黄帝"文化与文明熔铸在争取国家独立与民主进步上，赋予黄帝文化以新的历史内涵。

三、关于"黄帝"所体现的几种文化涵义与价值

邹容、陈天华对"黄帝"文化的理解具有特色，《革命军》《警世钟》《猛回头》《狮子吼》等多次提到"黄帝"一词，但约略而言，其对"黄帝"文化的界定与对"革命"的界定紧密相关。邹容认为，"革命"是"天演之公例"、"世界之公理"，使社会"由野蛮而进文明"、"去腐败而存良善"④的历史活动。陈天华则力主"革命者，救人救世之圣药也；终古无革命，则终古成长夜矣"⑤。

在这种意义上，他们所理解的"黄帝"大略有这样几种含义：

---

① 陈天华《绝命辞》，载《陈天华集》，长沙：湖南人民出版社，1958年，第158页。
② 如1906年1月4日载"仰天歌陈星台《猛回头》曲，一时百感交集，歌已，不觉凄然泪下，几失声"（陈旭麓主编《宋教仁集》（下卷），北京：中华书局，1981年，第560页），1月22日载"至东新译社访曾抟九，询陈星台遗文存者有几，遂得其《狮子吼》小说及所译《孙逸仙传》，余皆欲为之续竟其功者，遂持回"（陈旭麓主编《宋教仁集》（下卷），北京：中华书局，1981年，第566页），等等。
③ 如"凡为国人，男女一律平等，无上下贵贱之分"，"各人不可夺之权利，皆由天授"，"生命，自由，及一切利益之事，皆属天赋之权利"，"不得侵人自由，如言论、思想、出版等事"（邹容著《革命军》，北京：中华书局，1958年，第35页）。
④ 邹容著《革命军》，北京：中华书局，1958年，第2页。
⑤ 陈天华《中国革命史论》，载《陈天华集》，长沙：湖南人民出版社，1958年，第3页。

一是作为中华民族的代称，黄帝是中华民族的起源。在邹容与陈天华那里，当然带有排满情绪，一定程度上忽视了清统治者也认为是黄帝传人的历史事实，这主要源于对专制与封建的批判。所以其对"黄帝"的界定，作为民族的指称，不仅取决于血缘的纽带，更着重在精神与自主上。

二是作为社会历史文明推进的标志。黄帝是中华民族的人文始祖，是中国人类文明演进大发展中的重要历史阶段，相传指南车、火药、文字、衣冠、礼制、舟车等均在黄帝时代已经萌芽并发展，所以，黄帝文化不仅意味着对既有文明成果的总结，更预示着新的文明曙光的到来。重视并凸现"黄帝"的历史文化内涵，特别是文明与人文化成的意义，是《革命军》《警世钟》《猛回头》等在"黄帝"文化内涵甄别与确定上的重要特色。

三是作为革命者，黄帝是革命者团结与联结的纽带。作为中华民族的共同起源，黄帝的子孙——革命者应具有新的素质与品德，才能承担革命的光荣职责。

四是黄帝文化具有包容创新、尚知重行、关注问题的精神，是后来思想与实践的重要因素之一。革命者所具有的历史人格力量与文化传承角色，要和同万物，不能偏执狭隘，是某种程度上吸收了先秦末期至西汉时期的黄老思想，并以一种宽广包容的心态对待革命的对象与历史任务。

五是黄帝文明被作为宣传民主与自由的工具。它兼涉西方革命英雄（如华盛顿等），探寻"文明之真价"[①]，焕发出新的时代感和责任感。

四、结语

与孙中山、章太炎、黄兴、宋教仁等相较，《革命军》《警世钟》《猛回头》等显示了邹容与陈天华对"黄帝"文化的界定和理解更加深刻，运用更加宽广。他们没有将"革命"狭隘地界定为一个阶级（被统治阶级）对另一个阶级（统治

[①] 陈天华《纪东京留学生欢迎孙君逸仙事》，载《陈天华集》，长沙：湖南人民出版社，1958年，第27页。

阶级）的反抗与斗争，而是从和同民族、推进社会文明的角度，将革命区分为"野蛮之革命"与"文明之革命"[①]，与黄帝文化的时代内涵相一致，堪称"精神界之战士"（鲁迅《摩罗诗力说》）。这些内容，在客观上构成了中华民族伟大复兴理论与实践的重要组成部分，即使在今天，也依然具有十分深刻的学术价值与历史意义。

---

① 邹容著《革命军》，北京：中华书局，1958年，第21页。

试论侯外庐经学研究的特色及意义*

著名马克思主义历史学家、中国思想史家侯外庐（1903—1987年）在中国思想史研究方面所取得的卓著贡献，涉及方面很多，其中也包括经学研究。侯外庐的经学研究与特色，目前相关研究比较薄弱①，笔者不揣浅陋，试作论述。

一、在经学研究上注重社会史与思想史的贯通

侯外庐对典籍中的经、子素有浓厚的研究兴趣，自己晚年在回忆录《韧的追求》中坦言："我和我的同时代人一样，早年所受到的正规教育中，经、子、史、集构成为主要内容。其中，我的兴趣所在，偏于经、子两类，对诸子百家学说素有兴趣。"②侯外庐的经学研究与其一贯的学术思想史研究是相统一的，注重社会史与思想史的融会和沟通。按照《韧的追求》记载，侯先生在完成了《中国古代社会史论》和《中国古代思想学说史》之后，"准备马上着手研究中国封建社会史和中古各朝思想史，定下的计划是：尽先努力完成秦汉社会的研究，而后搞秦汉思想；先着手魏晋南北朝社会经济构成，而后研究中古玄学史；先研究了中国封建社会的发展，及其由前期向后期转变的特征，而后再探讨宋明理学思想"③。后因革命工作的需要，改为先着手研究近代历史与近代思想，形成《中国近世思想学说史》。侯外庐对《中国古代思想学说史》《中国近世思想学说史》有很自信的评价，他认为"如果说《中国古代思想学说史》是试图用马克思主义的观

---

* 原载于《西北大学学报》（社会科学版）2011年第2期。

① 可参见陈居渊《20世纪中国经学研究的回顾和展望》，载徐洪兴主编《鉴往瞻来——儒学文化研究的回顾与展望》，上海：复旦大学出版社，2006年，第61—78页。

②③ 侯外庐著《韧的追求》，北京：生活·读书·新知三联书店，1985年，第118页。

点、方法清理古代重大变革时期——春秋战国思想发展的路径,那么,《中国近世思想学说史》,则是试图用马克思主义的观点、方法,草创研究另一个重大变革时期——明清之际思想发展途径的一种研究方式。在四十年代初,我这种研究思想史的方式本身,就已经决定这两部书是拓荒性质的作品。通过对中国历史上两个重要变革时期思想发展路径的清理和力图有所发现,通过对一系列疑难问题的涉足和做出自己的回答,我研究中国思想通史的基业终于得以奠定。"①

侯外庐将社会史与思想史结合起来进行研究,在探讨学术史变迁(包括经学问题)方面也同样体现了这个特征。这种研究路径在经学研究中也是有新意的。例如,《中国思想通史》第二卷"董仲舒"部分,虽然初稿基本出自赵纪彬(1905—1982年),但在动笔之前,赵先生与侯先生作过深入的讨论和沟通,所以能够反映侯外庐关于董仲舒的学术评价。《韧的追求》谈到《中国思想通史》对董仲舒的评价"极严厉",和侯外庐受到章太炎学说的影响(章先生称董仲舒为"神人大巫")不无关系②。侯外庐认为,"董仲舒思想反映了大一统的需要,但它是一种神学思想,它既经出现之后,又被最高统治者在政治上奉为原理。董仲舒的《公羊春秋》学,把儒家以道德情操为基础的正名主义加以庸俗化,把阴阳家的五行说加以唯理化,把秦汉王朝更替归结为奉天承运的天道之必然,把专制制度神化为官制象天的、永恒不变的神圣法则。董仲舒思想,就是如此一整套为适应封建专制主义需要而创立的颇具中世纪神学色彩的儒学"③,"董仲舒神学一经雄才大略的汉武帝钦定,进而又被确立'为群儒首','为儒者宗',也就是说,被钦定为具有浓厚神学色彩的封建正宗思想。董仲舒神学对两千年中国文化传统的危害,远不是他形式上师承的儒学创始人孔子的思想本身所能比拟的"④。侯外庐甚至由对董仲舒《春秋繁露》"繁露"一词的语义考察,窥探出董仲舒的《公羊春秋》学与统治者意志之间的内在关联。

---

① 侯外庐著《韧的追求》,北京:生活·读书·新知三联书店,1985年,第119页。
② 侯外庐著《韧的追求》,北京:生活·读书·新知三联书店,1985年,第283页。
③ 侯外庐著《韧的追求》,北京:生活·读书·新知三联书店,1985年,第283—284页。
④ 侯外庐著《韧的追求》,北京:生活·读书·新知三联书店,1985年,第284页。

在研究经学人物和作品时，不将人物和时代割裂开来，不对作品进行孤立的抽象的分析，这是侯外庐历史学研究方法和特点在经学研究具体实践中的体现。如关于《白虎通义》法典化性质的揭示，"不论封禅之于皇帝，自己神定所有权，或者封建之于列侯，赐赏臣下占有权，都是国有土地的形式，也是中国封建主义编制的一个特征。《白虎通义》以神权的固定形式，把这种原则用经义来法律化起来，代表了一部汉代的最高法典"①，这已成为学术界广泛接受的观点。

　　侯外庐对自己的历史研究方法和要领有自觉的意识，这和一般照抄照搬马克思主义基本原理的做法有根本的区别。他认为："马克思主义的治史要求，在乎详细地占有史料，从客观的史实出发，应用历史唯物主义的基本原理和方法，认真地分析研究史料，解决疑难问题，从而得出正确的结论，还历史以本来面目。这种结论，既不是甲乙丙丁的现象罗列，也不是泛泛言之浮词胜语，而是科学的坚实的结论。对思想史的要求，则在乎对于前人的思想学说，区别精华和糟粕，按其实际作出历史的评价。研究历史，贵在能解决疑难，抉露本质，这不同于摄影师的照像术，摄影惟肖是求，研究历史则要求透过现象，找寻本质，淘汰杂伪，探得骊珠，使历史真实呈露出来，使历史规律性跃然在眼。这与调和汗漫的研究态度相反，既不能依违于彼此之间，亦不能局促于一曲之内。"②

　　正因为如此，侯外庐的经学研究视野很开阔，他主张在占有材料的基础上，抓住思想学说的本质，努力呈现历史的真实。简要概括就是"实事求是，从材料实际出发，进行分析研究"③，将思想史与社会史结合，说明经济基础与上层建筑、意识形态之间的辩证关系，"把思想家及其思想放在一定的历史范围内进行分析研究，把思想家及其思想看成生根于社会土壤之中的有血有肉的东西，人是社会的人，思想是社会的思想，而不作孤立的抽象的考察"④。

---

①　侯外庐《论中国封建制的形式及其法典化》，载中国社会科学院历史研究所中国思想史研究室编《侯外庐史学论文选集》（上），北京：人民出版社，1987年，第214页。
②　侯外庐著《韧的追求》，北京：生活·读书·新知三联书店，1985年，第292页。
③　侯外庐著《韧的追求》，北京：生活·读书·新知三联书店，1985年，第328页。
④　侯外庐著《韧的追求》，北京：生活·读书·新知三联书店，1985年，第327页。

二、运用《诗》《书》资料创造性地研究和发掘了古代（奴隶制）社会的典型特征

《诗经》洋溢着浓郁的人文精神，这是因为《诗经》作为乐歌集，不仅是周代礼乐文明的产物，而且是礼乐文明的表征，反映了当时各个人群的生活状况和精神面貌，比如对生命的重视，体现在对生的歌颂、对爱情的向往、对婚姻的赞美、对礼仪的重视、对人格的反思等方面。

侯外庐运用《诗》《书》资料创造性研究和发掘了古代（奴隶制）社会的典型特征，收获丰富。在结合甲骨、金文材料的基础上，他辩证而谨慎地使用《诗》《书》史料，在某些方面勾勒了西周到春秋时期社会及思想观念的变动状况，比如"亚细亚生产方式"的体现、城市的发展、国民的存在、公子与富子（大夫）地位的变迁、天命观念的递革等问题。

侯外庐根据《诗经》《尚书》记载考察周代国家的形成过程，他说："把《诗经·周颂》和大、小雅相比，《周颂》的创作最可能是生昭、穆两王的时代，大小雅各篇却是在不同年代创作的。《周颂》近古，除了追思后稷远祖而外，各篇所说的都是文、武立基，成、康光大，传说很少。《周书》也只尊崇文、武，如说'丕显文、武'。西周金文都祖文、武，例子很多。"①他根据《诗经·周颂·天作》"天作高山，大王荒之。彼作矣，文王康之"、《诗经·大雅·皇矣》"万邦之方"、《诗经·大雅·文王有声》"武王成〔城〕之"等审视了周世代作邑建国的承继关系；根据《诗经·大雅·文王有声》"既伐于崇，作邑于丰""筑城伊淢""维丰之垣"等，论定文王封树国家，即氏族贵族统治的城市，"国便是城市"，认为"从历史的发展来看，初期的筑城是封树，后期是土墉，一开始并没有'筑'和'城'、'邑'和'都'的严格分别"②，这些论断无疑是有新意的，

---

① 侯外庐《中国古代"城市国家"的起源及其发展》，载中国社会科学院历史研究所中国思想史研究室编《侯外庐史学论文选集》（上），北京：人民出版社，1987年，第126页。

② 侯外庐《中国古代"城市国家"的起源及其发展》，载中国社会科学院历史研究所中国思想史研究室编《侯外庐史学论文选集》（上），北京：人民出版社，1987年，第127页。

而且整体上具有系统性，对于文字的考辨也都有字源学的佐证，将《诗经》的史料性充分彰显出来，并触及人们不甚关注的领域。

他在《诗经》中的《我将》《赉》《桓》等篇中发掘出了文王、武王受民受土的历史事实，揭示了其中隐藏的争取劳动力、占有土地的历史秘密。在国野讨论基础上，侯外庐探讨了西周时期土地制度的问题，他根据《诗经》中的《齐风·甫田》《魏风·十亩之间》《小雅·甫田》等论证了"甫田"与"南亩"的区别和联系，其中的联系恰恰显示了"亚细亚的特殊之点"①，主张"甫（大）田、大田是鄙野之公田（氏族专有之田），而南亩、十亩，则为小生产市民的小私有田（疑即使有所谓授田之制，亦限于这里国中），后者当然是土地制度的从属意义，支配者还是前者。"②在此基础上，侯外庐对中国奴隶社会的发展情形作出推论，认为："'耦国'或城市国家的多元发展，固然为'富子'与'宗子'之'国'与'家'相争，但大夫'有国'的现象只是氏族制的分化，而不是氏族制的结果。我以为'陪臣执国命'颇有古典显族的意义，但并不典型，而且到显族'有国'的时候，古典社会的周制便将结束了。"③

"国人"的社会地位也是侯先生格外注意的，他依据《诗经》中《曹风·鸤鸠》"淑人君子，正是国人"，《陈风·墓门》"夫也不良，国人知之"等加以论述，主张："没有自由民，不会产生希腊的悲剧艺术，同样地，没有国人，也不会产生中国的古代悲剧诗歌（《诗经》）。其原因，在于相对的民主。"④这给人们把握《诗经》诗歌思想内容和精神风貌提供了重要线索。

侯外庐根据"变风变雅"揭示周代思想的变化。他对《大雅》中的《板》《抑》《瞻卬》《召旻》《云汉》，《小雅》中的《小宛》，《周颂》中的《维天之命》

---

① 侯外庐《中国古代"城市国家"的起源及其发展》，载中国社会科学院历史研究所中国思想史研究室编《侯外庐史学论文选集》（上），北京：人民出版社，1987年，第158页。
② 侯外庐《中国古代"城市国家"的起源及其发展》，载中国社会科学院历史研究所中国思想史研究室编《侯外庐史学论文选集》（上），北京：人民出版社，1987年，第159页。
③ 侯外庐《中国古代"城市国家"的起源及其发展》，载中国社会科学院历史研究所中国思想史研究室编《侯外庐史学论文选集》（上），北京：人民出版社，1987年，第162页。
④ 侯外庐《中国古代"城市国家"的起源及其发展》，载中国社会科学院历史研究所中国思想史研究室编《侯外庐史学论文选集》（上），北京：人民出版社，1987年，第163—164页。

《武》等作了比较细腻的勘查,揭示了人们对上帝天命观念的转变。变风变雅充斥着对上帝天命信念的动摇,对先公先王的不信任。因此,侯外庐扼要地指出:"在这种悲剧的历史中,道德观念渐渐发生了变化。周初的德字和哲字,都限于先王配天的专称。宣王中兴前后,道德观念渐渐向下面转移。这种转变是指示氏族组织的破坏反映在人类观念形态上。"[①]

从思想史角度揭示"变风变雅"在思想学术史上承上启下的意义,即作为诸子思想的先驱,无疑是侯外庐经学研究的一大亮点。他认为:"中国古代思想的花朵,以诸子百家为代表。但它的先驱,不能说不是变风、变雅的诗篇。"[②]侯外庐正是抓住"厉王失国"与"宣王'中兴'"社会变革中的矛盾运动以及思想的悲剧性特征,即"一方面对于旧制度采取一定的保守态度,另一方面又对于民众的力量具有着一定的同情心","从这意义讲来,变风、变雅无疑是先驱的悲剧诗歌",在思想内涵上,这些诗歌暴露了周初"王道"思想的矛盾,特别是其中的天人矛盾,奠定了"东迁前后开放出思想之花"的基础,这样,侯外庐先生比较清楚地说明了"春秋时代既有搢绅先生所传授的六艺思想,又有暴露阶级矛盾的悲剧思想",揭示了社会变动时期思想观念的复杂性和具体特征。因此,他认为,"所谓'《诗》亡然后《春秋》作',应该是说'《诗》亡然后诸子出'"[③]。"《诗》亡然后《春秋》作"侧重经典形式的角度,即由重视讽诵的《诗》到寓以褒贬笔法的《春秋》,显示了礼乐文明的松弛;"《诗》亡然后诸子出"却是侧重思想意识的继承角度,突出了"变风变雅"对诸子思想的先导价值,自然更为深刻有力。

另外,他将《诗经》部分诗歌所体现的这种悲剧思想,最终仍然归结到中国古代社会的真实矛盾上,体现了马克思主义学者的基本治学理念(又如郭沫若先生《〈周易〉时代的生活》《〈诗〉〈书〉时代的社会变革与其思想上之反映》等,

---

① 侯外庐著《中国古代社会史论》,石家庄:河北教育出版社,2000年,第279页。
② 侯外庐、杜国庠、赵纪彬著《中国思想通史》(第一卷),北京:人民出版社,1957年,第109页。
③ 侯外庐、杜国庠、赵纪彬著《中国思想通史》(第一卷),北京:人民出版社,1957年,第110页。

详见郭沫若著《中国古代社会研究》《青铜时代》等）。即使今天，关于前诸子时代的思想与学术研究，依然是经学研究与中国思想史研究领域需要不断加强的环节，侯外庐对"变风变雅"与诸子思想内在联系的揭示有助于启发更多的后来者，以推进该领域的研究。

如果联系侯外庐对孔子等思想的分析，就更容易明白这种悲剧性的传承和学术意义，它使思想学术的内在逻辑链环更加完整，使思想观念的变革脉络更加清晰，并且时刻根植于社会变动的土壤之上。在某种意义上说，这种思想面貌和传统是与"变风变雅"相呼应的。

三、探讨《六经》形成中的"具文化"和"道德化"的问题

在具体分析社会变动及学术思潮的基础上，侯外庐对某些经学现象和问题有深刻的洞察，比如关于后来所谓《六经》形成中的"具文化"和"道德化"的问题，这是《六经》发展形成过程中的一个阶段，在经学发展和研究中具有很重要的价值。他认为，"西周的文物典章，在春秋的反动内战（族战）与外战（氏战）之下，已经不是有血有肉的思想文物，而仅仅作为形式的具文，背诵教条罢了"[①]，实际上这是"礼崩乐坏"的典型写照，《六经》的形成和阐释不得不与这个阶段联系起来，才能寻觅出经典意义生发的转折点。

侯外庐认为："诗、书、礼、乐已经成为邹鲁搢绅先生的专门职业，这虽保存了西周文明，但却成了好像礼拜的仪式。例如'礼'在西周为'惇宗将礼'的维新制度，氏族君子所赖以治'国'的优先权。《诗》在西周为社会思想的血脉；然而到了春秋，公子与'富子'（大夫）争夺，富子大夫取得政权，礼固失其基础，《诗》亦不容于作批判的活动（变风、变雅）。礼不是成了贵族的交际礼貌仪式，即成了冠婚丧祭的典节，《诗》则流于各种各样的形式，如贵族交际场合的门面词令，朝宾的乐章唱和，使于外国的教条酬酢（赋诗，即背诵一首《雅》

[①] 侯外庐《孔子批判主义社会思想底研究》，载中国社会科学院历史研究所中国思想史研究室编《侯外庐史学论文选集》（上），北京：人民出版社，1987年，第277页。

《颂》）等等。这样便把西周的活文化，变成了死规矩。"①侯外庐以"诗""礼"为例揭示了春秋时期西周文明的貌存实亡，而西周文化的具文化和形式化是这种发展趋向的典型表现，"赋诗断章"也是这个运动的重要内容。

但是他并没有完全否定这种具文化在传承传统文化中的重要作用。他认为："搢绅先生一方面因了社会的黑暗，把西周的思想作为'儒术'而职业化，但另一方面，他们在思想传统上则相对地保持着文化遗产，这亦只有邹鲁这样周公遗教可能存在的国度里，才没有将历史传统的文化斩绝。"②

侯外庐抓住春秋学术思潮变动的枢纽，将"学术下私人"在文化承革中的意义简明地勾勒了出来。"儒者将西周思想文化形式化，正是春秋制度将西周'王道'形式化的照映。同样地，诸侯而大夫的过渡阶段成为战国不完全典型的'显族'时代之桥梁，因而，春秋的搢绅儒术亦成为战国显学之过渡桥梁。学术下私人的运动，乃适应于经济相对的国民化（显族路线），所以，由儒者蜕变而出的显学，一方面是对于春秋文化具文的批判，他方面又是开启'子学'发展的源流。这一中国古代思想的流变，极关重要。前人很少注意。"③

正是在这种意义上，侯外庐指出孔子与搢绅先生的不同，并肯定了孔子在儒学形成和文化发展中的重要贡献，经典阐释的道德化源于孔子，这也是经学研究的关键之一。他认为"孔子确是由儒术建设了'儒学'的第一人，批判的活动有程度地复活了学术的新内容。……他自认为儒者的正统，和他对于西周制度的正义心是相一致，同时他又批判儒者，亦和他把诗、书、礼、乐道德化（系统学说）而否定形式具文相一致"④，孔子的"诗书礼乐之说（书乐合于诗礼），不同于搢绅先生的牧师说教。'立于礼'是他的思想中心，但他附加了道德情操，而不是具文了"⑤。侯外庐认为："'立于礼'是孔子思想的核心。'礼'在孔子的时

---

① 侯外庐《孔子批判主义社会思想底研究》，载中国社会科学院历史研究所中国思想史研究室编《侯外庐史学论文选集》（上），北京：人民出版社，1987年，第277页。
② 侯外庐《孔子批判主义社会思想底研究》，载中国社会科学院历史研究所中国思想史研究室编《侯外庐史学论文选集》（上），北京：人民出版社，1987年，第277—278页。
③④⑤ 侯外庐《孔子批判主义社会思想底研究》，载中国社会科学院历史研究所中国思想史研究室编《侯外庐史学论文选集》（上），北京：人民出版社，1987年，第278页。

代，具体而言是指西周遗制，即一种过时了的氏族宗法和古旧的宗教仪式。孔子断言'不学礼，无以立'。孔子的'礼'将西周遗制纳入其中，是一个观念化的范畴，用来作为社会极则的。"①"孔子的'礼''仁'观，都交织着主观上对旧制度的相对'正义感'和客观上对新陈代谢的悲剧感的矛盾，交织着主观历史理想和客观历史动向认识的矛盾。从作为我国古代学术开山祖孔子的矛盾意识，一直到战国末年的诸子论争，逻辑地、雄辩地反映了先秦显族社会的难产过程。"②尽管孔墨在关于文化内容和形式先后、高下方面侧重不同，但他们都受到诗书礼乐文化的深刻影响，都努力复活和发展西周文化。所以侯外庐认为"孔墨在春秋末与战国初，是批判了春秋传统而发展了中国古典文化"③，这是考察中国古代学术思想流变的关键，也是研究子学源流的基础。对于经学研究而言，把握《六经》的形成过程和研究的道德化倾向，不能不在这个整体的学术思潮变动中加以审视。

四、反思"经学笺注"传统及经学研究方法

整体上，侯外庐的经学研究与其思想史研究是相互统一的，但是他对经学研究的独特性及传统经学研究的方法与成果也很重视。

侯外庐对思想史研究的复杂性有明确而自觉的认识。他认为："一般说来，思想史（包括哲学史）上的范畴、概念之新旧交替，反映了人类思想本身变革的过程，亦即反映了人类认识活动不断深化的过程。但是，正像历史向前发展中总会出现曲折反复一样，人类认识的长河也不会是直线前进的。因此，在思想史上并非所有新的范畴、概念都是趋近客观真理的思想变革，有的甚至还可能是它的反面。……考察人类新旧范畴更替与思想具体变革的结合，关键在于依据不同历

---

① 侯外庐著《韧的追求》，北京：生活·读书·新知三联书店，1985年，第273—274页。
② 侯外庐著《韧的追求》，北京：生活·读书·新知三联书店，1985年，第275页。
③ 侯外庐《孔子批判主义社会思想底研究》，载中国社会科学院历史研究所中国思想史研究室编《侯外庐史学论文选集》（上），北京：人民出版社，1987年，第282页。

史条件,具体分析各种范畴在不同思想家的头脑中所反映的实际内容。"①人类文明史上的这种普遍状况,或许给学术研究与创新创造了契机和条件,"任何一个时代的任何一种思想学说的形成,都不可能离开前人所提供的思想资料。应当说,思想的继承性是思想发展自身必不可少的一个环链。至于对前人思想遗产继承什么和怎样继承,则是由思想家所处的时代条件、阶级地位及其思想性格、学术渊源等诸种因素决定的。当然,继承并不意味着对前人思想的简单重复,而是包含着不同程度的、甚至是不同性质的改造。历史上有建树的思想家总是在大量吸取并改造前人思想资料的基础上,形成自己的思想学说。在中国思想史上,思想的继承性表现得特别明显。儒家的经学所以能像滚雪球一样越滚越大,和它通过笺注形式的继承关系而不断扩大其自身的积累是分不开的"②。经学的笺注传统,正是儒家思想不断传承和创新的形式与途径。

侯外庐特别关注中国古代思想文化发展的"经学笺注"传统及其意义,他认为:"有了丰富的古代文化遗产作为凭借,中国中世纪的不同哲学流派,都通过古代学术的丰富传统,对各自所选择的古代思想材料来继承和改造。在儒学居统治地位的形势下,哲学家的著作大多采取了笺注或论释经籍的形式,而在经学外衣下面的实质则贯穿着唯物主义与唯心主义、无神论与神学、统治阶级正宗思想与富有人民性的异端思想之间的党派斗争。"③ "'经学'的传统,在经师世代相承的系统上,虽然表现出中世纪拘于传统习惯势力的狭隘性;但在古代文化的保持上,又起着强固的传授或维系作用。这样层累地积蓄起来的文化,对于中国中世纪的思想史发生着不可忽视的影响。同时,这种经学笺注形式后来也应用到道家经典或佛教内典。"④经学笺注对思想文化的积累、传承、发展与创新具有重要影响。

---

① 侯外庐《自序》,载中国社会科学院历史研究所中国思想史研究室编《侯外庐史学论文选集》(上),北京:人民出版社,1987年,第12页。
② 侯外庐《自序》,载中国社会科学院历史研究所中国思想史研究室编《侯外庐史学论文选集》(上),北京:人民出版社,1987年,第13页。
③④ 侯外庐《中国封建社会前期的不同哲学流派及其发展》,载中国社会科学院历史研究所中国思想史研究室编《侯外庐史学论文选集》(上),北京:人民出版社,1987年,第366页。

但是，关注经学笺注并不能抹煞经学发展在不同历史时期的学术特征。这就涉及经学的形式及本质问题，侯外庐有独到的体会。他将经学作为中国封建社会的学术形态来对待，谶纬、玄学、理学等都是这种经学的不同的具体表现形式，经学本身所包含的思想学术也具有复杂性，排除对经学观照的简单化倾向。侯外庐曾具体论证过这一问题，"从思想史的发展来看，它本身都是借助于传统的思想材料，改变其形式，进而增补其内容。有的利用思想材料进行改编工作，为统治阶级说教，这就是'正宗'；有的利用思想材料，进行改造工作，反抗统治阶级，这就是所谓'异端'；他们所利用的材料可能都是经学形式，然而他们的立场观点却又可能完全相反。中国中世纪历史上的经学笺注主义就是由此而产生的，不论秦汉人的经学的谶纬化，魏晋人的经学的玄学化，唐宋以来的经学的科举以至八股化和道学化，都应该从这里去了解。"[①]这也就是说，经学笺注在思想文化方面具有双重性和复杂性，不可一概而论。

如："清初学者开风气者，气理、文辞、学问并没有分家，即以博雅者顾亭林而言，亦以考证为手段，经世致用为目的。亭林所谓'六经之旨'与'当世之务'并提，而且是以后者为内容，和乾嘉学者的经学实在是两种东西，不容混同。因为以经学挽救理学的空谈是一回事，而以经学只限于训诂名物（甚至东原的由词通道）又是一回事。"[②]"专门汉学，自康熙以至乾嘉二朝，已成为中国文化的支配学术，其间指导的主流，是企图腰斩清初活文化的人民性与社会性，在古典的经籍中使之失去个性的发展，从文化上'开明'的烙印冲淡那异族统治的仇恨；然而这亦可能产生了副作用，即乾嘉学者的治学方法以及由经学的整理而扩充到一般文献（尤其子学，如与章实斋同时的汪中即招来墨者的头衔）之探寻。"[③]他对经学研究和影响的复杂性有充分的关注。

---

① 侯外庐《论中国封建制的形式及其法典化》，载中国社会科学院历史研究所中国思想史研究室编《侯外庐史学论文选集》（上），北京：人民出版社，1987年，第201页。

② 侯外庐《乾嘉时代的汉学潮流与文化史学的抗议》，载中国社会科学院历史研究所中国思想史研究室编《侯外庐史学论文选集》（下），北京：人民出版社，1988年，第225页。

③ 侯外庐《乾嘉时代的汉学潮流与文化史学的抗议》，载中国社会科学院历史研究所中国思想史研究室编《侯外庐史学论文选集》（下），北京：人民出版社，1988年，第226页。

从方法论角度,侯外庐对经学研究的传统方法有比较中肯的评价。他认为:"无论研究社会史、思想史,要想得出科学论断,均须勤恳虚心地吸取前人考据学方面的成果,整理出确实可靠的史料。考据学本身算不上历史科学,但它却是历史科学不可缺少的专门学问。如果要研究中国历史,尤其是古代史,就必须钻一下牛角尖,在文字训诂、史料考证辨伪方面下一番功夫。要遵守前人的严谨的方法,不可随意采择史料。例如,如果拿《周礼》来论证周初的制度,如果拿《管子》来论述管仲思想,就会犯错误。……历史科学要求实事求是的研究,不能流入夸诞和虚构。"[1]侯外庐在学术研究中,谨守考证辨伪的方法,主张"考据学是一门专门学问,我从来反对虚无主义地对待考据学"[2],他的《中国古代社会史论》《中国古代思想学说史》《中国思想通史》(第一卷)等也鲜明地体现了这个特色。在经学研究上,考证辨伪依然是重要的方法与基础。

侯外庐在学术研究中很重视"阐微决疑"。"阐微"指"力图用科学的方法,从古文献中发掘历史的隐秘"[3];"决疑"指"关心于解决历史的疑难"[4],具有强烈的问题意识。这种"阐微决疑""学贵自得"的精神目的在于不断创新。前文涉及侯外庐先生对《诗》《书》的研究,即是这种"阐微决疑"的鲜活例证。

总之,侯外庐通过对经学文献资料实事求是的钻研,注重思想史与社会史的有机结合,开创了经学研究的新路,与传统的章句训诂、义理阐发、考据学研究不同,另辟新途,别树一帜,特别是利用《诗》《书》等,结合出土金文和流传的历史学文献(如《左传》《国语》等)概括并揭示先秦社会政治和思想观念的演进,独获良多,特色鲜明,留下了丰厚的学术遗产,蕴含着不少对开拓和深化经学研究的宝贵启示。侯外庐的经学研究是对隋代王通、宋代吕祖谦、清代章学

---

[1] 侯外庐《自序》,载中国社会科学院历史研究所中国思想史研究室编《侯外庐史学论文选集》(上),北京:人民出版社,1987年,第17—18页。

[2] 侯外庐著《韧的追求》,北京:生活·读书·新知三联书店,1985年,第117页。

[3] 侯外庐《自序》,载中国社会科学院历史研究所中国思想史研究室编《侯外庐史学论文选集》(上),北京:人民出版社,1987年,第16页。

[4] 侯外庐《自序》,载中国社会科学院历史研究所中国思想史研究室编《侯外庐史学论文选集》(上),北京:人民出版社,1987年,第17页。

诚等主张的"六经皆史"传统的继承和弘扬，他将经学文献（包括经学元典和经学研究作品）作为考察社会状况和思想意识的主要依据，在全面搜集、分辨勘查、深入研究的基础上，融会贯通，不拘一曲，互证抉微，这在经学研究视野与深度上都是值得进一步研究和反思的。

艺术镜子与历史图影：侯外庐文学思想研究管窥

——以《论汤显祖剧作四种》为中心

侯外庐（1903—1987年）是我国著名史学家、思想史家、哲学家、教育家。他在中国古代社会史与思想史研究方面成绩卓著，被公认为是直至目前依然代有传承、活跃的"侯外庐学派"的奠基者和代表者。在马克思主义基本原理与中国社会思想实际的结合方面，侯外庐通过深入钻研、勇敢探索，著成独立自得的系列学术成果，克服了早期马克思主义史学研究中常见的简单化、机械化与教条化倾向，为建立中国化的马克思主义史学做出了杰出贡献，被誉为继李大钊（1889—1927年）、郭沫若（1892—1978年）之后马克思主义史学中国化的重要理论家和史学家，侯外庐是"把马克思主义史学理论中国化，也可以说把马克思主义史学理论民族化"[①]的重要代表人物。

刘大年（1915—1999年）称侯外庐"加强和扩大了中国马克思主义历史学阵地，并成为中国这门学问中一位先进者"，赞扬他的自传体回忆录《韧的追求》"表现了一个无产阶级著作家的特征：坚信自己追求的事业的正当性、先进性，他不像某些人轻易地改变自己的思想信仰，而去趋附于看上去似乎更有前途的思潮，从而博得读者的喝彩。这是侯外庐创首一个学派、治学活动的立脚点，也是

---

① 白寿彝《外庐同志的学术成就》，张岂之主编《侯外庐著作与思想研究》（第二十九卷，侯外庐思想研究（上）），长春：长春出版社，2016年，第16页。该文原载《史学史研究》1989年第3期。按：这种评价也符合侯外庐在《侯外庐史学论文选集》一书《自序》中的自我总结，即"注意马克思主义历史科学的民族化"（侯外庐《自序》，中国社会科学院历史研究所中国思想史研究室编《侯外庐史学论文选集》（上册），北京：人民出版社，1987年，第18页）。

他一生奋斗、取得成就的立脚点"①。

1934年6月,山西国际学社刊行侯外庐著《中国古代社会与老子》一书。该著虽然规模不大,但在整体格局上已体现出独特的理论架构,即将思想史与社会史密切结合,通过思想史把握社会变迁的信息,通过社会状况特别是经济现象观察思想演变的脉络和原因,"无论从着手的时间和往后所取得的重要成果来看,他都应当排列在中国马克思主义历史学先驱者的行列里面,而且是这个行列里特色显著的一员"②。

侯外庐将思想史与社会史相结合,开创了思想史与社会史研究的新局面。其中,关于文学的研究,侯外庐也坚持了这项基本的研究原则。

一、侯外庐文学思想研究的肇始与主要特征

侯外庐将思想史研究与文学研究密切结合,率先使若干在文学史上光辉灿烂的人物彰显出思想史的光芒,如先秦屈原(约前340—前278年),汉代司马迁,唐代柳宗元(773—819年)、刘禹锡(772—842年),宋代王安石、杨万里(1127—1206年)、叶适(1150—1223年)、陈亮(1143—1194年),明代李贽(1527—1602年)、汤显祖、徐渭(1521—1593年),明清之际方以智(1611—1671年)、王夫之,清代戴震、龚自珍,等等。这些人物,与传统的文学研究不同,侯外庐等在其中发掘出反映时代进步的思想因素,体现了科学严谨的求实作风、热烈真挚的民主理念和坚定执著的文化自觉意识。

侯外庐的文学研究是其史学研究的一个有机构成部分。作为研究奠定在经济基础之上的上层建筑的重要部分,它和人的精神活动密切相关,这是侯外庐史学

---

① 刘大年《侯外庐与马克思主义史学》,张岂之主编《侯外庐著作与思想研究》(第二十九卷,侯外庐思想研究(上)),长春:长春出版社,2016年,第11、10页。该文原载《历史研究》1988年第1期。

② 刘大年《侯外庐与马克思主义史学》,张岂之主编《侯外庐著作与思想研究》(第二十九卷,侯外庐思想研究(上)),长春:长春出版社,2016年,第3页。该文原载《历史研究》1988年第1期。

研究原则与方法的必然延伸①。这种研究大致肇始于 20 世纪 40 年代。1941 年 10 月,他发表《阿 Q 年代的"问题"》②。1942 年与郭沫若围绕屈原思想展开争鸣,相继发表《屈原思想的秘密》③、《屈原思想渊源的先决问题》④、《申论屈原思想(衡量屈原的尺度)》⑤。其中,第一篇与第三篇在收入《侯外庐史学论文选集》时被合并,命名为《论屈原的思想》。因此,侯外庐文学思想研究,从 1942 年研究屈原思想开始,就比较自觉和成熟了。

　　侯外庐文学研究的代表作比较多。枚举数例,以作窥斑之论。《论屈原的思想》强调屈原的思想与艺术的传统,既有儒家的正统观念,又有以《诗经》为代表的古典艺术基础,他的思想价值"不在于他的体系与方法的矛盾,而在于他的活的生命力,适应于进步历史的悲剧艺术价值。他的悲剧艺术超越过正统派儒家的思想"⑥。《司马迁著作中的思想性和人民性——为纪念司马迁诞生二千一百年而作》称司马迁"大量地记录了普通人民的生活,这正表现了司马迁是把人民的生活作为历史主体和研究对象的。这是一个史无前例的贡献"⑦。《柳宗元的唯物主义和无神论思想》揭示了柳宗元"所谓'道'包含着'无忘生人之患''以生

---

①　侯外庐总结自己的研究原则和方法:"依据马克思主义的理论和方法,特别是它的政治经济学理论和方法,说明历史上不同社会经济形态发生、发展和衰落的过程;物质生活的生产方式制约着整个社会生活、政治生活和精神生活的过程;以及经济基础与上层建筑、意识形态之间的辩证关系,是我五十年来研究中国社会史、思想史的基本原则和基本方法。"(侯外庐《自序》,中国社会科学院历史研究所中国思想史研究室编《侯外庐史学论文选集》(上册),北京:人民出版社,1987 年,第 8—9 页)

②　侯外庐《阿 Q 年代的"问题"》,《中苏文化》第 9 卷第 2、3 期合刊。

③　侯外庐《屈原思想的秘密》,1942 年 1 月《中苏文化》第 11 卷第 1 期,《新华日报》1942 年 2 月 17 日转载。

④　侯外庐《屈原思想渊源的先决问题》,1942 年 1 月《中苏文化》第 11 卷第 2 期,《新华日报》1942 年 4 月 22 日转载。

⑤　侯外庐《申论屈原思想(衡量屈原的尺度)》,1942 年 1 月《中苏文化》第 11 卷第 2 期。

⑥　侯外庐《论屈原的思想》,中国社会科学院历史研究所中国思想史研究室编《侯外庐史学论文选集》(上册),北京:人民出版社,1987 年,第 361—362 页。

⑦　侯外庐《司马迁著作中的思想性和人民性——为纪念司马迁诞生二千一百年而作》,中国社会科学院历史研究所中国思想史研究室编《侯外庐史学论文选集》(上册),北京:人民出版社,1987 年,第 395 页。

人为己任'以及'厚人之生'的'异端'性质",并认为柳宗元"以'道'去对抗'神',反对了'天命论'的神学历史观"①。《李贽的进步思想》认为李贽有"天下无一人不生知"的平等观与"物情不齐"的自然而然的个性说,"具有平民反对派思想的性质"②,并分析了李贽思想与佛教的关系及其二元论思想倾向。《方以智的社会思想和哲学思想》运用中西比较的方法阐明方以智是中国古代大百科全书式的思想家与哲学家,其思想具有唯物主义的特色③。《论龚自珍思想》主张龚自珍的"思想中心是他的社会批判论,而他的经史之学则为附庸的东西"④。侯外庐研究文学作品及一般意义上多视作文学家的人物,结合诗文等集中探讨研究对象的思想特质和思想倾向,尤其对具有人民性和进步性的思想要素格外留意,但是也不抹煞对象在特定历史阶段思想的多面性和矛盾性,其中内蕴着将思想文化二分的本质,即主张有进步的思想与文化,有退步的思想与文化,在思想文化中存在着对立面的斗争。这虽然和当时的时代背景有关,但也是侯外庐研究中国古代社会和思想史的自得之见使然。

关于文学思想研究的意义和特点,侯外庐在自传性作品《韧的追求》中结合《中国思想通史》第四卷柳宗元章节撰写回忆说:"一千余年来,柳宗元以文学家名世垂史。但是,柳宗元其人,实不仅是文学家,他同时也是一位思想家。他在中国唯物主义和无神论发展史上,占据着重要的地位。这一点,千载未被人识。""要发掘党争的实质,要解释中国封建社会发展到中唐之际,庶族地主阶层不愿再守礼法,有限度地提出了超越等级性限制的权利要求,开始形成自己的政治集团,从而与豪族特权阶层利益冲突公开化,柳宗元、刘禹锡思想是一面时代的镜子。无论为社会史研究的需要,还是为思想史研究的需要,柳宗元、刘禹锡思想

---

① 侯外庐《柳宗元的唯物主义和无神论思想》,中国社会科学院历史研究所中国思想史研究室编《侯外庐史学论文选集》(上册),北京:人民出版社,1987年,第465页。

② 侯外庐《李贽的进步思想》,中国社会科学院历史研究所中国思想史研究室编《侯外庐史学论文选集》(下册),北京:人民出版社,1988年,第40、45页。

③ 侯外庐《方以智的社会思想和哲学思想》,中国社会科学院历史研究所中国思想史研究室编《侯外庐史学论文选集》(下册),北京:人民出版社,1988年。

④ 侯外庐《论龚自珍思想》,中国社会科学院历史研究所中国思想史研究室编《侯外庐史学论文选集》(下册),北京:人民出版社,1988年,第243—244页。

都是一个绝好的解剖点。"①在侯外庐文学思想研究中,将文学创作者与作品作为"一面时代的镜子"与"思想的解剖点",使文学研究与思想史研究相互融合,形成研究的新局面和新气象。

侯外庐文学思想研究,不同于侧重文学创作或接受思想的分析与把握,其最大特征是将文学史与社会史、思想史相结合,在某种意义上突显了文学的历史因素和观念内涵。与当时重"文史互证""史诗互证"的史学研究②表面相似,而实有不同,即着眼点不仅在史料的相互印证阐发,而且主要侧重通过文学作品抉发思想演变的轨迹和社会政治的秘密,将文学现象作为考察的对象,进而彰显其思想史和社会史的价值。侯外庐用文学家和思想家的二重身份看待创作者,重视作品与思潮互动关系研究,参考文学现象以把握作家的思想本质与演变以及社会变迁的信息和隐秘,特别重视带有"异端"思想倾向、反映人民性和批判性的思想观念与理想追求,在深化文学作品思想内涵、扩展史学研究范围与史料方面做出了贡献。

但是,比较典型的则是侯外庐关于明代著名戏曲家汤显祖剧作与思想的研究。因为它不仅体现了侯外庐一贯关注作品的思想性之外,对艺术性也有足够的重视,同时针对艺术真实与历史真实及其关系等问题做了深入探讨,这组作品是侯外庐文学思想研究中的重要代表。20 世纪 50 年代末至 60 年代初,侯外庐关于汤显祖《临川四梦》的系列研究,并以《论汤显祖剧作四种》③结集出版,引起文学界的争论,至今对侯外庐思想学术研究与汤显祖剧作及文学研究,依然有重要的参考价值。

在 2016 年出版的《侯外庐著作与思想研究》丛书中,其中第二十九、三十卷总共收录了 72 篇研究侯外庐史学、哲学、社会学等成果的学术论文,80 余万字,但仅有 1 篇在论述侯外庐古代社会研究的贡献的过程中,用简短的文字扼要概括侯外庐《临川四梦》研究的特色。李学勤认为侯外庐对《临川四梦》的研究具有思想史价值:"从对'泰州学派'的研究进行扩展,汤显祖与'泰州学派'有关,这样,他的研究就从思想史进入了文艺研究的领域,对文学艺术与启蒙思

---

① 侯外庐著《韧的追求》,北京:生活·读书·新知三联书店,1985 年,第 304 页。
② 参见陈寅恪著《元白诗笺证稿》《柳如是别传》等。
③ 侯外庐著《论汤显祖剧作四种》,北京:中国戏剧出版社,1962 年。

潮的关系做了深入考察。"①在侯外庐思想学术研究与汤显祖戏剧研究（或称汤学）中，审视和反思侯外庐《临川四梦》乃至整个文学思想研究的特质与方法都是有必要的②。

二、汤显祖《临川四梦》与侯外庐的"四梦"研究

2016年是汤显祖逝世400周年，相关学术研讨和文化普及活动时有召开③。

---

① 李学勤《侯外庐先生对古代社会研究的贡献》，张岂之主编《侯外庐著作与思想研究》（第三十卷，侯外庐思想研究（下）），长春：长春出版社，2016年，第451—452页。原载《中国思想史论集》第2辑《纪念侯外庐先生百年诞辰专集》，桂林：广西师范大学出版社，2003年。

② 《侯外庐学术思想研究》一书侧重侯外庐学术思想的形成、中国思想史观、中国社会史研究、中国哲学史研究、中国社会思潮史研究、中国宗教思想史研究、中国思想史研究的现代启示等，参见方光华主编《侯外庐学术思想研究》，北京：生活·读书·新知三联书店，2015年。《侯外庐先生学谱》以时间为经，以人物社会实践和学术活动为纬，呈现了一幅有特定时空感的学术图景，有助于人们更加深入地体会研究对象思想学术发展的内在逻辑和复杂因素，参见杜运辉著《侯外庐先生学谱》，北京：中国社会科学出版社，2013年。周群在《泰州学派思想家之———汤显祖散论：从侯外庐先生〈论汤显祖剧作四种〉谈起》中，开篇便明标"侯外庐第一次将汤显祖视为'泰州学派思想家'，侯先生第一次依据对明代思潮以及泰州学派基本理论的理解，仔细考察了汤显祖的《玉茗堂全集》"（张岂之主编《中国思想史论集》第二辑《纪念侯外庐先生百年诞辰专辑》，桂林：广西师范大学出版社，2003年，第249—250页），但是该文主要是接续侯外庐工作，展开对汤显祖的思想特别是哲学思想探讨，并没有对侯外庐关于汤显祖的剧作研究进行考察和评述。

③ 2016年1月5日，上海戏剧学院、上海人民出版社、上海古籍出版社在上海联合举办"纪念汤显祖逝世四百周年学术研讨会"，并举行《汤显祖集全编》《汤显祖研究丛刊》的首发仪式，开启2016年纪念汤显祖系列活动的序幕（《新华网》2016年1月6日）。1月31日，在江西抚州市成立了"抚州汤显祖国际研究中心"，拟建立纯学术、国际性与专业性的汤显祖文化高端研究平台（《人民网》1月31日）。3月22日，由江西省政府主办，江西省抚州市政府、江西省文化厅承办"汤显祖逝世400周年纪念活动新闻发布会"在北京举行，纪念活动将贯穿该年度，分为海外系列、在京系列与汤显祖故里系列等（《人民网》2016年3月22日）。4月8日至10日，浙江遂昌汤显祖文化节暨汤显祖——莎士比亚逝世400周年纪念系列活动在遂昌举行（《华夏网》2016年4月22日）。此外，还有关于汤显祖的学术论坛、图书出版、文化艺术节、音乐剧、戏曲演出（含"青春版"）、诗文朗诵等丰富多彩的纪念活动。

研究和考察汤显祖剧作特别是"四梦"的思想性与艺术性,对既往的汤学研究进行总结,有助于提升和推进关于"四梦"乃至汤学的系统研究。

汤显祖(1550—1616年),字义仍,号海若、若士、清远道人等,江西临川人,明代著名戏曲家。汤显祖的《临川四梦》(以下简称"四梦")戏曲是明清传奇[①]的代表作,分别是《牡丹亭还魂记》(简称《牡丹亭》或《还魂记》)、《紫钗记》《南柯记》《邯郸记》。汤显祖这四部戏曲作品之所以被称为"四梦",是因为其中贯穿前后都有一个或若干个梦境,通过梦境曲折地表达和形象地刻画了主人公对当时社会政治、现实人生的无奈和反思,投射着作者对传统伦理道德和人生价值观念的批判精神,在思想上和艺术上均有很高的造诣。

汤显祖不仅是艺术家,而且是思想家。他的思想家品格的首次突现,是和侯外庐独到的研究分不开的。

侯外庐在20世纪60年代曾写了一组探讨汤显祖《临川四梦》的学术文章,分别是《汤显祖〈牡丹亭还魂记〉外传》[②]、《论汤显祖〈紫钗记〉和〈南柯记〉的思想性——从歌颂自然情景的"春天"到政治倾向的"乌托邦"》[③]、《论汤显祖〈邯郸记〉的思想与风格》[④]。这三篇论文次年结集出版,即《论汤显祖剧作四种》。他原本还计划撰写《汤显祖与泰州学派》[⑤],由题目自然可以判断他对汤显祖的思想家的定位[⑥]。他撰写并发表《汤显祖著作的人民性和思

---

① 戏曲的一种独特形式,追求故事的离奇,以奇谲情节传达对人生与世界的感受和理解,是明清戏曲的代表。
② 侯外庐《汤显祖〈牡丹亭还魂记〉外传》,《人民日报》1961年5月3日。
③ 侯外庐《论汤显祖〈紫钗记〉和〈南柯记〉的思想性——从歌颂自然情景的"春天"到政治倾向的"乌托邦"》,《新建设》1961年第7期。
④ 侯外庐《论汤显祖〈邯郸记〉的思想与风格》,《人民日报》1961年8月14日。
⑤ 侯外庐《题记》,张岂之主编《侯外庐著作与思想研究》(第二十二卷,论汤显祖剧作四种),长春:长春出版社,2016年,第245页。
⑥ 侯外庐晚年总结治学经验,谈及"阐微决疑"就指出:"一是力图用科学的方法,从古文献中发掘历史的隐秘。""二是尽力发掘不被一般论著所重视的思想家,如吕才、刘知幾、刘禹锡、柳宗元、王安石、黄震、邓牧、何心隐、吕坤、汤显祖、方以智等。"(侯外庐《自序》,中国社会科学院历史研究所中国思想史研究室编《侯外庐史学论文选集》(上册),北京:人民出版社,1987年,第17页)赫然在列的就有思想家汤显祖。

想性》①。这组文章引起文学界的惊诧和批评,甚至连戏曲方面的研究大家王季思(1906—1996年)也发表了商榷性论文②,但他也肯定侯外庐戏剧研究对戏剧冲突的社会化理解,即强调侯外庐"用不甘于黑暗而死,并因获得光明而生的手法来从幻想中解决社会的矛盾,因此,'死者生之'的背后是一副斗争的图景"的看法是"符合《牡丹亭》的实际的"③。文学工作者大多认为,侯外庐研究戏曲存在过度诠释的问题,没有深入关注戏曲的艺术性和文本结构的独特性。这些认识,在时过境迁之后,重新加以检讨,也有继续探究的必要。

按照文学界通行的看法,对一部文学作品的思想内容和表现形式都加以分析,是比较完整的。当然,今天的文学研究领域与理论视野丰富开阔得多,但重视文本的文和质的统一,重视文本与接受者的交流而形成的复杂多样的效果史或接受史,重视文学现象的文化本质和功能,是文学研究不断深化和扩展的表现。

侯外庐对汤显祖"四梦"的研究,对它们的思想和形式都给予高度评价。他明确指出:"汤显祖的'四梦'都是十六世纪具有时代代表性的杰出的诗剧。从思想性方面来讲,'四梦'有其共同的精神,既有控诉、抗议的一面,即他所说的'有讥';也有梦想、理想的一面,即他所说的'有托'。从艺术性方面来讲,'四梦'的新词清歌各有独特的形象塑造,表现出艺术思维的丰富多彩。"④这番总论"四梦"思想性和艺术性的判断,今天看来,也是十分中肯的,而且

---

① 侯外庐《汤显祖著作的人民性和思想性》,《光明日报》1962年6月25日。该文认为:"汤显祖是明代中叶的文艺大师,也是泰州学派的思想家。""汤显祖的诗赋散文不仅具有文学革新的精神和独树一帜的艺术风格,而且贯注着进步的思想观点。如果我们把他的诗文全集与其剧作并读参证,便可能有助于理解他的著作中的人民性与思想性,有助于领会他的理论思维和艺术思维的统一性,特别是他的剧作中的思想精华,即他所称有所'讥托'的曲意。""汤显祖作品的思想性,与泰州学派的学旨有着密切的联系和传统的继承。"可见,《汤显祖著作的人民性和思想性》实际是对《论汤显祖剧作四种》系列论文学术观点的扼要小结和概括。

②③ 王季思《怎样探索汤显祖的曲意——和侯外庐同志论〈牡丹亭〉》,《文学评论》1963年第3期,第40页。

④ 侯外庐《论汤显祖〈紫钗记〉和〈南柯记〉的思想性——从歌颂自然情景的"春天"到政治倾向的"乌托邦"》,张岂之主编《侯外庐著作与思想研究》(第二十二卷,论汤显祖剧作四种),长春:长春出版社,2016年,第261页。该文原载《新建设》1961年第7期。

解决了"四梦"内涵的矛盾和隐秘,丝毫没有淡化与削弱这些作品的艺术特色和造诣。

侯外庐结合汤显祖的剧作、诗文集以及与泰州学派的关系,深入探讨了汤显祖的基本思想,认为汤显祖具有幻想人们在生活上、生存上平等的观念,具体表现在:首先,反对权贵豪强的草菅人命,寻求农民生活安乐的药方;其次,受柳宗元"生人之意"与"厚人之生"学说的影响,具有"贵生"的思想倾向;最后,作为泰州学派的支系,提倡自然发展的个性说,反对贫富贵贱的天命论,主张遂人生欲的平等观[1]。

三、"四梦"的"曲意"与思想价值

侯外庐探讨汤显祖剧作的主旨即"曲意",与他对剧作者思想的考察相关联。对汤显祖的身份判断,是双重性的,与其分析作品一致,即强调"汤显祖是明中叶的文艺大师,同时也是泰州学派的思想家"[2]。

侯外庐结合汤显祖的生平与理想研究,从青年时期"怀有用利剑来砍伐世界的壮志"[3],崇慕管仲、子产、王安石、陈亮,有"儒侠""游侠"的风骨,面对社会现实,深切感受到行路之难,世事维艰,转变到努力"用笔去砍伐世界的路径"[4]。汤显祖认识到在现实实践中,"已世之乱",单靠刀剑是难以奏效的,而

---

[1] 侯外庐《论汤显祖〈紫钗记〉和〈南柯记〉的思想性——从歌颂自然情景的"春天"到政治倾向的"乌托邦"》,张岂之主编《侯外庐著作与思想研究》(第二十二卷,论汤显祖剧作四种),长春:长春出版社,2016年,第269—273页。该文原载《新建设》1961年第7期。

[2] 侯外庐《题记》,张岂之主编《侯外庐著作与思想研究》(第二十二卷,论汤显祖剧作四种),长春:长春出版社,2016年,第245页。

[3] 侯外庐《汤显祖〈牡丹亭还魂记〉外传》,张岂之主编《侯外庐著作与思想研究》(第二十二卷,论汤显祖剧作四种),长春:长春出版社,2016年,第249页。该文原载《人民日报》1961年5月3日。

[4] 侯外庐《汤显祖〈牡丹亭还魂记〉外传》,张岂之主编《侯外庐著作与思想研究》(第二十二卷,论汤显祖剧作四种),长春:长春出版社,2016年,第250页。该文原载《人民日报》1961年5月3日。

转向借助戏曲，鞭挞现实，向往理想的乐土，这未尝不是以退为进的办法，寄托了曲作者"晦以待明"的理想。侯外庐通过对汤显祖生平志向的考察，揭示了他对戏曲创作所赋予的独特使命，即在戏曲中把社会的具体矛盾还原为现实世界与理想世界的隔阂和冲突，摆脱了对汤显祖戏曲孤立和静止的研究，有助于把握这些剧作真实的主旨和特色，无疑是抉发隐秘、逼近真相地探讨，对文学研究本身而言也是有意义的。

侯外庐对明代传奇的特点有基本判断，他认为："传奇曲作是表象性的反映，而其中却有他所谓的'文心'，这'文心'是以意、趣、神、色四者为主，并以'意'为先。"①他强调这个"意"相当于思想性，具体到汤显祖的剧作中就是"勇于变革现实"、有斗争精神的思想性。从文学文本的艺术性和思想性入手，侯外庐对传奇的考察是全面的。

侯外庐探讨汤显祖代表作《牡丹亭》的主旨，即"曲意"，是花费了功夫的。他综合考察汤显祖的尺牍（如《答孙俟居》《答凌初成》《寄石楚阳》等）中出现的"骀荡"寓意，发现《牡丹亭》与李贽的《焚书》有共同的思想特点，即叛逆性。这足以振聋发聩。汤显祖在《牡丹亭记题词》中称《牡丹亭》是专写"至情"的作品②，其中的"情"已超越了"形骸之论"的"荐枕成亲""挂冠为密"的凡俗举动："情不知所起，一往而深。生者可以死，死可以生。生而不可与死，死而不可复生者，皆非情之至也。""人世之事，非人世所可尽。自非通人，恒以理相格耳。第云理之所必无，安知情之所必有邪！"实际上是因对情理关系的反思而引发的对"至情"的赞颂，在当时程朱理学和阳明心学兴盛的时期，无疑具有一定的创新性和叛逆性。汤显祖的"至情论"也深得戏剧家的高度赞美。当

---

① 侯外庐《汤显祖〈牡丹亭还魂记〉外传》，张岂之主编《侯外庐著作与思想研究》（第二十二卷，论汤显祖剧作四种），长春：长春出版社，2016年，第248页。该文原载《人民日报》1961年5月3日。

② 当然，侯外庐将"情"视为"伟大的理想"（侯外庐《汤显祖〈牡丹亭还魂记〉外传》，张岂之主编《侯外庐著作与思想研究》（第二十二卷，论汤显祖剧作四种），长春：长春出版社，2016年，第249页。该文原载《人民日报》1961年5月3日），显然是不妥的，有增文解释的嫌疑。

然，这种"至情论"与道家、道教也有一定关联①。

侯外庐针对汤显祖剧作"梦想"或"幻想"的实际，认为它们是"和当时现实世界相对立的另一种社会图景"，"应该历史主义地研究这样的斗争方式所蕴含着的现实批判的积极内容"②。

侯外庐结合明代思潮和泰州学派的基本理论，对"四梦"进行全面考察，认为"四梦"可以作为思想的外壳来把握，除文学界向来重视的《牡丹亭》外（赞美《牡丹亭》讴歌男女争取自由恋爱），其余三梦也有深刻的思想史价值（针对当时流行认《邯郸记》《南柯记》是糟粕的看法），指出只有对"四梦"进行深入考察才有助于认识汤显祖的思想全貌，这些都是很深刻的看法。因此，侯外庐的"四梦"探讨，丰富和深化了当时汤显祖的戏曲研究；从思想史研究来看，也弥补和提升了关于泰州学派传承与影响的研究③。

四、"四梦"反映的艺术真实与历史真实

历史真实与艺术真实及其关系，是史学界和文学界共同关注的重要问题之一。当然，如果跨越史学与文学领域，这个问题自然会更加突出。汉代司马迁《史记》之所以被鲁迅（1881—1936年）誉为"史家之绝唱，无韵之离骚"，就是因为其中兼具历史真实与艺术真实。历史不是简单地对历史本相的复原和摹写，其中蕴藏着丰富而深刻的历史价值观念，是历史文化的展示和重构。艺术并非是对现实生活的机械照搬和投影，而是艺术家的积极创作和艺术表现。

20世纪60年代，学术界热烈讨论历史真实与艺术真实。侯外庐撰写《汤显

---

① 汤显祖《阴符经解》就说："生者死之，死者生之，恩者害之，害者恩之，乃为反复天地圣功也。"（汤显祖《玉茗堂全集》文集卷十五《阴符经解》）

② 侯外庐《论汤显祖〈紫钗记〉和〈南柯记〉的思想性——从歌颂自然情景的"春天"到政治倾向的"乌托邦"》，张岂之主编《侯外庐著作与思想研究》（第二十二卷，论汤显祖剧作四种），长春：长春出版社，2016年，第261—262页。该文原载《新建设》1961年第7期。

③ 关于汤显祖思想的研究，侯外庐主编《中国思想通史》（第四卷下册）与侯外庐、邱汉生、张岂之主编《宋明理学史》（下册）并未有专章或专节讨论。

祖〈牡丹亭还魂记〉外传》，揭示汤显祖剧作与明代中叶社会历史的内在关系，试图将历史真实与艺术真实联结起来。他采取"外传"的形式，本身便受到王夫之《周易外传》的影响。他较早关注到王夫之的思想价值，20世纪四十年代即出版《船山学案》，1962年还与张岂之合作撰写《王夫之的哲学思想》①，并在《中国思想通史》第五卷作了进一步的校订和补充。侯外庐对王夫之刮目相看，"外传"本来是王夫之诠释经典、融铸新解的重要方式，侯外庐运用这种方法体现了他"独立自得"的学术特点和研究门径。

侯外庐没有简单地将艺术真实和历史真实对立或割裂开来，而是认为它们完全可以内在地统一起来。他考察汤显祖剧作和社会历史的曲折而隐微的联系后，指出"汤显祖所暴露出的历史真实，到了他的梦想的曲作里，便化为艺术的真实，集中地表现出来"②。侯外庐发掘出汤显祖的"不神之神"（物之理）与"神之为神"（宗教之神）的对立，演绎到戏曲中便是戏曲人物的冲突，如《牡丹亭》的《冥判》一折中"花神"与判官的对立，而最终则以花神的胜利结束③。在《紫钗记》《南柯记》中，这种戏剧冲突还有更丰富的表现形态，如作为"美好世界的接种者"的美的"花神"，作为"万恶世界的作弄者"的丑的"钱神"④，侯外庐认为这两种"神"是对立的，反映了剧作者对现实的倾诉和对理想的渴慕。这种艺术思维和进步的思想性奠定了作品的历史价值，"成功的时代作品之所以成

---

① 侯外庐、张岂之《王夫之的哲学思想》，《人民日报》1962年7月17日。

② 侯外庐《汤显祖〈牡丹亭还魂记〉外传》，张岂之主编《侯外庐著作与思想研究》（第二十二卷，论汤显祖剧作四种），长春：长春出版社，2016年，第251页。该文原载《人民日报》1961年5月3日。

③ 当然，关于《牡丹亭》是否在整体上存在"不神之神"与"神之为神"的对立，以及对判官的完整把握所体现的丰富性格，王季思有截然相左的看法，参见王季思《怎样探索汤显祖的曲意——和侯外庐同志论〈牡丹亭〉》，《文学评论》1963年第3期。实际上，在文本分析方面，王季思的确更加全面和细致一些，但侯外庐结合诗文与剧作抉发戏曲隐微的主旨，也有值得人们深思和借鉴的地方。

④ 侯外庐《论汤显祖〈紫钗记〉和〈南柯记〉的思想性——从歌颂自然情景的"春天"到政治倾向的"乌托邦"》，张岂之主编《侯外庐著作与思想研究》（第二十二卷，论汤显祖剧作四种），长春：长春出版社，2016年，第262页。该文原载《新建设》1961年第7期。

为历史的一面镜子，在于揭露两种历史图景的矛盾，进而加剧这种矛盾，并寻求历史前途的答案"①。

汤显祖提倡"梦生于情，情生于适"，侯外庐考察"适"的特定含义主要在于理想与人生要求的相合为一，虽然"梦是虚构的"，但是"梦由理想而成，理想更应适合人类的生意"②。侯外庐结合思想史，认为汤显祖对"梦"的刻画，在思想深处和当时的思潮合拍，即"和当时进步学者说的'天理即在人欲中'以及泰州学派所倡的日用饮食男女生活之私即是自然之理，是异曲同工的"③。

"四梦"在神化的氛围中透显出人文主义和理想主义的气息。同时，这种高超的戏剧手法也将现实与理想、历史与艺术沟通起来，从而丰富和增强了戏曲冲突的戏剧性与思想张力，有助于"使人们了解对贫困世界做斗争的艰苦过程以及美好世界的来临之不易"④。

对于"四梦"中多次出现的"花神"意象，侯外庐也作了文化学和社会学的分析。他认为："'花神'毕竟是一种解决矛盾的外力，这种外力是主观世界所幻想的魅力，最后是期待不到的，于是虚幻就好像成了真觉！高尚就好像成了孤芳。"⑤侯外庐并不认为这种假托是汤显祖世界观和方法论不一致的地方，而恰恰

---

① 侯外庐《论汤显祖〈紫钗记〉和〈南柯记〉的思想性——从歌颂自然情景的"春天"到政治倾向的"乌托邦"》，张岂之主编《侯外庐著作与思想研究》（第二十二卷，论汤显祖剧作四种），长春：长春出版社，2016年，第261页。该文原载《新建设》1961年第7期。

② 侯外庐《汤显祖〈牡丹亭还魂记〉外传》，张岂之主编《侯外庐著作与思想研究》（第二十二卷，论汤显祖剧作四种），长春：长春出版社，2016年，第250页。该文原载《人民日报》1961年5月3日。

③ 侯外庐《汤显祖〈牡丹亭还魂记〉外传》，张岂之主编《侯外庐著作与思想研究》（第二十二卷，论汤显祖剧作四种），长春：长春出版社，2016年，第251页。该文原载《人民日报》1961年5月3日。

④ 侯外庐《汤显祖〈牡丹亭还魂记〉外传》，张岂之主编《侯外庐著作与思想研究》（第二十二卷，论汤显祖剧作四种），长春：长春出版社，2016年，第260页。该文原载《人民日报》1961年5月3日。

⑤ 侯外庐《论汤显祖〈邯郸记〉的思想与风格》，张岂之主编《侯外庐著作与思想研究》（第二十二卷，论汤显祖剧作四种），长春：长春出版社，2016年，第282页。该文原载《人民日报》1961年8月14日。

是他在如何改造世界的问题上彷徨失措的必然反映,"因为这是一个基本上作为在历史积极面前进的怀疑论者并在彷徨的消极面停下步子来的那个时代弱者的矛盾表现"①,"近代作家对主人翁的矛盾解答,寻求不出正确的答案时,恒常为主人翁插上自由的翅膀,飞到不可知的世界所在,汤显祖为主人翁所插的自由翅儿就更神秘了,可以飞到的所在,不是现世,而是超世的天边"②,这是侯外庐对汤显祖深刻地暴露现实矛盾的艺术风格和肤浅地解决矛盾(道佛"度人")的出路的分析,对其艺术性、思想性及不足都有揭示。

五、"四梦"文本关系及其意义

侯外庐认为"四梦""贯彻着同样的精神"③,即具有一定的历史发展观,对未来社会充满美好的憧憬。如《南柯记》就表现了"蚁穴中的平等世界",虽然"早期幻想式的乌托邦必然杂有封建的糟粕,但不能因此就以简单的推论而否定其中进步的平等观念"④。

侯外庐认为,虽然"四梦"有共同的精神,但是"在主题思想和风格的塑造上各有特定的重点。《邯郸记》的梦境主要是暴露黑暗世界的矛盾,在揭示出矛盾之后,便从矛盾中潇然物外,走入虚无的怀疑主义;而其他三梦则主要是用

---

① 侯外庐《论汤显祖〈邯郸记〉的思想与风格》,张岂之主编《侯外庐著作与思想研究》(第二十二卷,论汤显祖剧作四种),长春:长春出版社,2016年,第282页。该文原载《人民日报》1961年8月14日。

② 侯外庐《论汤显祖〈邯郸记〉的思想与风格》,张岂之主编《侯外庐著作与思想研究》(第二十二卷,论汤显祖剧作四种),长春:长春出版社,2016年,第292页。该文原载《人民日报》1961年8月14日。

③ 侯外庐《汤显祖〈牡丹亭还魂记〉外传》,张岂之主编《侯外庐著作与思想研究》(第二十二卷,论汤显祖剧作四种),长春:长春出版社,2016年,第247页。该文原载《人民日报》1961年5月3日。

④ 侯外庐《汤显祖〈牡丹亭还魂记〉外传》,张岂之主编《侯外庐著作与思想研究》(第二十二卷,论汤显祖剧作四种),长春:长春出版社,2016年,第248页。该文原载《人民日报》1961年5月3日。

'生者死之,死者生之'的生死斗争精神解决矛盾……就艺术的风格而言,如果说《邯郸记》的梦境使人从讽刺的画面里激发出憎恨心,那么其他三梦则使人从理想的向往中感受着同情爱"①。对于"四梦",向来备受重视的自然是《牡丹亭》,也许在这种意义上,从典型环境和主题宗旨角度审视,可以将《荆钗记》与《南柯记》视作对《牡丹亭》剧作的进一步展开和分化,而《邯郸记》则触及对社会黑暗的曝露和对"伪道德、真网罗的世界"的"冲决"②。整体上,"四梦"是一个有机的系统,侯外庐将"四梦"作整体的研究和把握,是有先见之明的。

值得注意的是,在结合汤显祖的诗文创作以及戏曲(特别是《牡丹亭》)对杜甫、柳宗元诗句的引用与点化,剖析了剧本"梅""柳"意象的特点和文化意义,揭示其中蕴藏的"富有战斗性和人民性的梅柳迎春的思想",表现了"个人理想的青春性"和"天下人人共同的青春性的理想"③。关于《紫钗记》和《南柯记》,侯外庐也认为体现了这种理想,但与《牡丹亭》又有明显的不同和侧重,即"《紫钗记》里的典型环境更集中于象征性的自然的'春天',或争取'春天'来临的斗争;而《南柯记》则更集中于呼唤光明的社会,或争取理想世界的出现"④。"呼唤春天、歌颂春天是《紫钗记》艺术思维的主题,春天的逝去

---

① 侯外庐《论汤显祖〈邯郸记〉的思想与风格》,张岂之主编《侯外庐著作与思想研究》(第二十二卷,论汤显祖剧作四种),长春:长春出版社,2016年,第278页。该文原载《人民日报》1961年8月14日。

② 侯外庐《论汤显祖〈邯郸记〉的思想与风格》,张岂之主编《侯外庐著作与思想研究》(第二十二卷,论汤显祖剧作四种),长春:长春出版社,2016年,第291页。该文原载《人民日报》1961年8月14日。

③ 侯外庐《汤显祖〈牡丹亭还魂记〉外传》,张岂之主编《侯外庐著作与思想研究》(第二十二卷,论汤显祖剧作四种),长春:长春出版社,2016年,第259、260页。该文原载《人民日报》1961年5月3日。

④ 侯外庐《论汤显祖〈紫钗记〉和〈南柯记〉的思想性——从歌颂自然情景的"春天"到政治倾向的"乌托邦"》,张岂之主编《侯外庐著作与思想研究》(第二十二卷,论汤显祖剧作四种),长春:长春出版社,2016年,第261页。该文原载《新建设》1961年第7期。

与再临，是隐伏在全剧之中的一根红线。"① "如果说汤显祖的《紫钗记》还停留在歌颂春天并挽回春天的自然美景，点画平等自然的梦想，那么到了《南柯记》的艺术思维就显然向前发展了。这即是说，后者更富于政治的倾向性，而梦想出社会平等的乌托邦。"②《南柯记》（特别是其中的《风谣》一出）描绘了"一幅太平世界的桃源乐土，正是汤显祖的'神农之教'的实验场"③。而《邯郸记》展示了虚伪、丑恶、阴险、欺诈、名利、权威笼罩着的社会景象，淳朴的"真人"与虚伪的"假人"对立，雄伟活泼的"老虎"与残暴成性的"鹞子"对立，"这种矛盾的社会正和汤显祖理想中'神农之教'之下的人人富寿康乐的社会相对立"④。

侯外庐赞颂汤显祖这种具有一定政治倾向性的伟大理想，它在汤显祖的时代还是罕见的，而且反映了艺术思维逐步发展的合乎历史与逻辑的进程。这些体会和创见，虽然还需不断反思研讨，但在思想与方法上都不乏新意和启迪。

六、侯外庐"四梦"研究方法与影响

侯外庐对"四梦"的通贯性研究，克服了将"四梦"作为孤立文本研究的倾向，抉发其中通过梦境情景和鬼神形象所传达的现实关怀与理想追求，是将思想

---

① 侯外庐《论汤显祖〈紫钗记〉和〈南柯记〉的思想性——从歌颂自然情景的"春天"到政治倾向的"乌托邦"》，张岂之主编《侯外庐著作与思想研究》（第二十二卷，论汤显祖剧作四种），长春：长春出版社，2016年，第266页。该文原载《新建设》1961年第7期。

② 侯外庐《论汤显祖〈紫钗记〉和〈南柯记〉的思想性——从歌颂自然情景的"春天"到政治倾向的"乌托邦"》，张岂之主编《侯外庐著作与思想研究》（第二十二卷，论汤显祖剧作四种），长春：长春出版社，2016年，第268页。该文原载《新建设》1961年第7期。

③ 侯外庐《论汤显祖〈紫钗记〉和〈南柯记〉的思想性——从歌颂自然情景的"春天"到政治倾向的"乌托邦"》，张岂之主编《侯外庐著作与思想研究》（第二十二卷，论汤显祖剧作四种），长春：长春出版社，2016年，第273页。该文原载《新建设》1961年第7期。

④ 侯外庐《论汤显祖〈邯郸记〉的思想与风格》，张岂之主编《侯外庐著作与思想研究》（第二十二卷，论汤显祖剧作四种），长春：长春出版社，2016年，第280页。该文原载《人民日报》1961年8月14日。

史研究与文学研究融通的结果。特别是他充分注意到明代中晚期社会思潮的运动对剧作家的深刻影响，将汤显祖和泰州学派的内在联系作了细致考察，这种着眼点就决定了侯外庐对"四梦"研究的思想文化视野，有助于揭示"四梦"的思想价值和艺术独创性。正是在彰显思想的深刻性和独特性上，他将《牡丹亭》和号称"天下夺魁""花间美人"的元代王实甫的《西厢记》作了比较，认为《牡丹亭》要进步很多，这种观点也是仅从文学研究内部很难解决的问题。当然，从性格刻画生动传神、文辞典雅、本色当行、情节曲折、流畅自然等方面考察，《西厢记》显然有难以逾迈的地方，但是从思想层面即反叛封建礼教的自觉意识和理性上分析，虽然"四梦"以梦的虚幻形式出现，却折射出人们更深沉更悲悯更理性的思想状况和生存境遇。

在研究方法方面，侯外庐既注意"四梦"本身的研究，又将汤显祖和泰州学派乃至李贽思想结合起来研究，将"四梦"与汤显祖的全集结合起来（特别是运用丰富的尺牍证据），将人物艺术塑造与文化原型结合起来，深化和细化了戏曲艺术风格与思想内涵研究，丰富和扩展了思想史研究的范围[①]。他考察《牡丹亭》，就通过杜丽娘和柳梦梅的故事，乃至韩子才，而上溯至他们的先祖杜甫、柳宗元和韩愈，发掘出了"还魂记"的隐秘和思想性，甚至寓言作品中的郭橐驼在戏曲中也反映了思想的进步性，具有正义感，通达事理。这些显示了侯外庐"独立自得"的学术精神和研究方法。

侯外庐关于汤显祖《牡丹亭》等"四梦"的独特研究，虽然在当时引起一些学者的尖锐批评，但侯外庐开创的将汤显祖的戏曲研究与明代心学思潮，特别是将泰州学派研究结合起来的研究路径，在客观上对后世影响很大。这种影响主要

[①] "我利用养病的时间，翻阅了元明时代的戏曲资料，写成了《论汤显祖剧作四种》，试图从文艺宝库中去开拓研究思想史的新领域。"（侯外庐《自序》，中国社会科学院历史研究所中国思想史研究室编《侯外庐史学论文选集》（上册），北京：人民出版社，1987年，第8页）当然，比较早关注汤显祖剧作与思想，在该领域作了初步探讨的还有张友鸾等。张氏将汤显祖的思想概括为"梦的思想"（张友鸾著《汤显祖及其牡丹亭》，上海：上海光华书局，1930年），尝试分析了汤显祖的思想与作品的关系。

表现在两个方面，分别是关于汤显祖思想的深入系统研究[①]、关于"四梦"主旨及其文化内涵的研究[②]。

侯外庐确认"还魂记"的真正主旨是还杜甫、柳宗元之魂，借以寄寓对现实与理想的看法，并使剧作由神话剧一变而为历史剧，由历史剧一变而为诗剧。在杜丽娘与柳梦梅的爱情故事背后，蕴藏着汤显祖"有托""有讥"之处，即"既有杜甫、柳宗元的身世及其思想以至理想作为剧作所'托'处，又有他们时代的社会作为剧作所'讥'处，更有汤显祖自己的思想和时代之间的矛盾做了体验，进而通过高尚的理想与贫困的世界之间的对立以表现社会的矛盾"[③]，从而将艺术真实与历史真实统一起来，将现实主义与浪漫主义统一起来，这是单纯从剧作表面的爱情故事难以窥见的隐秘，"如果仅从男女爱情来看《牡丹亭》的旨趣，

---

① 黄芝冈身后出版的《汤显祖编年评传》（北京：中国戏剧出版社，1992年；文化艺术出版社，2013年）被誉为"五四运动以来最全面、最详尽、最恺切评价汤显祖及其'四梦'的作品"，作者在《导言》中认为汤显祖"在他的时代里突破了理学、佛学两重唯心精神的包围，并从达观、李贽的积极思想因素跨进一步，成了一个出死入生的为'情'而斗争的倡导者"，"汤显祖的哲学思想，散见他的诗文、尺牍里面的都只是一鳞一爪，想见到他的哲学思想的全部面貌，却还当在他的剧作里面加以探寻"，强调汤显祖作品的时代性和反抗精神，这些看法都和侯外庐相契合，完成的时间与《论汤显祖剧作四种》大体接近，说明他们共同的研究旨趣和关注点。关于汤显祖的哲学思想，20世纪八九十年代，逐渐引起人们的热切关注，详可参阅楼宇烈《汤显祖哲学思想初探》（《汤显祖研究论文集》，北京：中国戏剧出版社，1984年，第152—173页）、周宇德著《汤显祖论稿》（北京：文化艺术出版社，1991年）等。周著探讨了汤显祖的哲学思想、宗教意识、文艺观等具有思想史的内容，其中分析汤显祖的哲学思想，分别从宇宙观、人性学说、社会政治思想角度展开，几乎形成了一个思想系统，显示了该问题的深入开展。

② 近多年，随着文化产业的兴起和发达，在原有中西文学比较与思想文化研究的基础上，以汤显祖与莎士比亚戏曲比较研究为契机的中西文化交流逐年深化，在文化传播中发挥了积极作用（参见华治武主编《启航：汤显祖——莎士比亚文化交流合作》，杭州：浙江大学出版社，2013年）。

③ 侯外庐《汤显祖〈牡丹亭还魂记〉外传》，张岂之主编《侯外庐著作与思想研究》（第二十二卷，论汤显祖剧作四种），长春：长春出版社，2016年，第258页。该文原载《人民日报》1961年5月3日。

那就陷于由小以视小的圈子，遗落了历史的真实了"①。关于"还魂"的说法，也受到王季思的批评，认为有牵强附会的不足②。但是，联系汤显祖的"有托"与"有讥"的创作动机，侯外庐的琢磨与探讨，虽然难免有简单化和牵强的嫌疑，但启示人们反思《牡丹亭》的主旨。直至今天，关于该剧主旨的讨论依然在进行③，足见这个问题的重要性和开放性。毋庸置疑，侯外庐通过戏剧还原历史，结合历史背景反思戏剧的主要思想，依然具有学术价值和方法论意义。

总之，侯外庐通过文学现象考察社会思想的演进与特色，简明而言，就是"从艺术形象的镜子看取历史和历史人物活动的图影"④。这种方法虽然受到某些文学研究者的诟病，但在当下文学研究中却也不无热烈的反响，如将魏晋文学与玄学联系起来，将宋代文学与理学联系起来，将明代文学与心学（或阳明学）联系起来，将清代文学与实学联系起来，将近代文学与新学联系起来，便是这种研究路径的继承和发扬。侯外庐的"四梦"研究虽然属于"破门"举动，但在汤学中应有一席之地。如何从其中汲取积极的营养，促进文学研究与历史研究（思想史研究）的双重进展，从而为繁荣哲学与社会科学做出积极的贡献，这是值得进一步探讨的学术领域和学术议题。

---

① 侯外庐《汤显祖〈牡丹亭还魂记〉外传》，张岂之主编《侯外庐著作与思想研究》（第二十二卷，论汤显祖剧作四种），长春：长春出版社，2016年，第257页。该文原载《人民日报》1961年5月3日。

② 王季思《怎样探索汤显祖的曲意——和侯外庐同志论〈牡丹亭〉》，《文学评论》，1963年第3期。

③ 王雪松、蒋小平《20世纪以来〈牡丹亭〉主题研究综述》，《江苏第二师范学院学报（社会科学）》2014年第10期。另可参见邹元江《我们该如何纪念汤显祖？——汤显祖诞辰450周年与徐朔方教授对话》，《上海戏剧学院学报》2000年第3期。

④ 侯外庐《汤显祖〈牡丹亭还魂记〉外传》，张岂之主编《侯外庐著作与思想研究》（第二十二卷，论汤显祖剧作四种），长春：长春出版社，2016年，第258页。该文原载《人民日报》1961年5月3日。

中国梦与中华优秀传统文化*

最近,社会各界,包括学术界,都在热烈研讨"中国梦"。关注"中国梦",体现了人们对未来发展前途的美好期待,"中国梦"是对实现中华民族伟大复兴理想的形象表达。在中国汉语文化语境下,"梦"与"dream"是有不同的。正如"美国梦""欧洲梦"[①]一样,"中国梦"的实质是一种反思和期待。"中国梦"不能脱离中国社会发展的历史和实践,"中国梦"的实现依靠的是扎扎实实、艰苦卓绝、坚忍不拔、继承创新的奋斗和努力。

中华民族源远流长,中华优秀传统文化积淀深厚,亘古弥新。"中国梦"虽然是当代的新表述,但在中华民族发展史上,涌现出一代代思想家、政治家、史学家、文学家,他们以丰富多彩的形式传达着对理想社会与人生的追求和梦想,它们是古代的"中国梦"。文化是中华民族发展的血脉,源流密切相关,不能彼此割裂,古代的"中国梦"是当代的"中国梦"的深厚土壤。

早在史前时期,流传下来的神话传说曲折地反映了在生存环境险恶、生产条件低下的情形中,人们幻想着控制自然、征服自然,诞生了"女娲补天""后羿射日""精卫填海""夸父逐日""鲧禹治水""愚公移山"等脍炙人口的历史传说。这些梦想,反映了当时人们面临的主要矛盾是人和自然的矛盾,人们梦想征服和驾驭自然,争取人在自然和社会中的更大自由。难能可贵的是,虽然这些故事还有神话和外力因素的残存,但整体上,这些梦想的实现,却是通过人们自己

---

* 原载于《光明日报》2014年7月14日第11版,题目《传统文化:滋养中国梦的深厚土壤》,文字有节略。

① [美]杰里米·里夫金著,张体伟、孙豫宁译《第三次工业革命》,北京:中信出版社,2012年;[美]杰里米·里夫金著,杨治宜译《欧洲梦》,重庆:重庆出版社,2006年;等等。

的双手和实践来获得的,具有鲜明的人文主义和现实主义色彩。

殷周以降,图腾崇拜、上帝崇拜、祖先崇拜逐渐更替,中华文明进入了重视礼乐制度的时期。它体现了文化的自觉,强调通过一定的礼仪制度更好地调节社会关系,使社会政治进入有序的文明形态。当然,随着生产力的迅速发展,社会阶层的急剧变迁,礼乐制度日益失去维系社会的强大力量。西周到春秋中叶,诗歌选集《诗经》中的一些诗篇记载了当时人们对现实的不满,对未来的美好憧憬,如反对统治者的不劳而获,"彼君子兮,不素餐兮"(《魏风·伐檀》),对理想家园的冀盼,"乐土乐土,爰得我所"(《魏风·硕鼠》),是劳动人民反压迫、反剥削、向往自由理想社会、追求幸福美好生活梦想的歌唱。

春秋末期,儒家学说的创立者孔子(约前551—前479年)提出"有国有家者,不患寡而患不均,不患贫而患不安。盖均无贫,和无寡,安无倾"(《论语·季氏》)的社会主张,希望建立"老者安之,朋友信之,少者怀之"(《论语·公冶长》)的理想社会,以期解决所面临的王室日益衰微、诸侯纷纷争霸、公室卑弱、大夫兼并的社会矛盾与危机,当然"均无贫"也含有均贫富的因素,对后世影响深远。道家学说的创始人老子针对诸侯征伐兼并、广土众民的现实,坚持"小国寡民"(《老子》第八十章)的社会主张,百姓"甘其食,美其服,安其居,乐其俗"(《老子》第八十章),过着幸福自足、自由平等的生活。老子崇尚"损有余而补不足"(《老子》第七十七章)的平均主义,要求统治者"去甚,去奢,去泰"(《老子》第二十九章)、"以百姓心为心"(《老子》第四十九章),倡导"为无为,事无事,味无味"(《老子》第六十三章),"道法自然"(《老子》第二十五章),顺应事物发展的"自然而然"的法则,减少人为的强作妄为,最终达到"玄同"(《老子》第五十六章)的至治理想。当然,这种理想也是一种梦想[①]。墨家学说的代表墨子(约前480—前420年)呼唤当政者"尚贤事(使)能"(《墨子·尚贤上》),通过"富之,贵之,敬之,誉之"尊敬厚待人才的办法"聚贤",力戒"骨肉之亲""无故富贵"(《墨子·尚贤下》),重视义利的统一,崇尚兼爱,希望做到"官无常贵,民无常贱"(《墨子·兼爱中》),使人们都享有同等仕进的机会和

---

① 侯外庐主编《中国历代大同思想》,北京:科学出版社,1959年,第9—10页。

平等的权利，主张摒除"不与其劳获其实"、"取非其所有"（《墨子·天志下》）的行为。墨子在反对世袭特权与把握社会矛盾方面，具有一定的敏锐性和深刻性，但限于时代等原因，这些美好的学说也终究成为梦想。

战国中晚期，诸侯兼并愈烈，社会急剧变动，诸子思想呈现出相争相融的活跃局面。孟子（约前390—前305年）针对当时残酷的战争现实，认为统治者不能"率兽而食人"，而应推行"王道""仁政"，通过制民之产，耕种不违农时，捕捞不竭泽而渔，砍伐守时有度，使百姓"养生丧死"都没有后顾之忧，百姓不饥不寒，不同年龄阶段的人都能过上美好的生活（《孟子·梁惠王上》），尤其要重视解决那些鳏寡孤独"穷民而无告者"（《孟子·梁惠王下》）的生活困苦，反映了"民贵君轻"（《孟子·尽心下》）的思想。庄子（约前362—前286年）描绘的"至德之世"也是一种理想的社会图景，人们生活丰衣足食、无忧无虑，德性纯朴敦厚，没有机心的困扰，"不利货财，不近贵富；不乐寿，不哀夭；不荣通，不丑穷"（《庄子·天地》），在"真人"（或"至人"）那里，任何名利、富贵、荣辱都仿佛与自己没有关系一样；不仅如此，人与自然界也能和谐共处，万物都能自然自由地生长，"山无蹊隧，泽无舟梁，万物群生，连属其乡，禽兽成群，草木遂长"（《庄子·马蹄》），人与环境并没有根本的冲突。庄子主张无为，但又强调官吏采取的措施一定要契合百姓的意愿，适应人们的要求，选拔官员也能量能使用，"官施而不失其宜，拔举而不失其能"（《庄子·天地》）。荀子（约前313—约前238年）对自然和人的规律有深刻的洞察与把握，"本荒而用侈，则天不能使之富；养略而动罕，则天不能使之全；倍道而妄行，则天不能使之吉"（《荀子·天论》），社会的贫富取决于人们能否努力发展农业生产而减少浪费，人体的强弱取决于能否得到充足的给养和适时的锻炼，吉凶祸福取决于人们的作为能否遵循自然的规律。荀子希望建立一个井然有序、分工合理、各司其职的社会，"明分使群"（《荀子·富国》），通过健全的礼义制度来调节分配，以期实现"养人之欲，给人之求"（《荀子·礼论》）的目的。

战国至秦汉之际的《礼记·礼运》比较系统地展示了"大同"社会的理想蓝图，反映了人们追求幸福生活的意愿，在中国思想文化史和革命运动史上影响深远。"大同"与"小康"相对，一公一私。"大同"社会的标志是"大道之行"，"选贤与（举）能，讲信修睦"，人人皆可得到自由发展，"老有所终，壮有所用，幼有所长",遭遇不幸的人都有经济生活的保障,"鳏寡孤独废疾者,皆有所养",人人各尽其力,"力恶其不出于身也",但不必为己(《礼记·礼运》)。当然,《礼运》篇的"大同"思想具有融会先秦诸子思想的特征,是对此前人们关于未来社会梦想的汇总和小结,含有儒、道、墨、农、阴阳等家的思想①。

秦汉至隋唐时期,中国封建社会逐渐形成并定型,天下渐趋统一,中华民族进入了一个新的融合与统一的历史时期。吕不韦(？—前235年)在《吕氏春秋》中反思公平与理想社会的关系问题,认为公则天下平,不公则天下不平,只有建立在公平基础上的社会,才是值得人们追求的幸福社会,"天下非一人之天下也,天下之天下也。阴阳之和,不长一类;甘露时雨,不私一物;万民之主,不阿一人"(《吕氏春秋·贵公》),"其民不好空言虚辞,不好淫学流说,贤不肖各反其质"(《吕氏春秋·知度》),这样,人们各尽其能,各当其职,社会才会公正太平。汉初的陆贾(约前240—约前170年)向往顺应自然、让百姓自由生息的"至德之世"(《新语·至德》),《淮南子》描绘了"等贵贱""强不掩弱,众不暴寡""公而不阿""正而无私"(《淮南子·览冥训》)的理想社会,体现了对道家思想的新发展与黄老之学的学术特征。这种"至德之世""太初之世"的思想对魏晋时期的阮籍(210—263年)、嵇康(224—263年)、陶渊明(约365—427年)等都有直接的启示②。《桃花源记》以扑朔迷离的笔墨所写的世外桃源,"黄发垂髫,并怡然自乐",老幼均有幸福感,自然也是一种社会理想的写照。唐末的《无能子》渴望通过"无欲""无私""无心"实现自然"无为"的理想世界。五代时期谭峭《化书》中的"大和社会"是一个以"均其食"为基础的社会,渗透着道家黄老思想,但也透露出新的思想气息。

这个时期,西汉末年东汉初传入的佛教,经过和儒道的争斗与融合,不断完成中国化的历程,到唐代最终形成中国化的佛教禅宗。佛教将丑恶的社会现实视作"秽土",而将所向往的极乐世界称作"净土"。虽然在不同的宗派那里细微会

---

① 陈正炎、林其錟著《中国古代大同思想研究》,香港:中华书局香港分局,1988年,第92—93页。

② 参见《阮嗣宗集·大人先生传》《嵇康集校注·难自然好学论》《陶渊明集·桃花源记》等。

有差异，但"净土"信仰实际上反映了佛教学者和信众对理想人生与修养境界的追求。

宋明时期，封建社会进入后期，社会矛盾加剧，人们的理想也凸现出新的内容。北宋王小波、李顺，南宋钟相、杨幺，都打出了要求政治平等、经济平均的旗号，"等贵贱，均贫富"是当时重要的行动纲领。在两宋思想文化界，北宋王禹偁（954—1001年）继承"公天下"的思想，追求"仁君""廉吏""泰生民"的政治清明，呼吁统治者"以民为先""吏不欺民"（《小畜外集》）。关学创始人张载（1020—1077年）提出著名的"民胞物与"思想，对天人、人人关系进行重新阐发，"民吾同胞，物吾与也"，"凡天下疲癃残疾，茕独鳏寡，皆吾兄弟之颠连而无告者也"（《西铭》），具有平等博爱的思想倾向。"民胞物与"也是其理想社会的重要构成部分。明末清初思想家黄宗羲（1610—1695年）在《明夷待访录》中提出"不以一己之利为利，而使天下受其利；不以一己之害为害，而使天下释其害"（《明夷待访录·原君》），"天下之治乱不在一姓之兴亡，而在万民之忧乐"（《明夷待访录·原臣》），黄宗羲将"公天下"的理论论述得更加深刻，也反映了他对理想社会及其评价标准的探索。

清代思想家们也重视探讨"平治"天下的问题，如唐甄（1630—1704年）、颜元（1635—1704年）、李塨（1657—1733年）等。他们受《孟子》和《礼运》等的影响，结合具体的社会矛盾和时代问题，探索"制民恒产"的可能途径和实施方案，为实现各自心目中的理想图景而不懈努力。这些"大同"理想在古代还属于空想性质，不可能在现实中实现，但是，它却凝聚了两千多年来古人追求理想社会的美好愿望和重要智慧，不断鼓舞人们反抗压迫、剥削、专制，消除腐败与黑暗，争取社会公平、正义与光明。无数进步的思想家、政治家、革命家都从中汲取过滋养，特别是近代，如洪秀全（1814—1864年）、康有为（1858—1927年）、谭嗣同（1865—1898年）、孙中山（1866—1925年）等就深受其影响。

总之，中国古代对美好社会与人生的展望，蕴藏着丰富的价值理想，不少内容具有独特性、普世性和超越性。比如：社会理想方面，希求社会太平，天下大同，井然有序，没有压迫，没有剥削，没有特权；政治管理方面，追求公平公正，主张统治者应克制私欲，轻赋薄敛，遵守法则，严禁无故富贵，反对不劳而获和非法占有的行为；任用人才方面，尊贤尚能，尤其提倡唯贤是举，反对世袭制，官无常贵，民无常贱，使每一个社会成员都有施展才华的平等权利；人与环境关系方面，追求天人和谐，取物循时有度，保护环境，使万物自由自在成长；人的生活感受方面，渴望无忧无虑、怡然自乐、充满幸福感的理想社会，等等。借鉴中国古代历史上对社会展望的丰富智慧，有助于加深对"中国梦"内涵与本质的探索；否则，仅停留在术语的翻新和变换层面，反而容易使其走向空洞化、形式化和教条化，这自然不是理性的人们所希望看到的。

后 记

这本小册子结集出版，也是众缘聚会的结果。

近多年时觉生命窘迫、人生无常。蝇头微利，蜗角虚名，恐牵绊于心、徘徊难遣。常叹韶华不再、难孚师友厚望，苦岁月匆匆、时序无情，孤鸿茕影，踽踽前行，遂在二三师友鼓励下勉强再三，辑旧裒新，成一文本，以冀存往俟来。

拙稿大略体现了在几个领域的学习和探索体会，虽类敝帚，堪作他石。近二十年学习工作，协助张岂之先生处理学术事宜，经办著述，襄助刊物，常恐文不雅驯、辞不逮意。文章千古事，得失寸心知，静思诚然。

感谢张岂之先生教育鼓励。先生高龄，仍孜孜不已，耳提面命，诲人不倦，无复懈怠，其情其景，时萦于心。

感谢陕西省社会科学界联合会领导与专家的支持相助，使本书出版更加顺利。

感谢西北大学出版社各位领导与工作人员的热情和细心。特别是责编桂方海先生，高效认真，付出了不少心血。

感谢师长、亲朋、家人一如既往地关心和扶助。

总之，学术，学者觉也，术者道也，皆以觉悟大道为契机与指归，同机巧、机术本无缘。故反刍以味其真，推扬以究其旨，自是学术应有之义。姑将此一小册作为反刍的结晶、推扬的契机，兼作他日的鉴镜和砺石，以期方家晒正，亦一幸耳。

是为记。

陈战峰
辛丑初夏于长安澡雪斋